Natur-
paradies
UdSSR

Algirdas Knystautas

Natur- paradies UdSSR

Tiere, Pflanzen, Landschaften

Mit einem Vorwort von Wladimir Flint

Autorisierte Übertragung aus dem Englischen
von Monika Latzel und Hans-Martin Busch

Süddeutscher Verlag München

**Gewidmet Professor Flint und Dr. Ivaschtschenko,
die so viel für die Erhaltung der Natur getan haben.**

Bild auf Seite 1: Junge Blindschleichen *(Anguis fragilis),*
fotografiert im August in der Litauischen SSR.
Bild auf Seite 2/3: Mischwald in der Nähe von Kostroma,
nordöstlich von Moskau (Foto: L. Weisman).

Anmerkungen des Autors

Zur Entstehung dieses Buches haben viele Menschen beigetragen. Zunächst möchte ich meiner guten Freundin
in England, Elizabeth Tindle, danken, deren Hilfe, Verständnis, Geduld und Freundschaft nicht hoch genug einge-
schätzt werden können. Besonderer Dank richtet sich auch
an die Litauische Gesellschaft für Fotografische Kunst und
deren Vorsitzenden A. Sutkus sowie an Jeffery Boswall
und Michael Wilson in England.

Für die Bereitstellung von Fotografien, Informationen,
für Rat, Kritik und andere wertvolle Hilfestellung danke ich
vor allem: Yu Artyuchin, S. Balandin, R. R. Budrys,
V. Hippenreiter, F. Jüssi, A. Kärvet, W. Korkischko,
A. Kretschmar, W. und N. Kutschin, A. Liutkus, W. Morosow,
E. Nasarow, B. Netschaew, I. Olontsew, W. Orlow,
R. Papikian, U. Pilinkus, P. Romanow, Yu Schibnew,
M. Steinbach, A. Sorokin, Z. Walius, Yu Waskowsky und
L. Weisman.

Außerdem gilt meine unendliche Dankbarkeit meinen
engen Freunden und Kollegen, auch meinem Fotografen-
team, die mit mir die tiefe Liebe zur Natur teilen.
Mit ihnen unternahm ich viele lange und beschwerliche –
aber auch aufregende und lohnende – Exkursionen
in viele verschiedene Gegenden der UdSSR. Es sind dies:
Arunas Baltenas, Oleg Belyalow, Aurimas Blasys,
Kestutis Kutschys und Henrikas Sakalauskas.

Schließlich und endlich möchte ich in meine Danksagung
auch den Stab der Herausgeber einschließen, vor allem
natürlich den Herausgeber selbst, Jonathan Elphick und
Mary Anne Sanders, die sich sehr bemüht haben,
dieses Buch meinen Wünschen entsprechend zu gestalten.

Algirdas Knystautas, Wilna/UdSSR

Inhalt

Überwältigt von der unermeßlichen Größe dieses Landes...

Vorwort von Professor Wladimir E. Flint

Seit vierzig Jahren reise ich nun durch die Sowjetunion, und noch immer setzen mich die außergewöhnliche Vielfalt, die Verschiedenartigkeit und der Reichtum ihrer Natur in Erstaunen. Die unermeßliche Größe dieses Landes überwältigt wohl jeden, der zum ersten Mal die grenzenlosen Weiten erfährt. Vielleicht ergeht es ebenso den Millionen Zugvögeln, die im Frühling auf mehreren Routen in das Gebiet der UdSSR einfliegen und sich auf ihre traditionellen Brutgebiete verteilen. Tatsächlich beträgt die Entfernung zwischen den westlichen Grenzen der Sowjetunion und den Ufern des Bering-Meeres im Osten mehr als 11250 Kilometer; die Gesamtfläche der UdSSR beläuft sich auf 22 Millionen Quadratkilometer. Wenn die Einwohner Moskaus und Leningrads gerade ihr Frühstück einnehmen, machen sich ihre Landsleute auf der Tschuktschen-Halbinsel zum Schlafengehen fertig. Wenn im Süden die Weizenernte beginnt, ist der Boden im Norden noch immer schneebedeckt, und Schneestürme fegen über ihn hinweg. Selbst ein Flugzeug mit einer Geschwindigkeit von mehr als 900 Stundenkilometer benötigt für die Strecke von Moskau nach Kamtschatka nicht weniger als zwölf Stunden. Vor 60 oder 70 Jahren hätte dieselbe Reise wenigstens sechs Monate gedauert.

Ein Blick auf die Landkarte zeigt, daß sich entlang der südlichen Grenzen des Landes eindrucksvolle Gebirgszüge erstrecken: Der majestätische Kaukasus mit seinen verschiedenen horizontalen Gürteln, zuunterst dem Wald, den alpinen Wiesen darüber und schließlich den Gletschern; der von der Sonne ausgedörrte und fast baumlose Kopet-Dag, das riesige und kaum zugängliche Pamir Gebirge mit seinen schneebedeckten Gipfeln, den höchsten überhaupt in der Sowjetunion; der erhabene Tienschan mit seinen wunderschönen Nadelwäldern und seinen einladenden grünen Hochgebirgsweiden, die von nackten Felsspitzen und tiefen Schluchten abgelöst werden; und die Gebirgsketten des Altai und Sajan, die mit dichter, dunkler Nadelholz-Taiga bedeckt sind und deren kahle Böden in den höheren Lagen an die Tundra erinnern.

Nördlich der zentralasiatischen Gebirge erstrecken sich endlose Wüsten: die Kara-Kum, die Kysyl-Kum, die Mujun-Kum und andere, in denen sich Sanddünen mit Takyren – ebenen, tonigen, vegetationsarmen Flächen – abwechseln. Dort drängen sich die Menschen mit ihren Schaf- und Kamel-

Die Sowjetunion ist das größte Land der Welt und umfaßt zwölf Zeitzonen: Wenn in Sibirien die Herbstsonne über der Lena untergeht, ist an der Ostseeküste immer noch Morgen.

herden um die 80 und mehr Kilometer voneinander entfernten Brunnen. Eine gedachte Wanderung weiter nach Norden führt durch den breiten Gürtel der Halbwüsten zur Steppe. Der Mensch ist hier seit langer Zeit zu Hause und demzufolge sind große Teile der Steppe kultiviert worden. Federgras und andere Wildgräser wurden durch Weizen, Gerste und Hirse ersetzt – soweit das Auge reicht, erstrecken sich nun landwirtschaftliche Anbauflächen.

Aber es gibt noch Stellen, wo die Steppe – unberührt von Maschinen – in ihrem ursprünglichen Zustand erhalten ist, wo zahllose Lerchen ihre nicht endenwollenden Lieder singen, wo die wachsame Großtrappe und der Jungfernkranich noch Eier legen und Junge aufziehen, und wo über den antiken Grabhügeln der Skythen die wilden Steppenadler nach Beute spähen.

Im Vorfrühling verwandelt sich die Steppe in ein ausgedehntes, lebhaftes Farbenmeer: Mohnblumen, Tulpen und Iris stehen dann in voller Blüte. Kolonien von Murmeltieren, die ein zugleich träges und wichtigtuerisches Gehabe an den Tag legen, sitzen neben ihren Höhlen, pfeifen sich zu und haben immer ein wachsames Auge auf ihren Hauptfeind, den Adler.

Allmählich beginnen die wildlebenden Tiere der Steppe sich wieder von den letzten Teilen unberührten Landes, die unter Naturschutz gestellt wurden, in das Kulturland auszubreiten. Großtrappen und Jungfernkraniche nisten bereits in beachtlicher Zahl in den wogenden Weizenfeldern. In den Niederungen am nördlichen Rand der Steppen tauchen, zunächst noch zaghaft und vereinzelt, die ersten Baumgruppen auf, die sich allmählich verdichten, bis das Waldland auf die Steppe übergreift und Grasland, Espen- und Birkenwäldchen sich vermischen und ein wundervolles Mosaik bilden. Dies ist die Waldsteppenzone. Die Tierwelt ist hier ebenso artenreich wie die Pflanzenwelt: typische Waldbewohner Rothirsche, Birkhühner und Spechte – leben in Nachbarschaft mit den eigentlichen Steppenbewohnern, den Zieseln, Springmäusen und Lerchen.

Setzt man die imaginäre Reise nordwärts fort, gelangt man in die Wälder. Im europäischen Teil der Sowjetunion trifft man zunächst auf die Breitlaubwaldzone, die nur allmählich der dunklen Nadelholz-Taiga Platz macht; im asiatischen Teil des Landes aber geht der Breitlaubwald unvermittelt in die Taiga über, die dann in den unerforschten Weiten Sibiriens vorherrscht und Bergrücken und Flußtäler mit einem Meer von Nadelhölzern überflutet: Lärchen, Sibirischen Zirbelkiefern, Tannen und Fichten.

Dem Fremden mag es scheinen, als müsse dies ein wirkliches Paradies für Tiere sein – schließlich sind die meisten Gegenden hier noch vom Menschen unberührt. Dies wäre jedoch ein falscher Eindruck. Das Tierleben in der Taiga ist im großen und ganzen arm, und die Begegnung mit einem Elch, einem Braunbären oder einem Auerhuhn ist ein rechter Glücksfall. Auch Vogelstimmen hört man selten. Die Taiga ist eine weitgehend stille Welt, und oft sind die einzigen vernehmbaren Geräusche die der Streifenhörnchen, die sich inmitten der Überbleibsel uralter, sturmgepeitschter Wälder verständigen, oder der über den unwegsamen Mooren erklingende melancholische Ruf des großen Brachvogels. Ganz anders sieht es in der Taiga des Fernen Ostens aus, in der sich Zuzügler aus dem Süden und Bewohner der nördlichen Taiga begegnen. Hier ist die Tier- und Pflanzenwelt erstaunlich artenreich – allerdings nur in den Flußtälern.

Geht man weiter nach Norden, dünnt sich in der Nähe des Polarkreises die Taiga aus. Moore dringen zunehmend in den Wald vor und beschränken ihn auf die Flußtäler. In diesen Regionen wachsen, klein und mißgestaltet, die letzten Bäume, die immerzu gegen die Winde und Frosteinbrüche vom Polarmeer her anzukämpfen haben. Diese vereinzelten Bäume wirken, so wie sie dastehen, wie eine lückenhafte Reihe von Schildwachen, die die Taiga bei einem hastigen Rückzug abzulösen vergessen hat. Jenseits davon übernehmen sumpfige Weiten mit zahllosen Seen und Wassergräben die Vorherrschaft, und unter einer dünnen Schicht von Moos und Seggen liegt ewig gefrorener Boden. Dies ist die eigentliche Tundra mit ihren harten Lebensbedingungen. Aber ebensowenig wie die heißen Wüsten Zentralasiens ohne Leben sind, ist die Tundra eine eintönige, ausgestorbene Welt. Ganz im Gegenteil – im Frühling explodiert sie geradezu vor Leben. Es ist unwahrscheinlich, daß man irgendwo sonst auf einer Reise so viele Vögel wie in der Tundra zu Gesicht bekommt. Mit der Schneeschmelze erscheinen wie einfallende Armeen zahllose Watvögel, Möwen, Enten, Taucher, Gänse und Skuas und bringen Leben an die Ufer der Seen, in die sumpfigen Niederungen und auf die sanft abfallenden, mit Flechten bedeckten Hügel; ihre verschiedenartigen, mal melancholischen, mal süßlich frohlockenden Rufe erfüllen die Luft. Im Juli sind die trockenen Hügel und Küstenklippen übersät von einem erstaunlichen Reichtum hübscher, winziger Blumen. Die Sonne geht dann nicht unter und überall gedeiht – vom Menschen unbeeinträchtigt – das Leben. Der kurze Tundrasommer geht jedoch schnell vorüber, die Blumen verschwinden, die Vögel ziehen fort, und ihre Stimmen sind nicht mehr zu hören. Die Tundra ist dann öd und leer, und jetzt wäre es keine Übertreibung, sie die kahlste, unbelebteste und trostloseste Gegend im ganzen Land zu nennen.

Die Tundra reicht bis ans Nordpolarmeer, hört aber dort nicht auf. Jenseits der Packeisgrenze liegen – umgeben von Eisschollen – die unzähligen Inseln von Nowaja Semlja, der Wrangel-Insel, der Neusibirischen Inseln und Sewernaja Semlja. Hier ist das Leben noch rauher als in der Tundra des Festlandes. Der Pflanzenwuchs ist spärlich und besteht hauptsächlich aus Flechten, Silberwurz und Kriechweiden. Ausgedehnte Flächen sind von Steinschutt bedeckt, auf dem nichts wächst. Diese Regionen nennt man bezeichnenderweise Polarwüsten.

Nur wenige Tiere können in der arktischen Tundra und auf den umliegenden Eisschollen existieren. Die meisten von ihnen sind – wie der Eisbär, die Walrosse und andere Robben – ans Meer gebunden. Trottellummen und Möwen brüten in riesigen Kolonien an den steilen Klippen. Während des kurzen Sommers kommen ein paar Watvogelarten sowie Enten, Skuas und die Spornammer, die man überall in der Tundra antrifft, dorthin. Obwohl Lemminge in großer Zahl und mancherorts auch Rentiere vorkommen, ist es unwahrscheinlich, daß man vielen Landsäugern begegnet. Die geringe Anzahl von Arten sollte aber nicht überraschen – schließlich ist dies die letzte Grenze, bis zu der Leben existieren kann.

Während meiner Reisen durch die Sowjetunion habe ich sehr viel Schönes gesehen. Freude und auch stille Melancholie stellen sich ein, wenn ich in Gedanken die letzten Jahre vorüberziehen lasse und mir meine Begegnungen mit Tieren in Erinnerung rufe. Ich hoffe, die wenigen ausgewählten Erlebnisse werden Ihnen eine Vorstellung von den aufregenden Eindrücken vermitteln, die den aufmerksamen Reisenden erwarten:

...Nördliches Kasachstan, die trockene Steppe, darüber die heiße, blendende Sonne. Mein Kollege und ich hatten unser Zelt am Ufer des Brackwasser-Sees Sarkul aufgeschlagen. Am Tag war es ausgeschlossen, irgendwohin zu gehen, ohne einen Hitzschlag zu riskieren. Außerdem wäre es sinnlos gewesen, da sich fast alle Tiere still und versteckt hielten. Die einzigen Geräusche drangen aus dem dichten Schilfgürtel am Rand des Sees herüber, wo Drosselrohrsänger pausenlos flach und gewöhnlich schwätzten und Rohrdommeln riefen. Wir lagen den ganzen Tag im Schatten einer zwischen vier Pfosten aufgespannten Decke und tranken ein Glas Tee nach dem anderen.

Endlich ging die Sonne langsam unter. Es wurde ganz plötzlich frisch, und wir zogen hastig unsere Kleider über. Es war nun Zeit, die Fallen für die kleinen Nagetiere, die wir untersuchen wollten, aufzustellen. Mit den Fallen im Rucksack machten wir uns in verschiedene Richtungen auf den Weg; ich schritt am Hang des Seeufers davon. Zu meiner Linken lag die flache Ebene der Steppe, zu meiner Rechten eine Mauer aus Schilf, die da und dort durchlässig war und den Blick auf eine kleine Wasserfläche freigab. Sie wurde begrenzt von einem Streifen noch feuchten Schlammes, in dem ich die Spuren von Wölfen, die die Wasserstelle besucht hatten, und die Abdrücke von Wildschweinen, die am Schilf geknabbert hatten, erkennen konnte. Nachdem ich die Fallen aufgestellt hatte, setzte ich mich zu einer kurzen Rast an einem dieser Teiche nieder. Der See lag vollkommen ruhig da, die spiegelglatte Oberfläche wurde von keinem Windhauch gekräuselt. Über die Schilfwand drang das Gakkern einer unsichtbaren Gänsefamilie und Bleßhühner riefen im Dickicht. Ab und zu flog eine Schar Krickenten vorüber, umkreiste den See und landete mit einem vernehmlichen Platschen im Wasser. Eine urweltliche Stille senkte sich über die Szenerie.

Plötzlich wurde ich von einem aus dem Schilf dringenden Rascheln und Grunzen und dem Geräusch aufspritzenden Wassers erschreckt. Etwas bewegte sich durch das Gestrüpp auf den Teich zu. Ich war ganz allein. Mir war klar, daß das ein ziemlich großes Tier sein mußte. Im nächsten Augenblick trat es mit Krachen und lautem Platschen aus der Schilfmauer – es war ein riesiger Eber! Zehn Schritte vor mir hielt er inne, stellte seine großen, zottigen Ohren hoch und nahm geräuschvoll Witterung auf. Ich hörte sogar das Wasser von seinem Fell tropfen. Die letzten Sonnenstrahlen warfen ihr Licht auf seine gelben Hauer. Ich konnte jedes Haar an seinem Körper erkennen und beobachtete das Zwinkern seiner kleinen Augen, während er nachdenklich in die Glut des Sonnenuntergangs zu starren schien. Dann verschwand er, viel ruhiger, als er gekommen war, wieder im Schilf. So ging er dahin, ohne bemerkt zu haben, daß er eine Minute lang unmittelbar vor seinem ärgsten Feind, dem Menschen, gestanden hatte.

Ein anderes Jahr, ein anderer Ort ... Die Tundra am Unterlauf des Indigirka, weit im Norden Ostsibiriens. Die sumpfigen Niederungen waren von einem so dichten Netzwerk von Seen durchzogen, daß man nicht hätte sagen können, ob es mehr Wasser oder mehr Land gab. Der Schnee war erst vor kurzem verschwunden. Die Seen waren immer noch dick zugefroren, nur an den Ufern gab es schon eisfreie Stellen. Die zarten jungen Triebe der Seggen und Wollgräser waren noch nicht durch die verdorrten Halme des letzten Jahres gebrochen. Dadurch schien es, als sei die Tundra nur von einer einzigen Farbe, einem bräunlichen Gelb, das in Seenähe heller war und dunkler an den Hügeln, auf deren nördlichen Hängen immer noch Schneewehen lagen.

Obwohl der kurze arktische Sommer nur zögernd Einzug hielt, gab es schon überall Vögel. Auf jedem kleinen Hügel hielt sich eine Gruppe prächtig gefärbter Kampfläufer auf, auf allen Seen schwammen in ihrem Brutkleid hübsch anzusehende Prachttaucher und lärmende Eisenten. Gleichzeitig jagten die Piraten der Tundra – die Skuas – paarweise oder zu dritt umher, und Schwärme von Odins- und Thorshühnchen flogen geschäftig von Teich zu Teich. Überall konnte man den seltsam eintönigen Gesang des Graubrust-Strandläufers, den silbern klingenden Ruf des Temminck-Strandläufers und die klagend pfeifenden Schreie der Spornammern hören.

Mit einigen Schwierigkeiten konnte ich meine Füße aus dem tiefen, feuchten Moosteppich befreien und meinen Weg zwischen den kleinen, seichten Seen fortsetzen, bis ich mich langsam einem großen, in der Ferne weiß schimmernden See näherte, der noch immer gänzlich mit Eis bedeckt war, während das flache Land rundherum von Schmelzwasser überflutet und mit gelbem Schilf überwachsen war. Mit meinem Fernglas konnte ich vor dem gelben Hintergrund einige kleine weiße Punkte ausmachen.

Als ich näher herankam, entdeckte ich, daß diese weißen Punkte Vögel waren, die auf ihren Nestern saßen. Ich dachte mir, daß es wahrscheinlich Möwen wären, wußte aber nicht, von welcher Art. Kaum war ich auf hundert Meter herangekommen, flogen sie auf und kreisten aufgeregt über mir. Einige flogen auf mich zu und stießen sanfte, traurige Rufe aus. Graue Flügel, rosa Brustgefieder, samtschwarzer Halsring – das mußten die seltenen und scheuen Rosenmöwen sein! Die Vögel stießen auf mich herab und versuchten, mich aus der Nähe ihrer Nester zu vertreiben; dabei konnte ich deutlich ihre leuchtend roten Füße und dünnen, schwarzen Schnäbel sehen. Wie wunderbar anmutig und elegant waren doch diese Vögel!

Bald stand ich über dem ersten Nest, einer flachen, dick mit Schilfhalmen gepolsterten Mulde, in der drei olivgrüne Eier lagen. Auch 80 Jahre nachdem der russische Ornithologe S. A. Buturlin den ersten wissenschaftlichen Bericht über Eier und Nester dieses schönen Vogels veröffentlichte, muß meine Entdeckung aufregend genannt werden: Nur wenige Menschen haben eine lebende Rosenmöwe beobachtet, geschweige denn je ein Nest mit Gelege gesehen.

Meine nächste Erinnerung führt vom hohen Norden der Sowjetunion in den tiefen Süden ... Dämmerung am südlichen Rand der Kysyl-Kum-Wüste in der Usbekischen SSR. Die stillen Sanddünen glichen einem gelblichen, urplötzlich erstarrten Meer. Die merkwürdigen Umrisse der vereinzelt stehenden Saxauls und Calligonum-Büsche tauchten verschwommen im Zwielicht auf, dazwischen lagen Flächen reinsten, feinen Sandes. Die Sonne war gerade erst aufgegangen, die Büsche hielten noch die Kühle der Nacht und der Frühtau glitzerte auf dem Sand. Als einzige Zeugnisse des nächtlichen Tierlebens der Wüste waren undeutliche Spuren von großen, schwarzen Käfern, Geckos und Springmäusen geblieben. In etwa eineinhalb Stunden würde die Sonne höhersteigen, der Sand abtrocknen und eine leichte Brise aufkommen und alle Spuren des verborgenen Lebens in der Wüste verwischen. Dann würde es so aussehen, als gäbe es hier nichts als Treibsand, blattlose, graue Sträucher und darüber die gnadenlos brennende Sonne. Aber im Moment lag noch die morgendliche Frische über der Wüste, und ich wanderte froh von Düne zu Düne und verfolgte die verworrene Folge von Spuren, die sich wie Mäander über den Sand zogen.

Die Sonne stieg höher und der dunkelblaue Morgenhimmel wurde allmählich blasser. Ein brennend heißer Tag kündigte sich an: Von der aufsteigenden, sich erwärmenden Luft verwischt, verloren die Gegenstände langsam ihre klaren Konturen. Kein Lebewesen war zu sehen, und es war nun wirklich Zeit, zum Lager zurückzukehren, wo es den ersehnten Schatten und Wasser gab.

Plötzlich machte ich in der Ferne eine Bewegung aus, ohne daß ich einen Gegenstand oder die Gestalt eines Tieres identifizieren konnte. Sofort hob ich aufgeregt mein Fernglas an die Augen. Und dann — wie von Zauberhand — erhielt die undeutliche Bewegung klare Konturen: Es war eine kleine Herde Kropfgazellen, die meinen Weg kreuzten. Sie liefen ziemlich rasch und hielten auch nicht inne, um zu grasen, wie sie es sonst oft tun. Nach wenigen Minuten waren sie schon mit dem bloßen Auge sichtbar.

Die hübschen Wesen hoben sich mit ihrer sandgrauen Farbe, den dunkleren Flanken und weißen Beinen, die mit den schwarzen Streifen am Maul und dem schwarzen Schwanz kontrastierten, klar vor dem gleißend hellen Hintergrund ab. Die seltenen Gazellen wirkten außerordentlich graziös, wohlproportioniert und leichtfüßig. Sie schienen gesund und gut genährt, und ihr Fell leuchtete und glänzte in der Sonne, als wäre es feucht. Ihre ganze Erscheinung drückt eine besondere Art von animalischer Kraft aus. Die sieben Gazellen waren männlich, geschmückt mit sehr eleganten und exquisit geformten schwarzen Hörnern, die an eine Lyra erinnerten. Sie zogen nur 140 Meter von mir entfernt in einer Reihe vorüber; offensichtlich waren sie auf dem Rückweg von ihrer Wasserstelle, einem kleinen Salzsee in der Nähe unseres Lagers. Die Tiere schritten ruhig und stetig dahin und erwarteten wohl nicht, einem menschlichen Wesen zu begegnen. Dennoch waren sie sicher jeden Augenblick zur Flucht bereit — das Leben hatte sie gelehrt, immer auf der Hut zu sein. Ich betrachtete die vorbeiziehenden Gazellen mit Entzücken und Aufregung, denn sie gehören zu den scheuesten aller Tiere, und es ist ein besonderer Glücksfall, sie so aus nächster Nähe zu erleben. Und als sie

verschwanden, machte mich der Gedanke traurig, daß ich eine solche Begegnung vielleicht nie wieder haben würde.

Meine letzte Erinnerung stammt aus einer völlig anderen Welt ... Die gebirgige Taiga des Sichote-Alin mit ihren dunklen Nadelwäldern. Der niedrige Gebirgszug war mit ausgedehnten, düsteren, unzugänglichen Tannen- und Fichtenwäldern bewachsen. Grünes Moos und ein dichter Farnteppich bedeckten den Boden, und viele durch die Winterstürme abgeknickte Stämme und Äste lagen herum. Einige waren schon alt und vermodert, während andere erst jüngst gefallen waren. Gelegentlich erscholl der schrille Ruf einer Meise, und von Zeit zu Zeit verbreitete der Tannenschnäpper seinen wundervoll trillernden Gesang. Meist jedoch blieb der Wald bis auf das ständige gleichförmige Summen der Millionen von Moskitos unheimlich still.

Unser Zoologenteam — der Führer, zwei Assistenten und ich — wanderte auf einem der durch die Taiga führenden Pfade. Unsere beiden Pferde waren mit Zelten, Schlafsäcken, Lebensmitteln und der übrigen wichtigen Expeditionsausrüstung bepackt. Es war ein langer Weg bis zu unserem Ziel, der leerstehenden geologischen Station, über 100 Kilometer. Der im schummrigen Licht kaum erkennbare Weg war beschwerlich. Die Pferde glitten immer wieder auf Moosresten aus, stolperten über Baumwurzeln und ihre Packlast schrabbte an Baumstämmen. Gestürzte Bäume behinderten das Vorwärtskommen, und die Pferde mußten um diese Barrieren herumgeführt werden. Die schwüle Hitze erschwerte das Atmen. Unseren Insektenschutz ignorierend, umschwirrten Wolken von Moskitos unsere Köpfe und führten zusammen mit dem in Strömen fließenden Schweiß zu einem ständigen unerträglichen Juckreiz. Um das Maß voll zu machen, gab es Myriaden von Schnaken, und wir waren es bald leid, sie alle paar Minuten von unserer Kleidung zu entfernen.

Wir schwitzten unseren Weg hinauf auf den nächsten Grat, dann wieder hinunter in ein Tal und schleppten uns über einen eiskalten Bach, der in seinem steinigen Bett dahinplätscherte. Dann begann der langwierige Anstieg zum Berg. Rauf, runter, hinüber, rauf, runter, hinüber ... und so weiter, endlos. Anfänglich versuchten wir, in den Bächen eine Furt zu finden, aber schließlich gaben wir all unsere Vorsichtsmaßnahmen auf und gingen direkt ins Wasser hinein, ohne darauf zu achten, wohin wir unsere Füße setzten, und wurden dabei fast bis zur Taille durchnäßt. Die Eintönigkeit der Reise, die blanke Müdigkeit und der Gedanke, all das tagelang von morgens bis abends fortzusetzen, machte uns apathisch und gleichgültig, bis wir keine Notiz mehr nahmen von den Scharen von Moskitos und Schnaken, dem strömenden Schweiß auf unseren Gesichtern oder dem plötzlichen

Schock der wiederholten eisigen Bäder. Wir gingen einfach immer weiter, wie im Schlaf.

Plötzlich wurden wir unsanft geweckt. Aus einem etwa fünfzig Schritt zur Linken gelegenen Jungfichtengehölz hörten wir ein heiseres Husten, ein lautes, furchterregendes Knurren, das Brechen von Ästen und sahen dann einen Bären auf allen Vieren auf einer Lichtung stehen. Er war einfach riesig, eine kraftvolle Gestalt mit breiter Brust, langen Haaren, die sich im Nacken sträubten, einem flachen Kopf, kleinen Augen und runden, zurückgelegten Ohren. Er fuhr fort, kurze, rauhe Schreie auszustoßen, wobei er deutlich die tief in seinem Maul blitzenden Zähne zeigte und einzelne Schaumflocken von seinen Lippen tropften. Die ganze Gesellschaft, Menschen wie Pferde, stand wie angewurzelt und starrte auf das mächtige Tier. Der Bär war sichtlich in Aufregung, und – obwohl ich einen schweren Karabiner in Händen hielt – wünschte ich nicht, daß er auf uns losginge. Immerhin war er sehr groß – und sehr nah.

In der Regel greifen auch große wilde Bären Menschen nicht an, sondern ziehen es vor, den Schauplatz der Begegnung ruhig und – wenn möglich – ungesehen zu verlassen. Normalerweise wird diese Regel nur von Bärinnen, die Junge führen, oder von einem Einzelgänger, der während seiner Mahlzeit aufgeschreckt wird, gebrochen. Aber was würde jetzt wohl passieren? Die Antwort kam schneller als erwartet. Zwischen uns und dem Bären stand schräg der Stamm einer alten Tanne, die nach einem Sturm nur stehengeblieben war, weil sie von ihren Nachbarn gestützt wurde. Dann, gerade als es so schien, als würde der Bär jetzt gleich angreifen, schossen aus eben dieser Tanne drei ziemlich kleine und sehr flinke Bärenkinder hervor. Der riesige Bär war also eine Bärin – von der Größe her hätte ich gedacht, es wäre ein Männchen.

Die Bärenjungen, die auf den Boden gepurzelt waren, eilten zu ihrer Mutter, die sofort ihre aggressive Laune verlor, sich unvermittelt umwandte und in ein Fichtendickicht lief, aus dem sie eine Minute später wieder hervorkam. Das Letzte, was wir sahen, war ihr runder Rücken, bedeckt von zotteligem Fell, das bei jedem Schritt hin- und herschwang, und daneben die drei kleinen Rücken der Bärenkinder. Die Äste bebten noch ein wenig und dann war alles ruhig. Noch lange Zeit blieben wir regungslos und sprachlos stehen, aus Furcht, den Zauber der Szene, der wir gerade beigewohnt hatten, zu zerstören…

Aber warum erzähle ich von Ereignissen, die so viele Jahre zurückliegen? Ich möchte, daß die Leser, wenn sie etwas über die Naturkunde unseres Landes lernen und die schönen Fotografien betrachten, die meine jungen Freunde gemacht haben, auch etwas von dem wirklichen Geist der Orte erfahren, an die sie mit Hilfe dieses hervorragenden Buches geführt werden. Eine Befassung mit den Schönheiten und Wundern der Natur kann jeden begeistern, ganz gleich, wo sie anzutreffen sind. Daraus erwächst die geistige Verbindung zwischen den Menschen und den Nationen.

Professor W. E. Flint ist Vizepräsident der Allunions-Ornithologischen Gesellschaft und Leiter der Abteilung Tierschutz des Allunions-Forschungsinstitutes für Naturreservate und Naturschutz in der UdSSR.

SPITZBERGEN

NORDPOLAR

GROSS-
BRITANNIEN

FRANZ-JOSEF-LAND

NORWEGEN

Barents-See

HALBINSEL
KOLA

NOWAJA SEMLJA

DÄNEMARK

SCHWEDEN

BUNDES-
REPUBLIK
DEUTSCH-
LAND

FINNLAND

Kara-See

DEUTSCHE
DEMOKRATISCHE
REPUBLIK

Ostsee

Weißes Meer

HALBINSEL JAMAL

HALBINSEL GYDAN

TSCHECHOSLOWAKEI

LETTLAND   ESTLAND

Ladoga-See

POLEN

Onega-See

Leningrad

• Archangelsk

LITAUEN

NORDEUROPÄISCHE TIEFLAND

UNGARN

BELORUSSLAND

Wilna

Petschora

Nördliche Dwina

Düna

• Minsk

RUMÄNIEN

UKRAINE

Dnjepr

MITTEL-

*Rybinsker
Stausee*

RUSSISCHE SOZIALI

Kiew

RUSSISCHES

• Moskau

S

MOLDAU

HOCH-

Ob

LAND

• Gorki

WEST-

Charkow

SIBIRISCHE

Don

TIEF-

*Asowsches
Meer*

EBENE

Ob

Schwarzes Meer

• Swerdlowsk

Irtysch

Wolga

*Zimljanska-
Stausee*

URAL

• Tomsk

TÜRKEI

KASPISCHE SENKE

• Omsk

Nowosibirsk•

KAUKASUS

GEORGIEN

KASACHENSTEPPE

ALT

ARMENIEN

Meer

KASACHSTAN

ASERBAIDSCHAN

• Baku

UST-URT-

Aral-See

Syr-Darja

PLATTE

WÜSTE

Balchasch-See

Kaspisches Meer

KYSYL-

WÜSTE
TAU-KUM

IRAK

TURKMENISTAN

Amu-Darja

KUM

USBEKISTAN

Issyk-kul-See

KARA-KUM-
WÜSTE

MITTELASIEN

KIRGISISTAN

IRAN

Taschkent•

TIENSCHAN

GISSARO-ALAI

TADSCHIKISTAN

PAMIR

AFGHANISTAN

MEER

WRANGEL-
INSEL

Tschuktschen-See

Bering-Straße

ALASKA

Bering-Meer

Ostsibirische See

TSCHUKTSCHEN-HALBINSEL

ANADYR-
GEBIRGE

NORDPAZIFIK

NEUSIBIRISCHE
INSELN

KORJAKEN-
GEBIRGE

Omolon

SEWERNAJA-
SEMLJA

Laptew-See

KOLYMA-GEBIRGE

KOMMANDEUR-
INSELN

AIMYR-HALBINSEL

*Taimyr-
See*

Indigirka

Kolyma

Lena

Jana

Werchojansk

E N

TSCHERSKI-
GEBIRGE

KAMTSCHATKA

WERCHOJANSKER GEBIRGE

JAKUTIEN

HE FÖDERATIVE SOWJETREPUBLIK (RSFSR)

Ochotskisches Meer

I

R

Jakutsk

B

MITTELSIBIRISCHES BERGLAND

SACHALIN

KURILEN

Lena

STANOWOI-GEBIRGE

Tatarensund

DIE GEBIRGE TRANSBAIKALIENS

Amur

SICHOTE-ALIN

Krasnojarsk

Baikal-See

USSURIEN

*Bratsker
Stausee*

Ussuri

SAJAN

Irkutsk

Wladiwostok

Japanisches Meer

JAPAN

MONGOLEI

NORDKOREA

SÜDKOREA

CHINA

| 0 | 200 | 1000 | 2000 | Meter |
| 0 | 660 | 3280 | 6560 | Feet |

| 0 | 100 | 200 | 300 | 400 | 500 | 600 Miles |
| 0 | 200 | 400 | 600 | 800 | 1000 Kilometer |

1 Umrisse eines Subkontinents

Die Entwicklung des Lebens

Während der unermeßlichen Zeitspanne des Präkambriums trat allmählich organisches Leben hervor und begann, verschiedene Umgebungen zu besiedeln. Die ursprünglichen einzelligen Organismen erschienen wahrscheinlich zuerst in heißen, chemisch aktiven Tümpeln und Seen in unmittelbarer Nähe von Geysiren oder in den wärmeren, seichten Meeren des Kontinentalschelfs. Vor mehr als 3,8 Milliarden Jahren entwickelten sich Algen, die vielen heutigen kalkabsondernden Formen ähneln. Bis vor 700 Millionen Jahren fand ein dramatischer Artbildungsprozeß statt, dessen Überreste als Gruppe der Ediacara-Fossilien (benannt nach den Ediacara-Hügeln in Australien, wo die ersten Exemplare gefunden wurden) erhalten sind. Verschiedene Beispiele dieser vorzeitlichen Fauna wurden später – sowohl in der UdSSR als auch in Südwest-Afrika und auf den Britischen Inseln – nachgewiesen. Zu ihnen gehören Algen, Quallen, Würmer, einfache Gliederfüßler (die Gruppe, zu der Insekten, Krebstiere und Spinnen gehören) und verschiedene Trittmarken und Höhlenbaue von Tieren. Während des unteren Paläozoikums (bestehend aus den Perioden Kambrium, Ordovizium und Silur) wurden die Gebiete Rußlands, die wie die Sibirische Platte unter dem Meeresspiegel lagen, von einer großen Vielfalt von Organismen, deren Ahnen im Präkambrium schwer nachzuweisen sind, bewohnt. Zu diesen Tieren gehören die Trilobiten (Dreilappkrebse), die Brachiopoden (eine Gruppe von Schalentieren, die von der Erscheinung her den Muscheln ähneln, aber eine ganz andere Biologie aufweisen), die Graptolithen (merkwürdige, feinverästelte Organismen, winzigen Farnwedeln nicht unähnlich), die Korallen und die Mollusken. Gegen Ende des frühen Paläozoikums wurden jene Gebiete der UdSSR, die über dem Meeresspiegel lagen, von einem Mantel kleiner, moosartiger Pflanzen wie von einem Miniaturwald überdeckt. Grünpflanzen begannen im Süßwasser zu gedeihen, und die ersten einfachen Fische schwammen in den Seen und Flüssen.

Während des oberen Paläozoikums (zu dem Devon, Karbon und Perm zählen) entwickelte sich das Leben auf den Festlandgebieten der UdSSR rasch. Die Pflanzen hatten nun schon Stengel herausgebildet und konnten so an Land aufrecht stehen. Bis zur Karbonperiode hatten sie sich so weit entwickelt, daß sie große tropische Wälder bildeten, die heute die großen Kohlereserven der UdSSR ausmachen. In diesen Schichten werden immer noch Fossilien gefunden. Auch die

Ein Geysir und damit verbundene heiße Schwefelquellen auf der Insel Kunaschir im Nordpazifik. Ähnliche Landschaften waren wahrscheinlich der Ausgangspunkt des Lebens auf der Erde.

Fischformen entwickelten sich weiter, und in Gesteinen des oberen Devon wurde in der UdSSR das älteste flügeltragende Insekt entdeckt. Im jüngeren Perm entwickelte sich die Insektenfauna weiter; Fossilien aus diesem Zeitalter der Käfer und Wanzen sind in verschiedenen Teilen der UdSSR gefunden worden.

Während des unteren Paläozoikums begannen Amphibien aus den Sümpfen herauszukriechen und nach Luft zu schnappen. Die säugetierähnlichen Reptilien oder Therapsiden sind in der Liste der in der UdSSR aufgefundenen Fossilien gut vertreten. Am Ende des Perms verschwanden viele Formen des Lebens vom Gebiet der heutigen UdSSR, darunter die Trilobiten (runzelige Korallen) sowie viele Brachiopoden und Mollusken. Die Flora wurde von dieser Periode der Artenauslöschung kaum betroffen, jedoch es starben auf der Erde über 70 Prozent der Amphibien und über 90 Prozent der Reptilien aus. Die UdSSR besitzt einen großen Reichtum an Fossilien aus dem Mesozoikum (mit den Perioden Trias, Jura und der Kreidezeit), die sich in den Ablagerungen flacher Meere finden. Dazu gehören Geschöpfe wie zweischalige Mollusken, Ammoniten (ebenfalls Schalentiere, entfernte Verwandte der Tintenfische) sowie kalkabscheidende Korallentiere. In denselben Meeresgewässern lebten verschiedene Reptilien, darunter Ichthyosaurier, Plesiosaurier, Krokodile und Schildkröten, während auf dem Land die große Gruppe der Dinosaurier die Herrschaft übernahm. Einige von ihnen waren nur so groß wie ein Huhn, andere – so zum Beispiel die Sauropoden – riesig. Drei Hauptgruppen mesozoischer Reptilien sind als Fossilien in der UdSSR gefunden worden. Knochenfische verbreiteten sich in den Meeren und im Süßwasser.

Während der Perioden des Jura und der Kreidezeit entwickelten sich die Reptilien immer weiter, so daß sie die ökologischen Nischen, die tierisches Leben zuließen, besetzen konnten. Große Flugreptilien, oder Pterosaurier, regierten die Lüfte. Auf dem Land hielten die Dinosaurier bis zum Ende der Kreidezeit die Stellung, dann starben sie alle verhältnismäßig plötzlich aus.

Wissenschaftler bieten eine Reihe von Theorien an, die Aufschluß über die Ursachen dieses Untergangs geben sollen. Diese Erklärungen reichen von der These eines katastrophalen Klimawechsels nach dem Einschlag eines riesigen Meteoriten bis hin zu Vorstellungen über eine schrittweise sich vollziehende, aber genauso verhängnisvolle Verschlechterung des Klimas. Keine dieser Theorien hat jedoch bislang eindeutig nachweisen können, warum solch eine große Tiergruppe so vollständig verschwand.

Zu Beginn des Känozoikums, während des Frühtertiärs, waren die Dinosaurier als die herrschenden Landtiere verdrängt worden durch Säugetiere, darunter Monotremata (eierlegende Säugetiere wie der Ameisenigel), Marsupialia (Beutelsäuger wie die Känguruhs) und einfache Formen höherer Säugetiere (mit einer Plazenta als Nährstoffquelle für die Jungen im Uterus, wie sie Füchse, Rotwild und der Rest der gegenwärtigen Säugetierfauna der UdSSR besitzen).

Bis zum Ende des Alttertiärs waren die Säugetiere weit verbreitet. Ein für diese Periode charakteristischer Plazentalier war das *Indricotherium (Baluchitherium)*. Dieses gigantische Rhinozeros, dessen Fossilien innerhalb der UdSSR von Kasachstan bis Zentralasien gefunden worden sind, war mit einer Schulterhöhe von 5,5 Metern und einem Gewicht von etwa 16 Tonnen das größte Landsäugetier, das jemals gelebt hat. Es gehört zu einer weitgefächerten Gruppe von Säugetieren, die die feuchten Wälder und Sümpfe genauso besiedelten wie die trockenen Waldsteppen.

Bis zur Mitte des Tertiärs waren Säugetiere auf dem trockenen Land vorherrschend. Während des Miozäns, das vor etwa 26 Millionen Jahren begann, wurde das Klima trockener, viele Waldbewohner starben aus und die Huftiere paßten sich an das Leben in den großen Steppengebieten an. Rhinozerosse, urzeitliche Elefanten, Giraffen, Hirsche, schweineähnliche Säuger, verschiedene Affenarten und zahlreiche Raubtiere, darunter hundeähnliche Arten, waren weit verbreitet. Die tropische und subtropische Vegetation verschwand nach und nach. Pflanzen der gemäßigten Zone, vergleichbar jenen, die heute jenseits des Kaukasus sowie in Japan und China wachsen, traten an ihre Stelle. Im nördlichen Teil der UdSSR erschien die Vegetation der Tundra und fast ganz Sibirien wurde vom dunklen Nadelwald der Taiga bedeckt.

Vor ungefähr 4 Millionen Jahren, in der Mitte des Pliozäns, begannen mit dem Einsetzen der Eiszeitperiode diese Säugetiere auszusterben, weil sie unfähig waren, das unaufhaltsame Vorrücken der Eisdecke zu überleben. Ebenfalls Mitte des Pliozäns tauchten auch die ersten Vorläufer menschlicher Wesen auf.

Dieser Stoßzahn eines Mammuts wurde von einem Fluß in der Tundra der Halbinsel Taimyr freigelegt. Diese riesigen Elefanten bevölkerten während der letzten Eiszeiten die Erde.

Die Periode des Quartärs, die vor ungefähr 2 Millionen Jahren begann, ist die kürzeste auf der geologischen Zeittafel. in diese Zeit fallen jedoch die schwersten Vereisungen der nördlichen Hemisphäre. Während des Quartärs erschienen unsere heutige Meeresfauna und -flora. Die endlosen Steppen des Pliozäns wurden ersetzt durch abwechslungsreichere Landschaften, die den heutigen ähneln. Wiederum starben verschiedene Tiergruppen, darunter das Zwergpferd *Hipparion,* aus. Tiere, die besser in der Lage waren, sich den komplexen Bedingungen anzupassen, wie der Riesenelch, Elefanten, Kamele, Rhinozerosse, Wildziegen, Bären und Wölfe tauchten nun auf.

Um die Mitte des Pleistozäns, vor etwa einer Million Jahren, setzte eine Serie aufeinanderfolgender Vereisungen ein (vgl. auch die Seiten 19 und 32). Unübersehbare Eismassen, bis zu zwei Kilometer stark, griffen von den skandinavischen und finnischen Bergen auf die Täler über und bedeckten bald große Teile des Landes. Die drastische Klimaänderung hatte tiefgreifende Auswirkungen auf die Tier- und Pflanzengemeinschaften. Südlich der Vereisungszone wurde die Tundra von Säugetieren, die die Kälte ertragen konnten, bevölkert. Darunter befanden sich Kältesteppenmammuts, behaarte Rhinozerosse, Moschusochsen, Rentiere, Füchse und andere. Diese Geschöpfe bildeten verschiedene Methoden heraus, der Kälte zu trotzen: dicke Felle, Fettpolster und ein stärkeres Wachstum. Säugetiere, die sich nicht an die bittere Kälte anpaßten, wanderten nach Süden oder starben aus.

Die ethnische Zusammensetzung der UdSSR

Mit etwa 130 verschiedenen Nationen und ethnischen Gruppen, die innerhalb ihrer Grenzen leben, ist die UdSSR ein Vielvölkerstaat. Der größte Teil der Bevölkerung ist europäischer Abstammung – vertreten durch nördliche, südliche und Übergangsrassen. Die im östlichen Sibirien und im Fernen Osten einheimischen Völker gehören zum nördlichen Zweig der mongolischen Gruppe. Unter den Völkern Zentralasiens und Kasachstans befinden sich Gruppen gemischt mongolischer und europäischer Herkunft. Die Anzeichen europäischer Abstammung verlieren sich, je weiter man nach Osten reist.

Die stärkste ethnische Gruppe in der UdSSR sind mit 52,12 Prozent der Gesamtbevölkerung die Russen. Ihre nächsten Verwandten sind die in der Ukraine und in Belorußland Ansässigen, obwohl diese auch anderswo leben. An der Ostseeküste leben Litauer und Letten, die zu einer alten baltischen Sprachgruppe gehören, sowie Esten, die wie die Finnen und die Lappen Finnougrier sind. Andere Finnougrier findet man in der Wolga-Region, z.B. Karelier, Wepen, Saami, Komi, Mari, Udmurten und andere. Südlich der Wolga-Region und im Südural leben die turksprachigen Tschuwaschen, Baschkiren und Tartaren, und im Südwesten der Wolga die Kalmücken, die eine mongolische Sprache sprechen. Eine romanische Sprache wird von den Moldauern im äußersten Südwesten der UdSSR gesprochen. Die von der nationalen Zusammensetzung her vielgestaltigste Region ist der Kauka-

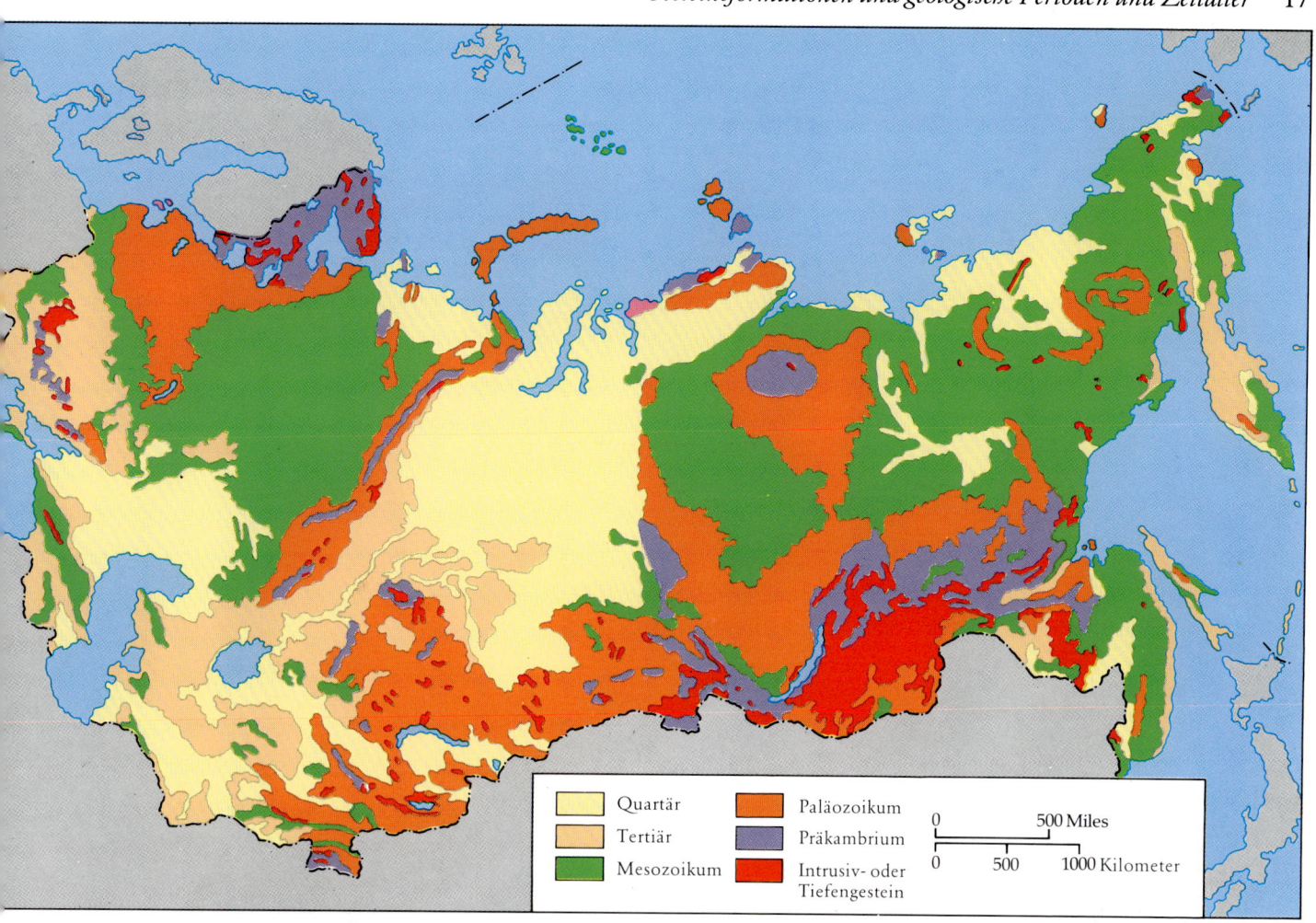

		Quartär		Paläozoikum	
		Tertiär		Präkambrium	
		Mesozoikum		Intrusiv- oder Tiefengestein	

0   500 Miles
0   500   1000 Kilometer

Zeitalter	Formation/ Periode	Abteilung/ Epoche	Dauer (in Jahren) (m = Million)		Beginn vor:	
Känozoikum	QUARTÄR	Holocän	10 000 bis heute		10 000 Jahren	
		Pleistozän	ca. 2 m		ca. 2 m „	
	TERTIÄR	Pliozän	5 m		7 m „	
		Miozän	19 m		26 m „	
		Oligozän	12 m		30 m „	
		Eozän	16 m		54 m „	
		Paläozän	11 m		65 m „	
Mesozoikum	KREIDEZEIT		71 m		136 m „	
	JURA		54 m		190 m „	
	TRIAS		35 m		225 m „	
Oberes Paläozoikum	PERM		55 m		280 m „	
	KARBON	Pennsylvanian (USA)	65 m	40 m (USA)	345 m	320 m (USA) „
		Mississipian (USA)		25 m (USA)		345 m (USA) „
	DEVON		60 m		395 m „	
Unteres Paläozoikum	SILUR		45 m		440 m „	
	ORDOVICIUM		60 m		500 m „	
	KAMBRIUM		100 m		600 m „	
Präkambrium			wahrscheinlich mehr als 4000 m		ca. 4600 m? „	

Oben: *Die Karte zeigt das Alter der wichtigsten Gesteinsformationen, die in der nebenstehenden Tabelle als geologische Perioden und Zeitalter angegeben sind. Tiefengesteine sind solche, die in geschmolzenem Zustand in vorhandenes Gestein eindrangen und sich in der Erdkruste verfestigten.*

Links: *Das Diagramm zeigt die Einteilung der Erdgeschichte in verschiedene Abschnitte. Die Spalte ganz rechts gibt an, wann das Zeitalter, die Periode oder Epoche in etwa begann. Nur wenige tierische und pflanzliche Fossilien datieren aus der Zeit vor dem Kambrium, das vor etwa 600 Millionen Jahren seinen Anfang nahm.*

sus. Die Osseten, Kurden und einige andere Völker des Kaukasus sprechen Sprachen aus der iberisch-kaukasischen Sprachenfamilie, während der Rest Turksprachen spricht. Die Armenier sprechen ein Idiom, das in der großen indogermanischen Sprachgruppe einzigartig ist. Die Osseten, Kurden und einige andere Völker sprechen zum Persischen gehörende Sprachen.

Östlich des Aralsees, im weiten Tiefland von Turan und in den Gebirgen Zentralasiens und Kasachstans leben die Völker von sechs weiteren Nationalitäten, von denen jede ihre eigene Republik hat: die Usbeken, Kasachen, Tadschiken, Kirgisen, Turkmenen und die Karakalpaken. Außer den Tadschiken, die eine persische Sprache sprechen, sprechen alle diese Völker Turksprachen. Noch mehrere andere, kleinere Nationen leben auf dem Gebiet der UdSSR.

Die ethnische Zusammensetzung Sibiriens und des Fernen Ostens ist sogar noch vielfältiger. Die in dieser Region Ansässigen gehören zu verschiedenen kleineren ethnischen Gruppen, deren Gesamtbevölkerung kaum eine Million erreicht.

Jene, die im Süden Westsibiriens leben (die Altaier, Schorsiten und Chakasen) sprechen wie die Jakuten, die im Tal der Lena und weiter östlich leben, Turksprachen. Die übrigen im Norden und im Fernen Osten Siedelnden gehören verschiedenen ethnischen Gruppen an. Im ganzen östlichen Sibirien und im Fernen Osten leben Tungusisch sprechende Völker wie die Ewenken, Nanaizen, Ultscha und Udechen. Die Völker, von denen man allgemein annimmt, daß sie die Ureinwohner Nordasiens waren, werden als Paläoasiaten zusammengefaßt. Zu ihnen gehören die Tschuktschen, die Korjaken, die Itelmenen, die Jukagiren und die Niwchen. Im äußeren Nordosten leben die Innuits (Eskimos) und die Aleuten.

Die kleinsten ethnischen Gruppen wie die Tofalaren, Aleuten, Negidalzen und Ischori können aus Populationen von weniger als tausend Individuen bestehen. Sie werden dazu ermutigt, ihre nationale Kultur und ihre Traditionen zu bewahren und zu entwickeln; es kann jedoch auch zu Einschränkungen kommen, wenn dies mit Naturschutzanliegen in Konflikt gerät. So dürfen verschiedene Völker des Nordens und des Fernen Ostens, die von der Jagd und vom Fischfang leben, dies nur außerhalb der unter Naturschutz stehenden Gebiete betreiben, und es kann ihnen verboten werden, über eine bestimmte Quote hinaus zu fangen.

Bevölkerung

Die Bevölkerung der UdSSR ist einer Zählung im Jahre 1982 zufolge mit 268,8 Millionen Menschen nach der Chinas und der Indiens die drittgrößte der Erde. Diese eindrucksvolle Gesamtzahl, immerhin 6 Prozent der Erdbevölkerung, verteilt sich jedoch über eine dermaßen große Landfläche, daß die durchschnittliche Bevölkerungsdichte nicht mehr als 11 Menschen pro Quadratkilometer ausmacht. Im Vergleich dazu beträgt die durchschnittliche Bevölkerungsdichte in Bangladesh 433 Einwohner pro Quadratkilometer, 229 Einwohner / Quadratkilometer in Großbritannien und in den

Vereinigten Staaten entfallen 23 Menschen auf jeden Quadratkilometer. Darüber hinaus haben riesige Gebiete der UdSSR eine Bevölkerungsdichte weit unter dem Durchschnitt oder sind völlig unbewohnt.

In der UdSSR ist der Prozeß der Urbanisierung im Vergleich zu den entwickelten Ländern der Erde mit am schnellsten vor sich gegangen. In weniger als 60 Jahren ist – als Ergebnis der Abwanderung aus landwirtschaftlichen Gebieten und als Folge des Bevölkerungswachstums in den Städten selbst – der Anteil der Bevölkerung, die in Städten lebt, von 18 auf 64 Prozent gestiegen.

Die größten Nationalitätengruppen in der UdSSR und ihre Bevölkerung (Stand 1979)

1	Russen	137 397 000
2	Ukrainer	42 347 000
3	Usbeken	12 456 000
4	Belorussen	9 463 000
5	Kasachen	6 556 000
6	Tartaren	6 317 000
7	Aserbeidschaner	5 477 000
8	Armenier	4 151 000
9	Georgier	3 571 000
10	Moldauer	2 968 000
11	Tadschiken	2 898 000
12	Litauer	2 851 000
13	Turkmenen	2 028 000
14	Deutsche	1 936 000
15	Kirgisen	1 906 000

Die physische Geographie der UdSSR

Dieser kurze Überblick über die physische Geographie der UdSSR soll dem Leser eine Vorstellung von der Vielfalt natürlicher Voraussetzungen vermitteln, einige Einzelheiten der typischsten Landschaften und ihrer Verbreitung vorstellen und die für sie charakteristische Vegetation (die auf den Seiten 30–40 ausführlicher beschrieben wird) skizzieren. Die Karte auf den Seiten 12 und 13 zeigt die wichtigsten geographischen Grundzüge der UdSSR.

Es gibt mehrere Möglichkeiten, eine Landschaft entsprechend ihrer physischen Geographie in getrennte Zonen aufzugliedern. Das allgemein anerkannte Schema teilt die UdSSR und benachbarte Gebiete Europas und Asiens in 19 solcher Zonen. Es berücksichtigt Bodenart, Vegetation und andere natürliche Bedingungen in jeder Zone.

Die Felsen der Gerald-Insel in der Eiswüste der Tschuktschen-See im äußersten Nordosten der UdSSR. Diese Aufnahme entstand im April.

1 Die arktischen Inseln

Zu dieser Zone gehören die Archipele und Inseln des Nordpolarmeeres. Manche Inseln sind flach (z.B. die Neusibirischen Inseln), während andere (wie Nowaja Semlja und die Wrangel-Insel) gebirgig sind. Typische Landschaften sind vom Eis eingeschlossene Schilde, weitgehend unbelebte Kältewüsten und kleine Gebiete mit arktischer Tundra.

2 Fennoskandien

Ein Großteil dieser Zone liegt außerhalb der UdSSR; innerhalb der Sowjetunion umfaßt sie nur die Halbinsel Kola und Karelien. Ihre zentrale Formation ist der Baltische Schild. Während der Eiszeiten des Quartärs war das ganze Gebiet von Gletschern überdeckt. Hügelige Ebenen und niedrige Berge wie das Chibin-Gebirge wechseln sich mit Seen ab, die gewöhnlich durch kurze Flüsse miteinander verbunden sind.

Das Klima ist kalt und feucht und begünstigt die Entstehung mooriger Böden. Die vorherrschende Art der Waldflora ist mit ihren dichten Nadelholzbeständen von der Art der nördlichen Taiga. Kiefern *(Pinus)* wachsen auf den felsigen Hügeln und Kämmen, während niedrigere Lagen von

Fichtenwald besetzt sind. Im Norden der Halbinsel Kola gibt es Waldtundra [Tundra mit eingestreuten Birken *(Betula)*] und Tundra.

3 Die osteuropäische (russische) Ebene

Diese ist eine der größten Zonen Eurasiens. Ein großer Teil fällt mit dem russischen Teil der osteuropäischen Tafel zusammen; im Süden umfaßt sie die Krimsteppen und die westlichen und mittleren Gebiete nördlich des Kaukasus. Während der Eiszeiten des Quartärs war die nördliche Ebene vom Eis und Kontinentalgletscher bedeckt. Felstrümmer und andere durch die Eisbewegung abgetragene Überbleibsel, wurden als Moränen abgelagert, die der Landschaft ihr charakteristisches Gepräge aus Hügeln und großen, heute oft von Seen und Sümpfen überzogenen Flachlandgebieten gaben. Jenseits der Vereisungsgrenze gesellen sich zu den breiten Flußtälern Schluchten und Gießbachbetten und bilden ein komplexes, weitverzweigtes Netz. Das Klima ist gemäßigt kontinental. In dieser Zone wird die Wirkung der geographischen Breite auf die Landschaft besonders deutlich.

4 Der Ural

Dieses System von Bergketten erstreckt sich mehr oder weniger in Nord-Süd-Richtung. Die einzelnen Gipfel erreichen die größten Höhen im Norden, nahe dem Polarkreis, wo es auch einige kleine Gletscher gibt. Die klar be-

stimmte Höhengliederung der Vegetation wird hier über-
lagert vom Einfluß der geographischen Breite. Die meisten
Gebiete sind von Gebirgswald bedeckt. Im Norden gibt es
weite Areale mit Gebirgstundra und vegetationslosen Gipfeln.

5 *Die ukrainischen (Wald-) Karpaten und das Tiefland jenseits der Karpaten (Pannonische Tiefebene)*

Diese gehören zum Alpen-Karpaten-System, das zum größten Teil außerhalb der UdSSR, in Rumänien und in der
Tschechoslowakei, liegt. Die Berge sind von mittlerer Höhe
und haben abgeflachte Kuppen. Die tieferen Hanglagen
sind hauptsächlich mit Wäldern aus Eichen *(Quercus)* und
Buchen *(Fagus)* bedeckt. Darüber findet man einen Gürtel
aus Misch- und reinem Nadelwald. Ab einer Höhe von
1500 Meter weisen weite Teile der Oberfläche subalpine
Wiesen auf.

6 *Das Krim-Kaukasus-Gebirge*

Zu diesem Gebiet gehörten das Krim-Gebirge, der Große
Kaukasus, die Talysch-Berge und das angrenzende Tiefland
von Lenkoran, das Kolchische Tiefland sowie das Tiefland
von Kura und Arax. Alle diese Regionen werden von Erdbeben heimgesucht. Große Bereiche des Krim-Gebirges sind
waldbedeckt. Die Südküste der Krim ist vom Klima und Charakter her eindeutig mediterran. Auf den unteren Hängen des
Großen Kaukasus herrschen Mischwälder aus Nadel- und
Breitlaubbäumen vor, in höheren Lagen subalpine und alpine Wiesen. Die zerklüfteten Gipfel des Kaukasus sind von
Gletschern und ewigem Schnee bedeckt, deren Schmelzwasser die Flüsse tief unten nähren. Im westlichen Teil des

Großen Kaukasus ist es mit bis zu 5000 Millimeter jähr-
lichem Niederschlag – dem höchsten in der ganzen UdSSR –
sehr naß. Der östliche Teil hat ein trockeneres, mehr kontinentales Klima mit heißen Sommern und kalten Wintern.
Im Kleinen Kaukasus dominieren Bergsteppe und Gebirgswiesen, jedoch gibt es im Westen dieser Region auch richtige Wälder. Die Gipfel der Talysch-Berge sind mit Gras-
steppe bedeckt, nur an ihren Hängen wachsen Breitlaubwälder. Die Tiefebenen von Lenkoran und Kolchida liegen in
den feuchten und halbfeuchten Subtropen, weshalb Breitlaubwälder und Sümpfe weit verbreitet sind. Das Tiefland
von Kura und Arax ist ein Gebiet subtropischer Halbwüste.

7 *Das Hochland von Armenien und der Kopet-Dag*

Diese Gebiete bilden einen Teil des nahöstlichen Hochlandes und liegen zum größten Teil außerhalb der UdSSR in der
Türkei und im Iran. Das armenische Hochland liegt an der
nordöstlichen Grenze Armeniens. Sowohl vulkanische
Landschaften als auch Bergsteppen und Gebirgswiesen kommen hier vor. Das Kopet-Dag-Gebirge liegt am nördlichen
Rand des persischen Tafellandes. Es besteht aus subtropischer Halbwüste und Gebirgssteppenlandschaften mit trok-
kenresistenten Pflanzen und Wacholderwäldern *(Juniperus)*.
Beide Gebiete liegen auf instabilen Teilen der Erdkruste
und sind stark erdbebengefährdet.

8 *Die Gebirge Zentralasiens*

Zu diesem Gebiet gehören die Gebirgssysteme Südost- und
Ostkasachstans, Saur, Tarbagatai, dsungarischer Ala-Tau,
Tienschan (außer seinen höchsten östlichen und südöstli-
chen Teilen) und Gissaro-Alai. In den Vorgebirgen gibt es

*Die Wüstenvorberge des Kopet-
Dag-Gebirges im südlichen
Turkmenistan im äußersten
Südwesten der UdSSR.
Die Berge bilden einen Teil der
Hochlandzone des Nahen
Ostens und erheben sich auf über
2700 Meter.*

Halbwüsten, während die unteren und mittleren Hanglagen, außer in der Gissaro-Alai-Region, von Gebirgssteppen bedeckt sind. In den Ausläufern des Gissaro-Alai herrschen subtropische Bedingungen und an den feuchteren exponierten Berghängen können Nußbäume, Espen, Apfelbäume, Fichten und Wacholder gedeihen. In den Hochgebirgen der zentralasiatischen Region gibt es subalpine und alpine Wiesen, Wiesensteppen und viele große Gletscher.

9 Die hochgelegenen Wasserreservoirs des Tienschan und des Pamir

In dieser Region befinden sich die höchsten Berge der UdSSR. Sie ist Teil der natürlichen Zone des zentralasiatischen Hochlandes, dessen größte Teile außerhalb der UdSSR in Afghanistan, Pakistan, Indien und China liegen. Das Klima ist, besonders in den von großen Bergen eingeschlossenen Tälern, deutlich kontinental. Wegen der großen Höhe dieses Gebietes ist das Klima so extrem, daß sogar die Hochebenen arid (wüstenhaft) sein können. Die höchsten Lagen, über die die Winde von Westen noch Regen bringen, sind stark vereist mit großen Talgletschern wie dem Iniltschik und dem Fedtschenko. Auf den Hochebenen des Tienschan und des östlichen Pamir findet man Eiswüsten und Halbwüsten sowie etwas steinige Gebirgstundra. Weite Teile des Landes sind bis in große Tiefen gefroren. In den feuchtesten Gebieten gibt es Steppen und Hochgebirgs-Wiesensteppen.

10 Die zentralasiatische Ebene

Dies sind die Wüsten- und Halbwüstengebiete des Tieflandes von Turan, die Kaspische Senke und das Gebiet nördlich von Balchasch. Im wesentlichen deckt sich das Gebiet mit der darunterliegenden Turanplatte. Es besteht in der Hauptsache aus Ebenen mit häufigen sandigen Hügeln und Hügelketten. Das Klima ist deutlich kontinental-trocken mit einem sehr heißen Sommer. Der nördliche Teil der Zone liegt in einem milden Klimagürtel, während der südliche Teil mit einem relativ milden Winter subtropisch ist. Es gibt hier Sand-, Lehm- und Halbwüsten.

11 Turgai und Zentralkasachstan

Diese Gebiete bestehen aus Landschaften, die in ihrem Charakter zwischen denen Zentralasiens und Westsibiriens angesiedelt sind. Den westlichen Teil bedeckt die Turgai-Senke mit ihren flachen Steppen. Die mittleren und östlichen Teile werden von den Steppen Kasachstans gebildet, aus denen sich viele Hügel und Hügelketten erheben.

12 Die Westsibirische Ebene

Dieses endlos weite Land liegt auf der Westsibirischen Tafel. Die Oberfläche ist sehr eben und kaum entwässert; große Teile sind Sumpfgebiet. Der nördliche Teil dieser Region besitzt eine dicke Schicht Dauerfrostboden. Über die ganze Fläche hinweg erstreckt sich die Vegetation von Tundra, Waldtundra, Wäldern oder Baumsteppe. Im Süden gibt es Steppengebiete, Solontschakböden, die reich an löslichen Salzen sind, und Salzseen, in denen sich, weil es keinen Abfluß gibt, bei der Verdunstung von Wasser Salz ablagert.

13 Die Mittelsibirische Zone

Große Teile dieser Region liegen auf der Sibirischen Platte, die eine relativ flache, von Flußtälern tief durchfurchte

Der 180 Kilometer lange Hochgebirgssee Issyk-kul liegt zwischen den Bergketten Terskei- und Kungei-Alatau, die zum Tienschan in Zentralasien gehören.

Eine Karawane zieht durch die große Sandwüste Kara-Kum im Südwesten der UdSSR. Wie in anderen Sandwüsten auch, sind Kamele das beste Transportmittel.

Oberfläche besitzt. Das Klima ist eindeutig kontinental und überall gibt es Dauerfrostboden. Die Flüsse führen große Wassermengen. Die Bedeutung der geographischen Breite für die Landschaft wird durch die Wirkungen der Höhengürtel und des Dauerfrostbodens eingeschränkt.

14   Die Altai-Sajan-Gebirgszone

Hierzu gehören die Gebirge Altai, Sajan, Kusnezk-Alatau und Tuwa. Diese spektakulären Gebirgsketten sind durch Gletscheraktivität zu einem typisch alpinen Relief geformt worden. Die tiefen Flußtäler zwischen den hoch aufragenden Bergen geben der Region ein charakteristisches Gepräge. Im Westen der Zone, wo das Klima feuchter ist, wachsen dichte Nadelholzwälder, die an höhergelegenen Hängen durch lichte Bestände mit Sibirischen Zirbelkiefern (Pinus sibirica) und alpine Matten abgelöst werden. In den Tälern breiten sich Steppen und Halbwüsten aus, die an den Berghängen Wäldern aus Lärchen (Larix) und Kiefern (Pinus) Platz machen. In noch größeren Höhen findet man Areale mit Gebirgstundra und vegetationslose Gipfel. Es gibt Stellen mit Dauerfrostboden und viele Gletscher.

15   Die Baikal-See-Zone

Dies ist eine gebirgige Region mit durch lange Täler voneinander getrennten Bergkuppen und kegelförmigen Gipfeln.

Das Klima ist ausgesprochen kontinental: trocken in den Tälern, auf den Bergen jedoch feuchter und kälter. Dauerfrostboden ist weit verbreitet. In den Tälern gibt es Steppen, manchmal mit Kiefernwäldern und Wiesen, während die Berghänge vor allem mit Lärchen- und Zirbelkieferwäldern bedeckt sind. Die Gipfel tragen keine Vegetation.

16   Die Daurische Zone

Der größte Teil dieses Gebietes liegt in der Mongolei und in China, ein kleiner Abschnitt jedoch in der UdSSR. Hier gibt es weiträumige hügelige Flächen mit abgeflachten Gipfeln, von denen keiner höher als 1500 Meter ist. Das Klima ist typisch kontinental. Stellenweise kommt Dauerfrostboden vor. An einigen Plätzen findet man Solontschakböden, die hell und reich an löslichen Salzen sind. Oft wachsen Wiesen darauf.

17   Die nordostsibirische Zone

Dieses Gebiet ist gebirgig und besitzt, vornehmlich in einigen Tälern, ein rauhes, kontinentales Klima. Der kälteste Ort in der UdSSR und, wenn man die Antarktis nicht einschließt, auf der ganzen Erde liegt bei Werchojansk in dieser Zone (vgl. Seite 27). Lichte Lärchenbestände herrschen neben Gebirgstundra und nackten Gipfeln vor; im Norden dieser Region fehlt der Wald.

Eine typische Szenerie in der sommerlichen Tundra, aufgenommen in der Nähe des Taimyr-Sees auf der Taimyr-Halbinsel in der mittelsibirischen Zone. Die dicke Schicht Dauerfrostboden verhindert das Absickern des Wassers, und die Pflanzendecke hält es wie ein Schwamm.

Oben: Der Fluß Ak-Kem führt die Schmelzwasser des Belucha-Gletschers in der Katun-Kette des großen Altai-Gebirges im südlichen Sibirien.
Rechts: Der Berg Belucha, mit 4506 Meter der höchste Gipfel des Altai-Gebirges im südlichen Sibirien, ist ein überzeugendes Beispiel für eine durch Vergletscherung geformte Landschaft. An die 800 Gletscher verteilen sich auf eine Fläche von 580 Kilometer.

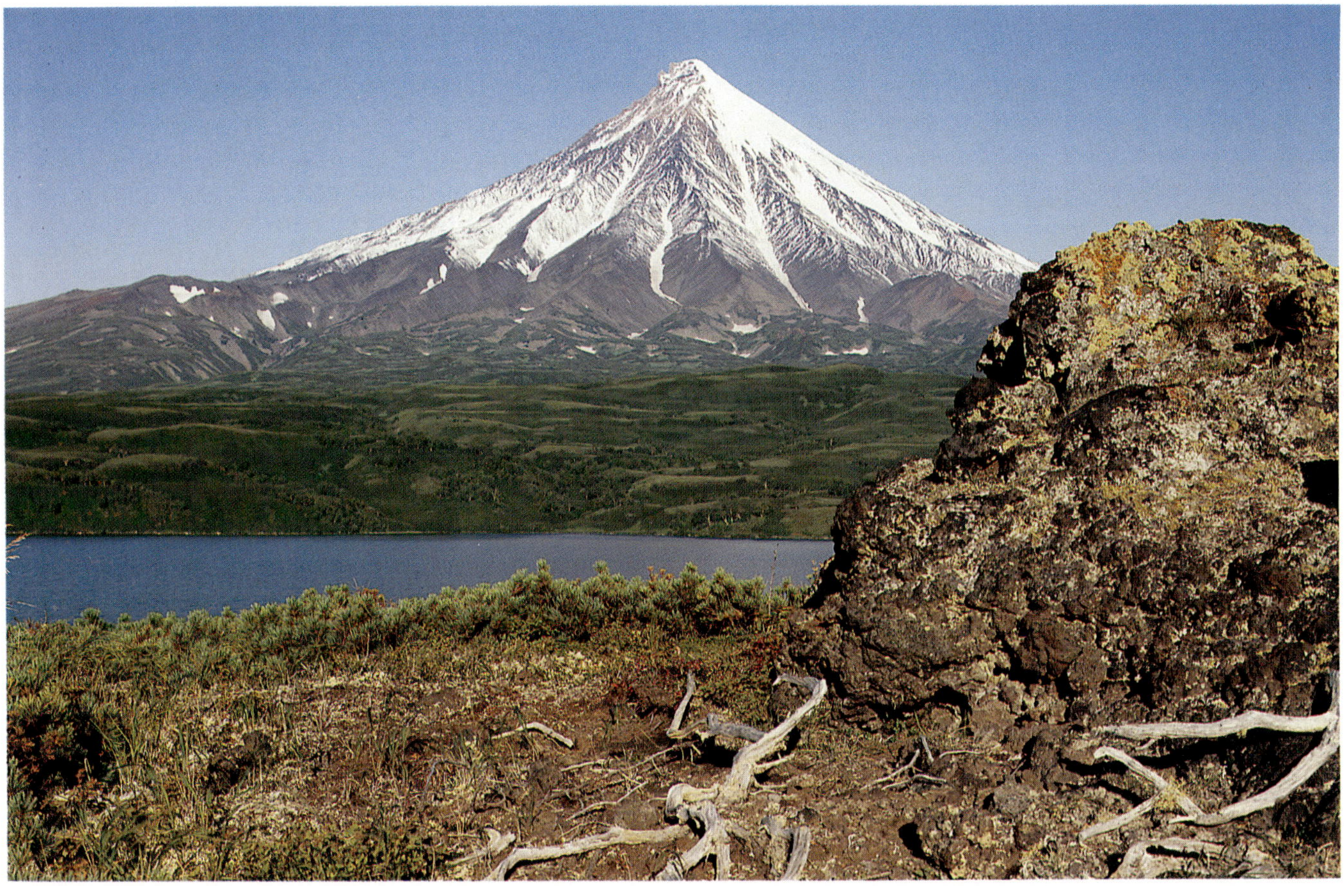

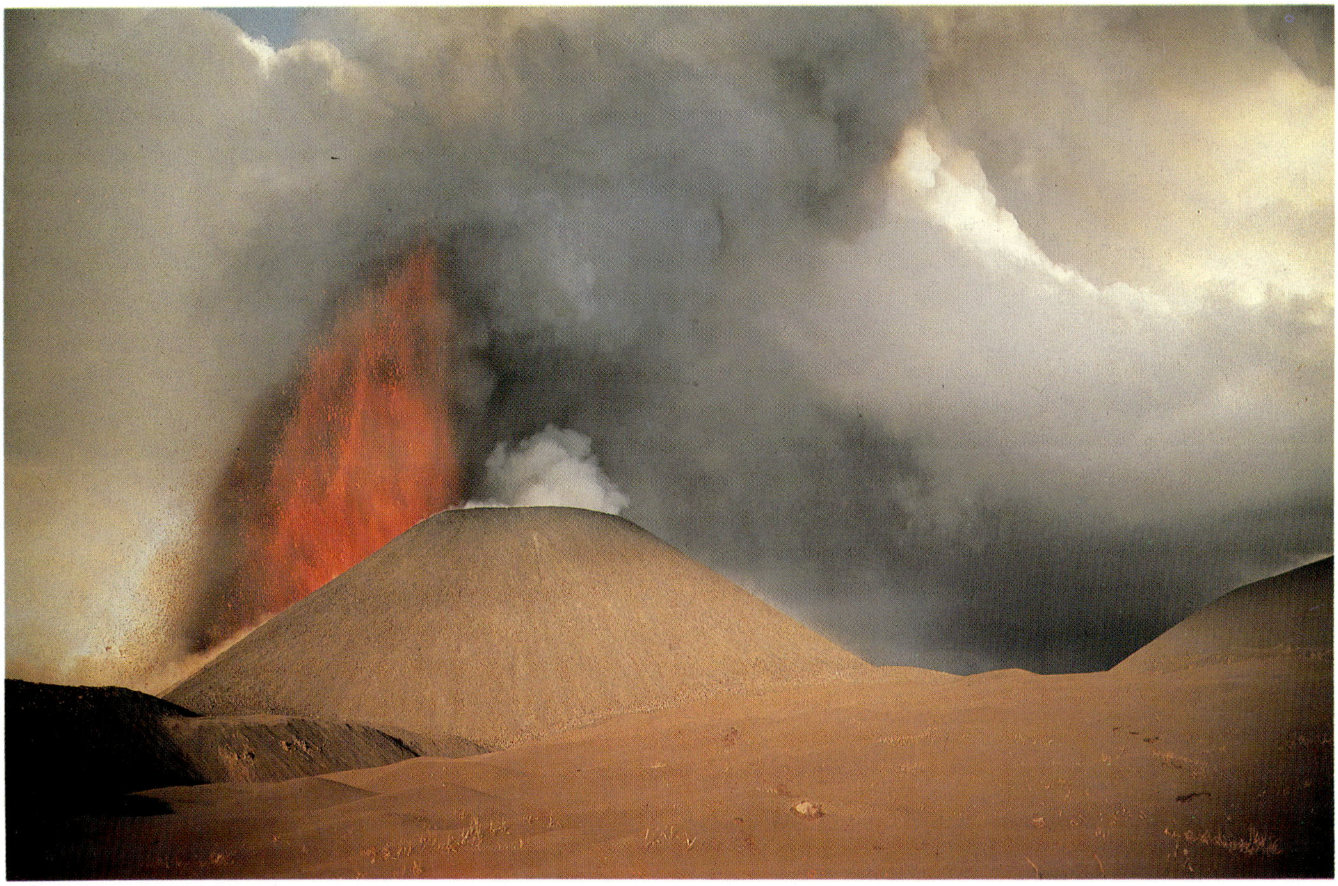

Links: *Im nordpazifischen Gebiet des sowjetischen Fernen Ostens gibt es viele tätige Vulkane und immer wieder Erdbeben. Hier sieht man den Kronoki-Vulkan auf der Halbinsel Kamtschatka in Ruhe (oben) und während einer der letzten Eruptionen (unten).*

18 *Die nordpazifische Zone*

Dazu gehören die Tschuktschen-Halbinsel, das Plateau und das Tiefland von Anadyr, das Korjaken-Gebirge, die Halbinsel Kamtschatka, die Kommandeur-Inseln und die Kurilen. Es gibt hier viele Gebirgszüge mit spitzen Gipfeln, vulkanische Plateaus mit Kratern und Bergketten mittlerer Höhe. In dieser Zone gibt es viele tätige Vulkane, und immer wieder bebt auf Kamtschatka und den Kurilen die Erde. In den nördlichen und mittleren Teilen der Region ist Dauerfrostboden weit verbreitet. Das dem Einfluß der Passatwinde unterliegende Klima ist maritim, und die Sommer sind kühl, trübe und regnerisch. Auf der Tschuktschen-Halbinsel erstreckt sich die Tundra bis weit nach Süden. Taiga findet man nur im Süden der Zone. Die südlichen Kurileninseln besitzen Breitlaub- und Mischwaldbewuchs sowie Gesträuch aus Kurilen-Bambus *(Sasa kurilensis)*. Auf den Küstenniederungen gibt es Mischwälder, Wiesen und Sümpfe, während auf den Bergen lichte Bestände der Ermansbirke *(Betula ermani)*, Zwergkiefern *(Pinus)* und Erlen *(Alnus)* wachsen. Die Gipfel sind entweder von Tundra bedeckt oder vegetationslos.

19 *Die Amur-Sachalin-Zone*

Zu dieser Region gehören die Ebenen und Gebirge des Amur-Gebietes und der Pazifikküste, das Sichote-Alin-Gebirge und die Ebenen Ussuriens, die sich westlich davon erstrecken,

Oben: *Die einzigartigen Wälder des südlichen Ussuri-Gebietes enthalten – wie dieser Wald aus Korea-Kiefern an der Küste des Japanischen Meeres – eine Fülle einmaliger Pflanzen und Tiere.*

sowie die Insel Sachalin. Taigalandschaften mit Wäldern aus Lärchen *(Larix)* und Nadelhölzern dominieren, aber auch Sumpfe bedecken eine beträchtliche Fläche. Zwergkieferngehölze wachsen auf den Gipfeln. Im Süden der Zone, in den Flußtälern Ussuriens und auf den tieferen Hanglagen der Berge, gibt es die einzigartigen Breitlaub-Nadelholz-Mischwälder und Areale mit Hochgras. Diese sind bemerkenswert wegen der großen Anzahl von Pflanzenarten, zu denen viele Endemiten und Reliktarten aus dem Tertiär (das vor etwa 65 Millionen Jahren begann) gehören; sie konnten den Eiszeiten, die immer wieder große Teile der UdSSR heimsuchten, entkommen.

Klima und Klimagürtel

Weite Gebiete der UdSSR haben ein rauhes, kaltes Klima. Abhängig von der geographischen Breite, variiert die jährlich einfallende Sonnenstrahlung über das ganze Land erheblich. Die Inseln im Polarmeer empfangen dabei weniger Wärme, die Täler Zentralasiens mehr. Über das ganze Land

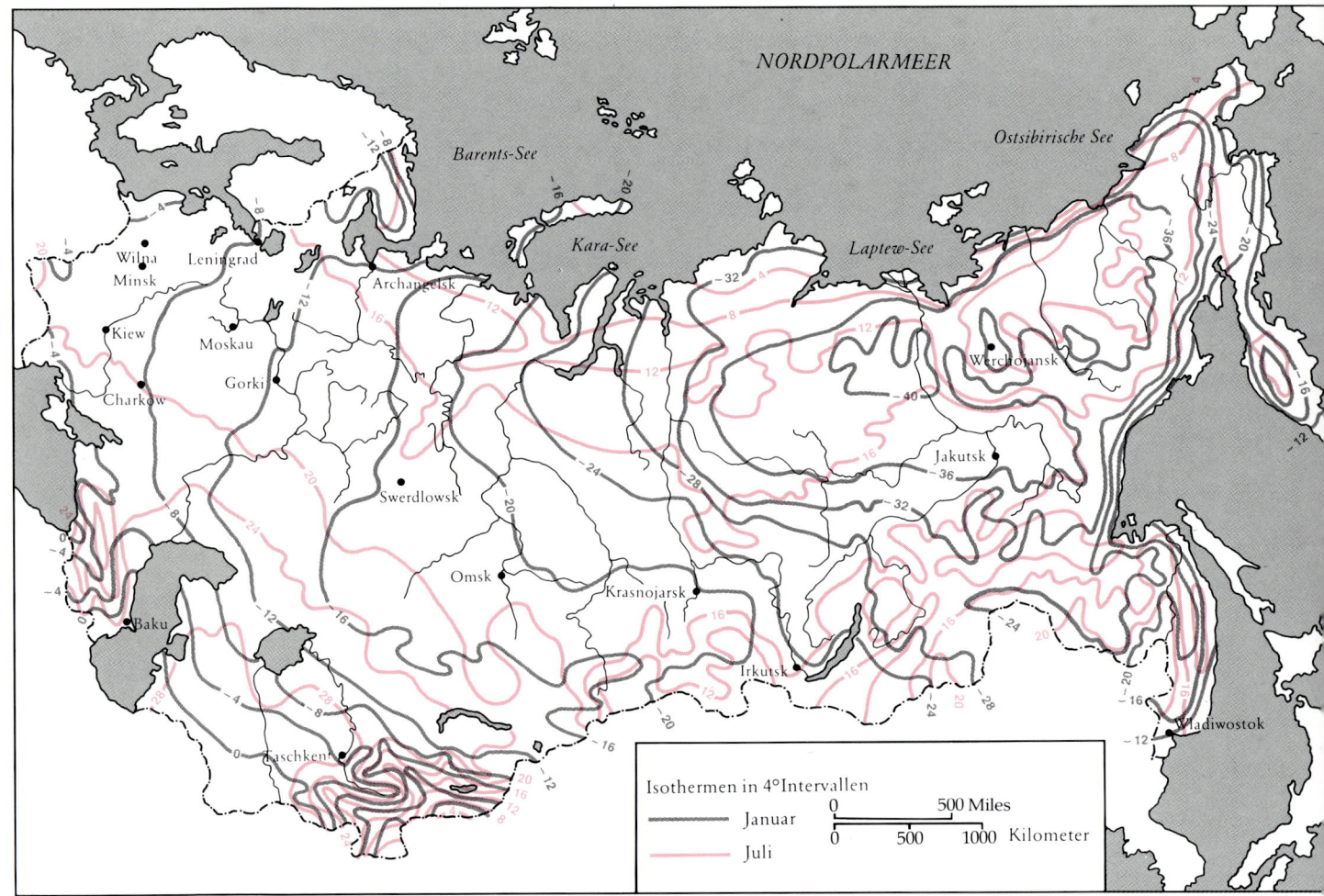

Map labels:

NORDPOLARMEER

Barents-See · Kara-See · Laptew-See · Ostsibirische See

Wilna · Leningrad · Minsk · Archangelsk · Kiew · Moskau · Gorki · Charkow · Swerdlowsk · Omsk · Krasnojarsk · Baku · Irkutsk · Taschkent · Werchojansk · Jakutsk · Wladiwostok

Isothermen in 4°Intervallen
Januar
Juli
0 — 500 Miles
0 — 500 — 1000 Kilometer

hinweg gibt es eine deutliche Trennung in eine kalte und eine warme Jahreszeit.

Der arktische und der subarktische Klimagürtel, die das Nordpolarmeer, die arktischen Inseln und den Nordrand des Kontinents umfassen, haben wegen des Wechsels von langen Polartagen und -nächten ein außerordentlich strenges Klima; Eis und Schnee, dazu arktische Luftmassen, herrschen vor. Im Sommer gibt es häufig Temperaturinversionen, tiefhängende Wolken, Dunst, Regen, Schnee oder Graupelschauer. In der westlichen Arktis der UdSSR bleiben die Temperaturen fünf Monate über dem Gefrierpunkt und der Sommer ist wärmer. In der östlichen Arktis liegen die Temperaturen jedoch nur zweieinhalb bis drei Monate im Jahr darüber. Die meisten Tiefdruckgebiete mit häufigen Schneestürmen und steifen Brisen gibt es im Winter. Das Temperaturminimum fällt über dem Polarmeer selten auf minus 50 Grad Celsius, jedoch ist der Wind gewöhnlich stark und die relative Luftfeuchtigkeit ist hoch.

Weite Teile des sowjetischen Territoriums liegen in der gemäßigten Zone, aber das Land ist so groß, daß es dennoch ausgeprägte Klimaunterschiede gibt. Der nordwestliche europäische Teil der UdSSR hat maritimes bis kontinentales Klima mit unbeständigem Wetter und häufigen Tiefdruckgebieten, die Luftmassen vom Atlantik heranbringen. Gleichzeitig kommt arktische Luft aus der Barents-See und dem Europäischen Nordmeer, so daß der Winter verhältnismäßig warm ist und abwechselnd strenge Frost- und Tau-

In dieser Karte sind die Isothermen — Linien entlang der Orte mit gleicher Durchschnittstemperatur — für die Monate Januar und Juli eingetragen.

wetterperioden aufweist. Die sich jährlich auf 600 bis 700 Millimeter belaufenden Niederschläge fallen zumeist im Sommer. Wegen der Wolken und des häufigen Regens erwärmt sich der Boden nicht genug, um all das Wasser zu verdunsten, und es gibt in den meisten Gegenden überschüssiges Bodenwasser. Der nordöstliche europäische Teil der UdSSR hat Kontinentalklima mit langen, kalten Wintern und wenigen Tauwetterperioden. 150 bis 200 Tage lang liegt Schnee, der Großteil der jährlichen Niederschlagsmenge von insgesamt 500 Millimeter geht jedoch während des Sommers nieder.

Das mittlere Gebiet des europäischen Landesteils, zu dem die südliche Taiga und die Zone der Misch- oder Breitlaubwälder gehörten, hat ein verhältnismäßig einförmiges Klima. Die Winter sind recht kalt mit immer wiederkehrenden Tauwetterperioden, die Sommer sind warm mit plötzlichen, kurzen Kälteeinbrüchen. Die 300 bis 700 Millimeter Niederschlag fallen vornehmlich im Sommer.

Die südlichen Gebiete des europäischen Landesteils haben warme und verhältnismäßig trockene Sommer. Die relative Luftfeuchtigkeit übersteigt am Tag 35 bis 45 Prozent nicht. Die jährlichen Niederschläge betragen zwischen 250 und 450 Millimeter, aber nicht in jedem Jahr fällt auch Schnee.

Westsibirien besitzt ein hauptsächlich von den Luftmassen des arktischen Beckens beeinflußtes Kontinentalklima. Im Sommer trifft die arktische Luft auf erwärmte Kontinentalluftmassen, und es entstehen Wolken und Regen. Nur gelegentlich zieht feuchte atlantische oder trockene zentralasiatische Luft über das westliche Sibirien. Die meisten Zyklonen, die durch das Zusammentreffen der beiden Luftmassen entstehen, wandern mit stürmischem Wind, Wolken und reichlich Schneefall über den Norden Westsibiriens. Zwischen November und März bleiben die Temperaturen normalerweise unter minus 30 Grad Celsius. Der Sommer dauert drei Monate mit einer mittleren Julitemperatur von 20 bis 22 Grad Celsius. Für ein Gebiet mit so strengen Wintern mag es überraschen, daß die Temperaturen im Sommer bis auf 40 Grad Celsius ansteigen können. Im Ganzen gesehen weist das westliche Sibirien allein schon wegen der riesigen Entfernungen zwischen Norden und Süden krasse Klimagegensätze auf.

Das extremste Kontinentalklima im ganzen Land ist das des östlichen Sibiriens. In dieser endlosen Weite belaufen sich die Temperaturunterschiede zwischen Sommer und Winter auf erstaunliche 60 bis 65 Grad Celsius. Es gibt nur geringe Niederschläge und wenig Bewölkung. Das ganze Jahr über herrscht hier arktische Luft vor, wie in den gemäßigten Breiten die kontinentalen Luftmassen. Die meisten Tiefdruckgebiete kommen im Sommer – und dann im Norden – vor. Im Sommer erwärmt sich die Luft merklich. Eine mittlere Julitemperatur von 19 Grad Celsius für Jakutsk bedeutet, daß es hier wärmer als in Moskau ist – dafür sind die Winterfröste extremer. Der Kältepol der nördlichen Hemisphäre und damit – abgesehen von Teilen der Antarktis – der kälteste Ort der Erde liegt im Gebiet von Werchojansk im mittleren Ostsibirien. Dort fällt die Januartemperatur auf minus 68 Grad Celsius. Der Winter dauert hier sieben öde Monate lang, obwohl die Schneedecke nicht dick ist. Der Baikal See im Südwesten dieser Region übt auf das Klima seiner Umgebung mäßigende Wirkung aus.

Die Gebiete des Fernen Ostens liegen im Einflußbereich der Passatwinde und haben maritimes Klima. Der Winter ist kalt, wenig Schnee fällt, und es herrscht vorwiegend klares, sonniges Wetter. Die Regen- oder Schneefälle während des Winters machen nur 10 bis 15 Prozent der jährlichen Niederschläge aus. Der sommerliche Passat bringt vom Pazifischen Ozean ergiebige Regenfälle und Dunst – vor allem im Süden der fernöstlichen UdSSR, dem Gebiet von Amur und Ussuri. Die jährlichen Niederschläge betragen an der Küste 500 bis 900 Millimeter, während sie weiter im Landesinneren nur noch zwischen 300 und 400 Millimeter liegen.

Die Ebenen Zentralasiens und Kasachstans haben arides, deutlich kontinentales Klima und empfangen mehr Sonneneinstrahlung als irgendein anderer Ort in der UdSSR. Die Sommertemperaturen liegen sehr hoch, bei 27 bis 32 Grad Celsius. Der Sommer ist sehr lang, mit Hochdruckgebieten und wenig Regen. Die Winter sind wegen des ungehinder-

Der Ak-Kem-See in der Katun-Kette des Altai-Gebirges im südlichen Sibirien. Die komplexen Luftströme in den großen südlichen Gebirgssystemen der UdSSR haben ein entsprechendes Klima zur Folge.

ten Zuflusses kalter Luft aus Sibirien für diese Breiten sehr kalt. Die jährlichen Niederschläge betragen 200 bis 300 Millimeter und fallen zumeist im Frühjahr. Eine Schneedecke gibt es entweder gar nicht, oder sie bleibt nur kurze Zeit liegen.

Der subtropische Gürtel umfaßt das südwestliche Zentralasien, den Transkaukasus und die Südküste der Krim. Über weite Gebiete ist das Klima arid mit langen, heißen Sommern, niedriger relativer Luftfeuchtigkeit und geringer Bewölkung. Das Temperaturmittel liegt im Juli bei etwa 27 Grad Celsius, und die Jahresniederschlagsmenge bei nur 100 bis 200 Millimeter, wenn es auch 1966 im Tiefland von Lenkoran mit seinem halbfeuchten, subtropischen Klima einen Regenguß gegeben hat, bei dem auf einmal erstaunliche 441 Millimeter Wasser niedergingen! Die westliche Gegend jenseits des Kaukasus ist ebenfalls regnerisch und subtropisch mit jährlichen Niederschlägen von 1000 Millimetern, die in den Bergen auf 3200 Millimeter ansteigen. In manchen Jahren haben die Hochlagen des Kaukasus sogar an die 5000 Millimeter Niederschlag.

Obwohl die Klimaverhältnisse in den südlichen Gebirgen der UdSSR viele Gemeinsamkeiten aufweisen, gibt es doch auch erhebliche Unterschiede, besonders als Folge komplexer Luftzirkulationen über den verschiedenen Gebirgsmassen. Das Klima der Gebirgsketten von Pamir und Tienschan untergliedert sich in je unterschiedliche horizontale Gürtel – gemein ist ihnen jedoch eine allgemeine Aridität. Dies gilt auch für den Kaukasus, wenn man von seinen westlichen Gipfeln absieht, wo die Niederschläge, wie oben beschrieben, höher sind. Je höher man auf die Berge steigt, desto kälter und feuchter wird das Klima. Die großen Klimaunterschiede im Gebirge – auch schon über kurze Entfernungen – bewirken unvermittelte Brüche im Landschaftsbild.

2 Verbreitung der Pflanzen und Tiere

Bodentypen

Bevor wir uns die Vielfalt der natürlichen Vegetation in der Sowjetunion ansehen, wollen wir die Aufmerksamkeit kurz auf die verschiedenen Bodentypen und ihren Aufbau richten. Böden werden auf der Basis der in ihnen enthaltenen verschiedenen Schichten (oder Horizonte) und einer Untersuchung der Bodenstruktur und des Bodengefüges eingeteilt. Zusammen ergeben die verschiedenen Schichten das, was Bodenkundler ein »Bodenprofil« nennen. Dieses tritt zutage, wenn man etwa einen Meter tief gräbt und einen Anschnitt des Bodens freilegt. Die oberste Schicht ist der O-Horizont, der aus vermodertem Laub oder anderen organischen Überresten besteht. Darauf folgt der A-Horizont mit einer Mischung aus mineralischen und organischen Stoffen, aus dem lösliche Salze und sehr feine Teilchen, Kolloide genannt, durch Niederschläge ausgewaschen werden. Darunter schließlich befindet sich der B-Horizont, der durch Salze oder organische Materialien angereichert ist, die von weiter oben eingewaschen worden sind. Jede dieser drei Hauptschichten kann noch weiter unterteilt werden.

Die UdSSR verfügt über eine ungeheure Vielfalt von Böden, und die Welt ist ihren Bodenkundlern für ihre Pionierarbeit in der Klassifizierung und Untersuchung der Böden sehr verpflichtet. Klima, Boden und Vegetation stehen in einem komplexen Wechselverhältnis. Der Bodentyp ändert sich in erster Linie mit dem Klima in verschiedenen geographischen Lagen; er wird aber ebenso von der Art der auf ihm wachsenden Vegetation beeinflußt. Die Verbreitung der Vegetation hängt wiederum stark vom Klima ab, wie wir später in diesem Kapitel sehen werden. Aus diesen Gründen ist der Bodentyp in einem Gebirge in den Vorbergen ein ganz anderer als auf dem Gipfel. In den Ebenen kann man zwei Hauptgruppen von Böden unterscheiden: ausgewaschene und nicht ausgewaschene Böden.

Ausgewaschene Böden

Diese Böden bilden sich unter Tundra-, Wald- oder Wiesenvegetation, vorausgesetzt, die Wasseraufnahme ist größer als die Verdunstung durch die Oberfläche. Wasserlösliche Salze werden aus dem Boden ausgewaschen und bewirken eine Säurereaktion. Die Haupttypen ausgewaschener Böden sind Gley und Podsol.

Hier, im Repetek-Biosphärenreservat in der südöstlichen Kara-Kum-Wüste, wird der Treibsand von einer Vielzahl widerstandsfähiger Büsche und anderer trockenresistenter Pflanzen stabilisiert.

In den Gleyböden der Tundra befindet sich unter der Oberfläche eine Lage Torf und darunter eine blaugraue oder fleckig graue und braune Schicht, die ein Ergebnis der durch die schlechte Drainage dieser wassergetränkten, im allgemeinen gefrorenen Böden verursachten Reduktion und Oxidation von Eisensalzen ist.

Podsols sind unfruchtbare, sandige Böden, die sich unter Nadelholzwäldern oder Nadelholz/Breitlaub-Mischwäldern herausbilden. Sie haben deutlich unterscheidbare Profile, und im A-Horizont befindet sich typischerweise eine aschfarbene Schicht, die saure Reaktion zeigt.

Es gibt drei Haupttypen von Podsols: Die gefrorenen Böden der Taiga – zum Beispiel in den lichten Nadelwäldern Ostsibiriens – sind mit einem kalten, extrem kontinentalen Klima verbunden. Ab einer Tiefe von 1 bis 1,2 Meter ist der Boden ständig gefroren. Graue Waldböden sind in den Zonen mit Laubwäldern weit verbreitet. Braune Waldböden schließlich bilden sich in den Breitlaubwäldern ebenso wie in den südlichen Nadelwäldern der Karpaten, der Krim, des Kaukasus, des südlichen Ural und des Altais.

Es gibt darüber hinaus noch eine ganze Reihe anderer ausgewaschener Böden.

Nicht ausgewaschene Böden

Solche Böden entwickeln sich dort, wo die Verdunstung höher ist als die Menge des einfließenden Wassers. Einfache Salze werden nicht aus der Erde gewaschen, sondern in bestimmten Tiefenstufen angesammelt. Die Bodenreaktion ist neutral bis alkalisch. Zu diesem Typ zählt man die Böden der arktischen Inseln, die gewöhnlich dünn sind und neutrale Reaktion zeigen. Dies sind die Tschernosems (russisch für Schwarzerden), die sich unter Steppen- und Waldsteppenvegetation des Osteuropäischen Tieflandes, Westsibiriens und des nördlichen Kasachstan gebildet haben. Außerdem gibt es noch die kastanienfarbenen Böden, die unter der Vegetation der trockenen Steppen entstanden sind, und viele andere Typen.

Der Pflanzenreichtum

Annähernd 90000 bis 100000 Arten von Pflanzen wachsen in der UdSSR. Dazu gehören etwa 35000 bis 40000 Arten höherer Pflanzen wie Nadelhölzer, breitblättrige Bäume, Sträucher und Blumen, Schachtelhalme, Bärlappgewächse und Farne. Die Regionen, in denen diese Arten am häufigsten vorkommen, sind Zentralasien (7000 Arten), der Kaukasus (6000), die Krim (2000), der Ferne Osten (2000). Mit nur 100 bis 150 Arten sind die Floren der arktischen Inseln

Sibiriens die kargsten. In der Sowjetunion gibt es nicht weniger als 15 000 Arten niederer Pflanzen – darunter etwa 10 000 Algen- und 5000 Flechtenarten – sowie ungefähr 35 000 Pilzarten.

Wälder sind von außerordentlicher Bedeutung für die UdSSR. Ihre Gesamtfläche beläuft sich nach einer Schätzung

zonen wird von vielen Faktoren bestimmt, hauptsächlich aber von Temperatur und Niederschlag.

Die große West-Ost-Ausdehnung der UdSSR hat zur Folge, daß sich die Verteilung der Vegetationszonen deutlicher als anderswo in der Welt nach der geographischen Breite richtet, obwohl einige Zonen, wie die europäische und die

vom 1. Januar 1978 auf 7 920 000 Quadratkilometer, womit sie 35,6 Prozent der gesamten Landfläche bedecken. Die Nutzholzreserven betragen insgesamt 84 000 Millionen Kubikmeter, davon sind ungefähr 80 Prozent Nadelbäume. Die am weitesten verbreiteten Nadelbäume sind verschiedene Lärchenarten *(Larix)*, die ungefähr 2 650 000 Quadratkilometer bedecken, und die Kiefernarten *(Pinus)*, die 1 150 000 Quadratkilometer einnehmen: die Sibirische Zirbelkiefer *(Pinus sibirica)*, die 400 000 Quadratkilometer bedeckt, und mehrere Fichtenarten *(Picea)* mit 770 000 Quadratkilometern. Die Waldvorkommen sind nicht gleichmäßig über die einzelnen Republiken der UdSSR verteilt. Die meisten von ihnen befinden sich in der Russischen Sozialistischen Föderativen Sowjetrepublik (RSFS). Etwa 400 Heilpflanzenarten wachsen in der UdSSR. Und auch in den Meeren gibt es ein reiches Pflanzenleben; Algen und andere Wasserpflanzen bilden eine Reserve von schätzungsweise 22 Millionen Tonnen.

Verbreitung der Pflanzen

Besonders im Süden der UdSSR und in den Bergen des Kaukasus und Zentralasiens ist die Vegetation üppig und vielfältig. Obwohl das riesige Gebiet der UdSSR zur Gänze innerhalb des holarktischen Florenreiches, dem nördlichsten aller Pflanzenreiche der Erde, liegt, enthält es eine Fülle verschiedener Pflanzengemeinschaften. Die Verbreitung der Vegetation in den verschiedenen natürlichen Vegetations-

Oben: *Taiga (Nadelwald) im Becken des Flusses Njuja in Ostsibirien; nahezu 80 Prozent der Waldreserven der UdSSR liegen in Sibirien und im sowjetischen Fernen Osten.*
Rechts: *Ein Mischwald in Litauen; die Mischwälder des europäischen Rußland sind – anders als die des sowjetischen Fernen Ostens – denen im übrigen Europa vergleichbar.*

fernöstliche, wegen der Einflüsse der Ozeane von Norden nach Süden oder diagonal verlaufen. Viele regionale Gegebenheiten – wie Gebirge oder Seen – beeinflussen Entwicklung und Ausprägung der Vegetation, so daß sich die Hauptzonen noch einmal in Unterzonen oder *Provinzen* unterteilen. Auch mit zunehmender Höhe ändern sich innerhalb einer größeren Zone die Pflanzengürtel; darüber hinaus haben Faktoren wie grasende Tiere oder die Nutzung des Landes durch den Menschen ihren Anteil an der Gestaltung des prächtigen, natürlichen Schmuckteppichs.

Zwar ist die gewaltige Fläche der UdSSR der Hauptgrund für die klare Zonengliederung der Pflanzen, aber auch die relative Flachheit großer Teile des Landes spielt eine Rolle. Abgesehen vom niedrigen Ural, der Europa und Asien trennt, besitzt die UdSSR zwischen ihren Grenzen im Westen und dem Jenissei keine Gebirge. Wegen dieser allgemeinen Flachheit kann sich die Wirkung des Klimas voll entfalten.

Die für die verschiedenen geographischen Zonen charakteristischen Vegetationsformen werden ausführlicher in späteren Kapiteln geschildert. Ein Problem, dem sich Botaniker, die die Pflanzenverbreitung studieren, gegenübersehen, be-

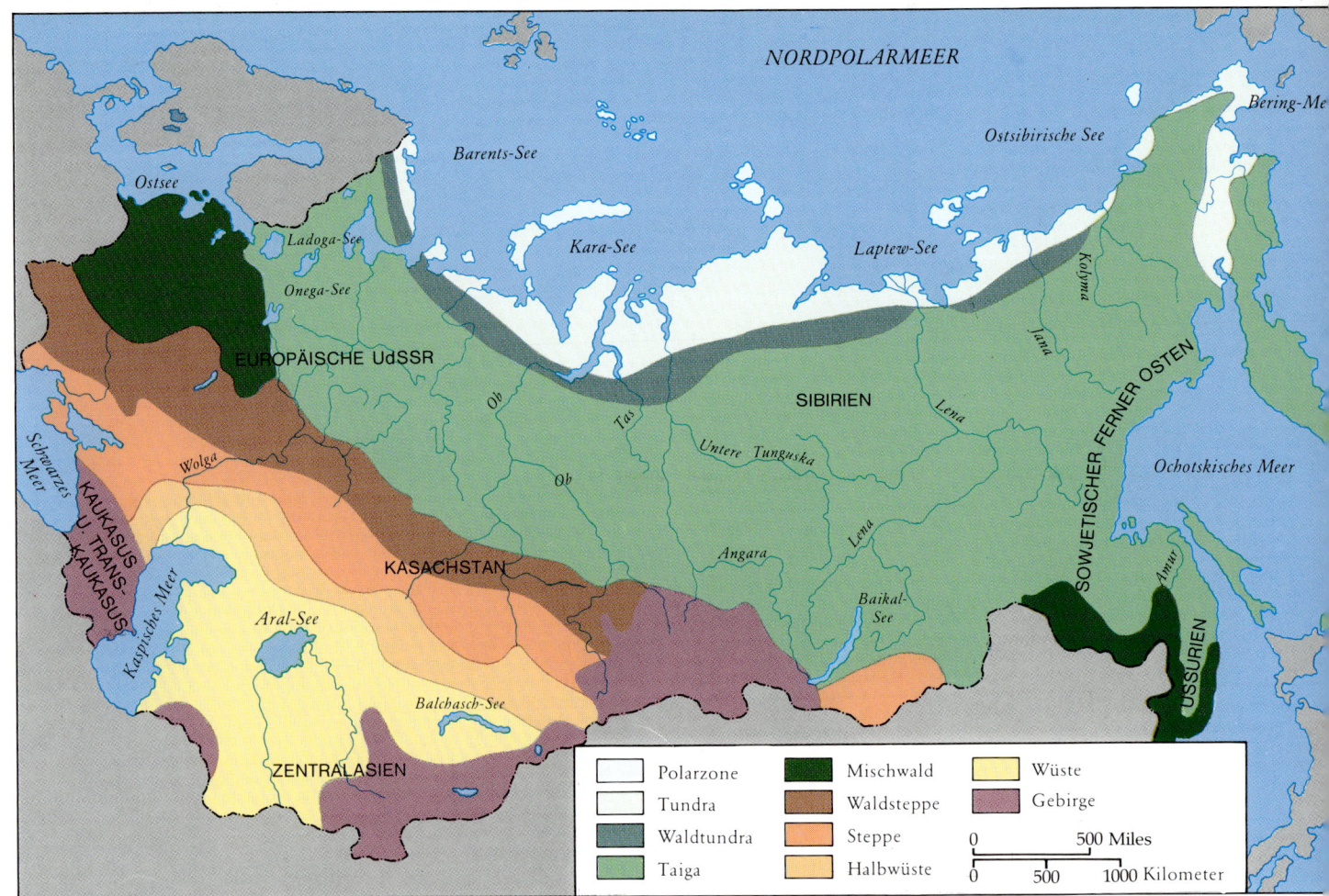

Die Karte auf der linken Seite zeigt eine Karte der UdSSR mit Beschriftungen:

NORDPOLARMEER

Bering-Me

Ostsibirische See

Barents-See

Ostsee

Ladoga-See

Kara-See

Laptew-See

Kolyma

Onega-See

EUROPÄISCHE UdSSR

Ob

Tas

SIBIRIEN

Jana

Lena

SOWJETISCHER FERNER OSTEN

Ochotskisches Meer

Schwarzes Meer

KAUKASUS U. TRANS-KAUKASUS

Wolga

Untere Tunguska

Ob

Lena

Kaspisches Meer

Aral-See

KASACHSTAN

Angara

Baikal-See

Amur

USSURIEN

Balchasch-See

ZENTRALASIEN

Polarzone	Mischwald	Wüste
Tundra	Waldsteppe	Gebirge
Waldtundra	Steppe	
Taiga	Halbwüste	

0   500 Miles

0   500   1000 Kilometer

steht darin, daß einige Pflanzen oder ganze Pflanzengemeinschaften für eine untersuchte Zone überhaupt nicht charakteristisch sind. Zumeist handelt es sich dabei um sogenannte »Inklusionen« oder intrazonale Elemente. Eine intrazonale Pflanze ist eine, die keiner bestimmten Vegetationszone zugeordnet werden kann und nur als »Einschluß« in einer anderen vorkommt. Als Beispiele intrazonaler Elemente wären zu nennen: die Vegetation auf bleichen, salzigen Solontschak-Böden oder auf schwarzem alkalischen Solonez und die Sphagnum-Hochmoore.

Mit den azonalen Pflanzen verhält es sich ähnlich, nur können diese nicht nur in einer, sondern in mehreren Zonen auftreten. Beispiele hierfür sind die auf den Sedimentablagerungen an Flußufern gedeihenden Auenwiesen. Azonale Pflanzen sind auch auf sandigen Böden oder in felsigen, durch Abtragung freigelegten Gebieten zu finden.

Des weiteren unterscheidet man die extrazonale Vegetation, also eine Vegetation, die eigentlich einer bestimmten Zone angehört, sich aber darüber hinaus als kleinere Inseln in andere Zonen ausdehnt, wie die Bäume, die am Rand der an den Wald angrenzenden Steppe wachsen. Die Existenz der extrazonalen Vegetation hat Botaniker fasziniert, und sie bieten eine einleuchtende Erläuterung zu dieser Verbreitungsform an: Wenn die kleinen Inseln extrazonaler Vegetation nördlich ihrer eigentlichen Zone vorkommen, sind sie wahrscheinlich klimatisch besser an Bedingungen angepaßt, die zwischen diesen beiden Zonen liegen. Somit ist zu erwarten, daß man sie im Norden auf den wärmeren, trocke-

Die Karte gibt eine Übersicht über die Hauptvegetationszonen.

neren Südhängen antrifft. Entsprechend ist anzunehmen, daß extrazonale Pflanzen, die südlich ihrer eigentlichen Zone Inseln bilden, auf den kühleren, feuchteren Nordhängen vorkommen. Diese These wird augenscheinlich durch die Natur selbst gestützt.

Die Wirkungen der Vereisung

Die Vereisung hatte eine tiefgreifende Wirkung auf die Evolution der Vegetation in der UdSSR. Während der verschiedenen Eiszeiten des Quartärs haben große Gletscher weite Vegetationsgebiete vollständig zerstört und im nördlichen Teil des Landes riesige Flächen mit gefrorenem Boden (Dauerfrostboden) geschaffen, auf dem nur die widerstandsfähigste Vegetation überleben konnte. Im Süden sind ältere Pflanzengemeinschaften weitgehend erhalten geblieben, zum Beispiel die Gruppe wärmeliebender Pflanzen, die durch die Berge des Kaukasus und Zentralasiens geschützt waren.

Natürliche Vegetationszonen

Die Vegetation der UdSSR kann in folgende acht Zonen eingeteilt werden:

1 *Die hocharktische Zone*
Zur hocharktischen Zone gehören jene Teile der arktischen

Lärchen, die am weitesten verbreitete Nadelholzart in der UdSSR, sind widerstandsfähige Bäume. Diese hier trotzen dem rauhen Klima in der Katun-Kette des Altai-Gebirges.

Inseln, die nicht mit Eis bedeckt sind; auf dem sowjetischen Festland besteht sie nur aus dem nördlichen Rand der Halbinsel Taimyr. Auf den aufgehäuften großen Steinen und dem Steinschutt ist im allgemeinen keine Vegetation vorhanden oder sie entwickelt sich nur sehr langsam; allerdings ist die Oberfläche des feinkörnigen Untergrundes zu 20 bis 30 Prozent mit Flechten, Moosen und Algen überzogen. In Spalten und Senken, in denen sich Schnee angesammelt hat, fristen Blütenpflanzen zusammengedrängt ein mühsames Dasein, aber Moose und Flechten sind weitaus erfolgreicher und bedecken 10 bis 15 Prozent der Oberfläche.

2 Die Tundrazone

Die arktische Tundra nimmt einen mehr oder weniger schmalen Streifen im Norden des Kontinents und einen Teil der südlichen arktischen Inseln ein. Die – vor allem wegen der Kälte – baumlose Vegetation besteht im wesentlichen aus einer gut entwickelten Oberflächenschicht aus Moosen und Flechten. In der arktischen Tundra sind auch eine Reihe von Sträuchern und ausdauernden Gräsern anzutreffen. Große Gebiete sind von hügeligen Mooren bedeckt. Die Vegetation in der nördlichsten arktischen Tundra besteht aus Gras/Strauch/Moos- oder Strauch/Flechten-Tundra. Südlich davon liegt ein Streifen der nördlichen oder typischen Tundra, von dem an Pflanzen vorkommen, die auch in der Taiga wachsen und als quasi-arktische Pflanzen bekannt sind. In der südlichen oder Strauchtundra gibt es einen gut entwickelten Zwergbirkenbestand *(Betula nana)*. Im südlichsten Streifen der Waldtundra überwiegt karger Wald mit quasi-arktischer oder Taigavegetation aus Sibirischer Fichte *(Picea obovata)* und Daurischer oder Sibirischer Lärche *(Larix dahurica, L. sibirica)*.

3 Die Gebirgszone des nordpazifischen Raumes

Im kalten, feuchten Klima des nordpazifischen Raumes befindet sich die Hochgras/Kleinlaubwald-Zone der niedrigen Gebirge der Halbinsel Kamtschatka, der nördlichen Kurilen und der Kommandeur-Inseln. Weitverbreitet sind dort lichte Wälder aus Ermansbirken *(Betula ermani)*, die sich mit Stellen dichtstehender Hochgräser abwechseln. In den Gebirgen wachsen typische Hochgebirgssträucher wie die Zwergzirbelkiefer *(Pinus pumila)* und die Kamtschatka-Erle *(Alnus kamtschatica)*. Die Nadelwälder bestehen hauptsächlich aus der Ajan-Fichte *(Picea jezoensis)* und der Daurischen Lärche *(Larix dahurica)*; diese Wälder sind jedoch auf das Flußtal des Kamtschatka beschränkt und nach drei Seiten von Bergen umgeben.

4 Die Taigazone

Die nordeuropäisch-sibirische Taigazone erstreckt sich von der Ostsee bis zur Pazifikküste. Über ihre ganze Länge dehnen sich große Nadelwaldgebiete aus, die annähernd 40 Pro-

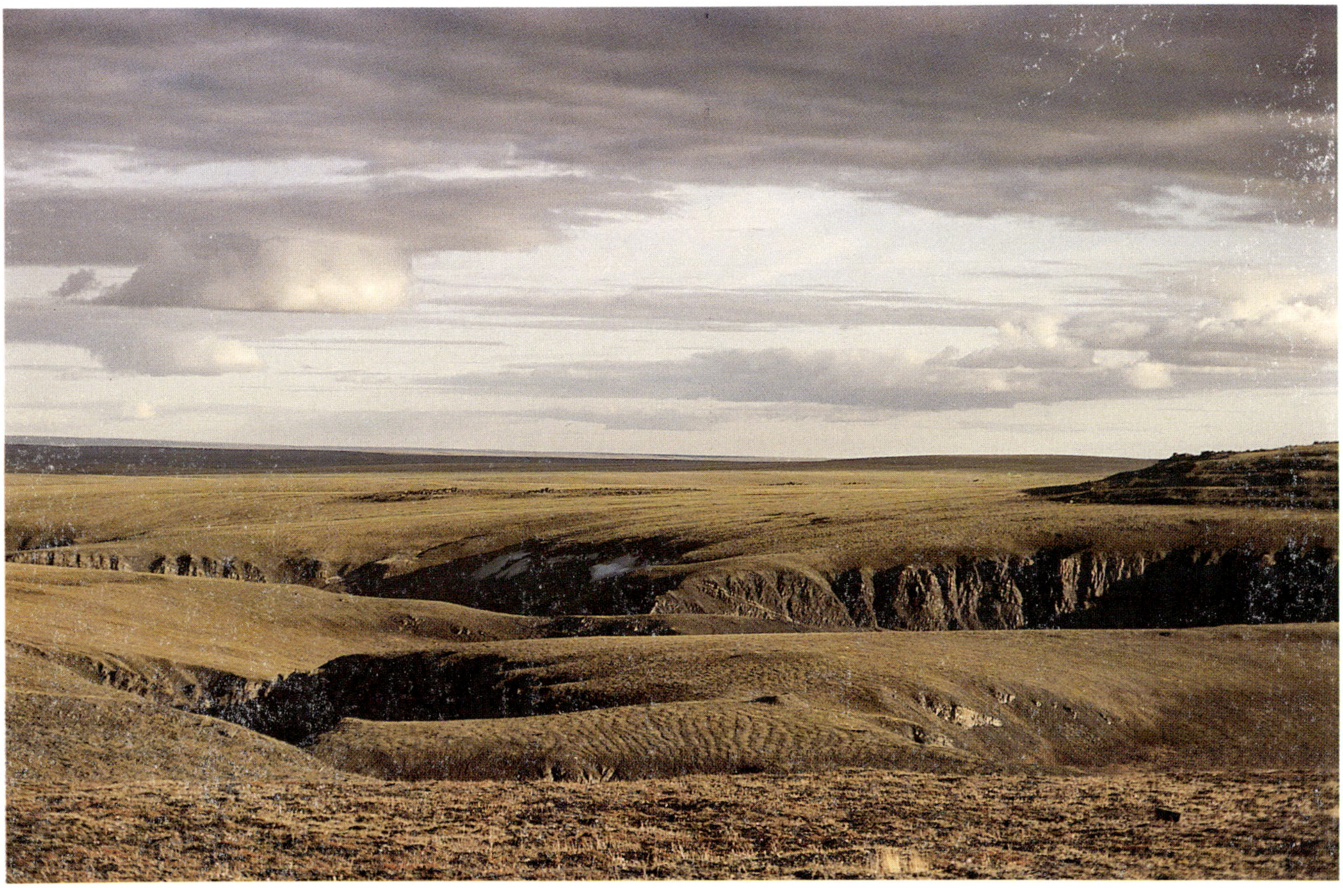

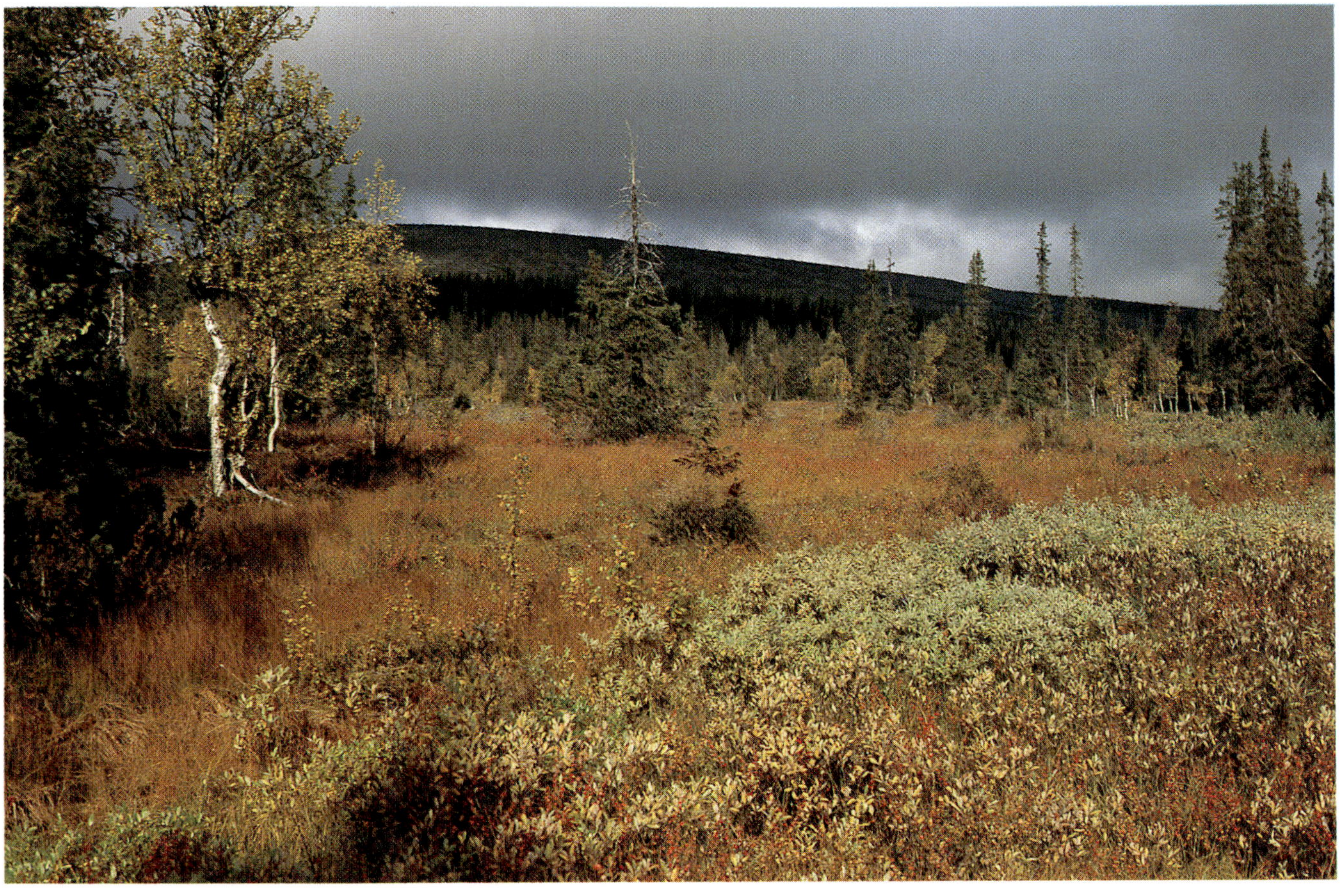

zent der Fläche der Sowjetunion bedecken. Die vorherrschenden Bäume sind die innerhalb der Zone durch verschiedene Arten vertretenen Kiefern *(Pinus)*, Fichten *(Picea)*, Tannen *(Abies)* und Lärchen *(Larix)*. Über weite Gebiete, besonders in der Westsibirischen Tiefebene, breiten sich Sphagnum-Hochmoore aus. Im nordeuropäischen Teil des Landes und in Westsibirien bis zum Sajan-Gebirge bestehen die Wälder neben der Sibirischen Zirbelkiefer *(Pinus sibirica)* vor allem aus Fichten- und Tannenarten; östlich des Jenissei herrschen Lärchen vor.

Im Fernen Osten, entlang des Mittellaufes des Amur sowie auf Sachalin und den südlichsten Inseln der Kurilen, sind große Teile des Landes von dunklem Nadelwald bedeckt, in dem gewöhnlich die Ajan-Fichte *(Picea jezoensis)* und zwei Tannenarten *(Abies)* vorkommen. In den Gebirgen der Taigazone wachsen die Nadelbäume auf den unteren und mittleren Höhenlagen; darüber sind Zwergbirken *(Betula nana)* und zwergwüchsige Sibirische Zirbelkiefern *(Pinus sibirica)* anzutreffen. Im Fernen Osten ist in diesen Lagen u. a. die Ermansbirke *(Betula ermani)* verbreitet.

Links oben: *Nur wenige Pflanzen können in der trockenen, felsigen Tundra der hohen Arktis existieren. Diese Aufnahme wurde im Juli in den Byrrangi-Vorbergen der Halbinsel Taimyr gemacht.*
Links: *Wie hier auf der Kola-Halbinsel im Nordwesten der UdSSR gibt es auch in anderen Gebieten eine Übergangszone zwischen Tundra und Taiga.*

Oben links: *Die leuchtend gelben Blüten der Sumpfdotterblume sind im Mai ein Farbtupfer in der trüben Taiga.*
Oben rechts: *Die großen dunklen Nadelwälder bedecken fast 40 Prozent der UdSSR. Dieser Kiefernwald liegt in Litauen.*
Oben: *Zapfen der Waldkiefer, die in der ganzen westlichen Taiga anzutreffen ist und zu den verbreitetsten aller Kiefernarten gehört. Sie wächst sogar in einem südlichen Land wie Spanien.*

Zusammensetzung und Struktur der Wälder der Taiga ändern sich von Norden nach Süden deutlich. In der nördlichen Taiga sind die Bäume weniger zahlreich und der Unterwuchs ist mit einer dichten Bodenschicht aus Moosen und Flechten der Tundra ähnlich. In der mittleren Taiga ist der Baumbestand dichter und Sträucher fehlen meist. Moose sind weit verbreitet, Flechten sind jedoch nur in den Kiefernwäldern häufig. In der südlichen Taiga stehen die Bäume eng, und die Pflanzendecke am Boden ist karg. Neben der Tatsache, daß die Taiga riesige Nutzholzmengen bereitstellt, bietet sie den Menschen dort auch reiche Wildbeeren- und Speisepilzerträge, die in vielen Gegenden der Sowjetunion einen bedeutenden Teil der Landwirtschaft darstellen.

5 *Die Zone der europäischen Breitlaubwälder*

Diese erstreckt sich von den Karpaten an der Grenze zu Rumänien und der Tschechoslowakei bis zu den westlichen Hängen des Ural und umfaßt im Süden die Krim und den Kaukasus. Der nördliche Teil dieser Zone ist nicht besonders reich an Baumarten. Die Berggipfel sind von alpinen Matten bedeckt. Im südlichen Abschnitt, zu dem der Kaukasus und das Krim-Gebirge gehören, gibt es eine größere Vielfalt von breitblättrigen Bäumen. Fünf Arten Eiche *(Quercus)* sind vorherrschend, während in höheren Lagen ein Buchengürtel *(Fagus)* wächst. Dank reicher Niederschläge besitzt der westliche Kaukasus eine besonders ausgeprägte Vegetation. In den tieferen Lagen der Berge und in den Ebenen rund um ihre Ausläufer gedeihen Breitlaubwälder mit Kastanien *(Castanea)*, Buchen *(Fagus)* und verschiedenen Eichenarten *(Quercus)*, oftmals mit einem Unterwuchs aus immergrünen Bäumen und Sträuchern. Oberhalb sind Buchenwälder *(Fagus)* verbreitet und darüber liegt ein Gürtel dunklen Nadelwaldes aus Fichten *(Picea)* und Tannen *(Abies)* sowie einigen breitblättrigen Bäumen. An der oberen Baumgrenze finden

sich zwergwüchsige Buchen *(Fagus)* oder Birken *(Betula)*. Im subalpinen Gürtel blüht der Kaukasische Rhododendron *(Rhododendron caucasicum)*; an trockeneren Stellen gedeiht der Zwergwacholder *(Juniperus)*. Die alpinen Gürtel sind mit alpinen Wiesen bedeckt, die eine Fülle von Pflanzenarten enthalten. Das Krim-Gebirge ist vorwiegend mit Eichen *(Quercus)*-Wäldern bewachsen, in denen europäische Eichenarten an manchen Stellen mit Buchen *(Fagus)* abwechseln. Auf den südlichen Hängen des Krim-Gebirges findet man mediterrane Arten der Kiefer *(Pinus)* und des Wacholders *(Juniperus)*.

6 *Die Breitlaub-Waldzone des Fernen Ostens*

Diese ist in der UdSSR nur in ihren nördlichsten Ausläufern vertreten. Der größte Teil befindet sich in anderen Ländern – in Korea, China und Japan. Diese Zone, die klimatisch durch die Passatwinde beeinflußt ist, verfügt über eine exotische und vielfältige Flora. Nicht weniger als ein Drittel der Pflanzen in der Taiga des Fernen Ostens – auch zahlreiche Bäume und Sträucher – sind in der Region endemisch. In den Ebenen und auf den unteren Hängen der Gebirge dominieren Laubbäume, hauptsächlich die Mongolische Eiche *(Quercus mongolica)*, verschiedene Arten der Hainbuche *(Carpinus)*, der Linde *(Tilia)* und des Ahorns *(Acer)*. Über dem Gürtel mit breitblättrigen Arten befinden sich Nadel-Laub-Mischwälder, in denen die Korea-Kiefer *(Pinus korainensis)* und die Mandschurische Tanne *(Abies nephrolepsis)* vorherrschen. In den Breitlaubwäldern und besonders in den Mischwäldern gedeiht eine ganze Reihe Kletterpflanzen, und im Unterwuchs leben viele interessante und wertvolle Pflanzen, darunter der Stachelpanax *(Eleutherococcus senticosus)* und der Ginseng *(Panax ginseng)*. Noch weiter oben liegt ein Gürtel dunklen Nadelholzwaldes, der aus Ajan-Fichten *(Picea jezoensis)* und Mandschurischen Tannen *(Abies nephrolepsis)* be-

Oben: *Sumpfige Taiga südlich von Irkutsk, in der Nähe des Baikal-Sees im Süden Mittelsibiriens.*

Links außen: *Kletterpflanzen wie diese Aktinidien sind in den Breitlaub- und Mischwäldern des Ussuri-Tales im sowjetischen Fernen Osten häufig.*

Links: *Dichter Mischwald bedeckt die Ausläufer der Gebirge im Süden des Ussuri-Gebietes.*

Rechts: *Riesige Flechten bekleiden die Bäume in der feuchten Taiga des Altai-Reservates in Südsibirien.*

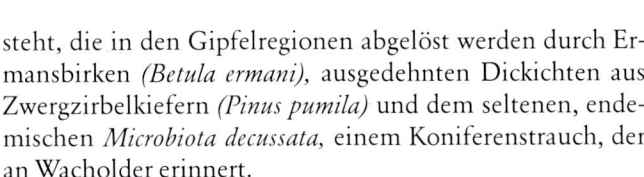

Oben: *Schaf-Schwingel und Beifuß wachsen auf dem salzigen Boden der trockenen Steppe südlich des Asowschen Meeres.*
Rechts: *Die Sanddüne »Singender Berg« in der Nähe des Flusses Ili in Kasachstan: Sie ist umringt von den niedrigen Bergen des Großen und Kleinen Kalchan.*
Rechts außen: *Ein karger Wald aus pistazienartigen Bäumen wächst in der Wüste im Badchys-Reservat in Turkmenistan im äußersten Süden der UdSSR.*

steht, die in den Gipfelregionen abgelöst werden durch Ermansbirken *(Betula ermani),* ausgedehnten Dickichten aus Zwergzirbelkiefern *(Pinus pumila)* und dem seltenen, endemischen *Microbiota decussata,* einem Koniferenstrauch, der an Wacholder erinnert.

7   *Die eurasische Steppenzone*
Diese liegt ganz innerhalb der gemäßigten Klimagebiete und erstreckt sich vom Unterlauf der Donau in Rumänien bis zum Altai- und Saur-Gebirge. Innerhalb der UdSSR kommt sie in den südlichen Regionen, im westlichen Sibirien und im Norden Kasachstans vor. Die Vegetation besteht im wesentlichen aus trockenresistenten, ausdauernden Gräsern, vor allem Horstgräsern wie Federgräsern *(Stipa),* Wiesenhafer *(Avena)* und Seggen *(Carex).*

Zusammensetzung und Struktur der Pflanzengemeinschaft wandeln sich von Westen nach Osten. So dominieren in den Steppen in der Nähe des Schwarzen Meeres und in Kasachstan hohe Federgräser wie *Stipa lessingiana* und *S. ucrainica;* überall in diesem Gebiet wächst Schaf-Schwingel *(Festuca ovina).* Wegen des warmen Klimas und der relativ hohen Feuchtigkeit in den Steppen in Kasachstan und um das Schwarze Meer erscheinen im Frühling Pflanzen wie das Knollige Rispengras *(Poa bulbosa),* einige Arten von Gelbstern *(Gagea)* und Tulpen *(Tulipa).* Es sind ephemere Pflanzen, die ihren Lebenszyklus und die Samenausbildung und -abgabe in einer sehr kurzen Zeitspanne vollenden. Im Frühling veranstalten sie ein kurzes Feuerwerk aus Farben, und dann verdorren und sterben sie in der heißen Sommersonne. Haar-Federgräser herrschen in den Steppen in der Nähe des Schwarzen Meeres und in Kasachstan vor. Diese Gräser ähneln denen, die in Zentralasien östlich des Baikal-Sees und in einigen Arealen des Jenissei-Gebietes vorkommen.

In den zentralasiatischen Steppen, in denen der Frühling kalt und trocken ist, gibt es praktisch keine ephemeren Pflanzen, aber in feuchteren Jahren hält sich eine große Zahl von Pflanzen, die überleben, indem sie sich über lange Zeit vegetativ reproduzieren, vor allem Wermut- oder Beifußarten *(Artemisia).*

Auch von Norden nach Süden ist im Steppengebiet ein Wandel der dominierenden Arten und der Ökologie der Pflanzen- und Tiergemeinschaften festzustellen. Die Trokkenresistenz der Pflanzen nimmt ebenso zu wie die Anzahl der ephemeren Arten. Diese Zone wird deshalb in vier Breitengürtel unterteilt. In der typischen Wiesensteppe sind Arten anzutreffen, die allgemein für Wiesen charakteristisch sind. Die trockenen Kraut/Horstgras-Steppen sind krautreich, die ariden Horstgras-Steppen krautärmer. Schließlich gibt es auch einen Gürtel aus Wüsten/Strauch/Horstgras-Steppen.

In Transbaikalien dominieren die Wiesensteppen; hier kommen neben Haar-Federgräsern *(Stipa baicalica)* viele Korbblütlerarten *(Compositae)* vor, so etwa *Tanacetum sibiricum.*

8 Die Sahara-Gobi-Wüstenzone

Der Anteil dieser Zone, der innerhalb der UdSSR liegt, erstreckt sich von der westlichen Kaspischen Region bis zur chinesischen Grenze. In dieser Zone wachsen vor allem Halbsträucher, Sträucher und baumähnliche Arten wie Melden *(Atriplex)*, Saxauls *(Arthrophytum)* und »Akazien« *(Eremosparton)*. Diese Zone gehört weitgehend zu den gemäßigten Klimagebieten, der größte Teil des südlichen Abschnitts jedoch zählt zu den Subtropen. Innerhalb der Wüstenzone unterscheidet man drei Breitengürtel. Im nördlichen Gürtel der Halbwüste, der an seinem nördlichen Rand in Steppe übergeht, dominieren Halbstraucharten wie Wermut oder Beifuß *(Artemisia)*, Kali-Salzkraut *(Salsola kali)*, Horstgräser und Federgräser *(Stipa)*. Im inneren Gürtel echter Wüste fehlen Horstgräser, während der südliche Gürtel verschiedene Arten ephemerer Pflanzen enthält.

Die Vegetation der innerhalb der Wüstenzone liegenden Gebirgssysteme ist sehr vielfältig. In den Gebirgen im südlichen und östlichen Transkaukasien, in Kasachstan und Zentralasien sind mehr als die Hälfte aller höheren Pflanzenarten der UdSSR zu finden. Ein gemeinsames Merkmal aller dieser Gebirge ist, daß dort nur wenige, manchmal überhaupt keine Bäume wachsen. Zudem ist die Vegetation an die Trockenheit angepaßt.

Unten: *Obwohl einige Steppengebiete in Naturreservaten für zukünftige Generationen in ihrem ursprünglichen Zustand erhalten werden, sind weite Teile der Steppen umgepflügt und in Getreideanbauflächen verwandelt worden.*

In der Dsungar-Alatau-Kette, im nördlichen und inneren Tienschan, sind die unteren und mittleren Gürtel der Berge hauptsächlich mit Horstgras- und Wiesensteppen bedeckt, die in ihrer Zusammensetzung denen des nördlichen Kasachstan ähneln. Die oberen Abschnitte der Gebirgshänge tragen Wälder aus der Schrencks-Fichte *(Picea schrenckiana)*, während darüber niederliegende Wacholderhecken wachsen. Ephemere Pflanzengemeinschaften gedeihen an den Ausläufern des Gissaro-Alai, des westlichen Pamir, des südlichen Tienschan und des Kopet-Dag. Einige der unteren Hänge sind mit lichten Wäldern aus Anacardiengewächsen *(Anacardiaceae)* überzogen. Der mittlere Gebirgsgürtel besteht aus Wiesen und Strauchdickichten, lichten Wacholder *(Juniperus)*-Wäldern, und auf steinigen Hängen bilden sich Gemeinschaften dorniger, trockenresistenter Sträucher und grasähnlicher Cousinia-Arten, Mitgliedern der Korbblütler-Familie *(Compositae)*. Richtige Wälder aus der Echten Walnuß *(Juglans regi)*, dem Französischen Ahorn *(Acer monspessulanum)* und dem Zwergapfel *(Malus pumila)* sind ungewöhnlich und kommen hauptsächlich an Nordhängen vor. Im Hochgebirgsgürtel gibt es Hochgebirgssteppe, Wiesen und spärliche Bestände kriechenden Wacholders *(Juniperus)*. Der östliche Pamir ist Teil der zentralasiatischen Wüstenunterzone. In dieser Hochgebirgswüste können nur sehr wenige Pflanzen überleben.

Menschliche Eingriffe und gefährdete Pflanzen

Das Abholzen der Bäume in weiten Waldgebieten und andere menschliche Tätigkeiten haben die natürliche Pflanzendecke der UdSSR stark verändert. Im europäischen Teil des Landes sind die Nadelhölzer schon weniger häufig als Breitlaubarten wie Pappeln *(Populus)* und Birken *(Betula)*. Die Vegetation der Wiesen wird durch intensiv weidendes Vieh beein-

flußt, und weite Steppengebiete sind für den Getreideanbau kultiviert worden. Menschen mähen das Gras, pflücken die Beeren der Pflanzen, sammeln Pilze und verwenden eine ganze Reihe von Kräutern und anderen Pflanzen für medizinische Zwecke. Infolgedessen sind einige Arten inzwischen selten oder gefährdet, aber die notwendigen Schritte für ihre Erhaltung sind bereits in Angriff genommen; etwa 30 Prozent der sowjetischen Pflanzenarten verteilen sich heute auf Naturschutzgebiete. In der »Roten Liste« der UdSSR sind insgesamt 444 Pflanzenarten mit eingeschränktem Verbreitungsgebiet oder niedriger Population verzeichnet. Einige

Die Gipfel der Talass-Alatau-Bergkette des westlichen Tienschan-Gebirges erscheinen in einer Lücke in den Wolken, die nach einem Maigewitter über den Vorbergen schweben.

von ihnen sind in den folgenden Kapiteln dieses Buches beschrieben. Listen von Arten, die aktiven Schutz benötigen, sind vom Botanischen Institut der Akademie der Wissenschaften der UdSSR und vom Allrussischen Forschungsinstitut für Naturreservate und Naturschutz ausgearbeitet worden. Auf Grund eines besonderen Erlasses des Ministerrates muß jede Republik seltene Pflanzen in ihrem Gebiet schüt-

Links: *Im Sommer kommen viele Rentiere in die Tundra. Sie haben breite Hufe, die im Winter als Schneeschuhe dienen.* Rechts: *Moschusochsen im Wrangel-Insel-Reservat in der hohen Arktis. Diese in der sibirischen Tundra einst häufigen Tiere sind vor etwa 3000 Jahren ausgestorben. Nach 1945 wurden einige Tiere aus Nordamerika geholt und hier wieder eingeführt.*

zen. Dazu gehören z. B. in Estland 50 Arten, in Litauen 117 und 40 in Belorußland. Naturschutz ist besonders dringlich in Gebieten mit vielen Reliktarten, etwa im Talysch-Gebirge, in einigen Teilen des Fernen Ostens und im Kaukasus.

Tierwelt

Auch der Reichtum und die Vielfalt der Tierwelt der UdSSR werfen ein Licht auf die gewaltigen Ausmaße des Landes, seine verschiedenen klimatischen Verhältnisse und die übrigen natürlichen Voraussetzungen. Dennoch legt die nördliche Lage der UdSSR die Vermutung nahe, daß dort weniger Arten vorkommen als in weiter südlich gelegenen Ländern. Immerhin ist gewiß, daß in der UdSSR 130000 Tierarten leben. Zu erwarten wäre, daß in der UdSSR, die – ihre Meere eingerechnet – etwa 8 Prozent der Erdoberfläche einnimmt, auch ungefähr 8 Prozent aller Tierarten lebten. In Wahrheit aber sind in der UdSSR 10 Prozent der etwa 1,3 Millionen Tierarten der Welt oder 25 Prozent mehr als die zu erwartenden 8 Prozent anzutreffen. In diesem Land leben viele Arten mit immens hoher Populationsdichte, darunter der Welt größte Vorkommen an Fisch und jagdbaren Tieren. Viele Gruppen der dort lebenden Tiere – vor allem unter den Wirbellosen – sind wenig bekannt, und jedes Jahr werden neue Arten entdeckt. Die Zusammensetzung der Fauna der UdSSR ist – nach zoologischen Gruppen geordnet – auf den Seiten 210 bis 219 im Anhang verzeichnet.

Zu jeder der natürlichen Zonen der UdSSR gehören charakteristische Tiergemeinschaften. Der folgende Überblick gibt jeweils ihre Hauptmerkmale wieder und beschreibt, wie sie dorthin gelangten und wo sie heute leben.

Tundra

Die Fauna der Tundra besteht aus wenigen, aber besonders charakteristischen Arten. Die Mehrzahl von ihnen ist in der Tundra endemisch und dort fast überall anzutreffen; einige Arten haben ein zirkumpolares Verbreitungsgebiet, d.h. sie sind rund um den Nordpol zu finden. Die Artenarmut und Besonderheit der Faunen der Tundra kann mit der langen Isolation dieser widerstandsfähigen, unabhängigen Gruppe von Tieren erklärt werden.

Die verbreitetsten endemischen Arten kommen praktisch in der ganzen Tundrazone vor. Zu ihnen gehören unter den Säugetieren der Polarfuchs *(Alopex lagopus),* der Halsbandlemming *(Dicrostonyx torquatus)* und unter den Vögeln die Schnee-Eule *(Nyctea scandiaca)* und die Schneeammer *(Plectrophenax nivalis).* Außer der Schneeammer und einigen anderen Arten gibt es wenige Sperlingsvögel in der Tundra. Viele Arten Watvögel, Gänse und Enten brüten in den ausgedehnten Wasser- und Sumpfgebieten.

Die Tiere der Tundra müssen sich mit widrigen Bedingungen abfinden: mit einem langen, bitterkalten, stürmischen Winter mit wenig Sonnenlicht, mit einem kurzen, relativ kühlen Sommer und einem Mangel an geschützten Stellen; mit einer dicken Schicht von Dauerfrostboden (= ständiges Eis unterhalb der Oberfläche) und mit einer Knappheit an Futterpflanzen. Aber es gibt auch Pluspunkte: die Periode fortwährenden Sonnenlichtes im Sommer, die große Zahl immergrüner Pflanzen, die üppigen Beerenerträge in den südlichen Tundren, das allgemeine Fehlen von Störungen durch den Menschen und das geringe Vorkommen pathogener Mikroorganismen.

Die Tundra unterteilt sich in arktische, nördliche und südliche Regionen, die jeweils ihre eigenen, besonderen, Tiergemeinschaften haben. Allerdings gibt es zwischen der Fauna im Westen und im Osten gar noch größere Unterschiede, so daß man die langen Tundrengürtel in mehrere Areale auf der Ost-West-Linie unterteilen kann.

Die Skandinavisch-Kola-Tundren sind nicht wirklich arktisch, und in ihr lebt nur eine endemische Art, der Skandinavische oder Berg-Lemming *(Lemmus lemmus)*. Interessant ist, daß andere Lemmingarten, vor allem der in der Tundra weitverbreitete Halsbandlemming *(Dicrostonyx torquatus)*, in der Skandinavisch-Kola-Region nicht vorkommen (vgl. Seite 88).

Der europäisch-sibirische Teil der Tundra dehnt sich vom Weißen Meer bis zur Lena-Mündung aus und ist die Heimat des Sibirischen Lemmings *(Lemmus obensis)*. Die endemische Rothalsgans *(Rufibrenta ruficollis)* – eine der seltensten Wildgänse der Welt – nistet hier.

Im ostsibirischen Teil der Tundra – der von der Lena-Mündung bis zur Tschuktschen-Halbinsel reicht – sind mehr endemische Arten anzutreffen als in den beiden bereits erwähnten Gebieten. Dazu gehören Brutkolonien der seltenen Rosenmöwe *(Rhodostethia rosea)* und des kaum bekannten Löffelstrandläufers *(Eurynorhynchus pygmeus)*. Viele andere Watvogelarten brüten hier. Übrigens gibt es eine überraschende Ähnlichkeit zwischen der ostsibirischen Tundra und vergleichbaren Gebieten in Alaska und Kanada.

Soweit bekannt, hat sich die gegenwärtige Fauna der Tundra während der Eiszeiten zusammengefunden. Nicht alle Tiere entwickelten sich in dieser Zeit; eindeutig endemische Tundraarten haben ihren Ursprung wohl viel früher, möglicherweise in der Mitte des Tertiärs, vor etwa 30 Millionen Jahren. Nachdem die Gletscher sich zurückgezogen hatten, konnten viele Neuankömmlinge zuwandern und sich niederlassen. Typische Mitglieder der Tundrenfauna kommen heute auch in weitgehend abgeschlossenen Arealen von Hochgebirgstundren weiter im Süden vor; sie waren nach dem Rückzug des Eises aus den angrenzenden Ebenen dort gestrandet und unfähig, sich an die wärmeren Verhältnisse im Flachland anzupassen.

Der Sperber ist ein in der Taiga des europäischen Teils der Sowjetunion häufiger Vogel. Er bevorzugt lichte Waldgebiete. Dieses Exemplar wurde im Juli in Litauen fotografiert.

Taiga

Der Taigagürtel verfügt über eine reichere Fauna als die Tundra; berücksichtigt man allerdings seine enormen Ausmaße, so kann man nicht von großer Artenvielfalt sprechen, und die Artenzusammensetzung ist auffällig einheitlich. In der ganzen Taiga, von Nordosteuropa bis zur Pazifikküste, verbreitet sind der Elch *(Alces alces)*, das Eichhörnchen *(Sciurus vulgaris)*, der Burunduk oder Sibirisches Streifenhörnchen *(Eutamias sibirica)*, der Schneehase *(Lepus timidus)*, der Nordluchs *(Felis lynx)*, der Rotfuchs *(Vulpes vulpes)*, das Sibirische Feuerwiesel *(Mustela sibirica)*, der Hermelin oder Großes Wiesel *(Mustela erminea)*, der Zobel *(Martes zibellina)*, der Vielfraß oder Järv *(Gulo gulo)* und der Braunbär *(Ursus arctos)*. Nur drei dieser Säugetiere – Elch, Vielfraß und Zobel – sind in der Taiga endemisch; die beiden ersteren sind in der ganzen Taiga – von Skandinavien bis Alaska und Kanada – weit verbreitet. Die übrigen Tiere kommen auch in anderen Zonen vor.

Eine Reihe von Vögeln sind ebenfalls in weiten Gebieten der sowjetischen Taiga anzutreffen, besonders das Haselhuhn *(Tetrastes bonasia)*, das Auerhuhn *(Tetrao urogallus)* und verschiedene Eulen- und Spechtarten. Anders als in der Tundra gehören zur Vogelwelt der Taiga zahlreiche Sperlingsvögel. Mehr Vögel als Säugetiere sind in der UdSSR an die Taigazone gebunden, zum Beispiel das Haselhuhn, das Auerhuhn, das Steinauerhuhn Ostsibiriens *(Tetrao parvirostris)*, der Bartkauz *(Strix nebulosa)*, die Sperbereule *(Surnia ulula)*, der Rauhfußkauz *(Aegolius funereus)*, der Schwarzspecht *(Dryocopus martius)*, der Dreizehenspecht *(Picoides tridactylus)*, der Unglückshäher *(Perisoreus infaustus)* und der Tannenhäher *(Nucifraga caryocatactes)*. Die drei Eulen kommen im

Die Insektenwelt der Taiga ist wesentlich vielfältiger als die der Tundra. Dieser Zitronenfalter ist einer der ersten Schmetterlinge, die im Frühling in den Wäldern erscheinen.

ganzen Nadelwaldgürtel der Welt – von Skandinavien bis Nordamerika – vor.

Die wichtigsten Merkmale der Taiga sind ihr ausgesprochen kontinentales Klima mit den kalten Wintern und die dünnen, harten Nadeln und gut geschützten Samen der Nadelbäume, von denen sich bestimmte Tiere ernähren.
Die meisten Vögel der Taiga sind Standvögel. Echte Zugvögel sind selten, obwohl viele auf der Suche nach Futter lange Strecken Richtung Norden oder Süden zurücklegen. Ein charakteristisches Merkmal sowohl der Taiga als auch der Tundra ist, daß zeitweilig riesige Gebiete völlig verlassen scheinen – ohne Vogelgesang im Sommer oder Tierspuren im Schnee im Winter.

Obwohl über die ganze 6500-Kilometer-Spanne der sowjetischen Taiga nur kleine Unterschiede zwischen Faunen bestehen und einige Tiere im ganzen Nadelwaldgürtel der Welt – auch in Alaska und Kanada – vorkommen, gibt es eine klare vertikale Schichtung der Arten. Zum Beispiel ernähren sich verschiedene Tiere auf verschiedenen Vegetationsschichten oder »Höhen«. Die Samen der Nadelhölzer, besonders die der Sibirischen Zirbelkiefer *(Pinus sibirica)*, bilden die Hauptnahrung einer Reihe typischer Taigatiere wie der Kreuzschnäbel *(Loxia)*, der Spechte *(Dryocopus, Picoides)*, des Eichhörnchens *(Sciirus vulgaris)*, des Gewöhn-

lichen Gleithörnchens *(Pteromys volans)* und des Burunduks *(Eutamias sibirica)*. In Jahren mit besonders guten Zapfenerträgen an den Bäumen fressen auch Bären große Mengen von Nadelholzsamen. Weitere wichtige Futterbestände in der Taiga sind Beeren und Pilze und – für manche Tiere wie z. B. Auerhühner *(Tetrao)* – die Kiefernnadeln.

Obwohl die Fauna der eurasischen Taiga über ihre ganze ausgedehnte Fläche auffällig einheitlich ist, gibt es zwischen ihren östlichen und westlichen Gebieten einige Unterschiede. Es können zwei Hauptzonen der Faunen abgeteilt werden: die europäische Zone bis zum Ob, einschließlich des Gebietes westlich des Jenissei, und die ostsibirische Taiga östlich des Jenissei. Diese beiden gewaltigen Territorien zeigen klare Unterschiede in den Baumarten ihrer Wälder, in der Sumpfigkeit ihrer Böden und in ihren klimatischen Verhältnissen. In Ostsibirien herrscht extrem kontinentales Klima, und die sehr kalten, schneearmen Winter stehen im Gegensatz zu den wärmeren, schneereichen Wintern Westsibiriens und Nordeuropas. Einige Tiere, wie das Moschustier *(Moschus moschiferus)*, das Steinauerhuhn *(Tetrao parvirostris)* und der Waldbaumläufer *(Certhia familiaris)* dringen nicht westwärts über den Jenissei vor – außer im Gebiet südlich von Krasnojarsk, wo die Jenissei-Grenze durch die großen Gebirgszüge des Altai und des Sajan unterbrochen wird, die der Lebensraum vieler ostsibirischer Tierarten sind.

Die Tierarten von Kamtschatka und Sachalin unterscheiden sich in verschiedener Hinsicht. Der größte Teil der über 1000 Kilometer langen Halbinsel Kamtschatka ist mit Taiga bedeckt. Obwohl dort reichlich Nahrung vorhanden ist, sind auf der Halbinsel viele Tiere nicht zu finden, die für die kontinentale Taiga charakteristisch sind – Elche, Moschustiere, Burunduks, Luchse, Sibirische Feuerwiesel und andere Arten. Das Haupthindernis für das Eindringen dieser Tiere nach Kamtschatka bildet die Tundra auf der schmalen Landenge, die die Halbinsel mit dem Festland verbindet. Arten aus offenen Landschaften, für die die Tundra kein Hindernis darstellt, sind demnach auch in Kamtschatka zu finden, zum Beispiel das Schneeschaf *(Ovis nivicola)*, das Parry-Ziesel *(Spermophilus undulatus)* und das Kamtschatka-Murmeltier *(Marmota camtschatica)*. Die Braunbären *(Ursus arctos)* Kamtschatkas sind die größten in Eurasien.

Auch die Fauna der Insel Sachalin enthält eine Reihe von Arten – wenn auch nicht so viele wie Kamtschatka –, deren Evolution dort in Isolation stattgefunden hat. Auf Sachalin fehlen der Elch *(Alces alces)*, das Reh *(Capreolus capreolus)*, der Dachs *(Meles meles)* und das Sibirische Feuerwiesel *(Mustela sibirica)*. Im Ausgleich dafür leben dort mehr typische Taigaarten als in Kamtschatka, darunter der Nordluchs *(Felis lynx)*, das Moschustier *(Moschus moschiferus)*, der Burunduk *(Eutamias sibirica)* und das Gewöhnliche Gleithörnchen *(Pteromys volans)*. Einer der Gründe für diese Vorkommen liegt wohl darin, daß der Tatarensund, der Sachalin vom Festland trennt, an seiner schmalsten Stelle nur acht Kilometer breit und im Winter zugefroren ist, so daß er für die Tiere relativ leicht begehbar ist.

Ökologische Studien über die Tierarten der Taiga haben ergeben, daß sie, wenn auch nicht ausschließlich an die Taiga, so doch recht eng an Waldgebiete der temperierten Zonen gebunden sind. Dies legt nahe, daß die Faunen der Taiga relativ jung sind und ihre Evolution erst in jüngster geologischer Vergangenheit stattgefunden hat – und zwar im wesentlichen auf der Basis südöstlicher Neuankömmlinge. Daß auch die Vegetation der Taiga nicht alt ist, zeigen einerseits die Artenarmut unter den Bäumen und andererseits die doch verhältnismäßig geringe Anpassung der Nadelhölzer an das rauhe Klima. Fichten *(Picea)*, Tannen *(Abies)* und Kiefern *(Pinus)* sind alle immergrün; nur die Lärchen verlieren ihre Blätter.

Man nimmt an, daß während des späten Tertiärs, vor zwei Millionen Jahren etwa, im Gebiet der heutigen Taiga wohltemperierte klimatische Verhältnisse herrschten und daß sich dort aus Breitlaubarten bestehende Wälder ausdehnten. Die Eiszeiten des Quartärs haben wohl dazu geführt, daß all die wärmeliebenden Tiere ausstarben oder nach Süden wanderten. Im Westen und Osten blieb nur das Meer als Rückzugsmöglichkeit, und im Zentrum des riesigen Gebietes gelangten die Tiere an Hindernisse in Form von Gebirgsketten, die für viele Arten unüberwindbar waren. Nur eine kleine Schar von Arten war imstande, zu bleiben und so die heutige Fauna der Taiga zu bilden.

Viele Biologen glauben, daß die Evolution des Hauptkerns der Taigafauna sich in Ostsibirien vollzog. Zu den Vorläufern dieses Kerns gehören sowohl jene Arten, die die Eiszeiten überlebt und sich an die neuen Bedingungen angepaßt hatten, als auch diejenigen, die aus den Gebirgen Zentralasiens, besonders dem Hochland von Tibet, und aus Nordamerika zuwanderten.

Mischwälder

Mischwälder sind weder in der Gestalt ihrer Landschaften noch in ihren Faunen einheitlich. Die Faunen der Mischwälder bestehen aus Elementen der Taigafauna und der der Breitlaubwälder und wenigen eigenen Tierarten. Auf der einen Seite sind Taigatiere wie der Elch *(Alces alces)*, das Gewöhnliche Gleithörnchen *(Pteromys volans)*, der Schneehase *(Lepus timidus)* und das Auerhuhn *(Tetrao urogallus)* verbreitet; auf der anderen Seite sind viele in den Mischwäldern lebenden Arten typisch für die Breitlaubwälder Westeuropas.

Ganz oben: *Im üppigen Mischwald Ussuriens lebt eine Fülle von Tieren und Pflanzen, die aus Südostasien in das Gebiet eindringen konnten, da sie nicht von natürlichen Barrieren wie Gebirgen oder Gletschern gehindert wurden.*

Oben: *Der Trauerfischer gehört zu den exotischen Mitgliedern der Fauna des Fernen Ostens der Sowjetunion. Er brütet auf der südlichsten Kurilen-Insel Kunaschir. Sein Verbreitungsgebiet reicht vom Himalaja bis nach Japan.*

Zu den beiden erwähnten Gruppen von Tieren kommen Zuwanderer aus den Steppen wie der Feldhamster *(Cricetus cricetus)*, der europäische Feldhase *(Lepus europaeus)* und das Rebhuhn *(Perdix perdix)*. Letzteres ist wohl hauptsächlich auf den Einfluß des Menschen, vor allem die Rodung der Wälder zurückzuführen.

Die Fauna der Breitlaubwälder ist viel älter als die der Taiga. Ihr Kern bildete sich offensichtlich vor den Eiszeiten des Quartärs und setzte die Evolution in jenen Teilen Westeuropas fort, die von großen Eisstücken bedeckt waren. Abgesehen vom Mischwaldgürtel in der europäischen UdSSR gibt es große Mischwaldgebiete im Süden des Fernen Ostens, die sich über die Grenzen der UdSSR hinaus ausdehnen. Zur Fauna der Gebiete um den Amur und den Ussuri gehört eine faszinierende Mischung von Tieren, von denen einige aus der rauhen sibirischen Taiga und andere aus den südlicheren, üppigen, subtropischen Regionen stammen. Im Winter bringen die Winde aus Sibirien beißende Kälte, aber im Sommer, wenn die warmen Winde vom Pazifischen Ozean herwehen, ist dieses Gebiet sehr feucht, und die Vegetation, zu der viele Kletterpflanzenarten gehören, gedeiht üppig. Die Wälder, die die Flußtäler bekleiden, hallen wider vom Gesang exotischer Vögel und große, leuchtend gefärbte Schmetterlinge und Nachtfalter gaukeln durch die Lüfte. Diese Gebiete bilden einen überraschenden Kontrast zu den dunklen Nadelwäldern aus Fichten *(Picea)*, Tannen *(Abies)* und Lärchen *(Larix)*, die auf den großen, in nord-südlicher Richtung verlaufenden Sichote-Alin-Gebirgsketten wachsen, dessen östliche Flanken ins Japanische Meer abfallen. Diese Wälder sind der Lebensraum typischer Mitglieder der sibirischen Taigafauna.

Die Gründe für die Existenz einer solchen Fülle von Tierarten und -unterarten in den Ussuri- und Amur-Gebieten hängen mit deren einzigartigen klimatischen Verhältnissen, der Vegetation und der geologischen Geschichte zusammen. Vom Tertiär an entwickelte sich in diesem Gebiet, als es vom Eis befreit war, über einen Zeitraum von vielen Millionen Jahren eine einzigartige lokale Fauna. Die ganze Zeit über wanderten Tiere aus den Wäldern Ostasiens und des indo-malayischen Archipels zu. Auf diese Weise ist die gegenwärtige Fauna des Ussuri-Gebietes eine vielfältige Mischung von Überlebenden aus voreiszeitlicher Zeit.

Die Breitlaubwälder Europas und die des Fernen Ostens haben nur wenig gemein. Die Fauna um den Ussuri und den Amur unterscheidet sich allgemein sehr stark von den Faunen der übrigen UdSSR und gleicht vielmehr der Chinas und des indo-malayischen Archipels. Wegen seiner Besonderheiten und seiner Vielfalt ist das Gebiet genauer in Kapitel 6 (Seite 116 bis 134) beschrieben.

Dieses kleine Ziesel kommt ausschließlich in den Ausläufern des Elbrus im Kaukasus vor. Die Tiere leben in Höhen zwischen 1200 und 3000 Meter.

Das Altai-Steppenmurmeltier ist ein stämmiges Erdhörnchen, das in den Gebirgen Kasachstans und Südsibiriens anzutreffen ist. Viele weitere Murmeltierarten leben in den Gebirgen.

Diese Ostkaukasischen Turs wurden im Juni im Sewero-Osetin-Reservat im Großen Kaukasus fotografiert. Oft klettern sie auf Felsklippen, um einen ruhigen Rastplatz zu finden.

Die Gebirge des sowjetischen Zentralasien und der Kaukasus
Obwohl die zentralasiatischen Gebirgsfaunen sich recht deutlich von denen der sie umgebenden Wüsten unterscheiden, bilden sie keine klare, eindeutige Einheit. In den Hochgebirgszonen des Pamir, des Gissaro-Alai und des Tienschan leben »Außenposten« der Gebirgsfauna des Hauptteils von Zentralasien, darunter der Schneeleopard *(Panthera unica)*, das größte Wildschaf der Erde, das Argali *(Ovis ammon)*, und das Himalaja-Königshuhn *(Tetraogallus himalayensis)*. Unterhalb der Zone des ewigen Schnees im Hochgebirge liegen die alpinen Matten aus niedrigem, üppigem Gras, das bis zum Ende des Sommers frisch bleibt, während die subalpinen Wiesen darunter dann zum Teil schon getrocknet sind. Hier trifft man viele Murmeltierarten *(Marmota)*, den Großohr-Lemming *(Alticola macrotis)*, die Alpendohle *(Pyrrhocorax graculus)* und die Alpenkrähe *(P. pyrrhocorax)*, mehrere Arten Königshühner *(Tetraogallus)* und die Ohrenlerche *(Eremophila alpestris)*.

Auf die subalpinen Wiesen folgt ein Gürtel aus lichtem Wacholder-*(Juniperus)*Wald. Unter den Tieren ist allein der Zahnschnabel-Kernbeißer *(Mycerobas carnipes)* eng an den Wacholder gebunden, da er ausschließlich von dessen Beeren lebt. Unter dem Wacholdergürtel befindet sich ein Waldgürtel aus Schrencks-Fichten *(Picea schrenckiana)*, der von

Tieren bewohnt wird, die nicht in erster Linie zentralasiatischen Ursprungs sind. In den Fichtenwäldern des nördlichen Tienschan beispielsweise leben aus der Taiga stammende Arten wie die Sperbereule *(Surnia ulula)*, der Dreizehenspecht *(Picoides tridactylus)*, der Fichtenkreuzschnabel *(Loxia curvirostra)* und der Tannenhäher *(Nucifraga caryocatactes)*. Im Dsungar-Alatau-Gebirgszug des nördlichen Tienschan läßt sich sogar der Schneehase *(Lepus timidus)* – ein Tier der Tundra und Taiga – sehen.

Andererseits sind auf den unteren Hängen der südlichen sowjetischen zentralasiatischen Gebirge viele Einwanderer aus dem Süden anzutreffen. Vögel wie der Borstenhäherling *(Garrulax lineatus)* und der Indische Paradiesschnäpper *(Terpsiphone paradisi)* leben zwischen den dichten Hecken aus Wildrosen *(Rosa)*, Heckenkirschen *(Lonicera)* und Weißdorn *(Crataegus)* und Gehölzen aus Walnußbäumen *(Juglans)*. In den südwestlich gelegenen Wäldern lebt der Baumschläfer *(Dryomys nitedula)*.

Sowohl Halbwüsten als auch trockene Steppen bedecken die Hänge der Berge unterhalb 1500 Meter; dort leben viele Wüstentiere.

Die insgesamt karge Fauna des östlichen Pamir enthält einige Arten, die typisch für das zentralasiatische Tafelland, vor allem für Tibet, sind. Die Streifengans *(Anser indicus)*, das Tibet-Königshuhn *(Tetraogallus tibetanus)*, das Tibetische Steppenhuhn *(Syrrhaptes tibetanus)* und die Tibet-Lachmöwe *(Larus brunnicephalus)* leben neben den typischen zentralasiatischen Gebirgstieren wie dem Langschwänzigen Murmeltier *(Marmota caudata)*, dem Großohr-Lemming *(Alticola macrotis)* und dem Argali oder Wildschaf *(Ovis ammon)*. Insgesamt jedoch ist der hohe östliche Pamir ein rauher Lebensraum, und wenige Tiere sind dort zu sehen.

Der westliche Pamir wie auch das Gissaro-Alai-Gebirge im Norden sind tief zerschnitten von engen Flußschluchten.

Der hübsche Alpengimpel bewohnt den alpinen Gürtel des Kaukasus und der Gebirge Zentralasiens.

Der stattliche Steppenadler ist ein Charaktervogel der Steppengebiete. Leider ist er selten geworden.

Die europäische Nachtschwalbe trifft man – außer in der Tundra – in allen Lebensräumen an. Sie fängt in der Dunkelheit Insekten.

Dort lebt eine Reihe von Einwanderern aus dem Süden wie der Indische Paradiesschnäpper *(Terpsiphone paradisi)* und der Borstenhäherling *(Garrulax lineatus)*. Entlang der Gebirgssturzbäche lebt der wunderschöne Weißkopf-Rotschwanz *(Chaimarrornis leucocephalus)* aus der Fauna des Himalaja. Eine völlig andere Fauna bewohnt das öde Tafelland des Kopet-Dag unterhalb der Grenze des ewigen Schnees. Bäume und Sträucher wachsen nur in den tiefen, feuchten Schluchten. Es gibt dort weder Murmeltiere noch Schneeleoparden oder andere Arten, die für die Hochgebirge Zentralasiens typisch sind. Auf der anderen Seite trifft man dort die Bezoarziege *(Capra aegagrus)*, das Kaspische Königshuhn *(Tetraogallus caspius)* und die Kaukasus-Agame *(Agama caucasica)*, alles Arten der Fauna Transkaukasiens. Einige Tiere sind für die Vorberge des Gissaro-Alai charakteristisch, so das Persische Sandhuhn *(Ammoperdix griseogularis)*.

Die Fauna der Kaukasus-Region ist einzigartig. Dies wird verständlich, wenn man sich die vielschichtige geologische Geschichte dieses zwischen dem Schwarzen Meer und dem Kaspischen Meer gelegenen Isthmus in Erinnerung ruft. Auf der nördlichen Seite des Kaukasus reicht die Steppe bis zu den Vorbergen. Die Fauna der Hochgebirgswälder des Großen Kaukasus hat viel mit den Faunen des westlichen und mittleren Transkaukasien gemein. Zu den endemischen Tieren des Hochgebirges und der Wälder des Kaukasus gehören zwei Arten der Gebirgsziege, der Westkaukasische Tur *(Capra caucasica)* und der Ostkaukasische Tur *(Capra cylindricornis)*, die Prometheusmaus *(Prometheomys schaposchnikowi)* und das Kaukasus-Königshuhn *(Tetraogallus caucasicus)*. Das Verbreitungsgebiet des Kaukasischen Birkhuhns *(Tetrao mlokosiewiczi)* reicht bis in den Nordosten der Türkei und den Norden des Iran.

Wie die Evolution der reichen endemischen Fauna des Kaukasus vor sich ging, ist ein vielschichtiges Problem, das einer Lösung seitens der Wissenschaftler bedarf. Einige Geologen gehen davon aus, daß der Große Kaukasus vor vielen Millionen Jahren, lange vor den letzten Eiszeiten, eine vom Meer umspülte Insel war. Wenn man annimmt, daß die endemischen Tiere der Kaukasus-Region, dessen Kern die Gebirgskette des Großen Kaukasus ist, während dieser Inselperiode in ferner Vergangenheit isoliert wurden, wird ihre Beschränkung auf diesen Ort leichter verständlich.

Der Hauptteil dieses Buches (Seite 66 bis 209) widmet jeder der wichtigen geographischen Zonen der UdSSR ein Kapitel und gibt detailliert Auskunft über einige ihrer typischsten und interessantesten Tiere.

Steppen und Wüsten

Im allgemeinen stellt die Tierwelt der Steppen einen Übergang zwischen der Fauna der Breitlaubwälder Europas und der der zentralasiatischen Ebenen dar. Das ist nicht weiter verwunderlich, da die Steppen zwischen diesen beiden großen Naturregionen liegen. Nichtsdestotrotz gibt es einen klaren endemischen Kern echter Steppentiere, darunter verschiedene Arten Ziesel oder Erdhörnchen *(Citellus)*, Bobaks oder Steppenmurmeltiere *(Marmota bobac)*, Pferdespringer

Der in der »Roten Liste« der UdSSR verzeichnete Buchara-Hirsch, eine Rasse des Rothirsches, ist heute nur noch in Galeriewäldern entlang Flußtälern, die sich durch Wüsten ziehen, zu finden.

Da sie wechselwarm sind, können nur wenige Reptilien in den Gebirgen leben – außer in heißen, ariden Arealen wie der Kopet-Dag-Bergkette in Turkmenistan, die die Heimat dieses kleinen Geckos ist.

(Allactaga jaculus), Feldhamster *(Cricetus cricetus)* und einige andere Säugetiere. Zu den typischen Steppenvögeln gehören der Steppenadler *(Aquila rapax),* der Jungfernkranich *(Anthropoides virgo),* die zunehmend seltene Großtrappe *(Otis tarda),* die Zwergtrappe *(Tetrax tetrax)* und der Steppenkiebitz *(Chettusia gregaria).*

Dank des reichhaltigen Nahrungsangebotes ist die Tierwelt in der unberührten Steppe vielköpfig, wenn auch nicht sehr artenreich. Die Saiga *(Saiga tatarica)* zum Beispiel bildet bisweilen große Herden und ihre Gesamtpopulation beläuft sich auf über eine Million (vgl. auch Seite 167). Wie andere Huftiere, die in offenem Gelände leben, in dem es keine Möglichkeiten gibt, sich vor Feinden zu verbergen, hat sie einen ausgezeichneten Sehsinn und die Fähigkeit sehr schnell zu laufen entwickelt. Nagetiere dagegen verstecken sich unter der Erde. Die meisten Steppennagetiere graben nur flache Baue, aber einige, wie der Bobak *(Marmota bobac),* legen sehr tiefreichende Röhrensysteme an. Die Größe der Greifvogelpopulation hängt in wesentlichen von der Menge der Nagetiere ab.

Die Steppen der Mongolei und Transbaikaliens sind durch Gebirgsketten isoliert und von einer hauptsächlich mongolischen Fauna bevölkert.

Die zentralasiatischen Wüsten gehören je zu einer von drei Hauptgruppen: Kies-, Lehm- oder Sandwüsten. Die Kieswüsten mit salzigen Solontschak Böden sind besonders unwirtlich, und in ihnen leben wenige Tiere. Auch Lehmwüsten, deren Vegetation vor allem aus verstreuten Wermutssträuchern *(Artemisia)* besteht, bewohnen nur wenige Arten.

Im Vorfrühling jedoch, wenn in der südlichen Hälfte Zentralasiens reichlich Regen fällt, ist die Lehmwüste dicht mit einer kurzen Grasnarbe bedeckt, in der es von Tieren wimmelt. Die für Lehmwüsten typischsten Tiere sind der Kleine Erdhase *(Allactaga elater),* der Daurische Zwerghamster *(Cricetulus barabensis),* verschiedene Zieselarten, der Wüstenregenpfeifer *(Charadrius leschenaultii)* und die Steppenagame *(Agama sanguinolenta).* Die Sandwüsten verfügen über beträchtlich spezifischere Tierarten als die anderen Wüstentypen, selbst noch in ihrer extremsten Form, den Sanddünenwüsten mit ihren endlosen Reihen sichelförmiger Binnendünen.

3 Naturschutz

Das staatliche Eigentum am Land, an seiner Oberfläche, seinen Flüssen, Seen, Gebirgen, Wäldern und Küstengewässern bildet die Grundlage des Naturschutzes in der UdSSR. Seine Ziele und Aufgaben haben sich im Laufe der Zeit verändert.

Lange bevor ein Gesetzesdokument zu diesem Thema existierte, gab es ein beachtliches Verständnis für die Notwendigkeit des Schutzes von Wild, Wäldern und anderen Ressourcen. Die ersten Verordnungen, die die Jagd auf Tiere einschränkten, wurden im elften Jahrhundert in Kiew ausgegeben.

Während des siebzehnten Jahrhunderts wurden 67 Jagdgesetze erlassen, die die Länder entlang der Flüsse Nordeuropas betrafen, in denen der Zobel, ein wertvolles Pelztier, lebte. Als sich das Forstwesen herausbildete, wurde im Jahre 1683 das Abholzen der Bäume in den Gegenden Sibiriens, in denen der Zobel lebte, verboten. Während der

Der Zobel, ein Mitglied der Marder-Familie, besitzt einen der wertvollsten Pelze überhaupt. Heute wird er durch strenge Schutzmaßnahmen vor Überjagung bewahrt.

Amtszeit des Zaren Peter der Große (1682–1725) wurde der Waldschutz eingeführt, um Überschwemmungen zu verhindern und einzelne Baumarten zu schützen.

Zu Beginn des zwanzigsten Jahrhunderts begannen russische Wissenschaftler, ihre Vorstellungen über den Natur-

Links: *Ein junger Schneekranich. Diesen seltenen Vogel vor dem Aussterben bewahrt zu haben, ist das größte Erfolgserlebnis des Naturschutzes in der Sowjetunion und zugleich ein mustergültiges Beispiel für internationale Zusammenarbeit.*

schutz zu formulieren. 1909 richtete die Russische Geographische Gesellschaft ein Naturschutzkomitee ein. Dessen Aktivitäten ist es zu verdanken, daß das erste Gesetz über Naturschutzgebiete im Jahre 1916 erlassen wurde.

In den ersten fünf Jahren nach der Revolution von 1917 traten größtenteils auf Lenins Initiative mehr als 200 Verordnungen und Durchführungsbestimmungen zum Naturschutz in Kraft. 1921 wurde das Staatskomitee für Naturschutz geschaffen, dem 1924 die Allrussische Gesellschaft für Naturschutz folgte.

Die nächste Station der Entwicklung umfaßt die Jahre 1957 bis 1963, während derer die Gesetzgebung über den Naturschutz in den einzelnen Republiken, aus denen sich die UdSSR zusammensetzt, eingerichtet wurde. Zum ersten Mal wurde erklärt, daß der Schutz der Natur eine vordringliche Aufgabe des Staates sei; damit war der erste Schritt getan in Richtung auf einen angemessenen Umgang mit Pflanzen- und Tiergemeinschaften in all ihrer Verschiedenartigkeit und Komplexität.

Nachdem 1977 die neue sowjetische Verfassung in Kraft getreten war, entwarf die Regierung eine Reihe von Gesetzen zur Vervollkommnung des Naturschutzes. Gegenwärtig wird ein vielgliedriges System zur Überwachung der natürlichen Ressourcen ausgearbeitet und zur Anwendung gebracht. Überwachungsstellen beschäftigen sich mit verschiedenen Formen der Umweltverschmutzung. Der Zweck ihrer Arbeit ist, die Reaktion der Ökosysteme auf die allgemeine Umweltverschmutzung nachzuweisen, deren Wirkungen zu bestimmen und geeignete Empfehlungen für Entscheidungen auf nationaler und internationaler Ebene zu geben. Die UdSSR nimmt an vielen internationalen Naturschutzprogrammen teil und hat auf dem Gebiet des Umweltschutzes bilaterale Abkommen mit den USA, Japan und vielen anderen Ländern unterzeichnet.

Gesetzgebung zur Luftverschmutzung

Die einzelnen Teile der Umwelt sind unter dem Gesichtspunkt des Ineinandergreifens ihrer Elemente dem Schutz unterstellt. Mit der Luftverschmutzung befaßt sich ein Gesetz über den atmosphärischen Umweltschutz. Wirksame Reinigungsfilter müssen an Fabriken, die Schadstoffe in die Atmosphäre entlassen, installiert sein. Ausgiebige Forschungen im Bereich der Entwicklung neuer und wirksamerer Arten von Schadstoffreinigungsanlagen werden betrieben und ständig neue Methoden und Ausrüstungen für die Überwachung der Verschmutzung eingeführt. Die Verbesserung der Luftqualität schafft – abgesehen von den Vorteilen für die Natur im allgemeinen – auch neue Möglichkeiten für die

Ganz oben: *Naturschützer sind über die Verschmutzung des Baikal-Sees äußerst besorgt. Dort leben 960 Tierarten und 400 Pflanzenarten, die nirgendwo sonst in der Welt vorkommen.*
Oben: *Die kleine Kaspirobbe lebt ausschließlich im Kaspischen Meer, dem größten Binnenmeer der Welt; ein Jagdverbot hat diesem attraktiven Säugetier und seinem Verwandten, der Baikalrobbe, das Überleben ermöglicht.*

Pflanzung von Bäumen, die Einrichtung städtischer Parkanlagen und die Entwicklung von Grünflächen in den Vororten.

Gesetzgebung zur Wasserverschmutzung

Mit der Wasserverschmutzung befassen sich die allgemeine staatliche Wassergesetzgebung und die jeweiligen Gesetze der verschiedenen Republiken. Alle Gewässer müssen vor Verschmutzung geschützt werden und unnötige Wasserstauung und -entnahme sind zu vermeiden – gleich, ob die Gewässer eine Bezugsquelle für die Bevölkerung darstellen oder als Energiequelle, Transportweg oder als Lebensraum für wilde Pflanzen und Tiere dienen. Seen und Flüsse sind auch für die Erholung und den Tourismus von Bedeutung. Neue industrielle Niederlassungen müssen Schadstoffreinigungsanlagen installieren, bevor sie eine Betriebsgenehmigung erhalten, und auch landwirtschaftliche Betriebe haben entsprechende Einrichtungen anzubringen, die verhindern, daß Kunstdünger und Produkte der chemischen Industrie in die Flüsse gespült werden.

Besonderer Wert wird auf den Schutz größerer Meere und Seen, des Kaspischen Meeres, des Schwarzen Meeres, des

Asowschen Meeres, der Ostsee, des Baikal-Sees und des Balchasch-Sees gelegt, um ihre Reinheit wie auch ihre Gesamtwassermenge zu erhalten. Beträchtliche Besorgnis herrscht über die Verschmutzung verschiedener Seen, besonders des Baikal-Sees (vgl. Seite 57). Große Probleme gibt auch es mit dem Erhalt des Wasserstandes des Aral-Sees und des Balchasch-Sees, da aus ihnen Wasser für die künstliche Bewässerung entnommen wird. Der Wasserspiegel des Asowschen Meeres sinkt stetig und sein Salzgehalt nimmt zu. Eine Reihe geplanter Maßnahmen soll diesen Zustand korrigieren und dazu beitragen, den Fischbestand wieder aufzustocken. Das Grundwasser gehört ebenfalls dem Staat, und es sind verschiedene Gesetze mit dem Ziel der Kontrolle seiner Verschmutzung bzw. Nutzung erlassen worden.

Schutz des Waldes

Die Verwaltung der staatseigenen Wälder ist eine weitere bedeutsame Abteilung des Naturschutzes. Abgesehen davon, daß die riesigen Waldgebiete die Quelle immenser Mengen von Nutzholz sind, sind sie auch als »Wasserspeicher« unentbehrlich und dienen dem Schutz des Bodens und des Kulturlandes – von der bedeutsamen Rolle der Wälder als Lebensraum wilder Pflanzen und Tiere ganz zu schweigen.

Der Waldschutz wird ebenso von der staatlichen Gesetzgebung gestützt wie auch von den einzelnen Forstgesetzen der verschiedenen Republiken. Vorrangiges Ziel ist dabei, die Bäume sowohl hinsichtlich ihrer Artenvielfalt als auch ihrer Produktivität auf dem bestmöglichen Stand zu halten. Die Gesetzgebung kann die Rodung von Wald aus Gründen des Bodenschutzes, des Wasserschutzes oder des Schutzes von Kulturland untersagen. Methoden des Nutzholztransportes, die dem Boden oder den aufwachsenden Jungbäumen schaden, sind verboten. Gemäß seines Zustandes, seiner Funktionen und seiner wirtschaftlichen Bedeutung kann ein Wald zu einer von drei Gruppen gehören. Je nach der Gruppenzuordnung und bisherigen Nutzung eines Waldes wird entschieden, ob eine Landfläche für ein bestimmtes Vorhaben aus der Produktion genommen wird. Waldgebiete der ersten Gruppe gelten als besonders erhaltenswert; zu ihnen gehören Wälder in Naturreservaten, Nationalparks und Wassereinzugsgebieten sowie Schutzgürtel und Waldgelände in der Nähe von Hospitälern oder in Grünanlagen. Das Forstwesen in solchen Gebieten verfolgt in erster Linie das Ziel, den natürlichen Lebensraum Wald zu erhalten oder wieder herzustellen.

Neben den Wäldern sind nach dem Gesetz weitere Vegetationstypen zu schützen, nicht nur vereinzelte Gruppen seltener und gefährdeter Arten, sondern ganze Vegetationsgemeinschaften, die in Zukunft vielleicht die Basis neuer Getreide oder Heilpflanzen bereitstellen.

Tierschutz

Der Tierschutz ist inzwischen durch ein Gesetz »Zum Schutz und zur naturverträglichen Nutzung der Tierwelt« aus dem Jahre 1980 festgelegt. Dieses Gesetz regelt die Nutzung freilebender Tiere für wirtschaftliche Zwecke, gleich, ob sie auf der Erde oder unter ihr, im Wasser oder in der Luft, ständig oder zeitweilig in der UdSSR oder auch entlang ihrer Küsten leben.

Viele Pflanzen und Tiere sind in den sowjetischen Reservaten unter vollen Schutz gestellt; dieser Alpen-Blaustern, der in der UdSSR nur im Kaukasus vorkommt, wurde im Lagodesch-Reservat fotografiert.

Der europäische Biber gehört zu den Tieren, die am stärksten von strengen Jagdgesetzen und anderen Maßnahmen wie dem Schutz seines Habitats und dem Auffrischen der Bestände in Reservaten profitiert haben.

Freilebende Tiere, die als selten oder gefährdet eingestuft werden, und solche, die wegen ihres Fleisches oder Pelzes intensiv gejagt oder anderen wirtschaftlichen Zwecken zugeführt werden, unterliegen besonderem Schutz. Der gleiche Schutz wird Tieren zuteil, die nützlich für die biologische Kontrolle landwirtschaftlicher oder anderer »Schädlinge« sind.

Die Gesetzgebung fordert, daß die Regelungen für Jagd und Fischerei strikt befolgt werden, um die Lebensbedingungen der Tiere zu verbessern und gesunde Geburtenraten zu

Links: *Das Kaukasus-Biosphärenreservat zeigt sich von seiner schönsten Seite, wenn im Mai die Rhododendronbüsche mit ihren wunderschönen Blüten die Berghänge schmücken.*

Rechts: *In den vergangenen Jahren ist der Wanderfalke, wie überall auf der Welt, so auch in weiten Teilen der Sowjetunion – vor allem wegen des Einsatzes von Pestiziden –, selten geworden. In der Tundra der Sowjetunion ist er zum Glück noch relativ häufig.*

sichern; und daß die Abschußquoten reguliert werden. Es ist verboten, Tiere – gleich, mit welcher Methode – auszurotten, wenn sie die Volkswirtschaft oder Volksgesundheit nicht beeinträchtigen. Die Kontrolle von »Schädlingen« jedoch schließt der Naturschutz nicht aus. Dazu gehören Mäuse, Ratten und andere Nagetiere, Tiere, die für das Vieh gefährliche Krankheiten übertragen; und auch einige räuberische Wesen wie der Vielfraß oder Jäw *(Gulo gulo)*.

Strenge Maßnahmen zum Schutz der Tiere, zur Verhinderung des Wilderns und zur Jagdregulierung haben in der Erholung der Bestände einer Reihe wertvoller Tiere – darunter Elch *(Alces alces)*, Biber *(Castor fiber)*, Saiga *(Saiga tatarica)* und Zobel *(Martes zibellina)* – ausgezeichnete Erfolge gezeigt. Der Wisent *(Bison bonasus)* ist nicht länger unmittelbar vom Aussterben bedroht. Der Schutz seltener und gefährdeter Tiere wird weiter unten im einzelnen erörtert.

Besonders geschütztes Land

Besonders geschützte Gebiete spielen eine wichtige Rolle im Naturschutzprogramm der UdSSR. Leider ist der Fortschritt zeitweilig durch das Fehlen einer übergeordneten Koordination behindert worden, da die einzelnen Naturreservate und Nationalparks der Kontrolle verschiedener Ministerien oder Abteilungen unterstehen. Im Juni 1985 veranlaßte der Oberste Sowjet eine spezielle Studie über den Naturschutz, betonte die Notwendigkeit der Zusammenarbeit zwischen den verschiedenen Körperschaften im Bereich Naturschutz und setzte eine gemeinschaftliche Führung ein. Diese Vereinheitlichung ist noch nicht erreicht, aber sie wird es sicher in naher Zukunft sein.

Unter den besonders geschützten Gebieten in der UdSSR unterliegt das Naturreservat oder »Sapowednik« den strengsten Schutzbestimmungen. Das Netz dieser Reservate ist – unter Berücksichtigung der übergreifenden Ziele nationalen Naturschutzes – wissenschaftlich geplant worden. Die UdSSR hat für die staatlichen Naturreservate ein solides Fundament geschaffen, indem sie jegliche wirtschaftliche Tätigkeit in ihnen verbietet. Nichtorganisierte Besuche sind für Nichtspezialisten, auch Touristen, verboten. Die Natur-

reservate des Landes dienen als »Barometer«, die den allgemeinen Gesundheitszustand natürlicher Populationen anzeigen. Diese Schutzgebiete werden so weit wie möglich in ihrem natürlichen Zustand belassen. Sie sind notwendig zum Erhalt der genetischen Ressourcen, um einzigartige Landschaften oder Lebensräume für Pflanzen und Tiere zu schützen und zum Studium der Vorgänge in unberührten, natürlichen Gemeinschaften.

Internationale Naturschutzprogramme

Die Früchte dieser Forschung werden mit Naturschützern in anderen Teilen der Welt geteilt. Die UdSSR spielt eine tätige Rolle in vielen internationalen Naturschutzprogrammen; dazu gehören die Programme spezieller Abteilungen der Vereinten Nationen, internationaler Regierungsstellen und professioneller Organisationen, die nicht an Regierungen gebunden sind, wie die *Internationale Union für den Schutz der Natur und der natürlichen Hilfsquellen* (IUCN) mit Sitz in Genf, der *World Wildlife Fund*, das *International Council for Bird Preservation* (ICBP) und das *International Waterfowl Research Bureau* (IWRB). Die UdSSR veranstaltet viele wichtige internationale Tagungen und Kongresse zum Thema Naturschutz und ist Mitunterzeichner zahlreicher Abkommen und Verträge zum Schutz der freilebenden Tiere und Pflanzen. Das UNESCO-Programm der Biosphärenreservate, die nun in vielen Ländern geschaffen werden, hat dieselben Zwecke wie jene, die in der UdSSR schon seit 65 Jahren existieren – den Schutz der genetischen Vielfalt der Pflanzen und Tiere sowie der Ökosysteme in all ihrer Verschiedenartigkeit und die Förderung der wissenschaftlichen Forschung über natürliche Prozesse. Eine weitere wichtige Entwicklung war die Publikation der ersten »Roten

In Wüsten-Reservaten wie diesem, erst 1985 gegründeten, 2233 Quadratkilometer großen Reservat in Ust-Urt, Kasachstan, wird eine große Vielfalt seltener und gefährdeter Pflanzen, Reptilien, Vögel und Säugetiere geschützt.

Liste« der IUCN im Jahre 1966, die den Status seltener oder gefährdeter Tiere in der ganzen Welt verzeichnete und beschrieb; 1978 folgte die Veröffentlichung der ersten sowjetischen »Roten Liste« (für weitere Einzelheiten vgl. Seite 60).

Im Jahre 1979 wertete die sowjetische Regierung das Laboratorium gleichen Namens zum Allunions-Forschungsinstitut für Naturreservate und Naturschutz auf (vgl. auch Seite 60). Naturschutzarbeit wird auch von zahlreichen weiteren Organisationen getragen, z. B. den Forschungsinstituten der Akademie der Wissenschaften der UdSSR und verschiedenen Universitäten oder anderen Instituten des höheren Bildungswesens. Die intensiven Untersuchungen werden fortgesetzt – nicht nur über Biologie und Ökologie einer ganzen Reihe von Tier- und Pflanzengemeinschaften, sondern auch über rechtliche Aspekte des Naturschutzes und der mit ihm verbundenen ökonomischen und sozialen Probleme. Zunehmend wird Wert darauf gelegt, die Öffentlichkeit über die Notwendigkeit des Naturschutzes aufzuklären, und in letzter Zeit sind auf diesem Gebiet viele Erfolge erzielt worden. Jedoch – es bleibt noch viel zu tun! Es ist leider eine Tatsache, daß in vielen Teilen des Landes wenig Verständnis für die Dringlichkeit des Naturschutzes aufgebracht wird, besonders in den entlegenen, unzugänglichen Gebieten, in denen viele wichtige Naturreservate liegen. Es wird immer noch gewildert, und die Naturschützer müssen ständig wachsam sein, um illegales Jagen zu vereiteln – eine Aufgabe, bei der sie voll von den Exekutivorganen unterstützt werden.

Langzeitplanung

Wegen der zunehmenden Bevölkerungszahlen gibt es – trotz der riesigen Größe der UdSSR – immer weniger von Menschen unberührte Gebiete. Selbst die rudimentärste Entwicklung, wie der Bau von Hütten für Waldarbeiter, kann letztlich einen Teil der Tier- und Pflanzengemeinschaft zerstören. Größere Einbrüche, wie das Anlegen einer Landstraße oder der Bau eines riesigen Dammes, können ganze Ökosysteme bedrohen. Exzessive Ausbeutung einzelner Pflanzen- oder Tierarten führt, genauso wie die Zerstörung ihres Lebensraumes, zum Verschwinden von Arten aus dem betreffenden Gebiet. Jede einzelne Art stellt ein lebenswichtiges Teil der ganzen komplexen Gemeinschaft dar. Wie jedes andere System, so bleibt auch ein Ökosystem nur dann stabil, wenn alle seine Teile verkettet sind und in gegenseitiger Abhängigkeit funktionieren. Das Auslöschen einer einzigen, scheinbar unbedeutenden Art kann die Stabilität der ganzen Gemeinschaft angreifen und die Harmonie zerstören, die vielleicht Jahrtausende gebraucht hat, um sich herauszubilden.

Überwachung der Verschmutzung

Wie auch in anderen Ländern wird in der UdSSR die Verwendung chemischer Mittel zur Kontrolle von Seuchen, Krankheiten und Unkraut viel diskutiert. Vergleichende Untersuchungen über die etwa 500 Kilometer südlich von Moskau gelegenen Wälder des Woronesch-Reservates, wo chemische Pestizide und Unkrautvernichtungsmittel nie angewandt wurden, und über die angrenzenden kommerziell geführten Wälder erbrachten interessante Ergebnisse. Beim Vergleich ähnlicher Waldgebiete ergab sich nämlich, daß in dem betreffenden Teil des Naturreservates dreimal so viele Vögel lebten wie in den kommerziell genutzten Wäldern. Die Population nützlicher Insekten zeigte einen ähnlichen Trend. Meine eigenen Studien in Litauen zwischen 1979 und 1981 erbrachten, daß durch die mit dem Rauch von

Fabrikschornsteinen freigesetzten Schwefel- und Stickoxide verschiedene Veränderungen der Vogelpopulationen in den Kiefernwäldern verursacht wurden. Die Fruchtbarkeit der Vögel nahm ab, und es gab Veränderungen in den Wechselbeziehungen zwischen den Arten, besonders bei Vögeln, die in Baumlöchern nisten.

Wie der Autor zwischen 1979 und 1981 im Rahmen einer Studie über die Veränderungen in der Vogelpopulation feststellen konnte, hat die Luftverschmutzung die empfindliche Lebensgemeinschaft der Kiefernwälder in Litauen angegriffen.

Tiere wie dieser Poligonia-Schmetterling sind lebende Indikatoren der Umweltverschmutzung.

Die UdSSR richtet derzeit ein landesweites System zur Überwachung der Umweltverschmutzung ein, um die kleinsten Veränderungen in natürlichen Gemeinschaften im Vergleich zu (relativen) Reinluftgebieten zu ermitteln. Es ist eine traurige, aber nicht zu leugnende Tatsache, daß es auf diesem Planeten keinen Ort gibt, der völlig frei von Verschmutzung ist. Die Leichtigkeit, mit der sich die Verschmutzung verbreitet, zeigt sich drastisch daran, daß Spuren von

DDT in Tieren der Antarktis gefunden wurden. In den sowjetischen Naturreservaten werden die Untersuchungen fortgesetzt, die den Wissenschaftlern helfen werden, die Wirkungen der Verschmutzung auf wichtige Lebensräume und Gemeinschaften vorauszusehen und zu sagen, ob sie auf demselben Stand bleibt oder zunimmt. Die daraus abgeleiteten Voraussagen werden an eine Vielzahl von Entscheidungsträgern – auf nationaler wie internationaler Ebene – weitergereicht.

Es wächst die Sorge über den Zustand des Baikal-Sees, des tiefsten Sees der Erde, wo etwa 960 Tierarten und 400 Pflanzenarten leben, die sonst nirgends vorkommen. Viele Wissenschaftler glauben, daß der See stark verschmutzt ist, und – jüngsten Verlautbarungen der sowjetischen Regierung zufolge – eine Reihe von noch schärferen Maßnahmen bald wirksam werden muß, damit die Verschmutzung vermindert wird. Das Ausmaß der Verschmutzung durch verschiedene industrielle Anlagen in der Nähe des Sees wird derzeit überprüft und in Fällen der Gesetzesübertretung werden Sanktionen auferlegt, die von Geldstrafen bis zur Schließung des beanstandeten Werks reichen.

Die natürliche Welt ist unteilbar; sie ist ein einziges, gigantisches Ökosystem, das den natürlichen Gesetzen von Entwicklung und Stabilität unterworfen ist, und keine wissenschaftliche oder technologische Erfindungskraft kann diese Grundlage des Lebens ändern. Die Eingriffe des Menschen sind inzwischen so weitreichend, daß die Gefahr besteht, daß das ganze System, von dem jeder von uns, reich oder arm, abhängig ist, aus dem Gleichgewicht gerät. Es ist keine Übertreibung zu sagen, daß die Menschheit – vielleicht eher als wir annehmen – mit der Aufgabe der Selbsterhaltung konfrontiert sein wird. Die UdSSR arbeitet gemeinsam mit anderen Ländern an dem Versuch, mehr von dem zu verstehen, was passiert und was getan werden kann, um die Situation zu verbessern.

Naturreservate in der UdSSR

Zum Zeitpunkt des Schreibens dieses Buches gab es in der UdSSR 147 Naturreservate, die zusammen eine Fläche von 154883 Quadratkilometer bedeckten. Für das größte Land der Welt, das eine gewaltige Fläche von 22402200 Quadratkilometer oder ein Sechstel der Landfläche der Erde einnimmt, mag das nicht besonders eindrucksvoll erscheinen, denn die Naturreservate bedecken nur 0,52 Prozent der UdSSR. Jedoch sind dies nicht die einzigen geschützten Gebiete; es gibt außerdem sieben Nationalparks, sieben Naturschutzgebiet-/Jagdwirtschafts-Einheiten und zahlreiche andere Schutzgebiete. Obwohl letztere nicht solch einen hohen Grad des Schutzes genießen wie die Naturreservate, bilden sie in vielen Teilen der UdSSR wichtige Zufluchtstätten für Pflanzen und Tiere und zählen somit zu der Gesamtfläche Land, die zumindest einen gewissen Grad des Schutzes genießt. Es ist zu erwarten, daß diese Fläche mit der vorgesehenen Einrichtung neuer Naturschutzgebiete und Nationalparks von Jahr zu Jahr größer wird.

Naturreservate haben eine wesentliche Rolle gespielt beim Zählen und Überwachen der Populationen besonders wertvoller Tiere wie dem Biber *(Castor fiber)*, dem Zobel *(Martes zibellina)* und dem Elch *(Alces alces)*. Viele Arten seltener oder gefährdeter Wildtiere sind durch die Naturreservate vor dem Aussterben bewahrt worden, darunter der Goral *(Ne-*

Das 2635 Quadratkilometer große Kaukasus-Biosphärenreservat wurde im Jahre 1924 im Westkaukasus eingerichtet. Dort sind viele endemische Arten geschützt.

Zu den 1500 Pflanzenarten im Kaukasus-Biosphärenreservat gehört die Glockenblume Campanula bibirschteniana, *die nur im Kaukasus wächst.*

morhaedus goral), der Sikahirsch (Cervus nippon), der Buchara-Hirsch (Cervus elaphus bactrianus), die Rothirsch-Rasse des mittleren Ostens, der Mongolische Halbesel oder Kulan (Equus hemionus), die Kropfgazelle (Gazella subgutturosa) und die sibirische Rasse des Tigers (Panthera tigris altaica). Die Reservate sind auch ein Refugium seltener Pflanzen. Falls nötig, werden Eier oder Junge von Tieren sowie Samen oder Sämlinge von Pflanzen eingesammelt, um die Arten an anderen Orten wieder einzuführen.

Rund um jedes Naturreservat gibt es eine Fläche halbgeschützten Landes, das als Pufferzone zwischen dem Reservat und dem umgebenden Land dient. Bereits bestehende wirtschaftliche Nutzung darf in der Pufferzone fortgesetzt werden, wenn sicher ist, daß sie dem Reservat nicht schadet.

Die Verwaltung der Naturreservate

Die Aufgabe, ein Naturreservat zu verwalten, ist komplex, da wir noch nicht genug über die natürliche Entwicklung von

Eine andere Ansicht des Wüstenplateaus von Ust-Urt in West-kasachstan, das 1985 zum staatlichen Naturreservat erklärt wurde. Weitere Reservate sind in der Betpak-Dala-Halbwüste und am Balchasch-See geplant.

Ökosystemen wissen. Jeder Eingriff des Menschen in die natürlichen Zusammenhänge eines Reservates wird bis zu einem gewissen Grad die Strukturen, Funktionen und die Entwicklung des Ökosystems und seiner verschiedenen Tier- und Pflanzengemeinschaften stören und damit die Grundlagen seiner Existenz bedrohen. Viele Naturschützer meinen, daß es klüger ist, möglichst jegliche Eingriffe in die natürlichen Prozesse in einem Reservat zu unterlassen. Solche Eingriffe sollte man nur vornehmen, wenn sich die Wirkungen genauer absehen lassen und eine Fehlentwicklung tatsächlich abgestellt oder rückgängig gemacht werden kann.

Es gibt aus sowjetischen Naturreservaten eine Fülle von Belegen, daß die strikte Durchführung eines gut geplanten

Naturschutzprogrammes ohne direkte Eingriffe ein beschädigtes Ökosystem wiederherstellen kann. Ein solches Vorgehen kann auch nützliche Nebeneffekte wie die Verminderung der Zahl verschiedener Schädlinge haben. So nahm beispielsweise die Verbreitung des Kiefernkrebses nach dem Verbot, im 500 Kilometer südlich von Moskau gelegenen Woronesch-Reservat Holz zu schlagen, ab. Ganz ähnlich verminderte sich die Zahl der Eichenwicklerraupen, denen bis dahin im Choper-Reservat, einem anderen Waldsteppenreservat etwa 240 Kilometer östlich, 100 Prozent des ersten Laubwuchses zum Opfer gefallen waren, nachdem man das Fällen von Bäumen einstellte.

Lehre und Forschung

Die Belegschaft eines Naturreservates widmet einen Großteil ihrer Zeit der Information der dort ansässigen Menschen, um sie über die Grundlagen von Naturschutz und Ökologie zu unterrichten. Die Mitarbeiter erscheinen auch regelmäßig im sowjetischen Rundfunk oder Fernsehen und veranstalten öffentliche Vorlesungen. In einigen Naturreservaten wurden, wie auch im Westen üblich, Studienzentren oder Museen eingerichtet, in denen das Publikum mehr über das pflanzliche und tierische Leben im Reservat erfahren kann. Manche Reservate besitzen sogar Gehege, in denen Tiere gehalten und in Gefangenschaft gezüchtet werden. In einigen Naturreservaten existieren Vorlesungssäle, in denen Filme gezeigt werden und öffentliche Diskussionsveranstaltungen über Themen des Naturschutzes stattfinden. Manchmal besteht die Möglichkeit, sonst gesperrte Gebiete zu bestimmten Jahreszeiten zu besuchen; im allgemeinen führt die Route jedoch durch die äußere Schutzzone oder an der Grenze des Naturschutzgebietes entlang.

In sowjetischen Naturreservaten werden verschiedene wissenschaftliche Untersuchungen durchgeführt, die Arbeiten zu Forstwesen, Paläontologie, Botanik, Zoologie, Ökologie, zur Jagd und zur Bodenwissenschaft umfassen. Wertvolle Arbeit wurde durch Zählungen und Schätzungen der schwankenden Tier- und Pflanzenpopulationen in den Reservaten geleistet. Ein Großteil der Studien entfällt auf Langzeitbeobachtungen und ihre Analyse. Die wissenschaftlichen Ergebnisse werden in verschiedenen Periodika, Monographien und anderen Spezialpublikationen veröffentlicht.

Verstärkt wurde es Wissenschaftlern und Naturschützern aus anderen Ländern – von bekannten Naturwissenschaftlern wie Sir Peter Scott und Gerald Durrell bis hin zu organisierten Gruppen von Amateur-Vogelbeobachtern – ermöglicht, sowjetische Naturreservate zu besuchen. In Gestalt gemeinsamer Forschungsprogramme und wissenschaftlicher

Diskussionen findet eine wachsende Zusammenarbeit zwischen sowjetischen Naturschützern und ihren westlichen Kollegen statt.

Nationalparks

Nationalparks sind in der Sowjetunion etwas relativ Neues. Der erste wurde 1972 in Estland gegründet, andere folgten bald darauf – ebenfalls in baltischen Ländern, nämlich in Lettland und Litauen. In jüngerer Zeit wurden Nationalparks auch in anderen Teilen der Sowjetunion eingerichtet, so in Kasachstan, Kirgisistan und in der Nähe von Moskau.

Die gesetzlichen Bestimmungen für die Nationalparks sind ausführungsreicher als die entsprechenden für die Natur-Reservate, da die Nationalparks auch Flächen umfassen, die in gewissem Maße wirtschaftlich genutzt werden dürfen. Meist gehört zu ihnen auch ein Sperrgebiet, in dem charakteristische Elemente der ursprünglichen, natürlichen Umgebung und ihres Wildlebens vertreten und jegliche ökonomische Nutzung wie auch Touristenbesuche verboten sind. In der »Sakasniki« (Schutzgebiet)-Zone dürfen sich Besucher aufhalten, die wirtschaftliche Nutzung ist jedoch stark eingeschränkt. Schließlich gibt es bewohnte Areale mit intensiver Bewirtschaftung, wo eine vernünftige und kontrollierte Nutzung der Natur, etwa durch Fischfang, erlaubt ist. Die eigentlichen geschützten Bereiche eines Nationalparks sind so durch die großen Pufferzonen der »Sakasnikis« abgeschirmt. In den Nationalparks wird eine Menge wertvoller Naturschutzarbeit geleistet. Touristen können alle Nationalparks der UdSSR, ohne Eintritt zu zahlen, besuchen. Nur ihr Zentrum, das Reservat, darf nicht betreten werden.

Sakasnikis

»Sakasnikis« sind eine besondere Form von Naturschutzgebiet. Ein »Sakasniki« besteht aus Flächen, die wegen ihrer herausragenden Landschaft, seltener Pflanzen oder der Brutkolonie einer bedrohten Vogelart der wirtschaftlichen Nutzung teilweise entzogen sind. In einigen »Sakasnikis« ist die Jagd unter gewissen Auflagen gestattet. Viele »Sakasnikis« oder Teile davon, die in erster Linie wegen ihrer Brutkolonie geschützt werden, sind nur zu bestimmten Jahreszeiten gesperrt. Während der Nistzeit bleiben jegliche landwirtschaftliche Aktivität oder Besuche Unautorisierter auf dem Gebiet untersagt. Wenn die Brutzeit vorüber ist, dürfen die Bauern ihr Vieh weiden, und Besucher werden wieder zugelassen.

Es gibt Unterschiede im Status und in der Verwaltung der »Sakasnikis« in den verschiedenen Republiken der UdSSR.

Es gibt z. B. ein »Sakasniki« am Ala-kul-See (im Südosten der Kasachischen SSR, die im mittleren Süden der UdSSR liegt), das eine Kolonie der seltenen Lönnberg-Möwe *(Larus relictus)* beherbergt. Zwei Wächter beschützen, ausgestattet mit modernsten Gerätschaften, die Vögel und ihr Habitat. In Litauen gibt es dagegen fast 200 »Sakasnikis«, jedoch läßt die Regierung dieser baltischen Republik keine Schutzmannschaft vor Ort zu. Statt dessen gibt es Naturschutz-Inspektoren für jeden der 44 Distrikte der Republik. Diese Distrikt-Inspektoren sind mit Geländewagen und anderen Transportmitteln ausgerüstet und verbringen ihre Dienstzeit zumeist im Feld. Jagd- und Fischereiinspektoren spielen eine wichtige Rolle bei der Überwachung der Einhaltung der Naturschutzbestimmungen. Gemeinsam mit den Naturschutz-Inspektoren unternehmen sie regelmäßige Rundreisen durch die von ihnen kontrollierten Gebiete. Manchmal suchen sie auch gezielt Orte auf, an denen sie Wilderer vermuten.

Seltene und bedrohte Arten: Die »Roten Listen«

Zu den Naturschutzmaßnahmen gehören der Schutz und die Erhaltung oder die Förderung des Wachstums von Populationen seltener und gefährdeter Pflanzen und Tiere. Die meisten dieser Arten sind in die »Rote Liste« der IUCN (vgl. auch Seite 55) aufgenommen. Regierung und Wissenschaftler der Sowjetunion erkennen ihre moralische Verpflichtung der Welt gegenüber an, alles zu tun, was in ihrer Macht steht, seltene oder von der Auslöschung bedrohte Arten zu schützen. Diese sind in detaillierterer Form auch in der sowjetischen »Roten Liste« aufgeführt, die zum ersten Mal 1978 veröffentlicht wurde. 1985 erschien eine neue Ausgabe der »Roten Liste« der UdSSR mit vielen Änderungen und Ergänzungen. Sie wurde in zwei Bänden herausgegeben, einem für Pflanzen und dem anderen für Tiere. In den Pflanzenband sind 444 verschiedene Arten eingegangen. Der Band über die Tiere umfaßt 204 Insekten-, 9 Fisch-, 9 Amphibien-, 37 Reptilien-, 80 Vogel- und 94 Säugetierarten. Arten, die in der »Roten Liste« der IUCN aufgeführt sind und in der Sowjetunion vorkommen, werden automatisch in die »Rote Liste« der Sowjetunion aufgenommen. »Rote Listen« werden auch für jede Sowjetrepublik erstellt.

Zu den seltensten Säugetieren und Vögeln der UdSSR gehören: zwei Unterarten des Leoparden, der Amur-Leopard *(Panthera pardus orientalis)* und der Kleinasiatische Leopard *(P. p. tullianus);* der Sibirische Tiger *(Panthera tigris altaica),* die größte lebende Wildkatze der Erde; der Wüstenluchs oder Karakal *(Felis caracal);* zwei Arten von Gebirgsziegen, der Goral *(Naemorhedus goral)* und die Schraubenziege oder Markhor *(Capra falconeri),* die größte Wildziege der Erde;

Ein bei der International Crane Foundation, USA, in Gefangenschaft geschlüpftes Schneekranich-Küken überprüft schon am nächsten Tag sein Spiegelbild.

der Salzkrautbilch *(Selevinia betpakdalensis);* der Schwarzschnabelstorch *(Ciconia boyciana);* der Schuppensäger *(Mergus squamatus)* – ein Entenvogel; der Mandschuren-Kranich *(Grus japonensis)* und der Schneekranich *(Grus leucogeranus);* der Zwergbrachvogel *(Numenius minutus)* und der Dünnschnabel-Brachvogel *(Numenius tenuirostris);* der Kurzfuß-Wasserläufer *(Tringa guttifer);* die Lönnberg-Möwe *(Larus relictus),* das Tibetische Steppenhuhn *(Syrrhaptes tibetanus),* die Rosenpapageimeise *(Paradoxornis heudei)* sowie der Matten- oder Hodgsonschmätzer *(Saxicola insignis).*

Naturreservate bilden lebenswichtige Schutzräume für viele dieser Arten und ihre Habitate, und wo die Möglichkeit besteht, einen gesunden Zuchtstamm zur späteren Freisetzung aufzubauen, werden einige Tiere gefangen. Verschiedene wissenschaftliche Institutionen befassen sich mit dem Schutz seltener Pflanzen und Tiere. Zu nennen ist hier unter anderen das Allunions-Forschungsinstitut für Naturreservate und Naturschutz, dessen Abteilung Tierschutz von dem bedeutenden Wissenschaftler und Pionier des Naturschutzes, Professor Wladimir Flint (von ihm stammt das Vorwort zu diesem Band), geleitet wird. Auf seinen Vorschlag geht der Aufbau von Stationen zur Aufzucht in Gefangenschaft zurück.

Programme zur Aufzucht in Gefangenschaft

Bis jetzt sind Programme zur Aufzucht in Gefangenschaft aufgestellt worden für Greifvögel wie den Lämmer- oder Bartgeier *(Gypaetus barbatus)* und den Wanderfalken *(Falco*

peregrinus), für Kraniche, Wassergeflügel, die Großtrappe *(Otis tarda)* und unter den Säugetieren für die Kropfgazelle *(Gazella subgutturosa)*. Die Arbeit an solchen Zuchtprogrammen wird mit Sorgfalt betrieben, ist langwierig und bedarf – manchmal auch für nur begrenzte Erfolge – ziemlicher Anstrengungen. Internationale Zusammenarbeit war vonnöten, um den Schneekranich *(Grus leucogeranus)* zu retten. Es ist die seltenste Kranichart, die in der UdSSR lebt, und mit einer Population von weniger als 2000 Vögeln eine der seltensten der Erde. Die »Operation Schneekranich« wurde von Professor Flint und Dr. George Archibald, dem Direktor

In der UdSSR werden Schutz und kontrollierter Abschuß von Arten wie dem Elch, dem größten Hirsch der Welt, sorgfältig gegeneinander abgewogen.

der International Crane Foundation in Baraboo, Wisconsin (USA), ins Leben gerufen. Diese einzigartige internationale Rettungsaktion zielte vor allem darauf ab, sichere Überwinterungsplätze für die Kraniche bereitzustellen. Schneekraniche nisten nur in zwei verhältnismäßig kleinen Arealen der sibirischen Tundra, in Jakutien und entlang des Unterlaufs des Ob. Beide Gebiete sind vor Störungen relativ sicher,

Rothalsgänse im Juli auf dem Garbita-Fluß auf der Halbinsel Taimyr. Da sie nur an drei Stellen in Sibirien brüten, stehen diese seltenen Gänse in der Sowjetunion unter Naturschutz.

dank der Anstrengungen der Naturschützer, die Einheimischen für eine Unterstützung der Hilfsmaßnahmen zu gewinnen und sie einzuweisen. Etwas anders sieht es aus, wenn die Kraniche im Herbst ihre alljährliche Wanderung nach Süden zu Feuchtgebieten im Iran, Indien und China antreten. Die stattlichen Vögel können auf ihrer langen Reise Opfer von Jägern werden, und wenn sie ankommen, sind ihre Winterquartiere möglicherweise trockengelegt und kultiviert worden, oder aber – und dies ist besonders in Indien der Fall – die Gewässer sind faulig und verschmutzt.

Um die Kraniche dazu bewegen, sichere Winterquartiere aufzusuchen, entschieden sich die Wissenschaftler dafür, in einem Naturreservat im europäischen Teil der UdSSR eine Brutpopulation aufzubauen. Das Oka-Reservat, ungefähr 480 Kilometer südwestlich von Moskau, wurde wegen umfangreicher Sumpfgebiete und seines großen Stabs an Spezialisten ausgewählt. Da in der Regel in Freiheit nur ein Küken von einem Gelege mit zwei Eiern überlebt, bedeutete es im Grunde keinen Schaden für die Population im Brutgebiet von Jakutien, wenn man aus jedem Nest ein Ei nahm. Die kostbaren Eier wurden mit Hubschrauber und Flugzeug nach Moskau, und von dort über London und Chicago zur International Crane Foundation in Baraboo geflogen. Die Küken schlüpften und legten ihre ersten Eier, als sie mit sechs Jahren geschlechtsreif wurden. 1985, fast zehn Jahre nach Beginn des Experiments, wurden diese Eier ins Oka-Reservat geflogen und in die Nester von Kranichen *(Grus grus)* gelegt, die ideale Pflegeeltern für ihre größeren und selteneren Verwandten abgeben.

Vor kurzem wurden zwölf junge Schwarzschnabelstörche *(Ciconia boyciana)*, eine weitere seltene Art, die man nur im Fernen Osten der Sowjetunion findet, aus der UdSSR nach Walsrode überführt, um dort in Gefangenschaft zu brüten.

Regionale Aspekte des Naturschutzes in der UdSSR

Die unermeßliche Weite der Sowjetunion, die Tatsache, daß sie sich über mehrere geographische und biologische Gürtel erstreckt, dazu verschiedene andere Faktoren (die mit dieser Zonierung nicht zusammenhängen), darunter auch die Einwirkungen durch den Menschen, bedeuten, daß die UdSSR eine bemerkenswerte Vielfalt von Landschaften und Tier- und Pflanzengemeinschaften umfaßt. Umgekehrt bedeutet dies eine Fülle von Problemen für die sowjetischen Naturschützer, für deren Lösung sie eine große Bandbreite an Methoden anwenden müssen und eine Menge Phantasie brauchen. Abgesehen von der allgemeinen Aufgabe des Naturschutzes in der ganzen UdSSR ergeben sich aus regionalen oder mehr lokalen Bedingungen spezifische Anforderungen.

Tundra
Die rauhen klimatischen Verhältnisse in der Tundra und der Waldtundra schaffen einige der lebensfeindlichsten Umgebungen der Erde. Die sehr kurze Wachstumsperiode verbindet sich mit bitterkalten Stürmen, Schneetreiben und der dicken Schicht ständig gefrorenen Bodens (Dauerfrostboden) zu einer äußerst schwierigen Lebensgrundlage. Das allgemein langsame Wachstum und die hinausgezögerte Reifung bei den Tieren der Tundra erschweren die Aufgabe, ausreichende Bestände an Tieren und Pflanzen einzurichten. Es dauert lange, bis ein beschädigtes Stück Tundra sich wieder erholt; die gefrorenen, sumpfigen Böden werden von den Ketten großer Raupenfahrzeuge oder den Rädern schwerer Maschinen leicht verletzt. Es ist besonders schwer, gefrorene Böden vor Beschädigung durch Wärmequellen, wie etwa heißen Industrieabwässern, zu schützen. Oberirdisch verlegte Rohrleitungen zerschneiden die Wanderrouten der Rentiere. Naturschützer, die in dieser harten nördlichen Gegend arbeiten, sind vor allem damit befaßt, die fragilen Oberflächenschichten vor Beschädigung zu schützen, Brände zu verhüten, die Rentierweiden vor Überweidung zu bewahren, natürliche Zugrouten zu erhalten und Rodungen in der Waldtundra sowie nahe der Nordgrenze der großen, dunklen Nadelholzwälder der Taiga einzuschränken oder zu verhindern. Es gibt mehrere Tundra-Naturreservate (vgl. Seite 89).

*Sumpfgebiete werden in vielen Gegenden durch Drainage gefähr-
det. Dieses hier ist im Lahemaa-Nationalpark, im Kiefernwald-
gürtel Estlands, der nördlichsten der drei baltischen Republiken der
UdSSR, geschützt. Weitere Nationalparks befinden sich in den
baltischen Republiken Lettland und Litauen.*

Wälder

In der Waldzone ist der Naturschutz eng mit forstwirtschaft-
lichen Tätigkeiten verbunden. Besondere Probleme entstehen durch den exzessiven Einsatz chemischer Insektizide
gegen Waldschädlinge, und die Schutzprogramme zielen
darauf, den Tod von Vögeln und nützlichen Insekten sowie die Vergiftung des Bodens zu verhindern. Große Sumpfgebiete in einem Wald, die nach den Maßstäben der Forstwirtschaft unproduktiv waren, wurden durch Entwässerung trockengelegt. Eine andauernde Entwässerung wird
jedoch schon lange Zeit als kurzsichtige Herangehensweise
angesehen, weil dadurch die Erde zu sehr austrocknen kann,
der konstante Abfluß von Nährstoffen mit dem Wasser aus
den Sümpfen in die Flüsse unterbrochen wird, und auch die

Lebensräume freilebender Tiere, kostbarer beerentragender
Sträucher und Jagdgebiete zerstört werden können. Es gibt
viele Naturreservate in der Taiga und in den Breitlaub- und
Mischwaldzonen (vgl. Seite 111 bis 113 und 134 bis 137).

Steppen

In den Steppen- und Waldsteppengebieten werden besondere Anstrengungen unternommen, um die Erosion durch
Wind oder Wasser, Staubstürme und einen zu hohen Salzgehalt des Bodens zu bekämpfen und Anpflanzungen, die
das Grasland vor den Winden schützen, einzurichten oder
zu erhalten. Waldränder und Wälder mit einer besonderen
Zusammensetzung von Pflanzen bedürfen des Schutzes
ebenso, wie die relativ kleinen Areale unberührter Steppe

Der Frühling bringt Farbe in das Repetek-Biosphärenreservat
in der Kara-Kum-Wüste in Turkmenistan.

Oben rechts: *Ein Sandbaum im Repetek-Reservat.*

mit ihrer einzigartigen Vegetation, die es immer noch zwischen den endlos sich ausdehnenden kultivierten Ländereien gibt. Zum Glück sind die meisten dieser Gebiete in Naturreservaten geschützt (vgl. Seite 174 bis 175 und Seite 191).

Wüsten
In den Halbwüsten und Wüsten des gemäßigten und des subtropischen Gürtels besteht eine wichtige Aufgabe darin, vor allem durch Stabilisierung der sandigen Böden zu verhindern, daß zu viel Boden vom Wind davongetragen wird. Um die leichten, sandigen Böden zu festigen, werden Bäume als Schutzgürtel gegen den Wind und Pflanzen mit weitreichenden, kräftigen Wurzelsystemen gepflanzt. Ein zu hoher Salzgehalt des Bodens muß vermieden werden, und die Überweidung durch Vieh ist verboten. Weideland und bestellbares Ackerland in Wüsten sind wegen der Wasserknappheit besonders empfindlich. Es existieren mehrere größere Wüstenreservate (vgl. Seite 191 bis 192).

Gebirge
In den Bergregionen mit ihren vertikal gestaffelten Vegetationszonen besteht die Hauptaufgabe der Naturschützer dar-

in, die bodenschützende Funktion von Pflanzen aufrecht zu erhalten, da ihre Entfernung von einem steilen Hang unausweichlich Erosion und Erdrutsche nach sich zieht. Außerdem ist es wichtig, eine Überweidung, z. B. durch Schafe, zu vermeiden. Zum Naturschutz in den Bergen gehört auch die Verhinderung von Lawinen und Muren, um nicht nur menschliches Leben, sondern ganze Pflanzen- und Tiergemeinschaften zu schützen. Höhlen, Gebiete erloschener oder tätiger Vulkane, einzigartige Formationen verwitterten Gesteins usw. stellen ungewöhnliche Herausforderungen für Naturschützer dar. Verschiedene Gebirgsreservate helfen, diese großartigen natürlichen Lebensräume und ihre aufregende Flora und Fauna zu bewahren (vgl. Seite 162 bis 165).

Die staatliche Naturschutzverwaltung

Exekutiv- und Verwaltungsaufgaben im Naturschutz werden von Mitgliedern des Ministerrats der Zentralregierung, der Ministerräte in jeder Teilrepublik, von Exekutivkomitees der Volksdeputierten und von anderen besonders ermächtigten Körperschaften wahrgenommen. Diese sind das Staatskomitee für die Agrarindustrie der UdSSR (Agroprom), das Ministerium für Landverbesserung und Wasserwirtschaft der UdSSR, das Staatskomitee der UdSSR für Forstwirt-

*Selten beobachtet, geschweige
denn fotografiert worden,
ist der Ibisschnabel, ein seltener,
hochspezialisierter Watvogel,
der nur in Zentralasien und
im Himalaja an Hochgebirgs-
flüssen mit Schotterufern vorkommt. Weitere Fotos und eine
ausführliche Beschreibung sind
auf den Seiten 154–155 zu
finden.*
*Unten: Ein Blick auf die
500 Meter tiefe Aksu-Schlucht
im Aksu-Dschabagli-Reservat,
das 1927 in der Talass-
Alatau-Kette des westlichen
Tienschan-Gebirges eingerichtet wurde.*

schaft, das staatliche Fischereikomitee der UdSSR, das Staatskomitee für Meteorologie und Kontrolle der natürlichen
Umwelt der UdSSR, das Ministerium für Energie und Elek-
trifizierung der UdSSR, das Gesundheitsministerium der
UdSSR, das Ministerium für Geologie der UdSSR, das staatliche Plankomitee der UdSSR und das Staatskomitee für
Wissenschaft und Technologie der UdSSR. Jede dieser Körperschaften hat spezifische Aufgaben hinsichtlich des Schutzes und der kontrollierten Nutzung der Natur.

Staatskomitees für Naturschutz gibt es auch in den Republiken Ukraine, Belorußland, Aserbaidschan, Litauen, Moldau und Georgien, darüber hinaus ein Ministerium für Naturschutz und Forstwesen in der Republik Estland. Die Zusammenarbeit von Gewerkschaften, wissenschaftlichen Institutionen und Gesellschaften für Naturschutz in den verschiedenen Republiken spielt eine wichtige Rolle bei der
Koordination des Naturschutzes. Zu den Gesellschaften, die
in diesem Zusammenhang von Bedeutung sind, gehören die
Geographische Gesellschaft der UdSSR, die Theriologische
Gesellschaft (zum Studium der Säugetiere) der UdSSR und
die Ornithologische Gesellschaft der UdSSR. Die Grundlagen des Naturschutzes werden sowohl in Schulen als auch
an Universitäten und anderen höheren Bildungseinrich-
tungen gelehrt.

4 Der eisige Norden

Eine Einführung in die Region

Die arktische Küstenlinie des sowjetischen Gebietes erstreckt sich über Tausende von Kilometern. Die kalten, grauen Gewässer des Nordpolarmeers umspülen die Strände und felsigen Klippen, und die öde, aber wunderschöne Landschaft ist im Sommer erfüllt von den rauhen Schreien der großen Seevogelkolonien. Soweit das Auge reicht, erstreckt sich landeinwärts baumlose Tundra. Hier im äußersten Norden ist man umgeben von zahllosen Beispielen des Existenzkampfes unter schwierigen natürlichen Bedingungen.

Bei demjenigen, der in diese tristen Regionen reist, hinterlassen sie überwältigende Eindrücke: Der Teppich aus winzigen leuchtenden Blumen, der im Sommer die Tundra bedeckt; das zu Eis erstarrte Meer; die mächtigen Eisbären, die Könige dieser glitzernden Welt; die Rentierherden, die über die Flüsse schwimmen; und die in der einsamen Landschaft widerhallenden gespenstischen Schreie der seltenen Schneekraniche. Zum Norden gehört all das — und vieles mehr. In diesen Regionen ist die Natur an manchen Stellen noch völlig unberührt, hier läßt sich ihre bemerkenswerte Kraft wirklich erleben und verstehen, und die kurzen Sommer rufen die Vergänglichkeit allen Lebens in Erinnerung.

Oben: *Die Küste der Tschuktschen-Halbinsel vom Bering-Meer aus gesehen: eine Szenerie, die die gnadenlose Kargheit und Öde der hohen Arktis deutlich zum Ausdruck bringt — diese Aufnahme wurde im Juli gemacht!*
Links: *Eisbären legen immense Strecken an den arktischen Küsten und auf den Eisschollen zurück. Dieses Weibchen und ihr Junges wurden im Juni im Wrangel-Insel-Reservat fotografiert.*

Die nördlichen Meere, Buchten und Flußmündungen sind unwirtliche Plätze. Die schwarzen Felsen der Inselklippen fallen steil in das eiskalte, bleigraue Wasser ab. Trotz dieser scheinbar wenig einladenden Aspekte gedeihen in diesen Gegenden große Tiergemeinschaften; allerdings sind diese eher reich in der Zahl ihrer Mitglieder als an Arten, da es nur einige wenige »Nischen« gibt, die für die Ausbreitung von Tieren taugen.

Die Populationsdichte einiger dieser Bewohner kann erstaunlich hoch sein. Die Inseln sind berühmt für ihre riesigen Seevogelkolonien, überall jagen Polarfüchse, von der Ferne ist das Brüllen der Walrosse an ihren Wurfplätzen zu hören, und Unmengen von Fischen, Weichtieren, Seesternen und Seeigeln leben in den fruchtbaren Küstengewässern. Die dünne, aber zähe Pflanzendecke erträgt die harten Bedingungen mit Hilfe einer Reihe erfinderischer Anpassungen.

Weiter im Süden, in den weiten, flachen Räumen der Tundra, gibt es zahllose Seen und Flüsse. Die einzigartige Schönheit der ungewöhnlich feinen und weichen Farbzusammenstellungen der Tundravegetation bleibt unvergeßlich. Hügel und Ebenen, Sumpfgebiete und trockene, steinige Plätze wechseln einander ab: Die Tundra, von der es sehr verschiedene Typen gibt, ist — wenn man sie wirklich genauer betrachtet — alles andere als eintönig. Während des kurzen Sommers bringen die vielen Vögel zusätzlich Leben in die Tundra. Auf diese faszinierende Welt werde ich später zurückkommen.

Arktische Wüsten

Der Norden der UdSSR läßt sich in zwei große geographische Gürtel, die Arktis und die Subarktis, unterteilen. Nur wenige Lebewesen können in den ausgedehnten Kältewüsten der hohen Arktis existieren. Solche Gebiete sind in der UdSSR Nowaja Semlja (»Neuland«), Semlja Frantsa Josifa (»Franz-Josef-Land«) und Sewernaja Semlja (»Nordland«). Diese drei Inselgruppen sind nahezu das ganze Jahr über mit Eis und Schnee bedeckt. Aus den gefrorenen Meeren ragen riesige, gleißend weiße Eisberge, über denen — oft als einzige sichtbare Lebewesen — die ebenso weißen Elfenbeinmöwen (*Pagophila eburnea*) kreisen.

In den wärmsten Monaten — im Juli und August — steigen die Temperaturen auf 4 bis 5 Grad Celsius; in der übrigen Zeit des Jahres bleiben sie weit unter dem Gefrierpunkt. Der gefrorene Boden taut im kurzen Sommer nur wenig und bleibt ab einer Tiefe von einigen Zentimetern bis zu Hunderten von Metern als steinharte Schicht von Dauerfrostboden ständig gefroren. Weite Teile dieser Landstriche sind mit Steinschutt überzogen. In den Kältewüsten steht nur sehr wenig Wasser für das Wachstum der Pflanzen zur Verfügung. Erosion durch Wasser ist praktisch nicht vorhanden, so daß die dünnen arktischen Böden in der Regel neutral oder nur leicht sauer sind.

Pflanzen der Arktis

Die Vegetation ist in der Arktis äußerst dürftig. Sie besteht aus Algen, Flechten, Moosen und wenigen Blütenpflanzenarten, unter denen die bekannteste der Arktische Mohn *(Papaver radicatum)* ist. Südlich des arktischen Gürtels gedeihen zwergwüchsige Weiden *(Salix)* und die zarte, kleine Achtblättrige Silberwurz *(Dryas octopetala)*. Die Produktivität der Pflanzen ist gering – sie beläuft sich auf nur 5 Tonnen Trockengewicht pro Hektar im Jahr. Interessant ist, daß die Masse der oberirdischen Pflanzenorgane wesentlich größer ist als die der Wurzeln. In der Tundra, in den Wüsten und anderen Zonen ist das Gegenteil der Fall. Der Grund liegt wahrscheinlich darin, daß die Pflanzen der Arktis dem gefrorenen Boden sehr wenig Nahrung entnehmen können und hauptsächlich auf das zurückgreifen müssen, was sie während des Prozesses der Photosynthese in ihren Blättern produzieren.

Tiere der Arktis

Im äußersten Norden leben nur sehr wenige Tierarten, die sich allerdings jeweils aus Unmengen von Individuen zusammensetzen. Verglichen mit den wimmelnden Gemeinschaften wärmerer Regionen, finden sich in der Arktis wenige wirbellose Tiere. Auf den Inseln von Nowaja Semlja, in der westlichen arktischen UdSSR zum Beispiel, leben nur 250 Arten wirbelloser Tiere; dagegen schätzen Biologen, daß allein zwischen Bering-Meer und Tschuktschen-Meer im äußersten Nordosten der UdSSR 1500 Arten wirbelloser Meerestiere vorkommen.

Zusammen mit den Säugetieren, die die sowjetische arktische Festlandküste bewohnen, gibt es 11 Arten von Landsäugetieren. Dazu gehören der Eisbär *(Thalarctos maritimus)*, der Polarfuchs *(Alopex lagopus)* und verschiedene Lemmingarten *(Lemmus)*. Während der kurzen Sommerperiode wagen

Eine Schar Dreizehenmöwen macht Rast auf einer Eisscholle in der Ostsibirischen See. Diese schmucken nördlichen Möwen nisten in riesigen Kolonien entlang der arktischen Küsten der UdSSR. Die Wintermonate verbringen sie weit draußen auf dem Nordpolarmeer.

sich manchmal auch die eigentlich in der Tundra beheimateten Rentiere *(Rangifer tarandus)* in die arktische Einöde.

Mit insgesamt 23 Arten ist die Welt der Meeressäuger vielfältiger. Neun davon gehören zu den Robben oder Flossenfüßlern (Seehunde, Seelöwen, Seebären und Walrosse) und 14 sind Walarten (Wale, Delphine und Tümmler).

Verglichen mit der reichen Vogelwelt in anderen Gebieten der UdSSR, gibt es in der hohen Arktis wenige Vogelarten – nicht mehr als 50 Arten nisten dort. Aber was an Artenvielfalt fehlt, machen sie durch Individuenreichtum wieder wett – entlang der felsigen Küsten und auf den Inseln.

Im Sommer wimmelt es an den arktischen Küsten der UdSSR vor Leben, besonders in den großen Seevogelkolonien wie dieser am Kap Waring auf der Wrangel-Insel. Die Vögel rangeln um die Plätze auf den oft nur zentimeterbreiten Felsbändern, auf denen sie brüten.

Seevogelkolonien
Im Frühling kommen zahllose Seevögel von den südlichen Meeren, um auf den Vorsprüngen und Überhängen der massiven Klippen zu brüten. Sobald die Jungen flügge sind, ziehen sie gen Süden, bevor rauhes Wetter wieder einsetzt.

Viele Alkenarten fliegen vom offenen Meer ein, darunter der Tordalke *(Alca torda)*, der zierliche Krabbentaucher *(Alle alle)*, der nicht größer als ein Star wird, die Trottellumme *(Uria aalge)*, die Dickschnabellumme *(U. lomvia)*, die Gryllteiste *(Cepphus grylle)* und der Papageitaucher *(Fratercula arctica)*. Diese Alken sind charakteristisch für die westlichen Küsten der sowjetischen Arktis. Dreizehenmöwen *(Rissa tridactyla)*, elegante Seemöwen, brüten an vielen Stellen entlang der arktischen Küste der UdSSR, im Fernen Osten bis hin zur Tschuktschen-Halbinsel und Kamtschatka. Auch an der Nordpazifikküste umfassen die Seevogelkolonien verschiedene Arten. So gibt es verschiedene Alkenarten, z. B. den Schopfalk *(Aethia cristatella)*, den Bartalk *(A. pygmaea)*, den Zwergalk *(A. pusilla)*, den größeren Rotschnabelalk *(Cylorrhynchus psittacula)* und den Nashornlund *(Cerorhinca monocerata)* sowie den Hornlund *(Fratercula corniculata)* und den Schopflund *(Lunda cirrhata)*.

Was bringt diese Seevögel dazu, dermaßen dicht aufeinander in ihren ohrenbetäubenden Kolonien zu nisten? Ein russisches Sprichwort besagt, daß jeder Stock zwei Enden habe: Obwohl es ungünstig erscheint, so nah beieinander zu nisten, daß sich die Vögel buchstäblich auf den Füßen herumstehen, kann eine Kolonie doch besser gemeinschaftlich die Wärme speichern und sich den Anschlägen von Räubern widersetzen, als wenn die Vögel in zerstreuten Gruppen sich niederließen.

Nichtsdestoweniger benötigen sie einige sinnreiche Anpassungen für ihre immer gefährdete Existenz. Trottellummen legen das eine Ei, das sie jeweils bebrüten, unmittelbar auf den nackten Stein vorstehender Felsbänder, die nur wenige Zentimeter breit sind. Wie kommt es nun, daß die Eier nicht in das eiskalte Wasser tief unten gestoßen werden, wenn die Altvögel im Gerangel um einen Landeplatz gegeneinanderrempeln? Die Lösung des Rätsels liegt in der ungewöhnlich birnenförmigen Gestalt der Eier. Diese stellt nämlich sicher, daß die Eier nicht, wie es gewöhnliche Eier tun, geradeaus rollen, sondern sich in einem sehr kleinen Radius um ihre Achse drehen. Trotzdem ist es nicht verwunderlich, daß jedes Jahr eine ganze Menge Eier verlorengeht.

In der Mitte der geschäftigen Kolonie liegen die sichersten Nistplätze – geschützt vor Räubern und den übelsten Stürmen und so warm, wie es in diesem rauhen Klima nur möglich ist. Hier lassen sich die ersten Rückkehrer und die erfahrensten Vögel nieder und überlassen die Ränder der Kolonie den jüngeren Vögeln.

Koloniebildende Seevögel ernähren sich in der Hauptsache von kleinen Meeresfischen, die in den nährstoffreichen Gewässern gewöhnlich ausreichend vorhanden sind. Manchmal verringern sich diese Bestände jedoch, und dann bleibt

den Vögeln nichts anderes übrig, als sich auf die veränderten Umstände einzustellen, wenn sie nicht riskieren wollen, daß ihre Jungen verhungern. Dreizehenmöwen nisten in solchen mageren Jahren gar nicht. Meist legen sie aber statt der üblichen drei Eier nur eines.

Leute, die zum ersten Mal eine Seevogelkolonie besuchen, sind oft nicht vorbereitet auf die erstaunliche Zahmheit der Vögel, die eine Folge ihrer Abgeschiedenheit vom Menschen ist und sie besonderen Gefährdungen aussetzt. Trottellummen lassen sich von achtsamen Besuchern sogar streicheln.

In einer typischen Kolonie verteilen sich die verschiedenen Arten streng auf die verschiedenen Höhenlagen. Wie wir bereits gesehen haben, besetzen die Trottellummen die schmalsten Felsbänder und steilsten Überhänge. Tordalken dagegen wählen für die Eiablage Felsspalten, während Dreizehenmöwen ihr ordentliches becherförmiges Nest aus Gras, Schlamm, Moos und Tang an den unzugänglichsten Stellen auf kleine, horizontale Felsspalten bauen. Papageitaucher suchen sich von Gras und weichem Boden bedeckte, sanft abfallende Stellen aus – gewöhnlich im oberen Teil des Brutfelsens. Dort graben sie mit ihren scharfen Krallen eine tiefe Erdhöhle, an deren Ende sie ein einziges Ei ablegen. Dies gewährt den nötigen Schutz vor Räubern, die sonst an dieser verhältnismäßig leicht zugänglichen Stelle mit Eiern und Küken leichtes Spiel hätten.

Die gerade beschriebene Anordnung ist charakteristisch für die Seevogelkolonien in der westarktischen Barents-See. Im Fernen Osten ändert sich mit den Arten auch das Siedlungsmuster. Die meisten Seevögel, die an der Nordpazifikküste brüten, nisten in Felsplatten oder Erdhöhlen.

Die Seevögel teilen ihre Kolonien mit zwei Arten von »Fremdkörpern«, die dort aus ganz unterschiedlichen Beweggründen erscheinen. Zunächst sind es einmal Vögel, die in der Kolonie eine sichere Zuflucht vor Räubern suchen – z. B. die Eiderente *(Somateria mollissima)* einige andere Enten und Strandläufer; die zweite Gruppe von Außenseitern schließt sich der Kolonie aus eher profitgierigen Motiven an, denn sie ernähren sich auf Kosten der anderen Seevögel. Dies tun sie auf zwei verschiedene Arten: Die eine Methode wird von den großen Möwen bevorzugt und besteht darin, unmittelbar Altvögel, Küken und Eier anzugreifen. Die meisten Vögel sind einer Mantelmöwe *(Larus marinus)* oder einer Eismöwe *(L. hyperboreus)* gegenüber wehrlos, obwohl etwa junge Seevögel sich bei einem Angriff auf dem Wasser durch Abtauchen retten können.

Die zweite Methode ist eine Form von Piraterie. Sie wird angewandt von kleineren Möwen wie der Sturmmöwe *(L. canus)* und den drei russischen Raubmöwenarten: der Schmarotzerraubmöwe *(Stercorarius parasticus)*, der Falkenraub-

möwe *(S. longicaudus)* und der Spatelraubmöwe *(S. pomarinus).* Alle diese Arten sind sehr geschickt darin, Trottellummen, Papageitauchern und anderen Seevögeln das Futter im Flug abzujagen, indem sie sie zwingen, es fallenzulassen, und dann herabstoßen und den Nahrungsbrocken auffangen.

Walrosse
Nicht weniger eindrucksvoll als die geschäftigen Seevogelkolonien sind die der Meeressäugetiere, besonders der Walrosse *(Odobenus rosmarus).* Leider sind diese einzigartigen

Obwohl die Zahl der Walrosse durch die Jagd auf ihr Elfenbein stark zurückgegangen ist, kann man sie immer noch in großen Gruppen zusammengedrängt entlang der arktischen Küsten der UdSSR sehen. Sie sind heute in ihrem gesamten Verbreitungsgebiet in der Sowjetunion unter Schutz gestellt.

Kreaturen als Folge ihrer Bejagung zunehmend selten geworden, und sie stehen nun in ihrem gesamten Verbreitungsgebiet in der UdSSR unter vollem Schutz. Die atlantische Unterart, *O. r. rosmarus,* ist ebenso in der »Roten Liste« der

UdSSR wie in der der Internationalen Union für den Schutz der Natur und der natürlichen Hilfsquellen (IUCN) registriert, während die Laptew-See-Rasse, *O. r. laptevi*, nur in der sowjetischen »Roten Liste« steht. Die pazifische Rasse, *O. r. divergens*, ist nicht als gefährdet eingestuft.

Walrosse sind die größten Robben der UdSSR und – abgesehen von den riesigen See-Elefanten der Antarktis – auch die größten der Welt. Die Bullen der größeren pazifischen Rasse können zwischen 3 und 4 Meter lang werden und etwa 1800 Kilogramm Gewicht erreichen. Sie leben in den flachen Küstengewässern und zwischen schwimmenden Eisschollen rund um die Inseln und sind gewöhnlich in Familienverbänden zu fünf bis zehn Tieren anzutreffen, wenn es auch mitunter größere Gruppen von bis zu 100 partnerlosen Bullen gibt. Walrosse neigen dazu, den größten Teil des Jahres an einem festen Standort zu bleiben, und nur manchmal wandern sie im Winter auf der Suche nach Nahrung Richtung Süden.

Gewöhnlich entwickeln nur die Männchen die unverkennbaren Stoßzähne, die sehr vergrößerte obere Eckzähne sind. Diese Zähne aus purem Elfenbein, die bei der pazifischen Rasse bis zu 1 m lang werden können, waren ein begehrtes Jagdobjekt. Wie die Augensprossen des Geweihes der Rothirsche werden die Stoßzähne vor allem in den Wettkämpfen der um die Aufmerksamkeit eines Weibchens buhlenden Bullen eingesetzt, und sie können, trotz der dicken ledernen Haut der Tiere, ernsthafte Verletzungen hervorrufen. Darüber hinaus benutzen die riesigen Tiere sie, um sich selbst aufs Eis zu hieven.

Die weiblichen Walrosse sind nur etwa halb so groß wie ein voll ausgewachsener Bulle. Im April oder Mai gebären sie auf dem Eis ein einzelnes Junges. Die Mutter ernährt ihren Nachwuchs ungefähr ein Jahr lang und verteidigt ihn danach durch furchterregendes Brüllen gegen jegliche Gefahr.

Walrosse ernähren sich vorwiegend von Muscheln, die sie mit ihren Schnauzen vom Meeresgrund lösen. Außerdem fressen sie Garnelen, Krabben, Würmer, Kraken, Fische und sogar Robbenjunge. Walrosse können sich auch bei einer geschlossenen Eisdecke weiter mit Nahrung versorgen, indem sie das Eis mit ihren gewaltigen Köpfen durchstoßen.

Seelöwen und Seebären

Im Bering-Meer, im Ochotskischen Meer und im Japanischen Meer gibt es riesige Kolonien des Stellers Seelöwen *(Eumatopias jubatus)* und des Nördlichen Seebären *(Callorhinus ursinus)*. Diese beiden Robbenarten sind nicht wie die Walrosse imstande, sich den extrem kalten Verhältnissen anzupassen und haben sich daher nicht an den Nordküsten der Sowjetunion ausgebreitet.

Obwohl sie nicht so groß sind wie Walrosse, können männliche Stellers Seelöwen mehr als 800 Kilogramm wiegen und über 2½ Meter lang werden. Die Weibchen erreichen nur ein Viertel dieses Gewichts. Die größten Kolonien befinden sich auf der Insel Iona, auf den Jamskije-Inseln im Ochotskischen Meer und an den Küsten von Kamtschatka.

Den Winter verbringen die Seelöwen weiter südlich unterhalb der Eisgrenze; erst im Frühling kehren sie zu ihren Wurfplätzen zurück. Im Mai kommen zunächst die Männchen an; sie beginnen bald, ihre Territorien abzustecken, was gewöhnlich von lautstarken Kämpfen rivalisierender Bullen begleitet wird. Einen Monat später erscheinen die Weibchen. Ein erfolgreiches Männchen versammelt 15 bis 20 Weibchen um sich. Die Tiere paaren sich im Juni, die Entwicklung des befruchteten Eies ruht jedoch bis Oktober, so daß die Geburt nicht vor Anfang Juni des folgenden Jahres stattfindet. Auf diese Weise ist sichergestellt, daß die Jungen erst kurz vor der nächsten Paarungszeit geboren werden, wenn sie von einer schützenden Horde Weibchen umgeben sind. Glücklicherweise sind diese imposanten Tiere heute uneingeschränkt geschützt, und die Jagd auf sie ist strikt verboten.

Die Fortpflanzungskolonien der Nördlichen Seebären liegen auf den Pribilow-Inseln im Bering-Meer, auf den der Ostküste von Kamtschatka vorgelagerten Kommandeur-Inseln und auf der Robben-(Tjulenii)Insel im Ochotskischen Meer. Die Männchen sind etwa 2 Meter lang und erreichen rund 270 Kilogramm Gewicht, die Weibchen wiegen nur ein Viertel davon. Die Nördlichen Seebären verbringen den Winter in südlicheren Gefilden wie Japan und Kalifornien und kehren erst im Frühling zu ihren felsigen Wurfplätzen zurück. Die Männchen halten sich Harems von 40 bis 50 Weibchen. Seebären haben denselben Fortpflanzungszyklus wie die Seelöwen. Die Tiere schwimmen und tauchen exzellent und ernähren sich von Fischen.

Zweihundert Jahre lang waren Seebären wegen ihres wertvollen dicken Pelzes ein begehrtes Jagdobjekt. Seit 1911 ist die Jagd auf Empfehlung von Wissenschaftlern jedoch strikt verboten, so daß sich die Population inzwischen auf einem gesunden Stand hält.

Eisbären

Der Eisbär *(Thalarctos maritimus)* ist der unumstrittene König der arktischen Säugetiere. Er ist auf den ihn tarnenden Eisschollen ebenso zu Hause wie im Wasser und verbringt den größten Teil seines Lebens mit weiten Wanderungen auf dem gefrorenen arktischen Meer. Er streift die Küsten und Inseln der UdSSR entlang, ist aber auch in Grönland, Kanada und Alaska anzutreffen.

Eisbären zählen zu den größten Bären. Voll ausgewachsene Männchen können fast 3 Meter lang und über eine halbe Tonne (650 kg) schwer werden.

Der Eisbär ist einer der größten Bären der Welt. Ein ausgewachsenes Männchen kann einen Meter Schulterhöhe erreichen, drei Meter von seiner pechschwarzen Nase bis zum Ende seines Stummelschwanzes messen und über 500 Kilogramm wiegen. Seine scharfen Krallen benutzt er, um auf dem glatten Eis sicheren Halt zu finden wie auch, um seiner Beute todbringende Wunden zuzufügen. Beutetiere sind hauptsächlich Robben, aber auch Fisch, Aas und im Sommer sogar solches Kleinzeug wie die Eier und Küken von Seevögeln. Im Wasser arbeiten seine breiten Tatzen wie Paddel, und das dicke, ölige Fell dient als wasserdichter Mantel, der auch die bittere Kälte fernhält.

Eisbären leben die meiste Zeit des Jahres allein und treffen sich nur, um sich zu paaren. Sie haben eine ausgedehnte Paarungszeit, die im Frühjahr beginnt und den ganzen Sommer hindurch andauert. Die Weibchen graben behagliche Höhlen in den Schnee, in denen sie überwintern; im Januar

oder Februar gebären sie im Schutze dieses Lagers zwei (selten auch ein oder drei) Junge. Die Männchen halten keine Winterruhe.

Eisbären sind selten geworden; sie stehen heute in der UdSSR unter Schutz und sind sowohl in der sowjetischen »Roten Liste« als auch in der der IUCN verzeichnet.

Die Tundra

Südlich der rauhen arktischen Kältewüsten beginnt die Tundra. Die südliche Grenzlinie der Tundra ist zugleich der nördliche Saum der großen Wälder der Taiga, aber wie in anderen Vegetationszonen gibt es auch hier eine Übergangszone aus Waldtundra.

Auch in der Tundra herrscht extreme Kälte. In der kontinentalsibirischen Tundra können die Temperaturen im Winter auf minus 50 Grad Celsius und tiefer fallen; der »Kälte-

Dieses Panorama der Wrangel-Insel wurde im August vom höchsten Punkt der Insel aus, dem Gipfel des Sowjet im Zentralgebirge, fotografiert. Nur wenige Lebewesen können in diesen arktischen Wüsten existieren, in denen die Durchschnittstemperaturen im kurzen Sommer bei 4 Grad Celsius liegen und im langen Winter auf minus 20 Grad Celsius fallen.

pol« allerdings – der, abgesehen von der Antarktis, kälteste Punkt der Welt – liegt weiter südlich im Wald in der Nähe von Werchojansk. Dort sind Temperaturen von minus 68 Grad Celsius gemessen worden.

Da sich die Tundra über ein riesiges Gebiet von Osten nach Westen ausdehnt – sie nimmt 15 Prozent der Gesamtfläche der UdSSR ein –, herrschen nicht überall die gleichen klimatischen Verhältnisse. Die rauhesten Bedingungen findet man in der kontinentalsibirischen Tundra. Die westliche Tundra, vor allem auf der Halbinsel Kola, verfügt – dank

der wärmenden Wirkung des Golfstroms – über ein freundlicheres Klima. In der Tundra östlich des Flusses Kolyma ist es der Nordpazifische Strom, der das Klima erwärmt.

Wie die Arktis ist die Tundra eine kalte Wüste; der jährliche Niederschlag beträgt nur 200 bis 300 Millimeter, wobei das Maximum im späten Sommer liegt. Die Niederschläge im Frühling sind unerheblich. Stärkere Regengüsse kommen nur selten vor. Man könnte meinen, daß die Tundra ständig von einer dicken Schneeschicht bedeckt ist, aber dem ist nicht so. Es fällt nur wenig Schnee und die kräftigen Winde haben ihn bald weggefegt. Oft ist der Wind so stark, daß er einen Mann umwerfen kann. Während der häufigen Schneestürme mit Windgeschwindigkeiten bis zu 145 Stundenkilometer erfüllen feine Schneekristalle die Luft und löschen alle Umrisse aus.

Aufgrund der Neigung der Erdachse scheint während der kurzen Sommerperiode im Mittsommer die Sonne 24 Stun-

den lang. Sie bleibt niedrig am Himmel stehen und die Sonnenstrahlen fallen in einem sehr schrägen Winkel auf die Tundra, so daß sie wesentlich weniger Wärme liefern als in tropischen Regionen, wo die Sonne fast senkrecht über das Land zieht. Obwohl das immerwährende Mittsommerlicht es den Pflanzen ermöglicht, ständig Glucose durch Photosynthese zu erzeugen, ist die Vegetation aufgrund der fehlenden Wärme eingeschränkt. Im tiefen Winter erscheint die Sonne überhaupt nicht, und die Tundra ist in dieser Zeit eine nur vom Mond beschienene, bitterkalte Welt.

Das Ausmaß des sommerlichen Auftauens des Dauerfrostbodens entscheidet darüber, welche Pflanzen in der Tundra wachsen können. Wie tief der Tauprozeß reicht, hängt auch von der Bodenart ab. Einige besonders weit aufgetaute sandige Böden bilden eine ausreichende Unterlage für kleine Strauchdickichte und Zwergbäume, die wie Inseln in der im übrigen baumlosen Tundra anmuten.

An Stellen, wo die Dauerfrostboden-Schicht dick ist und nur geringfügig taut, versumpfen die Böden. Die eisenharte Schicht von Dauerfrostboden hindert das Wasser am Abfließen, und die Erde ist kalt und fest. Obwohl reichlich Wasser vorhanden ist, können die Pflanzenwurzeln unter diesen extremen Bedingungen nur wenig Feuchtigkeit aufnehmen, und die, die es fertigbringen zu überleben, haben Anpassungsformen zur Verminderung dieser physiologischen Trockenheit entwickelt. Sie verfügen über hülsenartige oder wie Nadeln geformte Blätter mit dicken, wachsartigen äußeren Schichten und weitere Merkmale, die denen der Kakteen und Sukkulenten in den trockenen Wüsten gleichen.

Verschiedene Tundratypen

Obwohl sie über weite Teile relativ sumpfig und mit Moos, Flechten und Zwergsträuchern bedeckt ist, gibt es sehr ver-

Ausgedehnte Gebiete sumpfiger Tundra sind von den Mäandern zahlloser Flüsse und von vielen Seen durchzogen. Im kurzen nördlichen Sommer sind hier die Brutplätze vieler Watvögel, Gänse und anderer Vögel. Dieses Bild zeigt einen Teil des Taimyr-Reservates im Juli.

schiedene Tundratypen. Die Gebirgstundren zum Beispiel sind völlig anders als die im Tiefland. Auch die verschiedenen Bodentypen beeinflussen das Aussehen der Tundra — einige torfige Böden beispielsweise produzieren eine hügelige, mit Seggen bedeckte Tundra, während sich auf anstehendem Gestein schotterige und andere Formen der Tundra herausgebildet haben.

Eine der interessantesten Typen ist die Fleckentundra, die meist auf torfigem Untergrund vorkommt. Von oben betrachtet, fällt die geometrische Regelmäßigkeit der Flecken auf, die sowohl hinsichtlich der Größe als auch der Zwischenräume mehr oder weniger einheitlich sind. Die Vegetation wächst in einem deutlich erkennbaren Netzwerk und umrahmt quasi die freien Stellen, die — je nach ihrem Alter — in der Größe zwischen zehn Zentimeter und drei Meter variieren. Wissenschaftler haben verschiedene Theorien über die Ursprünge dieser seltsamen Landschaftsform entwickelt. Die einen meinen, sie sei ein Ergebnis des Wechsels von Frieren und Tauen des Dauerfrostbodens; andere wiederum vertreten die Ansicht, daß die Flecken hauptsächlich durch Oberflächenfrost oder Wind verursacht werden; und eine weitere Theorie besagt, daß sie nur ein Übergangsstadium

darstellen, das in gewisser Weise mit dem Zusammenbruch der Torfschicht verbunden ist.

Pflanzenwelt der Tundra

In weiten Teilen der Tundra sind Moose und Flechten die dominierenden Pflanzen. Allein auf den Inseln von Nowaja Semlja sind mehr als 500 Flechtenarten bekannt. Samenpflanzen dagegen sind dort viel seltener. Wenige Bäume gedeihen in der Tundra, und in der ganzen arktischen Region sind nur etwa 500 Blütenpflanzenarten anzutreffen. Dies verweist auf die Härte der Bedingungen im Norden.

Die Pflanzen der Arktis können — je nach ihrem Ursprung — in mehrere Gruppen unterteilt werden:

1. Endemische Arten (das sind solche, die an diese Region gebunden sind, und von denen man annimmt, daß sie dort ihren Ursprung haben).
2. Arktisch-alpine Arten, die man sowohl in der Arktis als auch in den Hochgebirgen weit im Süden antrifft.
3. Quasi-arktische Arten, die für die Waldtundra wie auch für die Nadelholz(Taiga)-Zone charakteristisch sind.
4. Boreale Arten, die eigentlich in der Nadelwaldzone heimisch sind und die Arktis kolonisiert haben.
5. Arktische Steppenarten, ursprünglich Bewohner der kalten Steppen, die vor langer Zeit in die Arktis vorgedrungen sind.
6. Halophyten, Arten, die für die Meeresküsten typisch sind und auf Böden mit hoher Salzkonzentration gedeihen.

Innerhalb der Tundra ist von Norden nach Süden eine deutliche Zunahme der Arten festzustellen. In der Tundra der Inseln von Nowaja Semlja zum Beispiel wachsen nur ungefähr 250 Pflanzenarten, während in der nur 480 Kilometer südlich gelegenen Bolschesemelsskaja-Tundra etwa 350 Pflanzenarten vorkommen.

Einjährige Pflanzen fehlen fast völlig; die sehr kurzen Sommer lassen ihnen kaum genug Zeit, zu blühen und ihre Samen auszustreuen, bevor sie verwelken. Häufig sind ausdauernde Pflanzen, die viele Jahre leben können. Wenn ein besonders kalter Sommer sie daran hindert, Samen zu produzieren, können sie ausharren und auf bessere Bedingungen im nächsten Jahr warten.

In der Tundra gibt es viele immergrüne Pflanzen. Dazu gehören Zwergkoniferen wie Zwergwacholder *(Juniperus nana)* und Zwergzirbelkiefer *(Pinus pumila)* mit ihren trockenresistenten Nadeln; Sträucher wie Preiselbeere *(Vaccinium vitis-idaea)*, Schwarze Bärentraube *(Arctous alpina)* und *Rhododendron lapponicum* mit seinen steifen Blättern; der Sumpf-Porst *(Ledum palustre)* und die Schwarze Krähenbeere *(Empetrum nigrum)*; und Sträucher wie *Diapensia laponica*, die in Form von flachen, an den Boden gepreßten Polstern wachsen.

Rechts: Zwergweiden gehören zu den charakteristischsten und verbreitetsten Pflanzen der Tundra. Sie bilden einen Miniaturwald, in dem die am Boden kriechenden Äste nur kniehoch werden.

Andere Sträucher sind belaubt – darunter verschiedene Arten Zwergweiden *(Salix)*, Zwergbirken *(Betula nana)* und die Achtblättrige Silberwurz *(Dryas octopetala)*.

Viele Pflanzen der Tundra wachsen eng an den Boden gedrückt, so die Zwergweiden *Salix polaris* und *Salix reticulata*. Ihre dicht zusammenstehenden, fast horizontal angeord-

Eriophorum scheuzeri (Wollgras)

Minuarta arctica (Familie der Nelkengewächse)

Ledum decumbens (Porst)

Parrya nudicaulis

Papaver polare (Arktischer Mohn)

Typische Tundrapflanzen, deren niedriger Wuchs im kalten, stürmischen Klima Vorteile bringt. Die Wurzeln reichen nicht tief, aber sie sind weitverzweigt und verleihen festen Halt. Viele Pflanzen wachsen in Rosettenform oder bilden Polster. Auf diese Weise können sie die größte Zahl von Trieben auf kleinem Raum unterbringen und ihr Inneres vor Stürmen schützen.

neten Äste können nicht vom Wind zerbrochen werden, und die Ausbildung zusätzlicher Wurzeln verleiht den Sträuchern Halt. Ihre Wuchsform hilft den Pflanzen zudem, die Wärme zu speichern.

Spezifische Merkmale der Tiere der Tundra

Recht wenige Tiere leben in der Tundra und die meisten halten sich nur zeitweilig dort auf. Da die Tiere – im Unterschied zu den Pflanzen – mobil sind, verbringen die meisten von ihnen den Winter in freundlicheren Klimaten im Süden und ziehen nur während der Fortpflanzungsperiode im kurzen, fruchtbaren Sommer in die Tundra. Dies gilt vor allem für Vögel, die die beweglichsten aller Kreaturen sind und viele Tausend von Kilometern zurücklegen können.

Wie die Pflanzen, so verfügen auch die charakteristischen Tiere der Tundra über einige gemeinsame Merkmale. Im allgemeinen sind die im Norden lebenden Tiere größer als ihre nahen Verwandten im Süden. Die Wölfe *(Canis lupus)* der Tundra zum Beispiel sind merklich größer als jene, die die südlicheren Nadelwälder bewohnen. Der Grund dafür ist einfach: Je größer das Tier, desto kleiner ist seine Oberfläche im Verhältnis zu seinem Volumen und desto weniger Wärme verliert es.

Ein weiteres Charakteristikum der Tundrenfauna ist, daß es nur wenige Arten, aber jeweils viele Individuen einer Art gibt. So ist zum Beispiel in der klaren Frühlingsluft über Hunderte von Kilometern der Balzruf ein und derselben Watvogelart zu hören.

Die Tiere sind, wie die Pflanzen, von verschiedener Herkunft. Die typischen Tundraarten haben sich über einen langen Zeitraum hinweg angepaßt und sind nicht mehr in der Lage, unter anderen Bedingungen zu leben. Andere, weniger gut angepaßte Arten wiederum sind erst vor kurzem aus den unmittelbar südlich der Tundra gelegenen Gebieten zugewandert.

Insektenwelt

Verglichen mit der überwältigenden Vielfalt von Insekten in anderen, gastlicheren Regionen, leben relativ wenige Arten in der Tundra. Es gibt zum Beispiel nur ungefähr 100 Käferarten – hauptsächlich Kurzflügelkäfer, Laufkäfer und räuberische Schwimmkäfer. Das ist etwa soviel, wie eine einzige Wüstenpflanze beherbergt.

Die weiten Gebiete mit sumpfigem Boden bieten ideale Fortpflanzungsstätten für Moskitos, Stechmücken und Schnaken. Diese blutsaugenden Insekten schwärmen im Sommer zu Millionen aus und machen sowohl menschlichen Besuchern wie auch den einheimischen Säugetieren, zum Beispiel dem Rentier, das Leben unerträglich.

Amphibien und Reptilien

Die wechselwarmen Amphibien können im allgemeinen in der nordischen Kälte nicht existieren. Einige Froscharten kommen vor, aber das eisige Wasser der Seen und Flüsse der Tundra ist meist zu kalt, als daß die Eier sich entwickeln könnten oder die Kaulquappen schnell genug zu Kräften kämen.

Auch die ebenfalls wechselwarmen Reptilien sind schwach vertreten. Die wenigen Schlangen und Echsen, die in der Tundra leben, kommen selten aus ihren Verstecken hervor. Reptilien brauchen die direkte Sonnenbestrahlung, um sich aus ihrer Starre zu lösen und zum Ausbrüten der Eier. Die Reptilienarten, die im Norden leben, gehen das Problem des Mangels an, indem sie lebende Junge gebären – aber nur wenige von ihnen kommen durch.

Vögel

Vögel sind die auffälligsten Tiere der sommerlichen Tundra, wenn auch nur wenige widerstandsfähige Arten dort das ganze Jahr überleben können. Die anderen müssen – manchmal tausende Kilometer weit – in wärmere Klimazonen ziehen.

Verschiedene Vogelarten sind an die sowjetische Tundra gebunden, und einige sind heute so selten, daß sie in die »Roten Listen« aufgenommen wurden. Eine der schönsten darunter ist die Rothalsgans *(Rufibrenta ruficollis)*, die als Brutvogel nur auf den Halbinseln Taimyr (wo die größte Population lebt), Jamal und Gydan vorkommt. Ihre gesamte freilebende Weltpopulation besteht wahrscheinlich aus nicht mehr als 25000 Exemplaren, darunter 10000 nichtbrütende Jungvögel.

Rothalsgänse treffen später als andere Gänsearten – wie Saatgans oder Bleßgans – an ihren Brutplätzen ein. Das mag damit zusammenhängen, daß ihre Hauptnahrung, die Grastriebe, noch nicht durch den gefrorenen Tundraboden gestoßen sind. Die ersten Rückkehrer sammeln sich Anfang Juni auf den auftauenden Flüssen und Seen. Bis zum Ende des Monats, wenn die Flüsse eisfrei sind, sind fast alle Gänse angekommen. Typische Nistplätze liegen auf Klippen, in Flußtälern oder auf felsigen Inseln. Die Vögel brüten in weit auseinanderliegenden kleinen Kolonien, die aus nicht mehr als sechs Brutpaaren bestehen.

Es ist auffällig, daß diese Kolonien fast immer in der Nähe der Brutplätze von Greifvögeln, meistens denen des Wander-

Eine Rothalsgans an ihrem Nest auf der Halbinsel Taimyr.
Diese seltenen Vögel finden Schutz vor Räubern, indem sie inner-
halb des Territoriums eines Wanderfalken nisten.

Vier Eiderentenarten sind Brutvögel der sowjetischen Tundra.
Diese weibliche Prachteiderente brütet ihre Eier auf der
Halbinsel Taimyr aus.

falken *(Falco peregrinus)* und manchmal auch des Rauhfuß-
bussards *(Buteo lagopus),* liegen. Diese mächtigen Räuber
greifen die Gänse niemals an, obwohl sie durchaus in der
Lage wären, sie zu schlagen. Es scheint, daß die Falken nicht
in Horstnähe jagen und deshalb die Gänse nicht als Beute
ansehen. Die Gänse ziehen aus dieser Beziehung Vorteil,
da sie so vor den Raubzügen des Polarfuchses *(Alopex lagopus),* der der Haupteierräuber und Jungvogeldieb der Tundra
ist, geschützt sind. Die Wanderfalken bewachen ihre Nester
grimmig und vertreiben nicht nur Füchse, sondern auch Möwen und Skuas, die einen unersättlichen Appetit auf Eier
und Jungvögel haben. Im Gegenzug warnen die Gänse die
Falken mit lauten Warnrufen vor drohender Gefahr.

Zweifelhaftere Nachbarn sind die Kolonien von Silber-
und Eismöwen *(Larus argentarius* und *L. hyperboreus).* Ornithologen berichten, daß diese Möwen nicht die Gelegenheit wahrnehmen, die Eier und Küken ihrer Nachbarn zu
fressen, wenn eine Schar von Gänsen und Möwen aufge-
scheucht worden ist. Das kann daran liegen, daß die Gänse
sehr schnell zurückkehren und bereits fest auf ihren Nestern
sitzen, ehe die Möwen angreifen können. Die Gänse erlauben es sogar Menschen, so nah heranzukommen, daß sie sie
berühren können. Aber das ist noch nicht die ganze Wahrheit, denn die Möwen rühren die Gänschen auch dann nicht
an, wenn diese in der Kolonie herumstreunen. Dieses faszinierende Phänomen bedarf in der Tat weiterer gründlicher
Untersuchung.

Die Gänse legen ihre Nester in Bodenmulden an, gewöhnlich im Schutze einer Zwergweide, einer Zwergbirke oder
eines abgestorbenen Grasbüschels. Manchmal suchen sie
sich aber auch eine Mulde oder einen Felsspalt ohne weitere
Deckung aus.

Die Vögel legen ein bis neun Eier – meistens liegt die
Zahl jedoch bei sechs oder sieben. In Jahren mit einem nor-
malen Frühling fangen die Gänse bald nach ihrer Rückkehr,
in der zweiten Junihälfte, mit dem Legen an. Die Männchen
bleiben nicht – wie bei anderen Gänsearten üblich – in der
Nähe des brütenden Weibchens, sondern halten in etwa
hundert Meter Abstand vom Flußufer bzw. Wasserrand
Wache. Sie üben ihren Wachdienst gewöhnlich in kleinen
Gruppen aus und sind ständig in Alarmbereitschaft.

Die flaumigen, braungelben Gänseküken schlüpfen Ende
Juli und bleiben die ersten paar Tage im Nest, wo sie sich
unter das Brustgefieder der Mutter kuscheln und warmge-
halten werden. Bald führt diese sie zum nächstgelegenen
Wasser, wo sie gleich mit großem Vergnügen und großer Geschicklichkeit schwimmen und gründeln – und das, obwohl
sie erst einige Tage alt sind. Wie die Eltern fressen die Gänseküken Gras. Manchmal tun sich mehrere Gänsemütter zu-

sammen und bewachen gemeinsam den vorwitzigen Nachwuchs. Beim ersten Anzeichen von Gefahr lenkt der Erpel selbstlos alle Aufmerksamkeit auf sich, während das Weibchen die Küken so schnell wie möglich in Sicherheit bringt. Die Junggänse fliegen zum ersten Mal in der zweiten Augusthälfte, gelegentlich auch erst im frühen September. Das fällt zeitlich genau mit dem Ende der Mauser ihrer Eltern zusammen, so daß sich nun die ganze Familie auf den Abzug aus dem Brutgebiet vorbereiten kann. Es gibt auch eine Reihe von »Junggesellen« – heutzutage kaum mehr als hundert Exemplare –, die jedoch meist abseits der Brutkolonie bleiben.

Mitte September beginnen die Gänse, sich auf ihre lange Wanderung südwärts zu machen. Bis zum Ende des Monats, nachdem sie etwa hundert Tage an ihrem Geburtsort zugebracht haben, haben die letzten Rothalsgänse die Tundra verlassen. Sie ziehen oft mit großen Scharen von Bleß- und Zwergbleßgänsen *(Anser albifrons* und *A. erythropus)*.

Früher überwinterten die meisten Rothalsgänse an den Küsten des Kaspischen Meeres, manche von ihnen im Iran. Seit den vierziger Jahren haben sie ihr Winterquartier jedoch nach Rumänien in die Nähe des Donaudeltas verlegt; kleinere Gruppen überwintern im benachbarten Bulgarien und ein paar im Nordosten Griechenlands.

Die dramatische Abnahme ihrer Bestandszahlen geht wahrscheinlich auf eine Kombination verschiedener Faktoren zurück. So haben sich Veränderungen in der Landwirtschaft in ihren alten Winterquartieren – wie am Kaspischen Meer der Wechsel von Getreide- zu Baumwollanbau im großen Maßstab – schädlich ausgewirkt, da sie den Gänsen einen wichtigen Bestandteil ihrer Winternahrung entzogen. Die Trockenlegung von Sumpfgebieten in derselben Gegend hat sicherlich auch schwerwiegende Folgen mit sich gebracht. Leider werden die Rothalsgänse außerhalb der UdSSR, obwohl es in einigen Ländern Schutzmaßnahmen gibt, immer noch geschossen. Schließlich hat wohl auch die Abnahme der Wanderfalken ihre Chance, erfolgreich zu brüten, vermindert.

Der sibirische Schneekranich *(Grus leucogeranus)* ist ein weiterer wunderschöner Vogel, der in der sowjetischen Tundra endemisch ist. Er ist sowohl in der »Roten Liste« der UdSSR als auch in der der IUCN aufgeführt. Der Schneekranich ist mit über 1,37 Meter Größe und einer Flügelspannweite zwischen 2 und 2,40 Meter ein eindrucksvoller Vogel. Ein ausgewachsener Vogel kann bis zu acht Kilogramm wiegen. Er hat, abgesehen von den schwarzen Flügelspitzen, ein reinweißes Federkleid und ein auffälliges, leuchtend rotes, unbefiedertes Gesicht. Sein langer, dolchartiger Schnabel und die langen Beine sind dunkelrot.

Heute ist das Vorkommen dieser Kraniche auf zwei isolierte Areale in der Tundra beschränkt. Das eine liegt in Jakutien, zwischen den Flüssen Jana und Alaseja. Das andere befindet sich 3200 Kilometer westlich davon am Unterlauf des Ob. Die Population in Jakutien ist wahrscheinlich größer als die oft angeführten mehrere hundert Brutpaare. Man nimmt an, daß die gesamte Weltpopulation aus etwa 2000

Exemplaren besteht. Ornithologen-Berichte von den Winterquartieren in China sprechen davon, daß die meisten nichtbrütende Vögel sind. Schneekraniche werden erst mit sechs Jahren geschlechtsreif.

Die Kraniche von Jakutien kehren in der zweiten Maihälfte an ihre Nistplätze zurück. Die Tundra ist dann immer

Ein Schneekranich-Paar. Diese seltenen Vögel werden erst mit sechs Jahren geschlechtsreif und sehen sich auf ihren langen Wanderungen vielen Gefahren ausgesetzt.

Ein Schneekranich-Nest. Obwohl sie zwei Eier legen, ziehen die Kraniche in Freiheit nie mehr als ein Küken aus jedem Gelege auf. Das gemeinsame sowjetisch-amerikanische Programm zur Aufzucht in Gefangenschaft hat die Überlebenschancen dieses prachtvollen Vogels erheblich verbessert.

noch schneebedeckt, und nur auf den wärmeren Hügelspitzen gibt es schon aufgetaute Stellen. Sobald die Kraniche eingetroffen sind, sammeln sie sich in kleinen Gruppen auf höher gelegenen, trockenen Plätzen. Bald beginnen die Männchen ihren spektakulären Balztanz. Der Vogel läßt dabei die Flügel hängen, raschelt geräuschvoll mit den Federn und bewegt den Kopf mit gestrecktem Hals und Schnabel rhythmisch auf und ab. Währenddessen umkreist er – laute, schrille Schreie ausstoßend – das erwählte Weibchen.

Bevorzugte Brutplätze liegen in Jakutien auf feuchter, tiefliegender Grastundra und in der Ob-Region auf moosbedeckten Mooren und Sümpfen. Die Kraniche bauen auf bemoosten Hügeln oder grasbewachsenen Seeinseln große, ziemlich ungeordnete Nester aus trockenen Gräsern, Schilfrohr oder Riedgras. Wie bei den meisten anderen Kranichen legt das Weibchen zwei Eier. Es brütet sie allein aus, während das Männchen in Nestnähe aufpaßt und seinen Partner sogleich vor jeder sich nähernden Gefahr warnt. Das Männchen ist ein tapferer Verteidiger, der mit seinem mächtigen, scharfen Schnabel viele Räuber, z. B. den hartnäckigen Polarfuchs *(Alopex lagopus)*, vertreiben kann.

Im Frühjahr fressen die Kraniche Lemminge, Wühlmäuse und Insekten; zur Nistzeit wechseln sie jedoch gewöhnlich über zu pflanzlicher Nahrung. Man weiß nur wenig über Brut und Aufzucht der Jungen. Schneekraniche sind äußerst vorsichtige Vögel, die Menschen nicht näher als drei- oder vierhundert Meter herankommen lassen, ohne aufzufliegen.

Die Kraniche verlassen ihre weit ausgedehnten, entlegenen Brutplätze in der zweiten Septemberhälfte und fliegen zum Überwintern nach Süden – hauptsächlich nach China, und im Falle der Ob-Population nach Indien. Es ist ein unvergeßliches Schauspiel, wenn sie in großer Höhe über einen hinwegfliegen und dabei ihre wilden, trompetenden Schreie ausstoßen.

Früher waren die Schneekraniche in der sibirischen Tundra weit verbreitet. Die Abnahme ihrer Bestandszahlen in diesem Jahrhundert ist verschiedentlich ihrer Bejagung, Störungen, die durch den Zweiten Weltkrieg hervorgerufen wurden, sowie der Zerstörung ihrer Brutbiotope zugeschrieben worden. Was immer der Grund sein mag, es werden vereinte Anstrengungen unternommen, um diesen stattlichen Vogel durch ein Forschungsprogramm über sein Brutverhalten in Freiheit und in Gefangenschaft zu retten.

Das Projekt wird von sowjetischen und amerikanischen Wissenschaftlern gemeinsam geleitet – ein hervorragendes Beispiel internationaler Zusammenarbeit auf dem Gebiet des Naturschutzes. Diese Arbeit wird in Kapitel 3 (auf den Seiten 61 ff.) genau beschrieben.

Watvögel der Tundra

Watvögel nisten in großer Zahl und Artenvielfalt in der Tundra, vor allem auf den endlosen Sumpfgebieten. Mehrere Arten von Strandläufern sind in der UdSSR endemisch, andere brüten auch in den Tundren Skandinaviens, der USA und Kanadas.

Drei Regenpfeiferarten brüten in der Tundra: der Kiebitzregenpfeifer *(Plurivalis squatarola)*, der Goldregenpfeifer *(Plurivalis apricaria)* und der Kleine oder Wanderregenpfeifer *(P. dominica)*.

Der Kiebitzregenpfeifer ist mit 28 Zentimetern der größte und häufigste von den dreien. Er brütet zirkumpolar im Tundragürtel, von der westlichen Sowjetunion über Sibirien bis nach Nordamerika, und wandert jedes Jahr Tausende von Kilometern, um den Winter an den Küsten Europas, Afrikas, Südasiens, Australiens und Südafrikas zu verbringen.

In seinem Brutkleid ist er mit seinem pechschwarzen Gesicht und einer, durch eine reinweiße Linie scharf vom feingefleckten, silbergrauen Rücken und Scheitel abgegrenzten Unterseite, einer der schönsten Watvögel. Im Winter verliert er die auffällige schwarzweiße Musterung, hat dann aber mit seinen schwarz gefiederten Achseln immer noch ein deutliches Erkennungsmerkmal.

Seine scheue Natur macht ihn darüber hinaus zu einem der bemerkenswertesten Vögel der Tundra: Immer wieder hält er von höhergelegenen Plätzen Ausschau. Einer der anrührendsten Klänge der Tundra ist das klagende, melodiöse Pfeifen dieses Vogels. Wie die anderen Regenpfeifer auch, rennt der Kiebitzregenpfeifer auf Futtersuche schnell voran, hält dann plötzlich inne und schnappt eine Beute – meistens Insekten oder Insektenlarven – vom Boden, und läuft dann schnell weiter, auf der Suche nach der nächsten Mahlzeit. Er kann auch Krustentiere und andere kleine Wassertiere von der Wasseroberfläche aufsammeln und mit seinem Schnabel den Grund seichter Teiche absuchen.

Der Kiebitzregenpfeifer ist ein Einzelbrüter, der feuchte, jedoch nicht sumpfige Areale der Tundra bevorzugt. Das Weibchen baut sein Nest – eine flache Mulde, ausgelegt mit Moos oder Flechten – auf einem höhergelegenen Areal, das einen guten Überblick über jedwede Gefahr gewährt.

Die birnenförmigen Eier des Kiebitzregenpfeifers, der überall in der Tundra brütet, liegen wie die vieler anderer Watvögel dicht beieinander und sind hervorragend getarnt, damit sie nicht die Aufmerksamkeit von Räubern erregen.

Mitte Juni legt es vier bräunliche, mit dunklen Klecksen bedeckte Eier. Wie die Eier der meisten Watvögel sind sie auffällig birnenförmig. Das Weibchen ordnet sie so an, daß die spitz zulaufenden Enden nach innen gerichtet sind, so daß sie bequem unter ihr Platz haben. Da die Eier von Watvögeln im Verhältnis zu ihrer Körpergröße ziemlich groß sind, ist diese Anordnung vonnöten, denn sonst würden die Eier freigelegt und womöglich auskühlen. Das Männchen hilft dem Partner beim Brutgeschäft; um die Schlüpfzeit herum verbringt es jedoch die meiste Zeit mit der Bewachung des Nests von einem günstigen Aussichtspunkt. Beim ersten Anzeichen von Gefahr stößt es seine lauten, klagenden Alarmrufe aus und entfernt sich rasch aus dem Nistbereich, um den Räuber fortzulocken. Die Partnerin folgt ihm bald und läuft leise, um keine Aufmerksamkeit zu erregen, vom Nest weg. Die Eier sind vor dem Untergrund aus Flechten und Steinen kaum zu erkennen und können sogar von den scharfen Augen eines Fuchses oder einer Skua übersehen werden.

Nach 23 Tagen Brutzeit schlüpfen die flaumigen, gelbschwarzen und weißen Küken und laufen sogleich nach Futter suchend umher. Wenn sie etwa einen Monat später, im September, völlig selbständig sind, machen sich ihre Eltern auf ihre lange Wanderung südwärts. Wie bei den meisten Watvögeln der Tundra brechen Altvögel, die keinen Partner gefunden haben, und solche, die erfolglos gebrütet haben, viel früher auf. Die Jungvögel ziehen erst nach den Elternvögeln: Man kann Mitte September immer noch Gruppen von ihnen in der Tundra beobachten.

Der Dunkelwasserläufer *(Tringa erythropus)* ist ein häufiger Watvogel, der in der Tundra von Nordeuropa bis nach Sibirien brütet. Er überwintert hauptsächlich am Mittelmeer, in Afrika und im südlichen Asien. Er ist besonders hübsch in seinem aschgrauen und weißen Brutkleid. Dieses wird im Herbst durch ein mattgraues ersetzt. Die vier grünlichen, mit dunkelbraunen Flecken bedeckten Eier werden im späten Mai oder Anfang Juni in ein flaches, mit herabgefallenen Weiden- und Birkenblättern ausgefüttertes Nest gelegt.

Die große Gruppe der Strandläufer ist in den Tundren des nördlichen Eurasien und Nordamerikas durch viele Arten vertreten. Allein 15 Arten brüten in der sowjetischen Tundra. Eine der kleinsten ist der Zwergstrandläufer *(Calidris minuta)*, dessen Körper kaum größer als der eines Sperlings ist, und der nur zwischen 22 und 27 Gramm wiegt. Er brütet in der eurasischen Tundra von Norwegen im Westen bis hin zum Unterlauf der Lena im Norden Mittelsibiriens. Trotz seiner winzigen Größe legt er riesige Entfernungen zurück, um den Winter in Afrika, im südlichen Asien, in Australien oder Tasmanien zu verbringen.

Sobald sie ihre Brutgebiete erreicht haben, suchen die Zwergstrandläufer einen Nistplatz und beginnen mit der Balz. Sie flattern mit aufgeregten Flügelschlägen und geben einen sanften, schwirrenden Triller von sich, der ähnlich klingt wie das Zirpen einer Grille. Eine kleine Bodenfurche bildet das Nest, das oft im Schutze eines angrenzenden Strauchs liegt. Männchen und Weibchen wechseln sich beim Ausbrüten der vier braungesprenkelten, blaß olivgrünen Eier ab. Die Küken schlüpfen in den letzten Junitagen.

Wie die meisten Strandläufer sind die Zwergstrandläufer geschäftige kleine Vögel, die hastig herumlaufen und mit ihrem geraden, relativ kurzen Schnabel Nahrung, vor allem Insekten und Larven, vom Boden aufpicken. Die Gegenwart von Menschen ist ihnen fast gleichgültig, und man kann sich einem Vogel, der auf dem Nest sitzt, direkt nähern. Selbst wenn er das Nest verläßt, dann oft nur, um den Eindringling zu vertreiben, wobei er oft sehr nahe kommt und auch schon mal nach dessen Händen pickt. Das ist dem Autor mehrmals passiert, als er diesen tapferen Watvogel an seinen Brutplätzen fotografierte.

Dem Zwergstrandläufer sehr ähnlich, aber etwas größer

Ein Dunkelwasserläufer in seinem prächtigen Brutkleid mit einem seiner Küken auf der Halbinsel Taimyr.

Ein Kampfläuferweibchen mit einem seiner vier Küken. Die Männchen sehen im Prachtkleid mit ihrer Federkrause viel schmucker aus.

ist der Rotkehlstrandläufer *(Calidris ruficollis)*, der in Nordostsibirien und Alaska brütet. Die Verbreitungsgebiete der beiden Arten überschneiden sich, und das sicherste Merkmal, sie zu unterscheiden, ist der ganz eigentümliche Balzflug des Rotkehlstrandläufers. Gewöhnlich hält er seine Schwingen in Höhe des Rumpfes, nur selten hebt er sie höher an, und der Flug ist stark wellenförmig. Auch der »Gesang« ist ganz anders, nämlich ein gedehntes »jeck...jeck...jeck«. Ein weiteres Unterscheidungsmerkmal ist die rötlichbraune Färbung der vier Eier. Der Rotkehlstrandläufer überwintert vor allem in Australien und Tasmanien, aber auch in Teilen Südostasiens.

Der Löffelstrandläufer *(Eurynorhynchus pygmaeus)* hat, wie sein Name schon sagt, ein besonderes Kennzeichen, das ihn von allen anderen Strandläufern unterscheidet: Sein Schnabel hat, mit seiner auf 1,25 Zentimeter verbreiterten und abgeflachten Spitze tatsächlich mehr die Form einer kleinen Schaufel als die eines Löffels. Dieser einzigartige Vogel, der nur in der UdSSR vorkommt, ist in der »Roten Liste« der UdSSR aufgeführt. Sein Brutgebiet ist äußerst eingeschränkt, er nistet nur an der nordpazifischen Küste zwischen dem Delta des Flusses Amguema und dem Golf von Anadyr. Für den Winter zieht er nach Südostasien. Der Löffelstrandläufer ist noch lebhafter als die anderen Strandläufer. Während er in schnellem Lauf über die sumpfige Tundra Nahrung aufnimmt, beschreibt er mit Kopf und Hals einen Halbkreis; er kann auch ganz unvermittelt umkehren und in die entgegengesetzte Richtung davonlaufen, ohne seinen Schnabel aus dem Wasser genommen zu haben. Manchmal wandert er bei der Verfolgung seiner kleinen Beutetiere so weit in einen Tümpel hinein, daß ihm das Wasser bis zum Bauch steht.

Obwohl der Schnabel aus der Nähe unverkennbar ist, ist es überraschend schwierig, ihn aus einiger Entfernung auszumachen. Dann kann man den Löffelstrandläufer leicht mit anderen kleinen Strandläufern verwechseln, denen er sich oft auf ihrem langen Zug anschließt.

Möwen und Seeschwalben
Eine typische Möwe der Tundra ist die Rosenmöwe *(Rhodostethia rosea)*. Diese herrliche, elegant gewachsene Möwe hat ein sehr beschränktes Brutvorkommen und ist wegen ihrer Seltenheit in die »Rote Liste« der UdSSR aufgenommen worden. Ihr aschgrauer Rücken und die ebenso gefärbten Flügeloberseiten bringen den zartrosa Hauch an Kopf und Körper hervorragend zur Geltung. Dazu kommt ein zierlicher, schwarzer Halsring, der aber während des Winters abgelegt wird. Um jedes Auge läuft ein roter Ring, der zu den roten Beinen paßt; der Schnabel ist schwarz.

Die Brutplätze der Rosenmöwe, die erst 1905 entdeckt wurden, liegen an den Unterläufen von Indigirka und Kolyma sowie auf der Halbinsel Taimyr. Sie nistet auf feuchter, küstennaher, Gras- oder Waldtundra. Die Möwen kommen gewöhnlich Ende Mai oder Anfang Juni an ihren Brutplätzen an und lassen sich in kleinen Kolonien von zwei bis fünfzig Paaren nieder. Gelegentlich bilden sie auch Mischkolonien mit der Küstenseeschwalbe *(Sterna paradisaea)*. Ihre Anzahl scheint von Jahr zu Jahr zu schwanken, und oft wechseln sie die Brutplätze, so daß sie im einen Jahr aus einer bevorzugten Gegend verschwinden, um im nächsten an einer schon lange verlassenen wieder aufzutauchen.

Eine Rosenmöwe an ihrem Nest in der ostsibirischen Tundra.

Das Nest liegt auf einem kleinen Hügel, gewöhnlich auf einer Flußinsel. Es ist aus trockenen Gräsern und Blättern gebaut und wird meist feucht gehalten. In der ersten Junihälfte legt das Weibchen ein bis vier Eier, in der Regel drei. Die Küken schlüpfen nach gut drei Wochen. Beide Eltern beteiligen sich am Brutgeschäft und an der Aufzucht der Küken. Die Jungen werden mit Insekten und Insektenlarven, die auch die Hauptnahrung der adulten Vögel am Brutplatz bilden, gefüttert.

Wenn die Altvögel gemausert haben und die Jungen flügge sind, fliegen sie alle hinaus aufs Meer, um den Winter auf dem Nordpolarmeer oder dem Nordpazifik zu verbringen. Sie sind sowohl in der Luft als auch auf Eis und im Wasser zu Hause, wo sie herumschwimmen und nach kleinen Fischen und wirbellosen Meerestieren tauchen.

Andere typische Möwen der sowjetischen Tundra sind die Schwalbenmöwe *(Xema sabini)*, die Eismöwe *(Larus hyperboreus)* und die Silbermöwe *(L. argentatus)*.

Seeschwalben sind enge Verwandte der Möwen, mit

schmalen Flügeln, einem anmutigen, schwungvollen Flug, langen, scharfen, auf das Fangen von Fischen spezialisierten Schnäbeln und gegabelten Schwänzen. Die für die Tundra charakteristischste Art ist die Küstenseeschwalbe *(Sterna paradisaea)*, die zirkumpolar brütet. Dieser hochelegante Vogel ist wegen der kraftraubenden Wanderungen zu seinen Winterquartieren bemerkenswert, die immerhin in der antarktischen Packeiszone liegen, was zusammengenommen eine Rundreise von etwa 36000 Kilometer in jedem Jahr ergibt. Es ist unwahrscheinlich, daß irgendein anderer Vogel so weit zieht – man kann auch sagen: so viel Tageslicht mitbekommt – wie die Küstenseeschwalbe.

Greifvögel der Tundra

Der Wanderfalke *(Falco peregrinus)* ist einer der eindrucksvollsten Vögel und in der Tundra immer noch relativ häufig. Es ist kein Zufall, daß ich ihn im Abschnitt über die Tundra beschreibe, obwohl er auch in anderen Landschaften anzutreffen ist. Denn besonders hier hat er sein Reich, während er an vielen anderen Stellen selten geworden ist und in weiten Gebieten so gut wie nicht mehr vorkommt. Der Wanderfalke ist sowohl in der »Roten Liste« der UdSSR als auch in der der IUCN aufgeführt. Einer der Hauptgründe für die katastrophale Abnahme der Population dieses prächtigen Vogels – in der UdSSR und anderswo – ist der Einfluß von Pestiziden auf seine Fortpflanzung. In der Tundra besteht dieses Problem allerdings nicht, und der Wanderfalke ist immer noch recht häufig. Die nördlichsten Vögel wandern für den Winter nach Süden. Wie bei vielen anderen Greifvögeln sind die Weibchen erheblich größer als die Männchen. Die Horste werden in der Tundra gewöhnlich am Boden angelegt, manchmal auf einem niedrigen Hügel, aber meistens auf einem steilen Felsen an einem Fluß. Der Wanderfalke legt zwei bis vier rötlichbraune Eier; die Brutdauer beträgt zwischen 28 und 35 Tagen.

Wanderfalken ernähren sich fast ausschließlich von Vögeln. In der Tundra stellen Watvögel, Moorschneehuhn *(Lagopus lagopus)* und Alpenschneehuhn *(L. mutus)* den Hauptanteil ihrer Beute. Sie werden im Fluge während eines rasanten Niederstoßens aus großer Höhe geschlagen, wobei

Oben links: *Das Alpenschneehuhn ist eine der zwei Arten von Rauhfußhühnern, die in der Tundra leben. Dieses trägt ein Übergangskleid zwischen dem graubraunen Sommergefieder und dem reinweißen Winterkleid.*
Oben: *Eine schöne Schnee-Eule auf der Wrangel-Insel.*
Rechts: *Der großartige Gerfalke ist der größte Falke der Erde und gehört zu den seltensten Greifvögeln der Tundra.*

der Falke sich wie ein Bleigewicht mit angelegten Flügeln fallen läßt. Dabei erreicht er Geschwindigkeiten bis zu 180 Stundenkilometer. Die Fänge des Falken treffen die Beute dabei oft mit solcher Gewalt, daß deren Kopf glatt abgerissen wird.

Ein viel seltenerer Anblick in der Tundra ist der großartige Gerfalke *(Falco gyrfalco)*. Er ist ein gutes Stück größer als der Wanderfalke, und seine Färbung ist sehr variabel. Einige Vögel sind auf der Oberseite dunkelbraun und haben eine gräuliche, gefleckte Unterseite, während andere ein geisterhaftes, fast reinweißes Gefieder besitzen. Diese sehr seltene Art ist auch in der »Roten Liste« der UdSSR verzeichnet. Im Winter kann es vorkommen, daß sie bis nach Südeuropa wandert.

Viel häufiger anzutreffen ist der Rauhfußbussard *(Buteo lagopus)*, der, wie der Gerfalke, zirkumpolar brütet. In der Tundra ist er Bodenbrüter. Die Anzahl der Eier hängt vom Nahrungsangebot in einem gegebenen Jahr ab, besonders von der Zahl der Lemminge, die seine Hauptbeute bilden. Die Lemmingpopulation schwankt stark von Jahr zu Jahr. In einem Durchschnittsjahr legen die Bussarde drei oder vier Eier, in besonders günstigen Jahren können es jedoch auch sieben sein. Wenn es nur wenige Lemminge gibt, kann es sein, daß die Vögel überhaupt nicht brüten.

Eine der schönsten Eulen der Welt, die Schnee-Eule *(Nyctea scandiaca)* ist wahrscheinlich der imposanteste Vogel, der in der Tundra brütet. Die Männchen, die etwa 53 Zentimeter groß werden, sind fast reinweiß mit einigen dunkelbraunen Flecken und Bändern. Wie bei anderen Greifvögeln sind auch hier die Weibchen beträchtlich größer, nämlich bis zu 64 Zentimeter bei einer Flügelspannweite von immerhin 1,50 Meter. Die Weibchen sind kräftig braun gebändert.

Das dichte Gefieder sowie Federn an Füßen und Schnabel schützen die Schnee-Eule vor den bitterkalten Winden und frostigen Temperaturen. Sie ist ein weiterer, zirkumpolar vorkommender Vogel, der an den arktischen Küsten und auf den arktischen Inseln ebenso brütet wie in den Tundren des arktischen Nordamerika, Grönlands, Islands und in Skandinavien genauso wie überall in Sibirien.

Sie ist einer der wenigen Vögel, die das ganze Jahr über in der Tundra bleiben, obwohl viele Eulen in manchen extrem kalten Wintern, wenn besonders viel Schnee liegt und das Nahrungsangebot besonders knapp ist, gezwungen sind, nach Süden auszuweichen. Zur großen Freude der Vogelbeobachter erscheinen sie regelmäßig in Großbritannien, Mitteleuropa, Asien und im Norden der Vereinigten Staaten.

Genau wie beim Rauhfußbussard, der in strengen Wintern auch nach Süden zieht, schwankt die Population der Schnee-Eulen – in Abhängigkeit von der Zahl ihrer Hauptbeute, den Lemmingen – erheblich von Jahr zu Jahr. In Jahren, in denen es diese kleinen Nager im Überfluß gibt, können die Eulen sogar 10 bis 14 Eier legen; in mageren Jahren mit wenigen Lemmingen enthalten die Nester nur drei oder vier Eier, manchmal sogar gar keins.

Einige Schnee-Eulen sind auch schon im Sommer nach Süden gewandert; so haben 1974 welche in Finnland und zwischen 1967 und 1975 auf der Shetland-Insel Fetlar gebrütet.

Das Nest ist eine flache Vertiefung auf einem höhergelegenen und verhältnismäßig trockenen Tundraareal – herausgekratzt von beiden Altvögeln und ausgelegt mit Gras, Moos oder Federn. Die Eulen brüten früh im Jahr – das Weibchen legt oft schon Anfang Mai, wenn noch eine dicke Schneedecke auf dem Boden liegt.

Gleich nach dem Legen beginnt das Weibchen mit dem Brüten, und da die Eier mit einem Abstand von zwei oder mehr Tagen gelegt werden, schlüpfen die Küken zu verschiedenen Zeiten. Dieses Schlüpfen »in Raten« kann bedeuten, daß das letzte Eulenküken durch die Eischale bricht, wenn sein ältestes Geschwister bereits zwei Wochen alt ist.

Das Weibchen erledigt das Brutgeschäft, wobei sein gebändertes Gefieder es vor Räubern tarnt, während das Männchen auf einem nahen Beobachtungshügel oder -stein Wache hält. Das Männchen verteidigt sein Territorium tapfer und stürzt sich mit lauten, bellenden Schreien auf jeden Eindringling – seien es nun Füchse, Skuas oder Menschen. Außerdem bringt es dem brütenden Weibchen Futter.

Außer Berglemmingen *(Lemmus lemmus)*, Sibirischen Lemmingen *(L. obensis)* und Halsbandlemmingen *(Dicrostonyx torquatus)* frißt die Schnee-Eule verschiedene Wühlmausarten und Ziesel. Während der Brutzeit fressen die Eltern ebenso Vögel, die sie auch an die Jungen verfüttern – vor allem die Jungen von Moorschneehuhn *(Lagopus lagopus)*, Strandläufern, Möwen und sogar so kleine Vögel wie die Spornammer *(Calcarius lapponicus)*. Außerhalb der Brutsaison ist die Nahrung der Eulen noch reichhaltiger. Dann fangen sie Hasen, Pfeifhasen, Wiesel und andere kleine Raubsäuger und eine weitgefächerte Auswahl von Vogelarten. Ihre Jagdtechnik besteht darin, ein Areal von einem günstigen Grat oder Felsblock aus abzusuchen und dann, wenn sie ihre Beute erspäht haben, loszufliegen und geräuschlos auf sie herabzustürzen. Manchmal jagen sie auch nach Art der Turmfalken und »rütteln« über einem Flecken Erde.

Sperlingsvögel

Ich werde diesen kurzen Überblick über das Vogelleben in der Tundra abschließen mit der Beschreibung der Sperlingsvögel *(Passeriformes)*, die dort brüten. In vielen Regionen, so in Waldgebieten und Kulturlandschaften, bilden sie den Hauptanteil der Vogelwelt – nur wenige kommen jedoch im kalten Norden vor.

Zu den typischen Arten der sowjetischen Tundra gehören die Spornammer *(Calcarius lapponicus)* und die Schneeammer *(Plectrophenax nivalis)*. Beide Arten brüten zirkumpolar und überwintern weiter südlich.

Die Spornammer bevorzugt die von kleineren Hügeln durchsetzte flache Tundra. Sie kommt dort im Vorfrühling, gewöhnlich im Mai, an, wobei die Männchen vor den Weibchen eintreffen. Sie bilden bald Gruppen und vereinen sich erst zu Paaren, wenn der Schnee fast weggeschmolzen ist. Während dieser Zeit singen die schwarzköpfigen Männchen ihr lautes, trillerndes Lied. Häufig gibt es Revierstreitigkeiten. Bald darauf bauen die gedeckter gefärbten Weibchen ihre ordentlichen Nester aus Gras, Moos und Wurzeln auf dem Boden im Schutz eines Erdwalls, eines kleinen Hügels oder unter einer niedrigen Staude. Jedes Weibchen legt in der Regel fünf gefleckte, grünlichweiße Eier, es können aber auch nur vier oder auch sieben sein. Das Weibchen erledigt zum großen Teil das Brutgeschäft, das etwa 14 Tage in Anspruch nimmt.

Männchen und Weibchen sind vollauf damit beschäftigt, ihre unersättlichen Küken zufriedenzustellen, indem sie ihnen während des ganzen langen arktischen Tages Nahrung bringen – unterbrochen allein von einer zwei- bis dreistündigen wohlverdienten Ruhepause. Obwohl die Eltern, wie andere Ammern, vorwiegend Körnerfresser sind, füttern sie ihre Jungen hauptsächlich mit Insekten, die sie mit ausreichend Proteinen für einen gesunden Start ins Leben versorgen.

Anders als die Spornammern ziehen die größtenteils weiß gefärbten Schneeammern steinige Tundragebiete vor und nisten auf Geröllhalden, auf Klippen in Flußnähe oder an felsigen Küsten. Sie kehren früher als die anderen Vögel zurück, wenn erst an wenigen Stellen der Schnee getaut ist. Zuerst treffen die Männchen ein, die bald ihre Territorien abgrenzen. Die Weibchen erscheinen erst später, gewöhnlich im Mai.

Im Unterschied zu den meisten nordischen Vögeln fangen die Schneeammern erst eine Weile nach ihrer Ankunft in der Tundra mit dem Brüten an. Mit dem Nestbau, für den sie Hohlräume unter Steinen und in Felsspalten bevorzugen, beginnen sie meist nicht vor Anfang Juni. Gelegentlich nisten sie an den Hängen kleiner Grashügel, in den Lücken von Steinwällen oder sogar in Hausmauern. Das Weibchen bebrütet seine fünf bis sechs blaßblauen Eier etwa 14 Tage lang allein. Nach zwei Wochen Nestlingszeit sind die Küken flügge, bleiben aber noch eine Weile in der Nähe ihrer Eltern. Im September sind die Schneeammern dann bereit, die Tundra zu verlassen.

Der feingestreifte Rotkehlpieper *(Anthus cervinus)* nistet sowohl auf hügeliger Grastundra als auch in der Hochmoor-Tundra. Als Insektenfresser kommt er ab Anfang Mai in diesen Gebieten an.

Die fünf oder sechs grauen, isabellfarbenen, olivgrünen oder rötlichen Eier werden in ein Bodennest gelegt, das gewöhnlich im Schutz von Pflanzen oder am Fuß eines Erdhügels liegt. Der Rotkehlpieper überwintert in Afrika und im südlichen Asien.

Zu den typischen Sperlingsvögeln der Tundra gehören auch noch der Petschorapieper *(Anthus gustavi)* und die Zwergammer *(Emberiza pusilla)*. Beide brüten dort und ziehen im Winter nach Süden.

Wo es reiches Buschwerk gibt, erscheinen weitere Arten, wie das Rotsternige Blaukehlchen *(Luscina svecica svecica)* und die Pallasammer *(Emberiza pallasi)*.

Säugetiere der Tundra

Wenige Arten Landsäugetiere leben im hohen Norden, aber diese sind weit verbreitet und häufig. Schwerlich läßt sich die Tundra ohne den Polarfuchs *(Alopex lagopus)* vorstellen. Als listiger, kühner Räuber stellt er eine große Gefahr für viele Vögel dar. Das schlaue Tier verbringt einen großen Teil seines Lebens in der Tundra und Waldtundra. Im Winter jedoch wandert er weit nach Norden über das Polareis und nach Süden bis zu den großen Nadelwäldern der Taiga. Er ist im arktischen Raum zirkumpolar verbreitet und somit nicht nur in Sibirien und Kamtschatka, sondern auch im Norden des europäischen Rußland, in Skandinavien, Island, Grönland, Alaska und Kanada anzutreffen. Er ist gleicher-

Der in der ganzen Tundra vorkommende Polarfuchs ist bemerkenswert gut an die Kälte angepaßt. Sein weiches, dickes Fell wird im Winter reinweiß. Es gibt von ihm auch eine »blaue« Form.

maßen in der ebenen wie hügeligen Tundra zu Hause und sucht Flußtäler, Seeufer und -inseln auf. Während der Fortpflanzungsperiode bevorzugt er jedoch Gebiete mit felsigen Graten und Klippen, in denen sichere Verstecke und gute Ausgucke zu finden sind.

Zwar ist er etwas kleiner als der Europäische Rotfuchs *(Vulpes vulpes)*, aber sein von Fallenstellern geschätztes, weiches, buschiges Fell läßt ihn größer erscheinen. Er besitzt – im Verhältnis zu seiner Größe – das längste Fell der arktischen Tierwelt. Im Winter färbt sich das Fell der in der hohen Arktis lebenden Tiere weiß und verleiht ihnen im Schnee eine wirksame Tarnung; das Fell mancher Füchse, die sich weiter im Süden aufhalten, bleibt das ganze Jahr über blaugrau. Diese »Blaufüchse« haben unter Pelzhändlern einen hohen Wert; sie werden in großer Zahl auf Pelztierfarmen gezüchtet, die einen wichtigen Zweig der Landwirtschaft in der Sowjetunion darstellen.

Im arktischen Sommer sind die Füchse während der ganzen 24 Stunden Tageslicht aktiv, im Herbst und Winter aber hauptsächlich nachtaktiv. Die Weibchen sind von Februar bis März paarungsbereit, und ihre Jungen werden im April und Mai tief in einem langen, verzweigten Bau geboren. Für einen gelegentlichen Rückzug und zum Schutz vor Wind und Schnee graben die Füchse auch einfachere Erdhöhlen. Ein Wurf besteht aus sieben oder sogar 10 Jungen. Die Polarfüchse ernähren sich ebenso von Vögeln und deren Eiern und Küken wie von Lemmingen, Wühlmäusen und anderen Mäusen. Vor allem im Winter verachten sie weder Aas noch Schalentiere oder an der Küste angeschwemmte Abfälle.

Das Tier, das wohl die meisten Menschen mit der Tundralandschaft verbinden, ist das in Nordamerika als Karibu be-

Rentiere verbringen den Sommer in der Tundra an der Küste des Nordpolarmeeres und wandern dann nach Süden, um in der Taiga zu überwintern. Hier überquert eine kleine Herde im Juli einen Fluß in der Tundra des Taimyr-Reservates.

kannte Rentier *(Rangifer tarandus).* Obwohl es in der Taiga überwintert, ist es in erster Linie an das Leben in weiten, offenen Räumen angepaßt. Es bevorzugt hügelige Regionen, Hochebenen und Flußtäler und vermeidet die flachen, eintönigen Gebiete der Tundra.

Die Weibchen und Jungen sind sehr gesellig und bilden starke Herden, die sich im Wechsel der Jahreszeiten auf die Wanderschaft begeben – um Futter zu suchen oder um den Moskitos und Mücken zu entkommen. Die Weibchen sind von September bis November paarungsbereit; in dieser Zeit gesellen sich die sonst einzelgängerischen Männchen dazu und versammeln eine Gruppe von Weibchen um sich. Die Jungen kommen im Mai oder Juni auf die Welt; gewöhnlich wird ein Junges geboren, gelegentlich auch Zwillinge. Im Sommer ernähren sich die Rentiere von verschiedenen Tundrapflanzen, unter anderem von Gräsern und Flechten; im Winter scharren sie mit ihren starken, flachen Vorderhufen den Schnee von den Flechten. Ihre breiten Hufe dienen auch als Schneeschuhe, mit denen die Tiere, ohne einzusinken, über tiefen Schnee wandern können. Rentiere sind die einzigen Hirsche, bei denen beide Geschlechter ein Geweih tragen; allerdings ist das der Weibchen gewöhnlich kleiner.

Nur eine Art von Hasen lebt in der Tundra – der Eurasische Schneehase *(Lepus timidus);* er ist ein in der UdSSR weitverbreitetes Tier, und nicht nur in der Tundra, sondern auch in den Wäldern und Steppen vieler anderer Landes-

teile anzutreffen – allerdings nicht in Zentralasien, Kasachstan und dem Kaukasus. Anders als Kaninchenjunge, die blind und nackt im Schutze eines Baues geboren werden, kommen die Hasenjungen über der Erde, mit offenen Augen und behaart zur Welt. Die Population der Schneehasen schwankt von Jahr zu Jahr deutlich – je nachdem, wie streng der Winter und wieviel Futter verfügbar ist.

In der Tundra leben auch verschiedene Nagetierarten. Die Erdhörnchen Westsibiriens, zum Beispiel das Parry-Ziesel *(Spermophilus undulatus)*, sind nahe Verwandte der Eichhörnchen, die ausgedehnte unterirdische Höhlen graben und Winterschlaf halten.

Die charakteristischsten Nagetiere der Tundra allerdings sind die eng mit den Wühlmäusen verwandten Lemminge. In der UdSSR gibt es vier wichtige Arten – den Skandinavischen oder Berg-Lemming *(Lemmus lemmus)*, den Sibirischen Lemming *(L. obensis)*, den Amur-Lemming *(L. amurensis)* und den Halsbandlemming *(Dicrostonyx torquatus)*.

Der Skandinavische Lemming bewohnt nur die Tundra, die Waldtundra und die Wälder der Halbinsel Kola im äußersten Nordwesten der UdSSR. Der Sibirische Lemming ist im ganzen Norden der UdSSR weit verbreitet – von der Südküste des Weißen Meeres im Westen bis zur Tschuktschen-Halbinsel im Osten, dafür fehlt er aber auf der Halbinsel Kola, wahrscheinlich wegen der Konkurrenz des dort lebenden Skandinavischen Lemmings. Der Sibirische Lemming bevorzugt die niedrigen Lagen der Tundra, in denen Zwergbirken und -weiden stehen. Oft leben diese Tiere in

großen Kolonien zusammen. Der Amur-Lemming ist selten, man findet ihn nur in entlegenen Gebieten Ostsibiriens und des Fernen Ostens. Die Einzelheiten des Lebens dieses kleinen Tieres sind noch nicht erforscht. Der Halsbandlemming ist ebenso verbreitet wie der Sibirische Lemming, nur ist er flexibler in der Wahl seiner Wohnstätte – er mag steinige oder auch sumpfige Tundra, mit Flechten bewachsene Tundra meidet er allerdings.

Lemminge leben in großen Kolonien beieinander und sind während der ganzen 24 Stunden Tageslicht des nordischen Sommers aktiv; ständig sind sie auf Nahrungsuche, um Energie für ihre fieberhafte Aktivität aufzunehmen. Sie fressen verschiedene Gräser und manchmal auch Weidentriebe und Beeren.

Ihre relativ einfachen Baue haben ein oder zwei Ausgänge und eine Nistkammer. Lemminge nutzen beim Anlegen ihrer Behausungen natürliche Aushöhlungen im Tundraboden. Im Winter bauen sie auf der Erde unter der dicken Schneedecke aus abgestorbenen Pflanzenteilen große Nester.

Die Weibchen gebären das ganze Jahr über Junge – besonders aber im Sommer. Gewöhnlich werfen sie fünf- oder sechsmal jeweils durchschnittlich fünf oder sechs Junge.

Die Lemmingpopulation variiert von Jahr zu Jahr. In mageren, futterarmen Jahren wird die Population in Schach gehalten. In guten Jahren jedoch, wenn die Tundragräser besonders ertragreich sind, wird die Landschaft buchstäblich von den kleinen Tieren überschwemmt, und dann machen sie sich auf der Suche nach Futter zu ihren berühmten Massenzügen auf. Viele sterben unterwegs – vor allem beim Versuch, Eisschollen, große Flüsse und Seen oder Berge zu überqueren, wenn sie auch nicht gerade Massenselbstmord begehen, wie uns die Legende glauben machen will.

Der Skandinavische Lemming ist weniger fruchtbar als der Sibirische. Die Weibchen werfen nur dreimal im Jahr, und sie sind daher nicht zu solchen Massenzügen gezwungen wie ihre Verwandten.

Weitere Nagetiere der Tundra sind die Graurötelmaus *(Clethrionomys rufocanus)*, die lemmingähnliche *Alticola lemminus* und die Middendorffs Wühlmaus *(Microtus middendorffi)*.

Die Übersicht auf den Seiten 210/211 (im Anhang) zeigt die Verbreitung einiger der charakteristischsten Vögel und Säugetiere der Tundra, der arktischen Küsten und der Inseln der Sowjetunion. In ihr sind allerdings nicht die Walarten – Wale, Delphine und Tümmler – enthalten, die in den nördlichen Meeren vorkommen.

Halsbandlemminge sind possierliche kleine Nagetiere, die sich zu Massenzügen aufmachen, wenn sie sich so stark vermehrt haben, daß ihre Nahrungsversorgung nicht mehr gesichert ist.

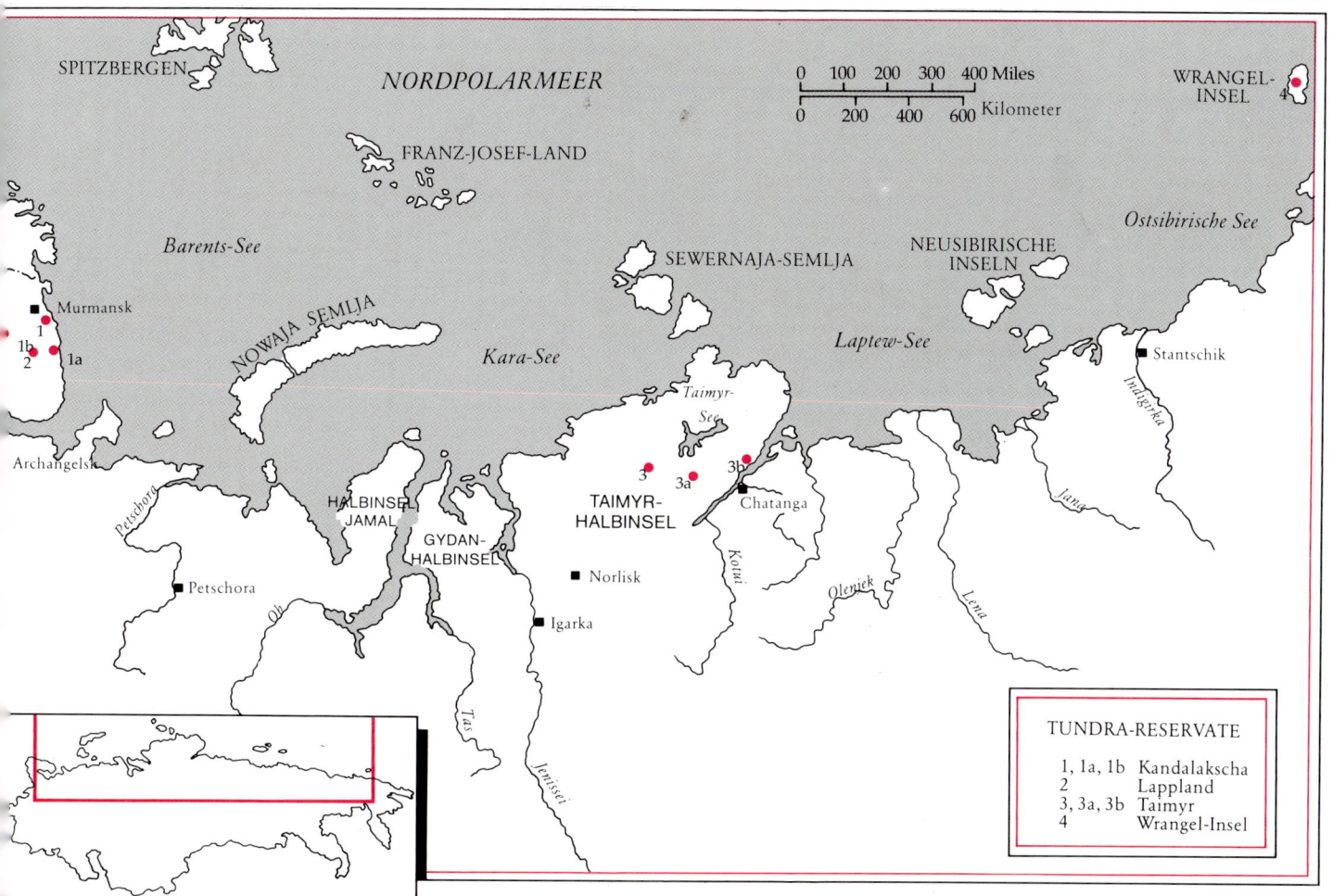

SPITZBERGEN

NORDPOLARMEER

FRANZ-JOSEF-LAND

0 100 200 300 400 Miles

0 200 400 600 Kilometer

WRANGEL-INSEL 4

Barents-See

SEWERNAJA-SEMLJA

NEUSIBIRISCHE INSELN

Ostsibirische See

Murmansk

1

1b 1a

2

NOWAJA SEMLJA

Kara-See

Laptew-See

Stantschik

Taimyr-See

Indigirka

Archangelsk

HALBINSEL JAMAL

GYDAN-HALBINSEL

Petschora

Jana

TAIMYR-HALBINSEL

3 3a 3b

Chatanga

Olenjek

Lena

Norlisk

Kotui

Petschora

Ob

Igarka

Tas

Jenissei

TUNDRA-RESERVATE

1, 1a, 1b Kandalakscha
2   Lappland
3, 3a, 3b Taimyr
4   Wrangel-Insel

Naturschutz im hohen Norden

Der notwendige Schutz der nördlichen Wildnis ist eine schwierige Aufgabe, da die Natur in der Arktis sehr fragil ist, und die Erholung von einem Schaden nur sehr langsam vorangeht. Das zeigt sich zum Beispiel daran, daß die Spuren von Geländefahrzeugen sich in der Tundra über viele Dekaden wie Streifen gepflügten Landes abheben. Weitere Beispiele für Beschädigungen der Tundra, die auf menschlichen Einfluß zurückgehen, sind auf Seite 62 angeführt.

In jüngster Zeit haben Naturschützer zahlreiche Studien über die nördlichen Regionen angefertigt, um mehr über sie zu erfahren und herauszufinden, wie sie am besten für zukünftige Generationen zu retten sind. Diese Aufgabe ist um so dringlicher, als sie verspätet angegangen wurde. Verschiedene große Regionen unterschiedlichen Tundratyps sind zu Naturschutzgebieten erklärt worden. Ich will hier kurz die wenigen Reservate beschreiben, die in der arktischen und subarktischen Zone eingerichtet wurden.

Eines davon, Kandalakscha, wurde schon im Jahre 1939 gegründet und im Laufe der Jahre wiederholt vergrößert. Zu den neueren Abschnitten gehören die Insel von Velikiy im östlichen Murman und die Ainow-Inseln im Varangerfjord. Das ursprünglich separate Reservat von »Sem Ostrowow« wurde mit dem Kandalakscha-Reservat zusammengeschlossen. Gegenwärtig umfaßt das Gebiet des Reservats – bezieht man alle seine Teilgebiete mit ein – ungefähr 571

Die Karte zeigt die Reservate, die in den arktischen und subarktischen Gebieten der UdSSR geschaffen wurden. Dazu gehört das größte Reservat des Landes auf der Taimyr-Halbinsel, in dem mehr als 13 000 Quadratkilometer Tundra geschützt sind.

Quadratkilometer. Darin leben 550 Pflanzenarten, 210 Vogel- und 33 Säugetierarten. Seit 1975 bildet das Reservat einen Teil des Kandalakscha-Bucht-Areals im Weißen Meer, das zum Feuchtgebiet von internationaler Bedeutung erklärt wurde und insgesamt 2080 Quadratkilometer umfaßt.

1930 wurde im westlichen Teil der Halbinsel Kola das Lappland-Reservat eingerichtet; es liegt etwa 120 bis 160 Kilometer nördlich des Polarkreises und ist 161 Quadratkilometer groß.

1975 wurde das 7956 Quadratkilometer große Reservat der Wrangel-Insel geschaffen. Diese Insel ist einzigartig. Dort gibt es eine Brutkolonie der Schneegänse (*Anser caerulescens*), seltene Strandläufer, viele Eisbären und Walrosse und 300 Pflanzenarten.

Im Jahre 1979 nahm der Naturschutz im Norden einen beachtenswerten Aufschwung mit der Einrichtung des Taimyr-Reservates, das mit 13483 Quadratkilometer größer ist als irgendein anderes Reservat der UdSSR. Es schützt 16 Säugetier- und 50 Vogelarten, darunter etwa 2000 bis 3000 Exemplare der Rothalsgans (*Rufibrenta ruficollis*), die nur in der UdSSR brütet (vgl. die Seiten 62 und 79 bis 88).

5 Der größte Wald der Erde

Riesige grüne Meere aus Nadelwäldern erstrecken sich über 10000 Kilometer vom Baltikum im Westen bis zum Ochotskischen Meer im Osten und bedecken über ein Drittel der Landfläche der Sowjetunion. Dieser ausgedehnte Nadelwaldgürtel ist gemeinhin unter seinem russischen Namen »Taiga« bekannt. Die Taiga ist von ergreifender Schönheit und hinterläßt eine Fülle denkwürdiger Eindrücke: den anregenden Geruch der Kiefernwälder an einem Frühlingsmorgen; das über einen Kilometer weit zu hörende Trommeln eines Schwarzspechtes; den durch die Bäume dringenden Schrei eines Kleibers; im Moos eingedrückte Spuren eines Braunbären; das mächtige Tosen der sibirischen Flüsse, die sich durch die Wälder wälzen, und dort, wo sich Taiga und mongolische Steppe treffen, das Blau des Baikal-Sees im Sommer.

Die Taiga hat einen Anteil von etwa 80 Prozent am gesamten bewaldeten Gebiet der UdSSR. Sie ist das Reich der mesophilen Nadelbäume (das sind solche, die unter gemäßigten Temperatur- und Feuchtigkeitsbedingungen gedeihen): immergrüne Fichten, Tannen und Kiefern und laubabwerfende Lärchen. Weite Flächen der Taiga, besonders entlang der westsibirischen Flüsse, sind mit einem federnden Teppich aus Torfmoos belegt, der wie ein Schwamm Wasser hält.

Die verschiedenen Tier- und Pflanzengemeinschaften, die in den einzelnen Waldtypen leben, bilden ein äußerst vielschichtiges, fein verwobenes System. Dennoch ist der reine, immergrüne Wald der Taiga eine einfachere Umgebung als der Mischwald. Er ist ärmer an Tier- und Pflanzenarten und seine Gesamtproduktivität ist geringer. Darüber hinaus läßt er sich nicht so deutlich in verschiedene Schichten oder Lagen unterteilen wie der Mischwald.

Obwohl es – je nach geographischer Breite, Bodentyp und weiteren Voraussetzungen – eine Reihe verschiedener Taigatypen gibt, kann sich jeder von ihnen über Hunderte von Kilometern ausdehnen. Gewöhnlich besteht der Wald aus größeren Abschnitten, in denen jeweils nur zwei oder drei Baumarten vorkommen, nur entlang der Flußläufe findet sich eine größere Vielfalt. Demzufolge gibt es – verglichen mit Misch- oder Laubwäldern – weniger verschiedene Nischen, in denen sich Tiere ausbreiten können.

Die Winter in der Taiga sind lang und kalt, die Sommer kurz und oft sehr warm. Es gibt im wesentlichen zwei Taigazonen – eine relativ kleine westliche Fläche im europäischen Rußland und den viel größeren sibirischen Teil, der sich östlich des Ural bis zum Ochotskischen Meer ausdehnt.

Links: *Im großen Nadelwaldgürtel der Taiga, auf den Hängen des nordöstlich des Baikal-Sees gelegenen Südmuja-Gebirges.*

Die westliche Taiga ist regen- und schneereicher als die im Osten, und das Wetter ist dort allgemein trüber. Die jährliche Niederschlagsmenge beträgt durchschnittlich 500 Millimeter und im Süden sogar bis zu 700 Millimeter.

Das starke Hochdruckgebiet, das von Oktober bis März über der östlichen Taiga liegt, ist für ihr eher kontinentales Klima verantwortlich. Der Himmel ist hier klarer und die Winter sind streng, aber es fällt wesentlich weniger Regen und Schnee, normalerweise nur 150 bis 300 Millimeter im Jahr. Im Sommer ist es in der östlichen Taiga sonniger als in der westlichen, und die Temperaturen können für eine so weit nördlich liegende Region sehr hoch sein.

Die östliche Taiga ist den größten jährlichen Temperaturschwankungen in der Welt unterworfen. In Werchojansk (Breitengrad 67° 33′N), dem kältesten Ort der nördlichen Hemisphäre, sinkt die Temperatur im Winter auf minus 68 Grad Celsius (vgl. auch Seite 27), im Sommer jedoch können die Temperaturen auf nahezu 38 Grad Celsius ansteigen. Die durchschnittliche Sommertemperatur beträgt in der östlichen Taiga 19 Grad Celsius und liegt damit höher als irgendwo sonst auf einem vergleichbaren Breitengrad. Diese Bedingungen bilden die Voraussetzung für den erfolgreichen Anbau von Weizen, Gerste und Roggen. Wie es extreme jahreszeitliche Unterschiede gibt, so können auch an einem einzigen Sommertag in der östlichen Taiga große Temperaturschwankungen vorkommen und die Nächte 5 Grad Celsius kalt sein.

Verteilung der Pflanzen in der Taiga

Die immergrünen Nadelbäume sind sehr gut an das Leben unter den rauhen Bedingungen in der Taiga angepaßt. Da sie im Winter ihre Blätter nicht abwerfen, können sie das ganze Jahr hindurch durch Photosynthese wichtige Baustoffe bereitstellen. Ihre wachsüberzogenen, nadelförmigen Blätter leisten der Trockenheit Widerstand, die das Ergebnis des größtenteils als Schnee und Eis gebundenen, geringen Niederschlages und der trocknenden Winde ist. Die meist konische Form der Bäume bewirkt, daß der Schnee an ihnen abgleitet und ihre Äste nicht durch das Gewicht schwerer Schneefälle brechen.

In der westlichen Taiga dominieren dichte, düstere Wälder aus Gemeiner Fichte *(Picea abies)*, Sibirischer Fichte *(Picea obovata)*, Sibirischer Tanne *(Abies sibirica)* und Sibirischer Zirbelkiefer *(Pinus sibirica)*. Nördlich davon ist an vielen Stellen die Sibirische Lärche *(Larix sibirica)* weit verbreitet. Auf leichten, sandigen Böden gedeihen verschiedene Kiefern, vor allem die Waldkiefer *(Pinus silvestris)*. Wo viel Holz geschlagen wurde, drängt sich bald die Hänge-Birke *(Betula*

pendula) an die Stelle der verschwundenen Nadelbäume. Natürlich wachsen Birken auch an den nördlichen Säumen der Taiga, wo sie in die Tundra übergeht.

Östlich des Flusses Jenissei sind überwiegend Lärchen anzutreffen, wenn auch hier die Daurische Lärche *(Larix dahurica)* die sibirische Art ersetzt und sich in einer Übergangszone mit ihren westlichen Verwandten kreuzt. Daurische Lärchen tolerieren verschiedene Bodentypen – von Sand- und Torfböden bis hin zu kargen Stein- oder Kiesböden – und sie wachsen weiter nördlich als irgendein anderer Baum. Sie haben ein besonders flaches Wurzelsystem entwickelt, mit dem sie Wasser aus der Oberflächenschicht ziehen können, unter der eine dicke Schicht Dauerfrostboden das Wasser am weiteren Absickern hindert.

Weiter im Osten werden die riesigen Wälder gelegentlich von Grassteppen unterbrochen. Die unteren Hänge der großen Gebirgszüge Ostsibiriens sind mit dichtem Wald bedeckt, in höheren Lagen aber dünnt dieser zu einem Gürtel aus zwergwüchsigen Zirbelkiefern und Birken aus, die an dem steilen, felsigen Terrain kleben. Die oberste Zone besteht aus reiner Gebirgstundra.

Oben: *Der Winter in der Taiga ist lang und hart. In Teilen Ostsibiriens fallen die Temperaturen auf minus 69 Grad Celsius, und in den westlichen Wäldern, wie hier in Estland, liegt der Schnee hoch.*
Rechts: *Kaum können die Sonnenstrahlen durch die dichten, düsteren Fichtenwälder dringen. In diesen ernsten und oft bedrückend stillen Wäldern verbergen sich viele wilde Tiere.*

Im Fernen Osten, im Amur-Stromgebiet, auf der Sachalin-Insel und auf den südlicheren Kurilen sind gewaltige Flächen mit Taiga bedeckt, nördlich von Wladiwostok, im zerklüfteten Ussuri-Gebiet, bekleidet die Taiga nur Berggipfel.

Ebenso wie es Unterschiede zwischen der Taiga im Westen und der im Osten gibt, sind auch von Norden nach Süden Veränderungen festzustellen. In der nördlichen Taiga besteht der Unterwuchs aus kleinen, meist auch in der Tundra anzutreffenden Sträuchern; dazu gehören gemeinhin zwergwüchsige Birken *(Betula),* Moosbeere *(Vaccinium oxycoccus)* und Heidelbeere *(V. myrtillus).* Der liebliche Duft des üppigen Teppichs aus Moosen und Flechten mischt sich mit dem stärkeren Aroma des Nadelholzharzes.

Die mittlere Taiga besitzt dichte Nutzholzbestände, und hier – im weniger extremen Klima – können die Bäume sehr hoch werden. Leuchtend grüne Moose bekleiden den Waldboden, Flechten sind allerdings nur in den Kiefernwäldern verbreitet.

In der südlichen Taiga stehen die Bäume sogar noch dichter, und die höheren Temperaturen lassen sie kräftiger wachsen; die vielen abgestorbenen und vermodernden Baumstümpfe und Äste bilden den Lebensraum für Pilze und viele Tiere. Im allgemeinen ist der Unterwuchs hier spärlicher als in der mittleren Taiga; typische Arten sind Moosbeere, Heidelbeere und der liebliche weißblühende Sauerklee *(Oxalis acetosella)*. Die südliche Taiga ist von großer ökonomischer Bedeutung, sie liefert hochwertiges Nutzholz, und die Menschen dort ernten wilde Beeren und Pilze.

Im Frühling erscheinen überall in der Fichtentaiga die hübschen, kleinen weißen Blüten des Sauerklees. Er kann im dichten Schatten seiner Nachbarn gedeihen.

Einfache, sporentragende Schachtelhalmgewächse wachsen auf Lichtungen. Ihre Vorläufer bildeten die größten Kohlevorkommen der Welt, an denen die UdSSR großen Anteil hat.

Fichten- und Tannenwald

Werfen wir nun einen genaueren Blick auf die verschiedenen Nadelholzarten, aus denen sich die Taiga zusammensetzt. Fichten- und Tannenbäume haben das dichteste Blätterwerk und werfen den stärksten Schatten. Beide müssen selbst Schatten vertragen können, um überlebensfähig zu sein. Die relativ wenigen Pflanzen, die in diesen düsteren Wäldern wachsen können, haben einige gemeinsame Merkmale. Es gibt tatsächlich keine der für Laubwälder charakteristischen einjährigen Pflanzen, die ihre Hauptwachstumsphase auf einen kurzen Spurt im Frühling vor dem Erscheinen des Baumblattwerks konzentrieren. Im ewigen Schatten der immergrünen Fichten und Tannen ist dies unmöglich.

Während einjährige Pflanzen all ihre Kräfte darauf verwenden, eine große Menge von Blüten und Samen zu bilden, bevor sie absterben, reproduzieren sich die ausdauernden Pflanzen der Fichten- und Tannenwälder ebenso auf vegetative Weise wie durch Samen. Viele von ihnen entwickeln verzweigte, unterirdische Ausläufer, sogenannte Rhizome, die Vegetationspunkte an der Spitze tragen. Sobald sich im Frühling die Erde erwärmt, treten diese an die Oberfläche und werden zu neuen Pflanzen. Die Blumen der dunklen Wälder sind oft weiß oder fast weiß, so daß sie sich effektvoll vor dem dunklen Waldhintergrund abheben.

Andere Pflanzen der schattenreichen Wälder, die Saprophyten, verzichten auf Photosynthese; sie ernähren sich von verfaulender Vegetation und sind blaß, da sie kein Chlorophyll enthalten. Die meisten Saprophyten sind überhaupt keine Pflanzen, sondern Pilze, die in den Fichten- und Tannenwäldern besonders stark vertreten sind.

Außer den bereits erwähnten zwei Fichtenarten gibt es acht weitere. Die wichtigsten sind die Kaukasus-Fichte *(Picea orientalis)*, die Schrencks-Fichte *(Picea schrenckiana)* und die Tienschan-Fichte *(Picea tianshanica)*, die die Kaukasus-Fichte in Teilen Zentralasiens vertritt, und die Ajan-Fichte *(Picea jezoensis)* des Fernen Ostens.

Neben der oben erwähnten Sibirischen Tanne sind noch sechs Tannenarten zu nennen: die Nordmanns Tanne *(Abies nordmanniana)* ist auf die Wälder des Kaukasus beschränkt; die *Abies semenovi* wächst in Zentralasien; die Mandschurische Tanne *(Abies nephrolepis)* und die Schwarztanne *(Abies holophylla)* sind im Fernen Osten anzutreffen; die Insel Sachalin besitzt ihre eigene Art, die Sachalin-Tanne *(Abies sachalinensis)*, und auf der Halbinsel Kamtschatka wächst die Art *Abies gracilis*.

Kiefern- und Lärchenwälder

Im Vergleich zu den dichten Fichten- und Tannenwäldern sind diese Wälder hell und licht, und in ihnen gedeihen weit mehr Pflanzen. Dies gilt besonders für die Wälder aus Kiefern, die eher als Lärchen unterschiedliche Bodenarten und andere Bedingungen vertragen und zudem mehr Licht durch ihre Äste dringen lassen. Gewöhnlich sind Kiefernwälder trocken, und die dort lebenden Pflanzen sind mit

Die unermeßliche Weite der russischen Nadelwald-Taiga,
die sich über 10 000 Kilometer von der finnischen Grenze im
Westen bis zur Pazifikküste im Osten ausdehnt, ist kaum faßbar.
Hier schneidet der Fluß Podkamennaja Tunguska einen Weg
durch die dichte Taiga in der Nähe von Krasnojarsk im Süden
Mittelsibiriens. In diesem Teil der Taiga herrschen Kiefern und
Lärchen vor, die einen lebenden grünen Ozean bilden.

reduzierten oder wachsüberzogenen Blättern u. a. an diese Trockenheit angepaßt.

Kiefern sind die am weitesten verbreiteten Bäume in der Sowjetunion. Im europäischen Teil des Landes wachsen sie – abgesehen von der Tundra und den südlichsten Steppen – fast überall. In Asien fehlen sie nur im Nordosten, zu dem auch Kamtschatka gehört. Sie gedeihen ähnlich gut auf fruchtbaren Lehmböden und Kalkböden und sogar auf steinigem Grund und in sumpfigem Gelände.

Neben der häufigen Waldkiefer gibt es in der UdSSR zwölf weitere Arten. Unter ihnen ist allein die Sibirische Zirbelkiefer *(Pinus sibirica)* weit verbreitet. Sie kommt in ganz Westsibirien im Jenissei-Stromgebiet und am Oberlauf der

Lena vor. Im Kaukasus wachsen verschiedene seltene und endemische Kiefernarten und im Fernen Osten sind drei Arten anzutreffen: die in der »Roten Liste« der UdSSR verzeichnete Trauerkiefer *(P. funebris)*, die Korea-Kiefer *(P. korainensis)* und die für die Gebirgszüge des Fernen Ostens und des östlichen Sibirien charakteristische Zwergzirbelkiefer *(Pinus pumila)*.

Zusammen mit den oben beschriebenen weitverbreiteten Sibirischen und Daurischen Lärchen gibt es in der UdSSR vier Lärchenarten. Die anderen beiden, *Larix kamschatica* und *L. olgensis,* sind nur im Ussuri-Gebiet im Fernen Osten zu finden.

Tiere der Taiga

Wegen der harten Winter und der kleinen Zahl unterschiedlicher Habitate ist die Tierwelt begrenzt. Fossile Fundstücke weisen darauf hin, daß die meisten Tiere der Taiga aus Ostsibirien stammen und sich sowohl ost- als auch westwärts ihres Ursprungszentrums ausgebreitet haben. Es scheint so, als hätte ihre Evolution früher als die der Tiere der arktischen Region stattgefunden.

Während des oberen Pliozäns und des unteren Pleistozäns vor etwa drei bis eineinhalb Millionen Jahren ermöglichte das wärmere Klima es den Mischwäldern, sich in einem breiten Streifen entlang der arktischen Küste Rußlands auszudehnen. Die Taiga des östlichen Sibirien durchlief in der Folge mehrere verschiedene Phasen. In der ersten Hälfte des Pleistozäns vor etwa einer Million Jahre bestand sie vornehmlich aus dunklen Fichten- und Kiefernwäldern. In der zweiten Hälfte des Pleistozäns wurden diese allmählich von helleren, lichteren Lärchenwäldern abgelöst. Diese Wandlungen hatten eine nachhaltige Wirkung auf die Tierwelt der Taiga.

Die Insektenfauna ist vielfältiger als die der Tundren. Eine ganze Reihe von Insekten greift das Holz der Nadelbäume an, unter anderem Buschhornblattwespen *(Lophyrus)*, Borkenkäfer *(Scolytidae)*, Riesenholzwespen *(Urocerus gigas)* und die Raupen verschiedener Nachtfalter.

Wenige Amphibien- und Reptilienarten können die kalten Winter der Taiga überleben. Zu diesen Amphibien gehören in der europäischen Taiga die verbreitete Erdkröte *(Bufo bufo)* und der Grasfrosch *(Rana temporaria),* und in Sibirien der

Der Habicht ist ein typischer Greifvogel der Tundra. Auf der Jagd nach Tauben, Haselhühnern, Hasen und anderer Beute stößt er in blitzschnellem Flug im Zickzack zwischen den Bäumen hindurch. Obwohl Habichte Standvögel sind, kann es vorkommen, daß sie in strengen Wintern auf Nahrungsuche nach Süden streichen.

Amurfrosch *(Rana amurensis).* Die einzigen häufigen Reptilien sind die Kreuzotter *(Vipera berus)* und die Wald- oder Bergeidechse *(Lacerta vivipara),* die beide lebende Junge gebären, was in einem Habitat von Bedeutung ist, in dem es nicht genügend Sonne zum Wärmen der Eier gibt.

Mit den Vögeln steht es da schon besser. Wie die Vögel in der Tundra, sind sie entweder hier das ganze Jahr über zu Hause und können sich – wie die Auerhühner und der Unglückshäher – in der Taiga im Winter ebenso wie im Sommer ernähren, oder sie sind nur Sommergäste, und leben von den Insektenschwärmen, die in den wärmeren Monaten die Wälder erfüllen.

Hier nun möchte ich einige der Vögel beschreiben, die an ein Leben zwischen den Bäumen angepaßt sind. Neben dem Wald gibt es in der Taiga eine ganze Reihe anderer Habitate: Sümpfe und Moore, Flüsse und Steppengebiete. Die dort anzutreffenden Vögel sind nicht weniger interessant und in den entsprechenden Abschnitten dieses Buches, in Kapitel 8 (Seite 167 bis 170) und Kapitel 9 (Seite 195 bis 207) beschrieben.

Rauhfußhühner
Das Auerhuhn ist ein typischer Vertreter der Vogelwelt der Taiga. In der UdSSR leben zwei Arten, der westliche *Tetrao*

Der Wespenbussard ist ein Sommergast. Obwohl man ihn in der Taiga häufig antrifft, zieht er Mischwälder vor, in denen es mehr Larven von Wespen und Bienen, seiner Lieblingsnahrung, gibt.

Eine Schnirkelschnecke gleitet einen Baumstamm hinunter. Diese eindrucksvollen Weichtiere, deren Gehäuse fünf Zentimeter Durchmesser erreichen, sind im mittleren Taigagürtel anzutreffen.

urogallus, dessen Verbreitungsgebiet vom äußersten Westen bis nach Zentralasien reicht, und das kleinere Steinauerhuhn *(Tetrao parvirostris),* das einen schwarzen Schnabel besitzt und die Gattung in Ostsibirien vertritt. Östlich des Jenissei gibt es eine Überlappungszone der beiden Arten, die sich dort auch häufig kreuzen; die Bastarde sind in Rußland als Dunkelgraue Auerhühner geläufig. Wenigstens die männlichen Hybriden sind fortpflanzungsfähig, was die enge genetische Verwandtschaft der beiden Arten anzeigt.

Auerhühner sind imposante Vögel – ein Hahn der westlichen Rasse ist so groß wie ein Truthahn und kann mehr als 6,4 Kilogramm wiegen. Es ist ein unvergeßliches Erlebnis, und es kann einem das Herz für einen Augenblick stehenbleiben, wenn man einen Auerhahn aufgestört hat, der mit lauten, ratternden Flügelschlägen fast senkrecht auffliegt. Wie bei den meisten Rauhfußhühnern sind die Weibchen viel unscheinbarer gefärbt und deutlich kleiner.

Die eurasischen Auerhühner ziehen die ältesten, dunkelsten und unzugänglichsten Waldgebiete vor, die einen dichten Unterwuchs aus Farnen und anderen Pflanzen besitzen und in denen es moorige Sümpfe und Lichtungen gibt. Solche Areale bieten ihnen eine Vielzahl unterschiedlicher Lebensräume, die ihren über das Jahr wechselnden Ansprüchen genügen und ihnen Nahrung und Schutz vor Räubern bieten.

Im Sommer und im Herbst bevorzugen die Auerhühner Gebiete, die ihnen ein Höchstmaß an Schutz und Nahrung, besonders Beeren und Gräser, gewähren. Verschiedene Waldtypen sind dafür tauglich, darunter Kiefern/Fichten-Taiga mit üppigem Strauchwerk und anderem Unterwuchs, aber auch reine Fichtenwälder oder Birkenwälder mit hohem Grasbewuchs. Im Ural und in Westsibirien brüten sie auch in Wäldern der Sibirischen Zirbelkiefer *(Pinus sibirica)* mit eingestreuten Sümpfen und gerodeten oder verbrannten Stellen mit nachwachsender Vegetation. Im gebirgigeren Osten sind die Zirbelkiefernwälder häufiger und stellen die Hauptbrutareale dar.

Die Steinauerhühner brüten hauptsächlich in den kargen Lärchenwäldern, die sich über große Teile von Ostsibirien und Sachalin erstrecken. Sie mögen Waldgebiete, die von großen, durch Rodung oder Feuer entstandenen Lichtungen oder durch breite Flüsse begrenzt sind. Sie können jedoch auch in Kieferngehölzen vorkommen.

Lebensgewohnheiten und Verhalten der beiden Arten sind ähnlich. Im Sommer verbringen sie die meiste Zeit am Boden, während sie sich in der Brutzeit hauptsächlich auf Bäumen aufhalten. Strenge Winter können sie überstehen, indem sie sich von Sprößlingen und Knospen der Nadelbäume ernähren und ihre Aktivität erheblich einschränken. Bei den

Ein balzender Auerhahn. An einem hervorgehobenen Platz führt der etwa truthahngroße Vogel seine Brautwerbung vor, spreizt die Schwanzfedern zum Fächer auf und reckt den Kopf zum Himmel.

eurasischen Auerhühnern wechseln sich kurze, ausbruchartige Phasen der Nahrungsaufnahme auf Bäumen mit langen Ruheperioden in geschützten, in den Schnee gegrabenen Höhlen ab. Hier können sie – geschützt vor der Kälte und vor Räubern – ihre Nahrung in Ruhe verdauen. Normalerweise fressen sie zweimal am Tag, bei extremer Witterung kann es jedoch vorkommen, daß sie ihren Schneebau nur einmal verlassen.

Das Steinauerhuhn ist im tiefen Winter aktiver, da seine ostsibirische Heimat weniger Schnee hat, der seine Beweglichkeit am Boden einschränken könnte. Im Frühwinter jedoch, wenn es noch kälter als im Westen wird und der Boden schneefrei ist, können die Vögel sich auch nicht eingraben und müssen auf Ästen »aufgebaumt« reglos verharren, um keine Energie zu vergeuden. Sie sind dann leichte Beute für Räuber wie Wölfe, Habichte oder Eulen.

Wenn im Frühjahr die oberste Schneeschicht abzuschmelzen beginnt, eröffnen die Auerhähne ihre außergewöhnlichen Balzrituale. Diese finden Jahr für Jahr an derselben Stelle statt; einige dieser Plätze kennen Ortsansässige und Naturfreunde schon seit Jahrzehnten. Die Auerhähne sind stark reviergebunden und gehen sich gewöhnlich aus dem Weg. Nur zur Balzzeit versammeln sie sich in kleinen Gruppen mit einer Schar neugieriger Hennen.

Während der Balz können Auerhähne alles um sich herum vergessen und dann sogar Schüsse, die Jäger auf sie abfeuern, ignorieren – weshalb ihr russischer Name dem deutschen Wort »der Taube« entspricht.

Man kann sich die Taiga schwerlich ohne das Haselhuhn *(Tetrastes bonasia)* vorstellen, dessen Verbreitungsgebiet sich über den ganzen Taigagürtel erstreckt. Etwa von der Größe eines Rebhuhns, besitzt das Haselhuhn ein graubraun gesprenkeltes Federkleid mit dunkler Streifung, rostfarbene Flanken und eine auffällige schwarze Endbinde am Schwanz, die noch einen schmalen weißen Saum aufweist. Der größere Hahn ist darüber hinaus mit einem schwarzweißen Kehlfleck und einer kleinen Haube geschmückt.

An manchen Orten ist das Haselhuhn häufig und in Gegenden, in denen es nicht bejagt wird, sogar noch oft anzutreffen – selbst an den Rändern großer Städte. In der flachen Taiga kommt es reichlich vor, aber es besiedelt auch Flußtäler und die unteren Berghänge hinauf bis zur oberen Waldgrenze. Während der Brutzeit bevorzugt das Haselhuhn die feuchteren Areale dunkler Fichten *(Picea)*-Wälder oder gemischter Fichten-Lärchen-*(Larix)* Wälder mit vereinzelten Birken *(Betula)*, Erlen *(Alnus)*, Weiden *(Salix)* und Pappeln *(Populus)* mit dichtem Unterwuchs, Flecken mit Hochgras und beerentragenden Sträuchern. Dieser Lebensraum stellt ihm sowohl Nistplätze als auch eine abwechslungsreiche Nahrung bereit. Es ernährt sich im Sommer vor allem von den Blättern der Birke und anderer Laubbäume, frißt im Herbst große Mengen von Beeren, Erlenkätzchen im Winter und Erlenknospen im Frühling. Nach der Nistzeit wandern die Vögel manchmal kurze Strecken auf der Suche nach Futter. In Ostsibirien ziehen sie von den niedriger gelegenen Berghängen mit einer dünneren Schneeschicht hinauf in größere Höhen, wo die Schneedecke dicker ist.

Sobald das Frühjahr wärmeres Wetter mit sich bringt, die Tage länger und heiterer werden und die nach Süden abfallenden Hänge schneefreie Stellen aufweisen, beginnt das Männchen seinen Balzgesang. Dabei handelt es sich um eine simple Angelegenheit, nämlich ein hohes, langgezogenes Pfeifen – in der Jägersprache »Spissen« genannt – dem ein Triller folgt. Die Hennen antworten mit einer einfacheren Version des Trillers. Der Schnee läßt die Kennzeichen an Flügeln und aufgespreiztem Schwanz deutlich hervortreten, wenn der Hahn sie während der schlichten Balzvorstellung zur Schau stellt.

Anders als bei den Auerhühnern und den Birkhühnern gibt es bei den Haselhühnern weder eine gemeinschaftliche Balz noch Polygamie. Sie sind strikt monogam und der Hahn verteidigt das Territorium des Paares wütend gegen rivalisierende Männchen. Mit dem Ansteigen der Temperaturen im Frühjahr nimmt die Zahl balzender Pärchen zu. Es kommt zu vielen Kämpfen unter den Männchen, die hinter den Hennen her sind und sich mit ihnen paaren. Wenn ein Hahn das Pfeifen eines Rivalen vernimmt, eilt er kampfbereit zur Quelle des Geräusches. Dieses Verhalten wird von Jägern ausgenützt, die die Vögel mit einem Pfeifchen anlocken und dann leichtes Spiel haben, da die Vögel bis auf wenige Meter heranfliegen.

Während der Balzzeit bleiben die Haselhähne fast die ganze Zeit auf Bäumen und essen dabei so wenig, daß sie bald recht ausgezehrt sind. Je mehr sie an Gewicht verlieren, desto intensiver werden ihre Paarungsversuche. Im Gegensatz zum Hahn bleibt die Henne weitgehend am Boden, wo sie ständig Nahrung zu sich nimmt, so daß sich ihr Gewicht in der Zeit vor der Eiablage ständig vergrößert. Ihre Paarungsbereitschaft kann durch einen kalten, späten Frühling verzögert werden, wodurch sichergestellt wird, daß die Eier nicht gelegt werden, bevor der Boden aufgetaut ist.

Das Nest ist eine einfache, in den Boden unter einem Strauch oder einem Baum, manchmal auch an einem gestürzten Baum gescharrte Mulde. Die Henne legt gewöhn-

Das Haselhuhn ist einer der am weitesten verbreiteten jagdbaren Vögel, die man in der Taiga findet. Im Winter gräbt es sich Höhlen in den Schnee, um der strengen Kälte zu entgehen.

lich zwischen sechs und zehn matt glänzende, gelblichrahmfarbene Eier; gelegentlich können es an die 15 sein. Mit dem Brüten beginnt sie erst, wenn das letzte Ei gelegt ist. Dann bleibt sie etwa drei Wochen fest auf dem Nest sitzen und entfernt sich ganz heimlich nur, wenn sie gestört wird. Zumeist verläßt sie sich jedoch wie die Auerhenne auf ihre hervorragende Tarnung.

Nach dem Schlüpfen trocknen die Küken ihren Flaum unter den Flügeln der Mutter. Sie können sofort laufen, und bereits am nächsten Tag führt die Henne sie auf eine sonnige Lichtung, wo sie kleine Insekten fressen; nach wenigen Wochen allerdings werden sie – wie ihre Eltern – Vegetarier sein. Eine große Zahl von Eiern und Küken fällt Räubern, Krankheiten oder gelegentlich auch einem späten Frosteinbruch zum Opfer.

Wie die Auer- und die Birkhähne nehmen die Haselhähne ihr Balzverhalten im Herbst, nachdem die Küken aufgewachsen sind und die Familie auseinandergegangen ist, wieder auf. Die Paare trennen sich, und neue Verbindungen werden geknüpft – auch mit diesjährigen Jungvögeln. Im Spätherbst und Winter bleiben die Haselhühner gewöhnlich paarweise zusammen oder sie bleiben Einzelgänger. Zunächst halten sie sich noch in der Nähe des Nestplatzes auf; wenn jedoch der Schneefall einsetzt, ziehen sie zu Gehölzen.

Während der kurzen Wintertage fressen sie auf Erlen, Birken und anderen Bäumen, die Nächte verbringen sie auf den unteren Ästen von Fichten oder auf den Boden darunter gekauert. Wenn es sehr kalt ist und der Schnee hoch liegt, graben die Vögel sich in ihn ein und sind so gegen die frostigen Temperaturen isoliert. Bei minus 40 Grad Celsius Außentemperatur beträgt die Temperatur in einer solchen Schneehöhle, 20 Zentimeter unter der Oberfläche, nur noch minus 15 Grad Celsius. Die Haselhühner graben sich jede Nacht neue Schlafhöhlen. Wenn es ganz besonders kalt ist, bleiben sie bis zu 19 Stunden unter der Oberfläche und kommen nur für kurze Perioden der Nahrungsaufnahme hervor.

In der Taiga nahe der Pazifikküste der UdSSR: Ein Uhu bringt seinem Nachwuchs Futter. Diese wilde Eule, eine der größten der Erde, ist heute seltener denn je und in ihrem Vorkommen auf entlegene Nadelwälder beschränkt.

Das Fleisch des Haselhuhns wird in der UdSSR wie auch in anderen Ländern geschätzt, und es hat die größte wirtschaftliche Bedeutung von allen jagdbaren Vögeln der Taiga. Das Haselhuhn wird stark bejagt, obgleich schon lange nicht mehr eine jährliche Strecke von fünf oder sechs Millionen Vögeln, wie Ende des 19. Jahrhunderts in Rußland üblich, erreicht wird.

Das sibirische Sichelhuhn *(Falcipennis falcipennis)* besitzt, anders als das weitverbreitete Haselhuhn, nur ein eingeschränktes Verbreitungsgebiet. Es lebt im Südosten Sibiriens – in Südjakutien, an der Küste des Ochotskischen Meeres, im Amur-Becken, im Ussuri-Bezirk und auf Sachalin, wobei es dichte Wälder mit Lärchen und Fichten oder Fichten/Tannen-Mischwälder bewohnt. Obwohl es in gebirgigen Regionen in gewissem Maße auf- und absteigt, ist es ein Standvogel. Es ernährt sich vornehmlich von den Knospen, Keimlingen und Nadeln von Nadelhölzern und ergänzt seinen Speiseplan durch Beeren, Insekten und, wenn diese vorhanden sind, durch Spinnen.

Das krähengroße Sichelhuhn ist braunschwarz gefärbt und hat weiße Flecken auf dem Rücken und eine weiße Bänderung auf der Brust; der schwarze Schwanz hat eine weiße Endbinde. Die Weibchen sind braun mit blassen Streifen und einer helleren Unterseite. Wie die Haselhühner sind die Sichelhühner monogam. Während der Balz im Frühling schlagen die Hähne mit ihren Flügeln, spreizen ihre Schwänze auf und springen mit gestrecktem Hals in die Luft, wobei sie heisere Rufe ausstoßen.

Das Nest ist gut verborgen, die sechs bis zehn bräunlichen, zart gesprenkelten Eier werden Ende Mai gelegt. Die Henne verläßt das Gelege während der 17tägigen Brutdauer nur widerwillig, und man könnte buchstäblich auf sie treten, ehe sie ihre Gegenwart durch ein leises, heiseres Knattern verrät. Die Hähne spielen beim Brutgeschäft und bei der Aufzucht der Jungen keine Rolle und verbringen den Sommer getrennt von der Familie.

Beim Sichelhuhn verbinden sich schmackhaftes Fleisch und eine bemerkenswerte Zutraulichkeit aufs Unglücklichste. Einmal im Wald aufgestöbert, macht es keine Anstalten sich zu verstecken, sondern fliegt herab zu den niedrigeren Ästen, um die Ursache der Störung zu erkunden, wobei es sich oft nur wenige Meter von einem Menschen entfernt auf einem Ast niederläßt. Sie sind daher leichte Beute selbst für Jäger, die nur mit einer Schlinge ausgerüstet sind.

Watvögel und Kuckucke
Verschiedene Watvogelarten finden sich in der Taiga, jedoch sind zwei davon während der Brutzeit besonders gut an diesen Lebensraum angepaßt, nämlich der Waldwasserläufer *(Tringa ochropus)* und der Graubürzel-Wasserläufer *(Heteroscelus brevipes)*. Diese beiden Watvögel übernehmen oft die Nester von Amseln und anderen Drosseln, um ihren eigenen Nachwuchs aufzuziehen. Im Winter wandern sie über lange Strecken südwärts, die Waldwasserläufer nach Zentral- oder Südasien, nach Transkaukasien, in den Mittelmeerraum und nach Afrika; der Graubürzel-Wasserläufer zieht nach Indonesien, auf die Philippinen, nach Polynesien, Australien und Tasmanien. Ein weiterer typischer Watvogel der Wälder ist die eurasische Waldschnepfe *(Scolopax rusticola)*, ein Bodenbrüter, der im Transkaukasus und in weiten Teilen Zentralasiens überwintert.

Zwei Kuckuckarten sind Brutvögel der Taiga: der eurasische Kuckuck *(Cuculus canorus)* und der Waldkuckuck *(C. saturatus)*. Der Kuckuck hat ein sehr großes Verbreitungsgebiet. Man findet ihn außer im Norden überall in der UdSSR

genauso wie im ganzen restlichen Europa. Er ist in der Taiga häufig und kommt auch in einer ganzen Reihe von anderen Lebensräumen vor: in Laub- und Mischwäldern, Waldsteppe und Steppe, im Gebirge, in Parkanlagen und Gärten. Zum Winter zieht er nach Afrika und ins südliche Asien. Der Waldkuckuck, der der eurasischen Art außer der dunkleren und stärker gebänderten Unterseite sehr ähnlich ist, brütet in den dichten, alten Nadelwäldern im Osten des europäischen Rußland, in Sibirien und im Fernen Osten. Er überwintert in Indonesien, Neu-Guinea, Australien und auf den Salomon-Inseln. Der Ruf des Kuckucks, der ihm auch seinen Namen gab, ist zu bekannt, als daß er einer weiteren Beschreibung bedürfte. Der Waldkuckuck hat einen ganz anderen Ruf, nämlich ein weiches, gedämpftes Trompeten, das aus

Das Sichelhuhn trifft man nur in der UdSSR, und zwar in den dichten Nadelwäldern Südostsibiriens. Es ist erstaunlich zahm und läßt Menschen bis auf wenige Meter herankommen.

drei Silben besteht und an den Ruf des Wiedehopfs *(Upupa epops)* erinnert. In anderer Hinsicht haben die beiden Arten sehr ähnliche Lebensgewohnheiten – so legen beide ihre Eier in die Nester verschiedener kleiner Singvögel wie Grasmücken, Fliegenschnäpper und Braunellen.

Eulen
Der Bartkauz *(Strix nebulosa)* ist eine der größten Eulen der Erde, von der manche Exemplare mit 74 Zentimeter noch größer werden als der Uhu *(Bubo bubo)*, obwohl sie nur etwa

die Hälfte von dessen Gewicht erreichen. Der Bartkauz ist über die europäische, asiatische und nordamerikanische Taiga weit verbreitet. In der UdSSR ist er in Ostsibirien am häufigsten und im europäischen Teil am rarsten.

Bartkäuze sind imposante Kreaturen. Sie haben massive Köpfe mit 51 Zentimeter Umfang, einen Schleier, dessen Federn in konzentrischen Kreisen um die kleinen, wild leuchtenden, gelben Augen gebändert sind, befiederte Füße von der Dicke eines menschlichen Handgelenks und einen langen, keilförmigen Schwanz. Sie sind oft bemerkenswert zahm und erlauben es Beobachtern, nahe an sie heranzukommen. Mit dem Brüten beginnen sie Ende März oder Anfang April. In der Balzzeit hallt das tiefe melancholische Heulen der Männchen in der Abenddämmerung und während der Nacht durch den ruhigen, dunklen Wald. Die Eulen benutzen gewöhnlich den hoch in die Bäume gebauten Horst eines Greifvogels, etwa eines Habichts *(Accipiter gentilis)* oder eines Mäusebussards *(Buteo buteo)*. Im April legt das Weibchen drei bis fünf Eier und brütet sie in 28 Tagen aus, wobei es mit dem ersten Ei beginnt. Das Weibchen sitzt fest auf seinem Nest und kehrt, wenn es einmal aufgestört wird, so schnell wie möglich zurück.

Bartkäuze beschützen ihre Nester mit erheblichem Eifer, nachdem die Küken geschlüpft sind. Das Männchen geht auf die Jagd, während seine Partnerin Wache hält. Wenn irgend jemand Anstalten macht, den Baum hinaufzusteigen und sich dem Nest zu nähern, ist die Wut der Eule grenzenlos, wobei das Weibchen sich aggressiver zeigt. Sie sind völlig angstlos, stürzen sich auf den Störenfried und schlagen ihm ihre Krallen in den Rücken oder den Hals. Naturforscher, die das Brutverhalten dieses angriffslustigen Vogels untersuchen, müssen Schutzkleidung und Sturzhelme anlegen, um ernste Verletzungen zu vermeiden. Mancher, der sich einem Horst ohne diese Vorsichtsmaßnahmen genähert hat, hat tiefe Schnittwunden oder – wenn er vom Baum heruntergestoßen wurde – gebrochene Beine davongetragen; manch einer ist sogar von den peitschenden Hieben der rasiermesserscharfen Krallen der Eule geblendet worden. Es überrascht daher überhaupt nicht, daß normalerweise kein Räuber, nicht einmal ein Bär den Versuch unternimmt, die jungen Eulen anzugreifen.

Der Bartkauz ernährt sich in der Hauptsache von kleinen Nagetieren, besonders Wühlmäusen. Wie bei anderen Vögeln, die von dieser Nahrung abhängen, zum Beispiel der Schnee-Eule *(Nyctea scandiaca)* und dem Rauhfußbussard *(Buteo lagopus)* in der Tundra (Seiten 84/85), schwankt die Population dieser Eule mit dem Zyklus von Überfluß und Knappheit bei ihren Beutetieren. In Jahren, in denen die Nagetierpopulation zusammenbricht, unternehmen die Bartkäuze nicht einmal Brutversuche und warten statt dessen auf bessere Zeiten. Drei andere Eulenarten leben auch noch in der Taiga: der Habichtskauz *(Strix uralensis)*, der Sperlingskauz *(Glaucidium passerinum)* und der Rauhfußkauz *(Aegolius fuereus)*. Keine von diesen Arten ist selten, aber wegen ihrer versteckten Lebensweise sind sie in der Regel nicht oft zu sehen.

Spechte

Sie gehören zu den Vögeln, die am besten an das Leben in den Wäldern angepaßt sind, jedoch finden sich von den 13 Arten, die heute in der UdSSR brüten, die meisten in Laub- oder Mischwaldgebieten und nur vier sind besonders an die Taiga gebunden – nämlich der Schwarzspecht *(Dryocopus martius)*, der Dreizehenspecht *(Picoides tridactylus)*, der Buntspecht *(Dendrocopus major)* und der Weißrückenspecht *(D. leucotos)*. Den letzteren trifft man vor allem in Birkenwäldern an.

Der Schwarzspecht bevorzugt alte, hohe Wälder mit moorigen Sümpfen. Er ist der größte der in der UdSSR lebenden Spechte und mit 45 Zentimeter, ungefähr der Größe einer Krähe, einer der größten der Erde. Männchen und Weibchen sind fast ganz schwarz; das Männchen ist mit einem leuchtend roten Scheitel geschmückt, der sich nach hinten verjüngt und eine Haube bildet, die der Vogel bei Aufregung aufstellt. Der rote Fleck ist beim Weibchen viel kleiner und auf den Hinterkopf begrenzt. Beide Geschlechter haben blaßgelbe Augen und auffallend dolchartige Schnäbel.

Schwarzspechte führen außerhalb der Brutzeit, die früh im Jahr, im Februar oder Frühmärz beginnt, ein einzelgängerisches Leben. Während sie im Winter meist ruhig und schwer auffindbar sind, werden sie laut und auffallend, wenn sie mit ihren mächtigen Schnäbeln an die Baumstämme hämmern und dabei einen Lärm machen, den man noch aus einem Kilometer Entfernung deutlich hören kann. Die Vögel geben außerdem eine ganze Reihe verschiedener Rufe von sich, darunter einen klingelnd lachenden Schrei, eine Reihe hoher, schwätzender Töne und einen klagenden nasalen Pfiff. Sie jagen sich durch den Wald, wobei meist das Männchen das Weibchen verfolgt. Das Weibchen fliegt dann oft hinunter, läßt sich auf einem Baumstamm nahe am Boden nieder und ruft leise. Das Männchen antwortet laut, fliegt herbei und setzt sich gewöhnlich unterhalb des ausersehenen Weibchens nieder. Das Männchen krümmt anmutig seinen Hals, zeigt ihr seine hübsche, rote Haube und schaut zur Partnerin empor. Dann beginnen sie einen formenreichen Tanz, bei dem das Weibchen das Männchen in Spiralen den Baumstamm hinauflockt.

Bald nachdem sie verpaart sind, ziehen die Vögel in den dichtesten Teil des Waldes. Hier bauen sie ihre Nisthöhlen hoch in die Stämme großer Bäume, unerreichbar für Räuber. Im Unterschied zu anderen Spechten legen sie ihre Nisthöhlen nicht ausschließlich im Holz morscher Bäume, sondern auch in ganz gesunden Bäumen an – eine Gewohnheit, die diese Vögel bei Forstleuten nicht beliebter macht. Das Männchen verrichtet unter den Augen der Partnerin den größten Teil der Arbeit, wobei es mit seinem starken Schnabel so fest auf die harte Borke hackt, daß die Holzspäne in alle Richtungen fliegen. Das Eingangsloch zur Nisthöhle mißt ungefähr 15 Zentimeter in der Höhe und 10 Zentimeter in der Breite. Wie bei den Nestern anderer Spechte wird die Höhle innen, außer mit einigen Holzspänen, die während der Aushöhlarbeit nicht fortgeschafft wurden, nicht weiter ausgepolstert.

Das Weibchen legt seine drei bis fünf glänzendweißen Eier auf den harten Untergrund, und beide Geschlechter wechseln sich während des 14- bis 16tägigen Brütens ab. Die blinden, nackten Küken piepsen beharrlich aus der Tiefe der Nesthöhle nach Futter. Sie besitzen Schnäbel mit weißen Spitzen, so daß die Eltern sie schnell im Halbdunkel der Nestkammer finden können. Wenn sie etwas größer sind, strecken die Jungen ihre Köpfe aus dem Eingangsloch heraus. Dann kann man ihre Rufe bis zu 90 Meter weit hören und ihr Nest leicht finden. Nach 24 bis 28 Tagen werden die Jungen flügge und drängeln sich um einen Platz am Anflugloch. Sie verbringen dann gewöhnlich mehrere Nächte im Freien, bevor sie ein Baumloch zum Schlafen finden, und sind in dieser Zeit leichte Beute für Räuber wie den Habicht *(Accipiter gentilis)* und verschiedene Eulen.

Schwarzspechte ernähren sich weitgehend von holzbohrenden Insekten, darunter Käfern und ihren Larven und von Ameisen, an die sie herankommen, indem sie das morsche Holz, in dem diese leben, aufhacken – wobei ein Regen von bis zu 23 Zentimeter langen Holzspänen auf den Boden darunter niedergeht. Die Insekten werden auf der behaarten Spitze der erstaunlichen Zunge des Spechtes herausgezogen. Wie bei anderen Spechten ist diese wie eine Uhrfeder im Schädel des Vogels aufgerollt und schnellt plötzlich durch die Kontraktion kräftiger Muskel bis zu einer Länge von acht Zentimeter heraus. Die Spechte können ihre Winterkost um Beeren und Nadelbaumsamen ergänzen, und im Frühjahr bohren sie gelegentlich Löcher in die Bäume und lecken den zuckerhaltigen Saft unter der Borke.

Braunellen und Drosseln

Einer der zurückgezogensten und am wenigsten bekannten Vögel der Taiga ist die Bergbraunelle *(Prunella montanella)*, die in der Sowjetunion endemisch ist und nur in der Taiga des nördlichen und östlichen Sibirien brütet. Sie ist sperlingsgroß und hat eine braungestreifte Oberseite; Oberkopf und Kopfseiten sind schwarz, die Unterseite ockerfarben. Am besten ist sie jedoch an ihrem melodisch trillernden Gesang zu erkennen, den sie von der Spitze einer Fichte oder einer Lärche aus vorträgt. Sie legt vier bis sechs blaßblaue Eier in ein sorgfältig in einem Baum in Bodenhöhe verstecktes Nest und ernährt sich von Insekten. Im Winter wandern die Bergbraunellen nach Ostchina und Korea.

»Hast du je eine Drossel singen hören?« fragt ein populäres russisches Lied. Die Russen, die im Taigagürtel leben, müßten die Frage mit »Ja« beantworten, denn hier lebt eine eindrucksvolle Vielfalt von Drosseln, und ihre melodiösen Lieder erfüllen im Frühjahr und Sommer die Atmosphäre überall in den grenzenlosen Wäldern Sibiriens. Drosseln sind robuste Vögel, die bis hin zur Waldtundra der Taimyr-Halbinsel nach Norden vordringen.

Eine der kleinsten Drosseln der UdSSR, die Rotdrossel *(Turdus iliacus)* ist in der ganzen Taiga weit verbreitet, besonders in den dort zahlreichen und großen Waldgebieten, in denen sich Fichten mit Erlen oder anderen Laubbaumgehölzen immer abwechseln.

Ein Weißrückenspecht an der Nisthöhle. Obwohl er überall in der Taiga vorkommt, ist er in den Mischwäldern Ussuriens am häufigsten.

Zu den anderen häufig vorkommenden Drosseln gehören die Singdrossel *(Turdus philomelos)*, die Misteldrossel *(T. viscivorus)* und die Wacholderdrossel *(T. pilaris)*. Alle diese Vögel sind europäischen Vogelbeobachtern geläufig. Die russischen Populationen der Singdrossel wandern im Winter auf die Krim und in den Kaukasus; die der Misteldrossel nach Nordafrika, Südwestasien und Kleinasien; die Wacholderdrosseln auf die Krim, in den Kaukasus, nach Tadschikistan und ins südliche Asien.

Neben diesen vier Drosselarten beheimatet die Taiga eine Anzahl wenig erforschter, seltener oder exotischer Drosselarten. In größter Vielfalt kommen sie jedoch in den Misch- und Breitlaubwäldern vor, weshalb sie im folgenden Kapitel, das von diesem Lebensraum handelt, detailliert beschrieben werden (Seiten 130/131).

In der Taiga leben auch einige hübsche kleinere Verwandte der Drosseln wie der Blauschwanz *(Tarsiger cyanurus)*, die Schwirrnachtigall *(Luscinia sibilans)*, das Rubinkehlchen *(L. calliope)* und der Spiegelrotschwanz *(Phoenicurus auroreus)*.

Viele Grasmückenarten verbringen den Sommer in der Taiga und brüten in den riesigen Waldgebieten. Häufig vorkommende Arten sind der Wanderlaubsänger *(Phylloscopus*

Rotdrossel *(Turdus iliacus)*

Rostflügeldrossel *(Turdus eunomus)*

Grünlaubsänger *(Phylloscopus trochiloides)*

Bergbraunelle *(Prunella montanella)*

Blauschwanz *(Tarsiger cyanurus)*

Anders als die Tundra ist die sommerliche Taiga Heimat für eine Vielzahl von Sperlingsvögeln, die aus dem Süden anreisen, um zu brüten. Die Bergbraunelle brütet nur in Nord- und Ostsibirien. Ein größeres Verbreitungsgebiet haben die Drosseln, wie die auch Europäern als Wintergast bekannte Rotdrossel und die Rostflügeldrossel. Ein kleinerer Verwandter ist der Blauschwanz, der in der südlichen Taiga brütet. Zu den zahlreichen Grasmücken gehört der Grünlaubsänger.

borealis), der Grünlaubsänger *(P. trochiloides)* und der Fitis *(P. trochilus)*. Sie sind alle etwa 11 Zentimeter groß, haben ein bräunlichgraues oder bräunlichgrünes Federkleid und feine Insektenfresser-Schnäbel. Trotz ihrer augenscheinlichen Zerbrechlichkeit ziehen sie über riesige Entfernungen zu ihren Winterquartieren in Afrika, im Mittleren Osten, Indien und Südostasien und gehören dabei zu den nördlichsten Singvögeln der UdSSR. Obwohl sie sich in ihrer Erscheinung und in ihrem allgemeinen Verhalten stark ähneln, kann man sie wegen ihrer sehr unterschiedlichen Gesänge gut auseinanderhalten.

Meisen und Kleiber
Verschiedene Arten aus der Familie der Meisen leben in den Nadelwäldern der UdSSR, während man andere in Misch- oder Laubwäldern und einige in den Gebirgen antrifft. Eine

der typischsten und häufigsten Arten der Taiga ist die Weidenmeise *(Parus montanus)*. Dieser Teilzieher ist sowohl in den Wäldern des Tieflands als auch in den Bergwäldern der UdSSR so weit verbreitet, wie es ihn in weiten Teilen Westeuropas gibt. Von der Größe einer Blaumeise *(Parus caerulens)*, hat er eine graubraune Oberseite, einen mattschwarzen Oberkopf, einen schwarzen Kehlfleck, isabellfarbene Flanken und eine dunklere Unterpartie.

Die Kleiberfamilie, die weltweit durch 31 Arten vertreten ist, wird in der Taiga von einer einzigen, allerdings weitverbreiteten Art repräsentiert, dem eurasischen Kleiber *(Sitta europaea)*. Der Kleiber ist ein hübscher, blaugrau und fahlgelb gefärbter Vogel, der in allen bewaldeten Teilen des Landes, außer in Mittelasien und Kasachstan, vorkommt; außerhalb der UdSSR in Westeuropa. Im Unterschied zu den Meisen kann er die Baumstämme hinauf- und hinunterklettern.

Im Juni, nahe der Pazifikküste: Ein Kleiber füttert sein Junges. Dieser hübsche Vogel, dessen Verbreitungsgebiet Europa und Asien umfaßt, ist in fast allen Wäldern der UdSSR anzutreffen.

Der Tannenhäher gehört zur Familie der Krähenvögel und kommt in der Taiga häufig vor. Er ist bestens an das Leben dort angepaßt und ernährt sich hauptsächlich von Nadelbaumsamen. Um sie für den Winter aufzubewahren, gräbt er regelmäßig Vorratslager.

Kreuzschnäbel

Die von allen Sperlingsvögeln der Taiga am besten angepaßten sind die Kreuzschnäbel, eine kleine Gruppe von Finkenvögeln, die – wie ihr Name schon andeutet – Schnäbel mit gekreuzten Spitzen haben, eine Entwicklungsform, die besonders geeignet ist, die Samen aus Nadelbaumzapfen wie mit einer Pinzette herauszulösen. Drei Arten sind in den Wäldern der UdSSR anzutreffen: Der kleinste ist der etwa sperlingsgroße Bindenkreuzschnabel *(Loxia leucoptera)* und der größte ist der vier Zentimeter größer werdende Kiefernkreuzschnabel *(L. pytyopsittacus);* von der Größe her zwischen den beiden liegt der Fichtenkreuzschnabel *(L. curvirostra).* Die Männchen sind auffallend ziegelrot gefärbt, während Weibchen und Jungvögel grünlichgrau sind.

Die Verbreitung der drei Arten hängt zum Teil mit der Größe ihrer Schnäbel, die auf das Herauslösen der Samen aus verschieden großen Zapfen spezialisiert sind, zusammen. So frißt der Bindenkreuzschnabel mit dem dünnsten Schnabel vor allem die Samen aus den kleinen, weichen Zapfen der Lärche, der Fichtenkreuzschnabel mit dem mittelgroßen Schnabel konzentriert sich vornehmlich auf die größeren Fichtensamen, während der dickschnabelige Kiefernkreuzschnabel mit den großen, harten Zapfen der Kiefern gut zurechtkommt. Der Binden- und der Fichtenkreuzschnabel sind über die ganze sowjetische Taiga weit verbreitet. Der Kiefernkreuzschnabel ist dagegen auf das nordwesteuropäische Rußland beschränkt.

Wenn der Zapfenertrag in einer Saison gut ist, überleben mehr Kreuzschnäbel, die im nächsten Jahr brüten können. Folgt dann jedoch ein mageres Jahr, haben die Vogelpopulationen bald alles weggefressen und müssen auf der Suche nach Futter wegwandern. Diese Züge führen zu periodischen, invasionsartigen Einfällen dieser Vögel in Gebiete, die westlich und südlich ihrer gewöhnlichen Lebensräume liegen.

Krähenvögel der Wälder

Zwei Arten aus der Familie der Krähenvögel sind für die Taiga charakteristisch: der Unglückshäher *(Perisoreus infaustus)* und der Tannenhäher *(Nucifraga caryocatactes).* Der Unglückshäher bevorzugt die dichten Fichten/Tannen- und Kiefern/Lärchenwälder und ist Brutvogel der gesamten Taigazone der UdSSR und Skandinaviens. In Erscheinung und Verhalten ist er dem bekannten eurasischen Eichelhäher *(Garrulus glandarius)* ähnlich, obwohl er kleiner und weniger lebhaft gefärbt ist. Von seinem graubraunen Federkleid heben sich nur die rotbraunen Flanken sowie die fuchsroten äußeren Schwanzfedern und Flügelflecken ab. Wenn er auch außerhalb der Brutzeit auf Nahrungssuche umherzieht, so ist der Unglückshäher doch ein Standvogel. Seine Federn sind flaumiger als die des Eichelhähers, so daß er gegen die extreme Kälte des nordischen Winters besser geschützt ist.

Der Tannenhäher ist in der Taigazone weit verbreitet. Er mißt etwa 31 Zentimeter und sein schokoladenbraunes Gefieder ist – abgesehen von Oberkopf und Nacken – überall mit auffälligen weißen Tropfenflecken übersät. Die Federn unter seinem kurzen, schwarzen Schwanz sind reinweiß; er hat schwärzliche, abgerundete Flügel und einen bemerkenswert wellenförmigen Flug.

Tannenhäher sind in den Bäumen genauso zu Hause wie am Boden, wo sie allerdings linkisch umherhüpfen und nach Insekten, Beeren und ihrer Hauptnahrung, Kiefern- und Tannensamen, suchen. Im Umgang mit den Koniferensamen besitzen sie nicht das chirurgische Geschick der Kreuzschnäbel – oft schleudern sie den ganzen Zapfen mit ihrem mächtigen, spitzen Schnabel einfach gegen einen Stein oder einen Baum, so daß die Samen herausfallen. Im Winter sind die Tannenhäher leicht zu entdecken – lärmende Vögel mit rauhen Stimmen. Sobald jedoch die Brutzeit beginnt (außer im Norden schon Anfang März), werden sie schweigsam und heimlichtuerisch und ziehen sich in die dichtesten Waldgebiete zurück. Sie bauen in etwa vier bis sechs Meter Höhe aus Zweigen und Flechten ein napfförmiges Nest auf den Ast eines Nadelbaumes und polstern es mit Moos und Erde aus. Das Weibchen legt zwischen zwei und fünf auf blaugrünem Grund grau gefleckte Eier hinein und brütet sie in 16 bis 18 Tagen aus. Die Jungen werden von beiden Elternteilen gefüttert und verlassen das Nest, wenn sie etwa vier Wochen alt sind. Sie bleiben dann aber noch weitere zwei oder drei Monate von ihren Eltern abhängig.

Eine erstaunliche Gewohnheit der Tannenhäher, die als gutes Beispiel für die Fähigkeit von Tieren gelten kann, sich an die rauhen Bedingungen der sibirischen Wälder anzupassen, ist es, im Herbst Nadelbaumsamen und Nüsse einzulagern, um den harten Winter bis ins Frühjahr hinein überdauern zu können. Die Vögel sammeln große Mengen von Samen in ihrem Kehlsack — bei einem Tannenhäher fand man darin einmal 120 Samenkörner. Manchmal verbringen sie den ganzen Tag von morgens bis abends damit, Futter zu sammeln und es zu ihren »Speisekammern« zu fliegen. Dort würgen die Tannenhäher ihre trockene Fracht mit Hilfe ungewöhnlich großer Mengen Speichel hoch und drücken die Samen und Nüsse dann in weiche Erde, in Baumspalten und unter die Borke oder in Moos- und Flechtenkissen. Eine »Speisekammer« kann drei, vier oder auch 50 Samen enthalten, und die Vögel haben einen untrüglichen Sinn dafür, ihren Vorrat, das meiste davon jedenfalls, wiederzufinden — auch wenn sie oft bis zu 60 Zentimeter Schnee wegscharren müssen, um daranzukommen. Wie sie das schaffen, ist den Ornithologen immer noch ein Rätsel, obwohl die Angewohnheit der Tannenhäher, ihre Vorratskammern in gleichmäßigem Muster um markante Punkte in der Landschaft herum anzulegen, darauf hinweist, daß sie sich anhand optischer Wahrnehmung orientieren.

Säugetiere der Taiga

Eine recht kleine Zahl von Säugetieren ist eng an die Taiga gebunden, aber viele beweglichere Arten verbringen einen Teil ihrer Zeit hier. Das bekannteste Säugetier der Taiga ist das Eichhörnchen *(Sciurus vulgaris)*. Es gibt in der UdSSR mehrere verschiedene Unterarten. Der prächtige rostbraune Pelz der sibirischen Unterart, des Ostsibirischen Eichhörnchens oder, wie die Russen es nennen, »Teleutka«, wandelt sich im Winter zu einem schönen silbrig-grauen Pelzkleid, nur die langen Haarbüschel an den Ohren bleiben rot und schwarz. Der Pelz der Eichhörnchen ist in der Sowjetunion ein wertvoller Rohstoff — allerdings ist die Jagd in manchen Gegenden inzwischen verboten.

Der Burunduk oder Sibirisches Streifenhörnchen *(Eutamias sibirica)*, ein kleines gestreiftes Baumhörnchen, dessen Schwanz viel weniger buschig als der des Europäischen Eichhörnchens ist, ist ebenfalls in der Taiga weit verbreitet. Es verwahrt sein Futter wie die Hamster in den Backentaschen.

Nagetiere
Es gibt eine Reihe in der Taiga häufiger Nagetiere, in der Hauptsache Wühlmäuse, unter denen die Waldwühl- oder Rötelmaus *(Clethrionomys glareolus)*, die Graurötelmaus *(C. rufocanus)* und die Polarrötelmaus *(C. rutilus)* die charakteristischsten sind. Die beiden ersteren sind auf Europa und Asien beschränkt, aber die Letztgenannte kommt auch im arktischen Raum Nordamerikas vor. Alle Wühlmäuse, und besonders die im Wald lebenden Arten, sind äußerst fruchtbar; das Weibchen hat üblicherweise drei bis fünf Würfe mit jeweils zwischen vier und acht Jungen pro Jahr. Sie werden in unter Baumstämmen oder zwischen Baumwurzeln versteckten Nestern geboren. Die Wühlmaus-Population schwankt von Jahr zu Jahr stark, je nach Wetter und verfügbarer Futtermenge. Die meiste Zeit ihres Lebens verbringen die Wühlmäuse in flachen, unterirdischen Röhren, aber sie erscheinen auch an der Oberfläche, vor allem, wenn sie nach

Dieser Rotfuchs wurde im Januar in der Nähe von Moskau fotografiert. Das bekannte, in der UdSSR fast überall häufige Säugetier, ist einer der verbreitetsten Fleischfresser, der, in der ganzen nördlichen Hemisphäre vorkommt.

Ein Schneehase flitzt in seinem Winterkleid durch den Wald. Im Sommer bekommt sein Fell eine hübsche graubraune Tönung. Obwohl er in der ganzen sowjetischen Taiga häufig ist, ist er wie die meisten ihrer Bewohner nicht an dieses Habitat gebunden und auch in der Tundra und im Gebirge anzutreffen.

ihrer Nahrung suchen – Samen, Blätter, Triebe, Wurzeln, Knollen, Rinde und Knospen der Bäume wie auch Pilze und Beeren. Auf der anderen Seite stellen sie selbst einen wichtigen Bestandteil der Nahrung von Raubtieren dar – von den Rotfüchsen *(Vulpes vulpes)* bis hin zu den Eulen.

Wölfe und Füchse

Obwohl der Wolf *(Canis lupus)* sich auch in einer Vielzahl anderer Lebensräume – von der Tundra und den Gebirgen bis zu Steppen und Wüsten – aufhält, ist die Taiga seine Hochburg. Es gibt in der UdSSR acht oder neun Unterarten des Wolfes – ein Zeichen seiner großen Anpassungsfähig-keit. Im Winter meiden die Wölfe die dichteren Waldgebiete, weil die Jagd auf ihre bevorzugte Beute, den Elch *(Alces alces)*, oder anderes Wild im tiefen Schnee zu beschwerlich ist. Sie jagen viel erfolgreicher in lichterem Waldgelände, wo der Schnee nicht so hoch liegt und dafür fester ist. Außerhalb der Fortpflanzungsperiode verbringen die Wölfe die meiste Zeit in Familiengruppen oder Rudeln mit einem festgelegten Anführer, und sie zeigen beim gemeinsamen Jagen große Geschicklichkeit im Überlisten ihrer schnellaufenden Beute. Wölfe schließen sich fürs Leben zu Paaren zusammen oder zumindest für viele Jahre, und das Weibchen gebärt drei, vier oder fünf Junge in einer in weichem Grund gegrabenen Höhle oder in einem natürlichen Hohlraum zwischen Felsen oder umgestürzten Bäumen.

Der Rotfuchs *(Vulpes vulpes)*, der europäischen und nordamerikanischen Lesern wohlbekannt ist, ist ein weiterer charakteristischer Bewohner der Taiga und auch in der übrigen UdSSR weit verbreitet. Mit 14 oder 15 Unterarten ist er noch variantenreicher als der Wolf.

Bären

Das eindrucksvollste aller Säugetiere der Taiga ist der majestätische Braunbär *(Ursus arctos).* Obwohl diese Tiere intensiv gejagt werden, sind in den Wäldern noch Exemplare zu sehen, die nahezu 750 Kilogramm wiegen und zweieinhalb Meter von der Nase bis zum Schwanz messen. Ein voll ausgewachsenes Tier, das sich auf den Hinterbeinen aufrichtet, ist fast drei Meter hoch. Braunbären sind in allen Wäldern der UdSSR zu finden, die größten aber leben im sowjetischen Fernen Osten und in Kamtschatka.

Die Färbung der Braunbären ist sehr unterschiedlich – sie reicht von hell rehbraun bis dunkelbraun; diese Unterschiede bestehen zwischen Tieren ein und desselben Gebietes wie auch zwischen weit voneinander entfernt lebenden Populationen; einige sind unterschiedlich genug, um sie als eigene Unterarten zu betrachten. Der bevorzugte Lebensraum des Bären ist dichte Taiga mit vielen umgestürzten, vermodernden Bäumen auf leicht welligem Terrain, das mit Seen, Sümpfen, Mooren und Wiesen durchsetzt ist. In den offeneren Gebieten finden sie die meiste Nahrung, während die Taiga ihnen Rückzugsmöglichkeiten bietet. Den größten Teil des Jahres führen die Bären ein einzelgängerisches Leben und stecken sich große Territorien ab. Im Verlauf ihrer Wanderungen ziehen sie kilometerlange Markierungslinien. Wenn irgend möglich, meiden sie ein Zusammentreffen mit Menschen. Einige von ihnen jagen manchmal große Tiere wie den Elch *(Alces alces)* oder das Wildschwein *(Sus scrofa);* sie verfolgen ihre Beute unermüdlich und nutzen ihre große Kraft und überraschende Schnelligkeit und Wendigkeit, um sie zu Fall zu bringen. Ihre Hauptnahrung besteht jedoch aus Beeren, Nüssen und anderen Früchten, den Blättern, Stengeln, Zwiebeln und Knollen verschiedener Pflanzen, Pilzen, Vogeleiern, Honig, Insekten, Fisch und Aas.

Im Herbst fressen die Bären besonders viel, damit sie mit einer zusätzlichen Fettschicht für den langen, kalten Winter, den sie in ihren Höhlen verbringen, gerüstet sind. In manchen Gebieten graben die Bären tiefe Höhlen in die Erde, meist jedoch richten sie sich natürliche Hohlräume zwischen Felsen oder unter gestürzten Bäumen her. Im tiefen Winter, wenn die Höhle von Schnee bedeckt ist, bleibt nur eine kleine Öffnung für die Luftzufuhr frei. Für ihre Höhlen wählen die Bären die sichersten, verstecktesten Stellen, oft auf einer Waldinsel in der Mitte eines großen Moores. Im Gegensatz zur weitverbreiteten Meinung halten sie keinen echten Winterschlaf; während langer Zeiträume dösen sie nur. Die Weibchen und die Jungen bleiben fünf oder sechs Monate in der Höhle, die Männchen verlassen sie meist früher. Während der Winterruhe verlangsamt sich ihr Herzschlag und ihre Körpertemperatur fällt um einige Grade. So wird wertvolle Energie gespart, aber auch sichergestellt, daß die Bären schnell aufwachen, wenn Gefahr droht. Dann verlassen sie die Höhle und ziehen zu einer anderen. Wenn die Bären sich ihrem Ziel nähern, wählen sie einen weitläufigen Wanderweg, bei dem sie viele schwer verfolgbare Spuren legen.

Bären sind von Mai bis Juli sexuell aktiv. Während der Paarungszeit brüllen die sonst stillen Tiere laut, und es brechen schwere Kämpfe zwischen rivalisierenden Männchen aus, die dann und wann tödlich enden. Manchmal verspeist der Sieger sogar den Verlierer. Nach einer Tragzeit von etwa sechs bis acht Monaten gebiert das Weibchen im späten Winter zwei, drei oder vier, seltener auch fünf Junge. Diese

Der Järv oder Vielfraß ist das größte Mitglied der Marder-Familie: Als äußerst kräftiger und grimmiger Räuber kann er so große Beutetiere wie das Rentier töten.

sind bei der Geburt erstaunlich klein, etwa so groß wie ein Meerschweinchen. Bis zum Frühling haben sie die Größe kleiner Hunde erreicht und sind an eine Nahrung aus Blättern, Beeren und Insekten gewöhnt.

Die Familie der Marder

Die meisten Mitglieder der Familie der Marder *(Mustelidae)* sind echte Waldbewohner. Eine in der sibirischen Taiga weitverbreitete Art ist das Sibirische Feuerwiesel *(Mustela sibirica)*. Dieses kleine Tier wird von den Russen wegen seines Pelzes geschätzt. Es bevorzugt die dunkleren Kiefern- und Lärchenwälder, in denen es gewöhnlich in der Nähe von Flüssen oder Seen lebt. Oft ist das Feuerwiesel aber auch an den Stadträndern zu sehen, wo es Geflügel reißt. Andererseits vernichtet es große Mengen von Mäusen und Ratten. Außerdem frißt das Wiesel Pfeifhasen *(Ochotona)*, Bisamratten *(Ondathra)*, Burunduks *(Eutamias sibirica)*, Baumhörnchen *(Sciurus)* und Springmäuse *(Allactaga)*. Wenn nicht genügend ihrer eigentlichen Beutetiere vorhanden sind, fangen die Wiesel Fische; zu Zeiten, in denen die Nahrung besonders knapp ist, machen sie sich zu Massenwanderungen auf. Die Fortpflanzungsperiode liegt zwischen Februar und April, und die Weibchen werfen nach einer Tragzeit von 28 bis 42 Tagen bis zu zehn Junge.

Der Wert und die Schönheit des rauchig rötlichbraunen und schwarzen Pelzes des Zobels *(Martes zibellina)* sind legendär – und die Ursache seiner früheren Seltenheit. Dieser hübsche Verwandte der Wiesel lebt in der Taiga zwischen dem Oberlauf der Petschora und dem sowjetischen Fernen Osten. Die Zobel mit dem wertvollsten Pelz kommen aus Bargusin am östlichen Ufer des Baikal-Sees, aus Jakutien und Kamtschatka. Die Zobel bevorzugen Kiefernwälder, wo sie ein reichhaltiges Angebot von Nagetieren, die den Hauptteil

Das Sibirische Feuerwiesel ist in der sibirischen Taiga häufig. Sein Pelz ist, wie der des Järvs, kostbar, aber die Jagd auf beide Arten wird streng kontrolliert.

ihrer Nahrung ausmachen, finden können. Sie fressen auch Kiefernsamen und im Sommer Beeren und Insekten. Zobel sind stark ortsgebunden und verlassen ihr Territorium nur, wenn die Futterknappheit im Winter oder die Nahrungsbeschaffung für den Nachwuchs sie dazu zwingen. Ihr Nest bauen sie in einem hohlen Baumstumpf, in Felsspalten oder in die Erde. Sie klettern mühelos auf Bäume, fangen aber meist am Boden lebende Beutetiere. Im Winter tauchen sie manchmal auf der Suche nach Wühlmäusen oder anderen Tieren unter den Schnee.

Die Jungen werden im April und Mai geboren, und ein Wurf kann aus nur einem oder auch sieben Jungen bestehen. Im Alter von sechs Wochen verlassen diese das Nest, und bis August hat sich der Familienverband aufgelöst. Die geringe Fruchtbarkeit wilder Zobel und der hohe Wert ihres Pelzes haben zur Einrichtung von Pelzfarmen geführt, in denen viele Zobel in Gefangenschaft leben.

Hirsche (Cervidae)

Der Elch *(Alces alces)* ist der größte lebende Hirsch der Erde, wiegt bis zu einer halben Tonne und mehr (580 bis 600 kg), mißt über 2,8 Meter in der Länge und erreicht mehr als 2,2 Meter Schulterhöhe. Elche haben besonders lange Beine und eine starke, überhängende, ungewöhnlich bewegliche Oberlippe, die den Unterkiefer überlappt. Die Männchen tragen weit ausladende Schaufelgeweihe. Elche haben ein weites Verbreitungsgebiet – es reicht von Skandinavien, Polen, dem nördlichen europäischen Rußland und Sibirien bis nach Nordamerika (auch Alaska) und Kanada.

Im Sommer wandern die Elche oft viele Kilometer am Tag auf Futtersuche durch die Taiga. Sie bevorzugen abgebrannte oder gerodete Waldareale, in denen saftige frische Triebe an den Laubbäumen erscheinen und üppiges, hohes Gras wächst. Sie suchen auch moorige und sumpfige Taigagebiete mit ruhigen Flüssen und Strömen auf und ernähren sich dort von Wasserpflanzen. Im Winter wechseln die Elche in Nadel- oder Mischwälder mit dichten Unterwuchs und gutem Jungbaumbestand. Sie bleiben dort im Wald, wandern ein wenig herum, solange der Schnee nicht mehr als 30 bis 50 Zentimeter hoch liegt. Ist ihnen der Schnee zu tief und damit das Gehen zu beschwerlich geworden, ziehen sie weiter in andere Gebiete. Während dieser Wanderungen vermeiden sie vielbegangene Pfade, um nicht auf Wölfe zu treffen. In manchen Gegenden leben sehr viele Elche; im Petschoro-Ilytsch-Reservat beispielsweise ist eine ungewöhnlich dichte Population von etwa 1000 Elchen auf 1000 Hektar gezählt worden.

Elche sind weniger gesellig als irgend eine andere Hirschart, und meist leben sie allein. Im August und September sind die Männchen brünftig, und dann dröhnt vor allem in der Dämmerung ihr dumpfes Röhren durch den Wald. Die Männchen werden in ihrem dritten oder vierten Herbst geschlechtsreif, die Weibchen ein Jahr früher. Rivalisierende Elche gebrauchen in Raufereien ihre Geweihe und jagen die jungen Männchen fort. Anders als andere Hirscharten wie z. B. das Rentier *(Rangifer tarandus)* treiben die Elche keinen

Links: Ein zwischen den Bäumen aufgetauchtes Rudel Wölfe gibt einen Eindruck von der Wildheit der weiten russischen Nadelwälder. Die UdSSR ist eine der letzten Hochburgen dieser prächtigen Raubtiere.

Oben: Ein Wisent mit Kalb in Litauen. 1925 waren diese Tiere in der Wildnis ausgelöscht. Eine Zuchtgruppe ermöglichte ihre Wiedereinbürgerung in der Sowjetunion.

Harem zusammen, sondern begnügen sich im allgemeinen mit nur einer Partnerin. Im April und Mai werfen die Weibchen ein oder zwei Kälber. Falls es Zwillinge sind, stirbt das Zweitgeborene oft. Elche können 25 Jahre alt werden.

Außer Gräsern fressen Elche im Sommer die Blätter verschiedener Sträucher und Bäume; darüber hinaus mögen sie Weiden-, Espen- und Birkentriebe, die Triebe und das Blattwerk der Kiefern und Himbeersträucher. Besonders im Winter fressen sie auch Baumrinde, vor allem die der Kiefern und Espen. Binnen 24 Stunden kann ein ausgewachsener Elch im Winter etwa 12 bis 15 Kilogramm und im Sommer bis zu 35 Kilogramm Pflanzenkost verschlingen. Unschwer läßt sich vorstellen, daß eine große Elchpopulation beträchtlichen Schaden im Wald – vor allem an den Jungbäumen – anrichten kann.

Die Zahl der Elche wird durch die Jagd kontrolliert; wie in Alaska, Kanada und anderen Ländern gehören sie auch in der Sowjetunion zu den wichtigen jagdbaren Tieren.

In diesem Kapitel konnte ich nur eine Auswahl der Vielzahl wilder Tiere, die die Taiga bewohnen, vorstellen. Der Anhang (Seite 211 bis 212) enthält eine Liste der für die Taiga charakteristischen Vögel und Säugetiere.

Naturschutzgebiete des Waldes

Die meisten – und die weiträumigsten – Naturschutzgebiete der UdSSR – befinden sich in der Taiga. Die Reservate der südlicheren Mischwälder und des Fernen Ostens werden im nächsten Kapitel (auf den Seiten 136 bis 137) vorgestellt. Ausgedehnte Waldgebiete wurden in Form von Reservaten oder Nationalparks unter Schutz gestellt. In großen Waldgebieten ist die wissenschaftlich fundierte Forstwirtschaft mit dem Schutz der Natur verbunden. Die größten Reservate liegen in Sibirien; jene im europäischen Rußland sind dagegen relativ klein.

1979 wurde das staatliche Baikal-Reservat in der Buryat ASSR im zentralen Teil der Chamar-Daban-Gebirgskette an den südwestlichen Ufern des Baikal-Sees geschaffen. Es umfaßt eine Fläche von 1657 Quadratkilometer, davon sind 1172 Quadratkilometer Taiga. Auf den nördlichen Hängen des Gebirgszuges dominiert dunkler Wald aus Tannen und Sibirischen Zirbelkiefern, während auf den Südhängen lichter Nadelwald aus Lärchen und Kiefern wächst. Zur Vegetation im Reservat gehören 800 Arten Blütenpflanzen; außerdem leben dort 37 Säugetier- und 260 Vogelarten.

Etwa 320 Kilometer nördlich davon liegt das staatliche Bargusin-Reservat, das 1916 mit dem erklärten Ziel geschaffen wurde, die besonders wertvolle örtliche Unterart des Zobels zu schützen. Heute ist es eine hervorragende Zuflucht für die vielfältige und faszinierende Flora und Fauna der Taiga um den Baikal-See. Das Gebiet umfaßt 2632 Quadratkilometer, erstreckt sich nahezu hundert Kilometer entlang der Ufer des Baikal-Sees und enthält viele der in der Region berühmten heißen Heilquellen mit Wassertempera-

turen von 40 bis 76 Grad Celsius. Es gibt dort mehr als 600 Arten Blütenpflanzen, 39 Säugetier-, vier Reptilien-, zwei Amphibien- und 243 Vogelarten. Dort lebt auch eine stattliche Population des Bargusin-Zobels mit ungefähr 100 Tieren auf 100 Quadratkilometer. Im See selbst leben die endemische Baikalrobbe *(Phoca baicalica)* wie auch viele einzigartige Fische und andere Tierarten. Eine kurze Beschreibung dieses Gebietes geben die Seiten 52 und 57.

Im südlichen Ural, am Knotenpunkt der drei Regionen Kalinin, Jaroslawl und Wologda, befindet sich das Baschkir-Reservat, das im Jahre 1945 geschaffen wurde. Es gehört zur Unterzone der südlichen Taiga und umfaßt 492 Quadratkilometer Wald und 463 Quadratkilometer Wasserfläche. Die Gesamtfläche des Reservats beträgt 1126 Quadratkilometer; innerhalb seiner Grenzen gedeihen 530 Arten Blütenpflanzen, 230 Vogel- und 40 Säugetierarten.

Die Karte zeigt die Waldreservate der UdSSR, zu denen sowohl Mischwaldreservate (Seite 134) als auch Taiga-Reservate gehören.

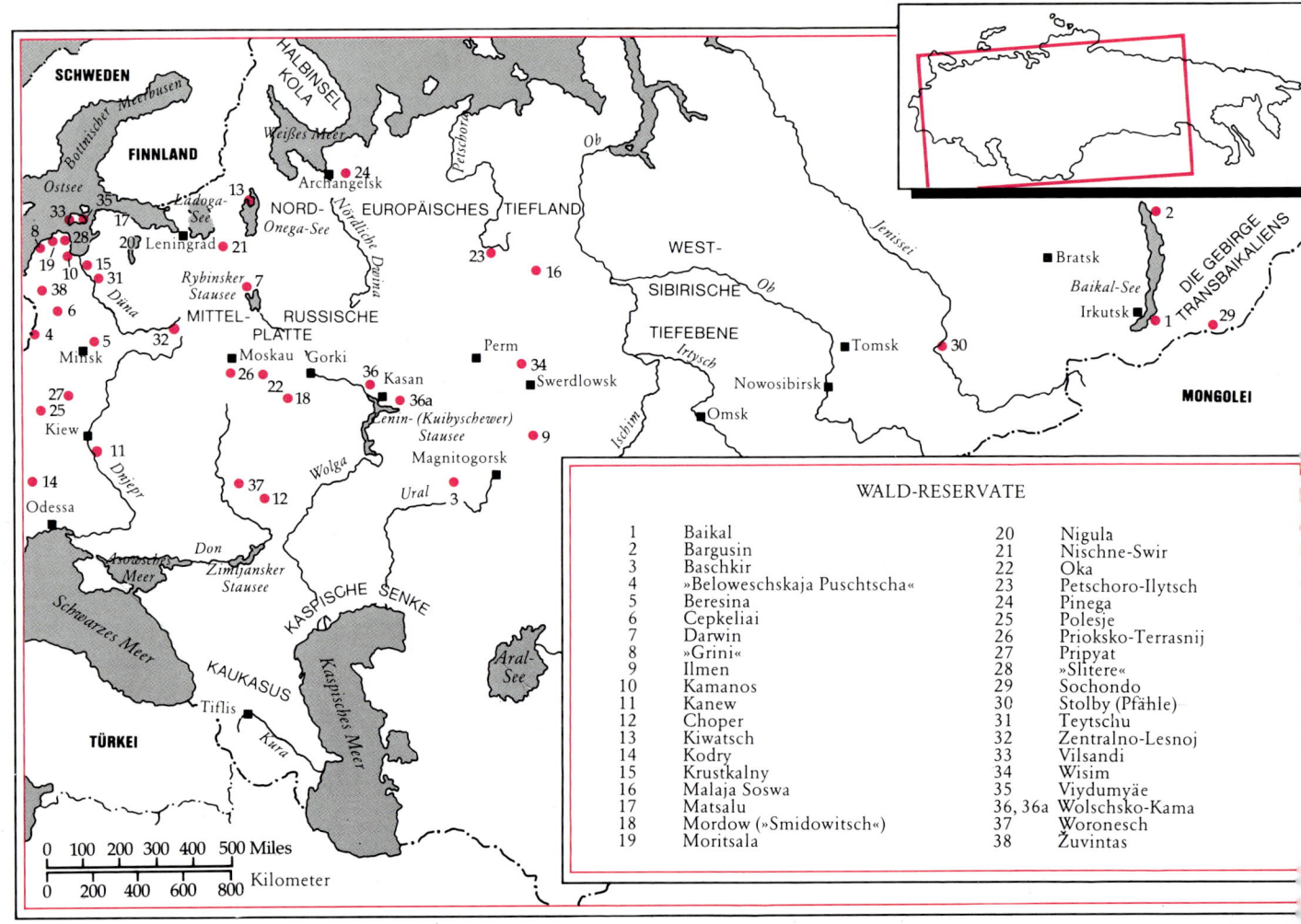

WALD-RESERVATE

1	Baikal	20	Nigula
2	Bargusin	21	Nischne-Swir
3	Baschkir	22	Oka
4	»Beloweschskaja Puschtscha«	23	Petschoro-Ilytsch
5	Beresina	24	Pinega
6	Cepkeliai	25	Polesje
7	Darwin	26	Prioksko-Terrasnij
8	»Grini«	27	Pripyat
9	Ilmen	28	»Slitere«
10	Kamanos	29	Sochondo
11	Kanew	30	Stolby (Pfähle)
12	Choper	31	Teytschu
13	Kiwatsch	32	Zentralno-Lesnoj
14	Kodry	33	Vilsandi
15	Krustkalny	34	Wisim
16	Malaja Soswa	35	Viydumyäe
17	Matsalu	36, 36a	Wolschsko-Kama
18	Mordow (»Smidowitsch«)	37	Woronesch
19	Moritsala	38	Žuvintas

Das Ilmen-Reservat liegt auf den östlichen Hängen des südlichen Ural-Gebirges. Das nach Lenin benannte Reservat hat eine Fläche von 304 Quadratkilometer. Die andersartige Taiga von Karelia ist im Kiwatsch-Reservat im Gebiet des Onega-Sees geschützt, das 105 Quadratkilometer umfaßt. Zur Unterzone der mittleren Taiga gehört das 1976 gegründete, weiträumige Malaya-Soswa-Reservat, das entlang eines Nebenarmes des Ob verläuft, 929 Quadratkilometer groß ist und zu 84,1 Prozent aus Wald besteht (vgl. Seite 92). 1985 wurde ein Reservat in Mittelsibirien am Mittellauf des großen Flusses Jenissei eingerichtet. Dazu gehören fast 10000 Quadratkilometer unberührter Taiga.

In der Mordwinischen ASSR im oberen Wolga-Gebiet befindet sich das »Smidowitsch«-Reservat mit 321 Quadratkilometer Land, das zu 309 Quadratkilometer aus Wald besteht. In der Region um Leningrad wurde 1980 das 410 Quadratkilometer große Nischne-Swir-Reservat geschaffen.

Nicht weit von Moskau entfernt, in der Ryasan-Region, wurde bereits 1935 das berühmte Oka-Reservat eingerichtet. Seine Fläche umfaßt 229 Quadratkilometer, davon sind 194 Quadratkilometer Wald. In ihm leben 800 Arten Blütenpflanzen, 230 Vogelarten und eine Anzahl seltener Tiere wie der oben abgebildete, langnasige russische Desman (Desmana moschata). Seit 1956 befindet sich hier die zentrale ornithologische Station der UdSSR.

Der russische Desman ist ein im Wasser lebender Verwandter der Maulwürfe und hat ein dichtes, wasserfestes Fell, Füße mit Schwimmhäuten, einen abgeplatteten Schwanz und ein langes, bewegliches Maul. Er ist selten und daher voll geschützt.

1930 wurde in der Komi ASSR, an den westlichen Ausläufern des nördlichen Ural, das Petschora-Ilytsch-Reservat gegründet. Von seinen 7213 Quadratkilometern Gesamtfläche sind 6246 Quadratkilometer Wald. Dort leben 204 Vogel- und 43 Säugetierarten. Das 1975 eingerichtete Pinesch-Reservat im Archangelsk-Gebiet umfaßt eine Fläche von 412 Quadratkilometer, die zu 90 Prozent aus Wald bestehen.

Das weitläufige Sajano-Schuschen-Reservat in den Gebirgen des südlichen Mittelsibirien (s. Karte Seite 162) wurde mit einer Gesamtfläche von 3896 Quadratkilometern im Jahre 1976 gegründet. 59,3 Prozent dieses Reservates sind von Wald bedeckt. Das Sochondo-Reservat in der Region Tschita besteht aus 2110 Quadratkilometer Taiga. An den Ausläufern des östlichen Sajan-Gebirges liegt das »Stolby«-Reservat, das 472 Quadratkilometer bedeckt, von denen 454 Quadratkilometer Waldgebiet sind.

Ein weiteres Anwachsen der bereits heute beachtlichen Fläche geschützter Gebiete der Taiga in der UdSSR ist in naher Zukunft zu erwarten.

6 Mischwälder

Wälder sind die komplexesten natürlichen Gemeinschaften der Erde. Sie sind auch die wertvollsten – in Bezug auf ihren Artenreichtum und auch hinsichtlich des Nutzens für den Menschen. In der UdSSR bedecken Wälder nahezu 7,7 Millionen Quadratkilometer, das sind 35,5 Prozent der Gesamtfläche des Landes.

Die meisten Wälder der UdSSR setzen sich aus Nadelhölzern zusammen, die den großen Taigagürtel (vgl. Kapitel 5) bilden. Die übrigen bestehen zum großen Teil aus einem Gemisch von Nadelholz- und breitblättrigen Arten, obwohl es auch einige reine Breitlaubwälder gibt. Im europäischen Teil der UdSSR und im südlichen sowjetischen Fernen Osten befinden sich die beiden größten Mischwaldgebiete.

Wälder sind äußerst vielschichtige Lebensräume: Keine andere Pflanzengemeinschaft entwickelt sich so mannigfaltig, breitet sich so weit aus und verschwindet leider auch so schnell wieder wie Wälder. Die Ausbeutung durch den Menschen hat deutliche Spuren in den Mischwäldern hinterlassen, und der Naturforscher findet nur noch wenige in unberührtem Zustand vor, wenn auch in der UdSSR verschiedene ursprüngliche Waldareale in Naturreservaten und Nationalparks geschützt sind.

Der Wald bietet zahllosen Tieren Nahrung und Lebensraum: Grasmücken und Meisen suchen die Bäume nach Raupen und anderen Insekten ab, Eichhörnchen springen von Ast zu Ast, Bienen summen von Blüte zu Blüte, Ameisen marschieren durch den Unterwuchs, und Unmengen weiterer wirbelloser Tiere leben zwischen dem vermodernden Laub, das den Waldboden bedeckt.

Mischwälder können klar in Schichten oder Stufen unterteilt werden, von der Waldstreu auf dem Boden bis zu den Kronen der großen, alten Bäume. Nur wenige Waldbewohner nehmen bei der Wahl ihrer Nistplätze oder bei der Futtersuche alle diese Stufen in Anspruch. Und selbst diese vermeiden die Konfrontation mit anderen Arten, indem sie je verschiedene Futtersorten aus verschiedenen Teilen jeder Stufe entnehmen und dabei dazu neigen, bestimmte Stufen zu bevorzugen. Dieses klare, fein ausgewogene Arrangement ist zum Beispiel bei den Meisen zu beobachten.

In Breitlaub- und Mischwäldern gibt es vier Hauptschichten. Die erste ist die Bodenschicht. Waldstreu und Erde wimmeln von wirbellosen Tieren. Darüber, auf dem Waldboden,

Links: Besonders in den Mischwaldzonen Ussuriens und anderer Gebiete des Fernen Ostens gibt es eine Vielzahl von Pflanzen und Tieren, darunter die Erddrossel, die man hier bei ihren Nestlingen auf der Insel Kunaschir unmittelbar nördlich von Japan sieht.

leben zahllose andere Wirbellose und eine Vielzahl von Säugetieren – von winzigen Spitzmäusen über Hirsche bis zum Wildschwein *(Sus scrofa);* verschiedene Vögel finden hier Nahrung, und es gibt auch im Wald lebende Schlangen.

Die nächste Schicht, die Krautschicht, ist nicht überall vorhanden. Wenn Sträucher und anderes Gestrüpp dicht stehen, gut entwickelt und reich an Beeren und anderen Früchten sind, bieten sie einer Vielzahl von Säugetieren und Vögeln Nahrung. Viele Tiere nutzen die Krautschicht als Zuflucht, und mancher Vogel baut hier sein Nest.

Die dritte Schicht besteht aus niedrigen Bäumen, die gut Schatten vertragen können. Viele spezialisierte Waldbewohner, vor allem Vögel, leben und nisten hier und verbringen, wie Baumhörnchen und andere Nagetiere, Marder und weitere Säugetiere, die meiste Zeit in den Bäumen.

Die obersten, ins Sonnenlicht drängenden Äste der Bäume schließlich sind die Heimat von Vögeln wie Pirolen und

Das Küken eines Riesenseeadlers nimmt in seinem Nest auf der fernöstlichen Insel Sachalin Drohhaltung an.

Kuckucken. Einige Schmetterlinge, wie die Zipfelfalter *(Zephyrus)*, leben in diesen Höhen und steigen selten herab. Der Himmel über dem Wald endlich gehört hauptsächlich den Greifvögeln und manchen starken Fliegern unter den Insekten.

In vielen Wäldern gibt es Lichtungen verschiedener Größe, die auf natürlichem Wege durch Stürme oder künstlich durch Abholzen oder Brände entstanden sind. Wenn sie nicht offengehalten werden, werden sie bald von Sträuchern überwuchert und schließlich wieder zu Wald. Fauna und Flora solcher Gemeinschaften ändern sich – je nach der Geschwindigkeit der Vegetationsfolge – von Jahr zu Jahr.

Die Wälder der mittleren geographischen Breiten der UdSSR sind bemerkenswert homogen. Manche bestehen fast nur aus ein, zwei oder drei Arten, während andere Arten selten sind und nur in weit auseinanderliegenden Gebieten wachsen. Dies steht in deutlichem Gegensatz zu den artenreichen Wäldern weiter im Süden. Die Misch- und Breitlaubwälder des südlichen Fernen Ostens der UdSSR entlang der Flußtäler von Amur und Ussuri und an der Pazifikküste verfügen über eine große Vielfalt von Bäumen und anderen Pflanzen.

Ussurien

Ich werde mich für den Rest dieses Kapitels diesem besonderen Gebiet zuwenden. Der mitteleuropäische Typ des Mischwaldes im europäischen Rußland ist den Lesern in vielen Ländern wohlbekannt und in zahlreichen Büchern beschrieben worden. Das Flußgebiet des Ussuri im Fernen Osten allerdings beinhaltet eine Fülle endemischer und exotischer Tiere und Pflanzen und ist – außer in wissenschaftlichen Journalen – selten beschrieben worden.

Ussurien ist ein riesiges Gebiet im südlichen Fernen Osten der UdSSR, das sich von der Mündung des Amur südwärts bis zu den chinesischen und koreanischen Grenzen ausdehnt. Im Westen wird es vom großen Fluß Ussuri und im Osten von den vielen pittoresken Buchten und Meeresarmen des Japanischen Meeres umsäumt. Dies ist eine der interessantesten Naturregionen der Erde, und dort begegnen sich in einzigartiger Weise Flora und Fauna der Taiga im Norden und der südlich gelegenen Subtropen.

Ein Großteil der Ussuri-Region besteht aus hohen Gebirgen und weiten Ebenen. Die Sichote-Alin-Gebirgskette erstreckt sich über etwa tausend Kilometer von der Amur-Mündung im Norden, bis sie mit ihren Südausläufern ins Japanische Meer abfällt.

In den Flußtälern und auf den niedrigen, dicht bewaldeten Hügeln streichen Leoparden *(Panthera pardus)* durchs Unterholz, und der wunderschöne Indische Paradiesschnäpper *(Terpsiphone paradisi)* flattert rastlos zwischen den Ästen. Hier gedeihen Lianen und andere tropische Pflanzen, und es gibt viele exotische Schmetterlinge. Steigt man weiter in die höheren Lagen der Berge hinauf, so läßt man die leuchtenden südlichen Vögel in einem bezaubernden Meer aus Klängen, Düften und Farben hinter sich zurück. Nun befindet man sich in der düsteren, aber nicht minder schönen Welt der Nadelwaldtaiga, in der die kühle Stille vielleicht nur durch das einfache, aber süße Lied des Goldhähnchenlaubsängers *(Phylloscopus proregulus)* unterbrochen wird. In diesen höheren Lagen ist der Wald über weite Strecken dicht und geschlossen. Hier leben verschiedene andere typische Tiere der Taiga wie das Sichelhuhn *(Falcipennis falcipennis)*, das Steinauerhuhn *(Tetrao parvirostris)* und der Braunbär *(Ursus arctos)*.

In vielen Teilen dieses gebirgigen Terrains gibt es in jüngster geologischer Vergangenheit entstandene Plateaus aus vulkanischem Gestein. Der Sichote-Alin ist im Durchschnitt 800 bis 1000 Meter hoch, nur einige Berge erheben sich auf 2000 Meter. Die Ostflanke des Gebirgszuges, die in Richtung Japanisches Meer blickt, ist zerklüfteter, und die Flüsse sind hier kürzer und reißender als im Ussuri-Becken im Westen, zu dem die breiten, ruhigen Flüsse Chor, Bikin und Bolschaja Ussurka gehören.

Südwestlich dieses Gebietes befindet sich die weite Chanka-Niederung, die zum größten Teil nur 25 Meter über dem

Die Trauerkiefer ist in manchen Gebieten des Fernen Ostens anzutreffen, aber so selten, daß sie in der »Roten Liste« der UdSSR verzeichnet ist.

Meeresspiegel liegt. Das Flachland ist mit Gras und Steppenvegetation bedeckt, während auf den langgezogenen Hügeln verstreut Eichen und Kiefern- und Aprikosenwälder stehen. Dieses Gebiet wird zusammen mit den Feuchtgebieten Ussuriens in Kapitel 9 (Seite 197) beschrieben.

In der südlichen Ussuri-Region bestehen die Wälder aus der gigantischen Ganzblättrigen oder Schwarztanne *(Abies holophylla)*, in der zweiten Schicht wachsen Hainbuchen *(Carpinus)* und viele südliche Bäume und Sträucher wie *Kalopanax* und Mandschurischer Ahorn *(Acer pseudosieboldianum);* verschiedene Arten *Actinidia*-Lianen und andere Kletterpflanzen bilden den Unterwuchs. Einige dieser Pflanzen sind in den Wäldern ganz Ostasiens zu finden, während andere nur für das mandschurische Waldgebiet charakteristisch sind.

Die weitverbreiteten Mischwälder aus Kiefern- und Laubbäumen enthalten artenreiche Pflanzengemeinschaften. Kiefern werden hier durch die Korea-Kiefer *(Pinus koraiensis)* vertreten, und zu den Laubbäumen gehören die Mandschurische Esche *(Fraxinus mandshurica)*, die Talulme *(Ulmus propinqua)*, die Mandschurische Walnuß *(Juglans mandshu-*

Rechts: *Ein Blick auf den dichten Wald Ussuriens von einem der Berge der Sichote-Alin-Gebirgskette, die sich fast 1000 Kilometer in nordöstlicher Richtung ausdehnt.*

Codonopsis ussuriensis   Corydalis repens   Cypripedium macranthum (ein Frauenschuh)

Panax ginseng (Ginseng)   Adonis amurensis   Lychnis fulgens (Prachtlichtnelke)

rica) und die Amur-Korkeiche *(Phellodendron amurense).* In der zweiten Schicht finden sich verschiedene Endemiten, darunter der Amur-Flieder *(Syringa amurensis)* und das Amur-Gelbholz *(Maackia amurensis).* Der Unterwuchs ist sehr vielgestaltig mit drei Heckenkirschenarten *(Lonicera),* dem Amur-Pfeifenstrauch *(Philadelphus schrenkii),* der Amur-Deutzie *(Deutzia amurensis)* und dem Schneeball *(Viburnum).* Zu den Lianen gehören die verbreitete Amur-Rebe *(Vitis amurensis),* der Mandschurische Strahlengriffel *(Actinidia colomicta)* und das Chinesische Spaltkölbchen *(Schisandra chinensis).* Auch die Krautschicht enthält eine Fülle endemischer südlicher Arten, so den legendären Ginseng *(Panax ginseng),* die Amur-Akelei *(Aquilegia amurensis),* die Gelbe Taglilie *(Hemerocallis flava),* den Amur-Fleckenaron *(Arisaema amurensis),* verschiedene Pfingstrosen *(Paeonia),* Sternmieren *(Stellaria)* und viele andere.

In den Mischwäldern des Ussuri-Gebietes wächst eine Fülle wunderschöner, zum Teil seltener Pflanzen, die sonst nirgendwo vorkommen. Dazu gehören die hübsche Codonopsis ussuriensis *aus der Familie der Glockenblumengewächse; die strahlende* Corydalis repens *aus der Familie der Mohngewächse; die Orchidee* Cypripedium macranthum, *die Verwandte in Europa und Nordamerika hat; der Ginseng, dessen Wurzel im ganzen Fernen Osten wegen seiner heilenden und aufbauenden Eigenschaften berühmt ist; die nette* Adonis amurensis, *die zur Familie der Hahnenfußgewächse gehört; und die flammend rote Prachtlichtnelke.*

Die Fichten-Tannenwälder, die hauptsächlich aus der Ajan-Fichte *(Picea jezoensis)* und der Mandschurischen Tanne *(Abies nephrolepsis)* bestehen, sind viel ärmer an Pflanzenarten. Gewöhnlich enthält die zweite Schicht den Gelbahorn *(Acer ucurunduense)* und die Amur-Eberesche *(Sorbus amurensis)*. Im Unterwuchs finden sich Spierstrauch *(Spiraea)*, Beerenobststräucher *(Ribes)* und die Mandschurische Erle *(Alnus mandshurica)*. Es gibt viele Moose und Flechten und verschiedene für die Taiga charakteristische Farne. In den Fichtenwäldern im Süden Ussuriens wächst eine seltene Pflanze, die Hohe Igelkraftwurzel *(Echinopanax elatum)*.

Die Hochgebirgsvegetation oberhalb der Baumgrenze gliedert sich in drei Zonen, die im Kapitel 7, Gebirge (Seite 139 bis 141), beschrieben sind.

Die wenigen Lärchen*(Larix)*-Wälder Ussuriens sind ebenfalls relativ artenarm. Den Unterwuchs stellen der Weidenblättrige Spierstrauch *(Spiraea salicifolia)*, die Mandschurische Erle *(Alnus mandshurica)* und der Daurische Rhododendron *(Rhododendron dahuricus)*. Den Waldboden bilden gewöhnlich die Moosbeere *(Vaccinium oxycoccus)*, die Rauschbeere *(V. uliginosum)* und andere niedrigwachsende Pflanzen.

Die reiche Fauna Ussuriens

Die geologische Geschichte des Gebietes und die Vielzahl seiner ökologischen Bedingungen, das Klima und das Relief – all das hat eine Rolle bei der evolutionären Ausformung der interessanten und vielfältigen Ussuri-Region gespielt. Es gibt dort viele endemische und reliktäre Arten unter den Tieren und Pflanzen. Diese konnten überleben, weil die Region einen sicheren »Hafen« bildete, der nicht von Vereisung oder anderen Naturereignissen heimgesucht wurde, was anderswo der Grund für das Aussterben vieler Arten war. Zudem drängten sowohl nördliche als auch südliche Arten nach Ussurien. Die Nord-Süd-Ausrichtung der Gebirgsketten des Sichote-Alin ermöglichte es den Tieren aus dem Norden bis in den äußersten Süden Ussuriens, bis zum Quellgebiet des Bolschaja Ussurka vorzudringen. Die Täler der großen Flüsse und die weiten Niederungen wiederum machten den aus dem Süden kommenden Arten den Weg einfacher.

Im Ergebnis ist Ussurien eine Art Nahtstelle zweier Hauptgruppen von Tieren: der chinesischen und der sibirischen Tierwelt. Innerhalb dieser ist eine für die Region charakteristische Gruppe von Arten hervorzuheben, die »mandschurische« Fauna, zu der zahlreiche Endemiten und Reliktarten gehören. Schließlich hat auch der Zustrom von Tieren aus dem indo-malayischen Archipel, der Mongolei und Europa einen Einfluß auf die heutige Fauna Ussuriens gehabt.

In den Breitlaub- und Nadel-Breitlaubwäldern, die weite Flächen Ussuriens bedecken, leben Faunen, die hauptsächlich chinesischen Ursprungs sind. Der südliche Teil des Gebietes ist mit lianenreichen, dunklen Wäldern aus Nadelhölzern und Hainbuchen *(Carpinus)* bewachsen. Hier leben der Sikahirsch *(Cervus nippon)*, der Amurleopard *(Panthera pardus orientalis)* und, in den Eichenwäldern, der sehr seltene Rot- oder Alpenwolf *(Cuon alpinus)*. Bei den zahlreichen

Vögeln überwiegen die Vertreter der chinesischen und der indo-malayischen Faunen. Außerdem sind im Süden viele Reptilien anzutreffen, darunter die Amur- oder Schrencknatter *(Elaphe schrenkii)*, die Dione-Natter *(E. dione)*, die Tigernatter *(Natrix tigrina)*, zwei Arten der Dreieckskopfottern *(Agkistrodon halys* und *A. blomhoffi)* und die Korea-Lang-

Unter den vielen Reptilienarten des Ussuri-Gebietes ist die Amur- oder Schrencknatter mit am schönsten gezeichnet. Sie frißt Eier und auch Vögel.

Zu den vielen feinen Faltern, die die üppigen Wälder Ussuriens schmücken, gehören Arten tropischen Ursprungs wie dieser Brahmaea certhia.

schwanz-Eidechse *(Tachydromus wolteri)*. Typische Amphibien sind der Japanlaubfrosch *(Hyla japonica)*, die Orientalische Rotbauchunke *(Bombina orientalis)* und der Ussuri-Krallenfingermolch *(Onychodactylus fisheri)*.

Im Ussuri-Gebiet sind auch besonders viele interessante und bizarre Insekten beheimatet, zum Beispiel außergewöhnlich schöne Schmetterlinge wie *Epikopaea hainesi* und *Elcysma westwoodi* und die Seidenspinner *Rhodinia fugax* und *Caligula boisduvali*. Es gibt verschiedene endemische Arten von Harlequinkäfern, Sandlaufkäfern und Laufkäfern, wie den *Carabus jankowskii* und viele andere. Außerdem leben

Dieser starke Flieger, Limenitis moltrechtii, *ist ein charakteristischer Schmetterling Ussuriens. Viele der Schmetterlinge, Nachtfalter und anderen Insekten sind ausschließlich hier anzutreffen.*

dort seltene und eindrucksvolle Arten der Singzikaden *(Cicadiidae)* und Fangschrecken *(Mantodea).*

Im Norden und in den höheren Lagen der Gebirge findet man eine veränderte Fauna vor. Oberhalb 500 Meter werden die wärmeliebenden chinesischen oder indo-malayischen Mitglieder der Fauna allmählich von den nördlichen Tieren der Kiefern-Laubmischwälder ersetzt; diese Fauna ist vergleichsweise artenärmer.

Neben den Nadel-Laub-Mischwäldern gibt es waldlose Gebiete mit Sümpfen, Grasland und Steppe. Für diese zerstückelte Landschaft charakteristisch sind die ussurische Rasse des Wildschweins *(Sus scrofa ussuricus),* der Isubrahirsch *(Cervus elaphus xanthopygus),* die Amurkatze *(Felis euptylura),* die sibirische Rasse des Tigers *(Panthera tigris altaica),* die Amur-Rasse des Dachses *(Meles meles amurensis)* und der Charsa oder Buntmarder *(Martes flavigula).* Ebenfalls häufig sind der Amurigel *(Erinaceus amurensis),* die Wimpernspitzmaus *(Crocidura suaveolens)* und die verwandte Art *C. lasiura,* die orientalische Rasse des Burunduks *(Eutamias sibiricus orientalis)* und das Mandschurische Eichhörnchen *(Sciurus vulgaris mandshurica).*

Zu den typischen Insekten gehören der Schrenck-Schillerfalter *(Apatura schrenckii),* viele große Arten von Schwärmern *(Sphingidae)* und Spannern *(Geometridae).* Hinzu kommen

zahlreiche ungewöhnliche Käfer, zum Beispiel der große Laufkäfer *Carabus schrenckii,* der sich vorwiegend von kleinen Weichtieren des Waldes ernährt.

Die Fauna der Eichenwälder ist ärmer. Charakteristische Säugetiere sind die örtlichen Rassen des Rehes *(Capreolus capreolus ochracea),* des Wolfes *(Canis lupus tschiliensis)* und des Fuchses *(Vulpes vulpes dahurica)* und der Braunbär *(Ursus arctos).* Die Raupen vieler Schmetterlingsarten, darunter Zipfelfalter *(Zephyrus)* und Blutströpfchen *(Zygaena)* und Mitglieder der großen Familie der Fleckenfalter *(Nymphalidae)* ernähren sich von den Blättern der Mongolischen Eichen. Den Felder-Apollofalter *(Parnassius bremeri)* findet man an steilen, mit Geröll bedeckten Hängen, wo auch ungewöhnliche Käfer wie der große Radde-Bockkäfer *(Neocerambyx raddei)* anzutreffen sind.

Beim sibirischen Element der Fauna des Ussuri-Gebietes kann man zwischen der ochotskischen und der ostsibirischen Fauna unterscheiden. Die ochotskische Fauna lebt in der Fichten-Tannentaiga, in Zwergbirkengehölzen, Hochgraswiesen und Dickichten aus Zwergzirbelkiefern *(Pinus pumila)* und konzentriert sich vor allem im Norden des Ussuri-Gebietes, im Sichote-Alin-Gebirge. Viele Arten dieser Fauna sind zwar in der ganzen eurasischen Taiga bekannt, sie sind jedoch in Ussurien durch besondere Unterarten vertreten. Neben dem Braunbär *(Ursus arctos lasiotus)* und dem Luchs *(Felis lynx stroganovi)* sind der Vielfraß oder Järv *(Gulo gulo sibiricus)* und das Große Wiesel oder Hermelin *(Mustela erminea transbaicalica)* zu nennen. Charakteristische Vögel sind der Wanderlaubsänger *(Phylloscopus borealis),* der Gelbbrauenlaubsänger *(P. inornatus),* die Tannenmeise *(Parus ater),* der Fichtenkreuzschnabel *(Loxia curvirostra),* der Erlenzeisig *(Cardelius spinus),* der Unglückshäher *(Perisoreus infaustus)* und der Tannenhäher *(Nucifraga caryocatactes).* Zu den wenigen Reptilien- und Amphibienarten gehören die Wald- oder Bergeidechse *(Lacerta vivipara)* und der Amurfrosch *(Rana cruenta).*

Zur ochotskischen Fauna zählt eine Gruppe von Endemiten, darunter das Sichelhuhn *(Falcipennis falcipennis),* der Blutseidenschwanz *(Bombycilla japonica),* der Middendorffschwirl *(Locustella ochotensis)* und die Sachalinviper *(Vipera sachalinesis).*

Der ostsibirische oder Angara-Faunentyp konzentriert sich in den Lärchenwäldern und ausgedehnten Sphagnum-Mooren mit zwergwüchsigen Bäumen. Zu diesem Faunentyp, der im Sichote-Alin seine größte Entfaltung findet, gehören das Moschustier *(Moschus moschiferus),* die Weißbrauendrossel *(Turdus obscurus),* der Rußschnäpper *(Muscicapa sibirica),* der Tannenschnäpper *(Ficedula mugimaki)* und der »Altai-Gimpel« *(Pyrrhula cineracea).*

Ich werde nun mit einer detaillierteren Beschreibung einiger indo-malayischer, mongolischer und europäischer Elemente der Fauna des Ussuri-Gebietes fortfahren und dabei besonderes Augenmerk auf die Vögel richten.

Reptilien und Amphibien Ussuriens

Die einzige Weichschildkröte Rußlands ist die Chinesische Weichschildkröte *(Trionyx chinensis)*. Innerhalb der UdSSR ist sie auf die Ussuriregion beschränkt; im übrigen kommt sie im östlichen China, in Korea, in Japan und auf mehreren Inseln im Nordpazifik vor. Ihr sehr flacher, länglicher Panzer wird bis zu 30 Zentimeter lang und ist mit Reihen kleiner Knötchen bedeckt. Die Hornschilder, die bei anderen Schildkröten die Knochenschale bedecken, fehlen.

Die Chinesische Weichschildkröte lebt in großen Flüssen und Seen, die einen schlammigen oder sandigen Grund, Wasserpflanzen und sanft abfallende Ufer haben. Sie verbringt die meiste Zeit im Wasser und ist eine gewandte und elegante Schwimmerin. Auch zu Lande ist sie sehr beweglich. Sie ist scheu und schwer zu entdecken und beim geringsten Anzeichen von Gefahr gleitet sie ins Wasser, taucht zum Grund und gräbt sich in den Schlamm oder Sand ein. Heimlich und gut getarnt geht sie auf Beutefang. Ihr Panzer gleicht dem Grund des Sees oder Flusses so sehr, daß die Schildkröte, wenn sie bewegungslos am Boden liegt, praktisch unsichtbar ist. Sie wartet dort geduldig mit herausgestrecktem Kopf, bis eine passende Mahlzeit erscheint. Außer von Fisch ernährt sich die Weichschildkröte von Insekten, Weichtieren, Krustentieren und Würmern. Nachts ändert sie ihre Jagdtechnik und sucht aktiv nach Beute.

Die Schildkröten verbringen den Winter auf dem Grund des Gewässers tief im Schlamm vergraben. Nachdem sie im April oder Mai aus ihrer Erstarrung erwacht sind, beginnt bald die Fortpflanzung. Die Weibchen legen zwei- oder dreimal pro Jahr zwischen 20 und 70 Eier in eine kleine Vertiefung am Ufer. Eineinhalb oder zwei Monate später schlüpfen die winzigen Schildkröten aus.

Im südlichen Teil Ussuriens lebt eine der schönsten Nattern, die Tigernatter *(Natrix tigrina)*. Sie wird bis zu 110 Zentimeter lang, bevorzugt feuchte, gewässernahe Laub- oder Mischwaldareale und ernährt sich hauptsächlich von Fröschen, Kröten und gelegentlich auch von Fisch.

Die Amurnatter *(Elaphe schrenckii)* erreicht eine Länge von zwei Metern. Sie lebt im Wald oder in Buschwerk und verbirgt sich in Baumlöchern, Baumstümpfen, zwischen Steinen oder in Nagetierbauen. Auf der Suche nach Vogeleiern klettert sie hoch in die Bäume oder sogar auf Hausdächer; außerdem frißt sie Küken, Vögel und kleine Säugetiere.

Die Tristramammer ist ein kleiner, körnerfressender Vogel, der auf den verschiedenen Höhenstufen und in unterschiedlichen Habitaten des Sichote-Alin-Gebirges verbreitet ist. Sie überwintert im südöstlichen China.

Die Vögel Ussuriens

Ussurien besitzt eine außerordentlich reiche Vogelfauna. Mehr als die Hälfte der 796 Arten Brutvögel, die in der Sowjetunion leben, sind in der Region beobachtet worden, darunter 244 Arten, die dort brüten, und weitere 20, von denen Brutversuche noch nicht belegt sind. Diese imposante Gesamtzahl steigt jährlich.

Die meisten Vögel leben in der üppigen mandschurischen Taiga. Darunter zählen Vertreter tropischer Familien, die sonst nicht in der UdSSR vorkommen, wie Brillenvögel *(Zosteropidae)*, Drongos *(Dicruridae)* und Stachelbürzler *(Campephagidae)*. Wenn man die Anzahl von Individuen in Betracht zieht, sind die Ammern *(Emberizidae)*, die altweltlichen Fliegenschnäpper *(Muscicapidae)*, Drosseln *(Turdidae)* und Kuckucke *(Cuculidae)* am häufigsten.

Die mannigfaltigen Landschaftsformen der östlichen und der westlichen Flußtäler des Sichote-Alin-Gebirgszuges werden von ganz unterschiedlichen Vogelgemeinschaften besiedelt. Entlang den schnellfließenden östlichen Flüssen lebt der Schuppensäger *(Mergus squamatus)* und der Langschnabel-Regenpfeifer *(Charadrius placidus)*, während an den breireren, ruhigen Flüssen im Westen Vögel wie der Amurfalke *(Falco amurensis)* und der Mandschurische Fischuhu *(Ketupa blakistoni)* heimisch sind.

In den dunklen Nadelwäldern der ochotskischen Taiga leben sowohl hinsichtlich der Zahl der Arten als auch der Individuen verhältnismäßig wenige Vögel. Eine Reihe von Arten ist für die Eichenwälder charakteristisch, darunter die Baumstelze *(Dendronanthus indicus)* und der Weißhand-Kernbeißer *(Eophona migratoria)*.

Etliche besetzten die verschiedenen Höhenlagen und Habitate des Sichote-Alin-Gebirges. Zu diesen gehören die Erddrossel *(Zoothera dauma)*, der Stummelsänger *(Urosphena squameiceps)*, der Goldhähnchenlaubsänger *(Phylloscopus proregulus)* und die Tristram-Ammer *(Emberiza tristrami)*. Die meisten Arten sind jedoch an eine bestimmte Höhe und einen bestimmten Lebensraum gebunden. So sind der Waldpieper *(Anthus hodgsoni)*, der pazifische Wasserpieper *(A. rubescens)*, die Bergbraunelle *(Prunella montanella)* und die Weißbrauendrossel *(Turdus obscurus)* für die vegetationslosen Berggipfel typisch.

Mandarinenten

Die kleine Mandarinente *(Aix galericulata)*, eine der Perlen der fernöstlichen Vogelwelt, lebt an den schnellfließenden Waldflüssen. Sie kehrt Ende März, wenn das Eis zu tauen beginnt, aus ihrem Winterquartier in Südostchina und Japan zurück. Mitte April, nachdem alles Eis weggeschmolzen ist, führen die Enten eine spektakuläre Balzvorstellung vor. Die Erpel sind mit ihren grün-weißen Häubchen und wie Segel hochgestellten, zimtbraunen verlängerten Flügelfedern sehr prächtig. Mandarinenten legen ihre 7 bis 12 Eier in Baumlöcher, die bis zu 15 oder 20 Meter hoch liegen, gelegentlich aber auch unter einen umgestürzten oder vermoderten Baumstamm. Die Küken verlassen ihre ungepolsterte Höhle gleich nach dem Schlüpfen, springen auf den Boden herab und folgen ihrer Mutter aufs Wasser. Im Oktober brechen sie nach Süden auf.

Greifvögel

Der zierliche Besrasperber *(Accipiter virgatus)* lebt in Flußtälern mit hohem Baumbewuchs. Er ist von allen Greifvögeln des Ussuri-Gebietes der ruffreudigste. Seine schrillen Warnrufe stößt er aus, während er von Baum zu Baum fliegt, um einen Störenfried von seinem Nest – das sich gewöhnlich an der Spitze einer hohen Ulme oder einer Koreanischen Weide *(Chosenia macrolepis)* befindet – abzulenken. Kommt man jedoch in die Nähe des Baumes, dann verhält sich der Vogel ganz ruhig – bis das Nest tatsächlich entdeckt wird, worauf das Weibchen andauernde Sturzflugan-

griffe auf den Eindringling fliegt. Die Vögel brüten spät und legen nicht vor Anfang Juni. Die Küken, die fast ausschließlich mit kleinen Vögeln gefüttert werden, sind Mitte August flügge. Besrasperber verbringen den Winter in Südostasien.

Der Graugesichtbussard *(Butastur indicus)* ist im Ussuri-Gebiet, in Nordostchina, Korea und Japan weit verbreitet, obwohl er nur lokal vorkommt und die Gesamtpopulation recht gering ist. Aus seinem Winterquartier in Südostasien kommend, erreicht er Ussurien im frühen April. Er brütet in Misch- oder Laubwäldern in der Nähe von Wiesen und hügeligen Mooren mit eingestreuten Bäumen. Das für einen Vogel – fast so groß wie ein Bussard *(Buteo buteo)* – erstaun-

Mehrere seltene Greifvögel leben in Ussurien. Dazu gehört der Graugesichtbussard, den man hier an seinem Horst im »Kedrowaja-Pad«-Reservat im äußersten Süden sieht.

lich kleine Nest wird auf einem Baum gebaut. Ab Mitte Juli schreien die drei bis vier Küken laut nach Futter und strecken ihre Köpfe aus dem Nest. Graugesichtbussarde fressen hauptsächlich Nagetiere, Echsen, Schlangen, Kröten und Frösche. Im September ziehen sie zurück nach Süden.

Die Graugesichtbussarde teilen ihr Habitat mit dem Malayen-Wespenbussard *(Pernis ptilorhynchus)*. Das Verbreitungsgebiet dieses seltenen Vogels erstreckt sich vom Osten des Baikal-Sees bis hin nach Malaysia und zu den Philippinen. Wie der Graugesichtbussart zieht er freie Flächen, die er zum Jagen benötigt, vor. Er kehrt spät und schon verpaart aus seinen Überwinterungsgebieten im südlichen Asien zurück, und die Vögel machen sich dann sofort daran, in hohen Bäumen einen Horst zu bauen. Zwischendurch voll-

führen sie aufregende Balzflüge, wobei sie hoch in den Lüften, auf ausgestreckten Flügeln segelnd, kreisen. Im frühen Juni werden ein oder zwei Eier gelegt. Die Küken werden vor allem mit Wabenbrocken von Wespen- und Hummeln-Nestern gefüttert. Diese werden vom Männchen herangeschafft, das auf der Suche nach Insektennestern oft erhebliche Strecken zurücklegt und sie ausgräbt oder von Ästen reißt. Aus den nichtverzehrten Larven schlüpfen fertige Wespen und Hummeln, und die heranwachsenden Küken vergnügen sich bei den Versuchen, sie zu fangen. Das Weibchen jagt in Nestnähe und bringt hauptsächlich Frösche. Daß die Malayen-Wespenbussarde so spät im Jahr brüten, ist zweifellos zeitlich abgestimmt mit dem Erscheinen der Wespen, und so werden die Jungen nicht vor Ende August flügge. Im September und Oktober sind die Vögel wieder auf ihrem Weg nach Süden.

Einer der interessantesten und seltensten Greifvögel, die im Ussuri-Gebiet beobachtet wurden, ist die Chinesenschick-

Einer der seltensten Greifvögel Ussuriens, und hier nur am Rand seines Verbreitungsgebietes, zu dem China, Korea und Indonesien gehören, vorkommend, ist die Chinesenschickra. Dieses Foto, das im Juli 1983 aufgenommen wurde, zeigt ein Weibchen an seinem Horst im »Kedrowaja-Pad«-Reservat. Dieses Nest, das der Autor mit seinen Kollegen entdeckte, ist das vierte, das in der UdSSR registriert wurde.

ra *(Accipiter soloensis)*, die nur im äußersten Süden der Region vorkommt, dem nördlichen Rand ihres Verbreitungsgebietes, das Korea und Ostchina umfaßt. Sie brütet auf mit Mongolischen Eichen *(Quercus mongolica)* bewachsenden Arealen. Nur vier Nester wurden bislang in der Sowjetunion entdeckt, das letzte von meinen Kollegen und mir. Das Balzritual ist im Mai zu beobachten, und Ende des Monats beginnen diese kleinen Habichtvögel, aus Zweigen ihren Horst in die Mitten- oder Seitengabel eines Baumes zu bauen und mit grünen Blättern auszupolstern. Die drei oder vier mattbraun gesprenkelten Eier werden sehr spät, nämlich erst in der zweiten Junihälfte, gelegt. Das Männchen jagt gewöhnlich ein gutes Stück vom Horst entfernt. Wenn es mit Beute zurückkehrt, kündigt es sich schon aus einiger Entfernung dem brütenden Weibchen durch laute, rauhe Schreie an, die an den eurasischen Sperber *(Accipiter nisus)* erinnern, sich aber erheblich von denen des Besrasperbers *(A. virgatus)* unterscheiden. Das Weibchen fliegt vom Horst auf, übernimmt die Beute und bringt sie zu den Küken. Das Weibchen jagt auch, bleibt dabei aber in Horstnähe.

Kuckucke

Die Taiga Ussuriens ist mit fünf Arten besonders reich an Kuckucken. Obwohl einige davon sehr ähnlich aussehen, sind ihre Rufe recht unterschiedlich, wobei der Ruf des Waldkuckucks *(Cuculus saturatus)* wiederum dem des Wiedehopfs *(Upupa epops)* ähnelt. Der wichtigste Wirtsvogel der Waldkuckucke ist der Kronenlaubsänger *(Phylloscopus coronatus)*, aber sie parasitieren auch beim Ussurilaubsäger *(P. tenellipes)*. Während die anderen Kuckucke in Südostasien überwintern, zieht der Waldkuckuck weiter nach Süden bis nach Indonesien, Neu-Guinea und Australien.

Der eurasische Kuckuck ist zwar häufig, meidet jedoch die dichte Taiga und lebt entlang Flußtälern und in Feuchtwiesen. Ende Mai trifft der kleine Kuckuck *(Cuculus poliocephalus)* im Süden der Region ein. Er bevorzugt Laubwälder, die von Lichtungen unterbrochen sind. Der kleine Kuckuck ist leichter zu bemerken als seine Verwandten, denn er fliegt oft von einer Baumgruppe zur nächsten. In einigen Gegenden kann man mehrere Männchen gleichzeitig rufen hören. Der beliebteste Wirtsvogel der kleinen Kuckucke ist der Japanbuschsänger *(Horeites diphone)*, der in Wiesen mit hohem Gras und dichtem Strauchwerk lebt.

Der am heimlichsten lebende Kuckuck Ussuriens ist der Fluchtkuckuck *(Hierococcyx fugax)*. Dieser recht seltene Vogel führt ein verstecktes Leben in den Baumkronen. Gewöhnlich ist sein durchdringender Ruf der einzige Hinweis auf seine Gegenwart, aber wenn man ihn zu Gesicht bekommt, kann man ihn an seiner ungestreiften – beim Männchen rosaroten – Brust leicht von den anderen Kuckucken unterscheiden. Er legt seine Eier meist im Nest des Japanschnäppers *(Cyanoptila cyanomelana)* ab.

Eulen und Nachtschwalben

Ussurien ist die Heimat verschiedener Eulen. Der Habichtskauz *(Strix uralensis)* kommt in den Laub- und Mischwäldern an den Hängen der kegelförmigen Berge vor. Er legt sein Nest früh im Jahr, schon Ende März oder Anfang April, in einem Baumloch an, das gewöhnlich hoch über der Erde liegt. In einigen Gegenden gibt es so hohe Populationsdichten, daß man von einer Stelle aus drei oder vier balzende Männchen beobachten kann; viele Eulen sterben jedoch während strenger Winter oder wenn ihre Nagetierbeute rar wird. Die in den nördlichen und mittleren Teilen des Ussuri-Gebietes häufigste Eule ist die Streifenohreule *(Otus sunia)*. Diese Eule lebt in Laub- und Mischwäldern, nistet im Mai

und Juni in Baumlöchern verschiedener Höhe und ernährt sich vorwiegend von Insekten, gelegentlich von Nagetieren. Anders als der Habichtskauz ist sie kein Standvogel, sondern zieht im Winter nach Südostasien.

Der Zugkauz *(Ninox scutulata)* ist eine exotische indisch-malayische Art, die, obgleich stellenweise häufig auftretend, in Ussurien selten brütet. Im Frühmai kommt der Zugkauz aus seinem Winterquartier zurück. Bis vor kurzem wußte man nur wenig über seine Biologie. Obwohl er größer als der Rauhfußkauz *(Aegolius funereus)* ist, ernährt er sich vor allem von Insekten. Er nistet in Baumhöhlen, die gewöhnlich 10 bis 14 Meter über dem Boden liegen, wobei er Bäume aussucht, die leicht anzufliegen sind. Im Spätmai oder im Juni werden hier drei (manchmal zwei oder vier) Eier abgelegt.

In den Mischwäldern leben zwei ganz besonders interessante Eulenarten. Die Halsring-Zwergohreule *(Otus bakkamoena)* nistet in Baumlöchern jeglicher Höhe. Das Männchen, das auffallend kleiner als das Weibchen ist, jagt innerhalb eines Radius von 200 bis 300 Meter vom Nest. Während das Weibchen die Eier ausbrütet, bringt ihr das Männchen ein- oder zweimal jede Nacht kleine Nagetiere. Das Weibchen fliegt ihm dann vom Nest her entgegen, läßt ihn aber auch oft einige Zeit warten. Beide Eltern füttern die heranwachsenden Jungen. Halsring-Zwergohreulen erlauben dem Menschen, ziemlich nah heranzukommen. Sie verlassen sich dabei auf ihre hervorragende Tarnfarbe und die

Die Halsring-Zwergohreule ist eine von vielen Eulenarten, die in den Wäldern Ussuriens leben.
Rechts: *Ein Ussurilaubsänger mit dem Küken eines Waldkuckucks an seinem Nest im »Kedrowaja-Pad«-Reservat. Wie die jungen eurasischen Kuckucke wirft es die Küken oder Eier des Wirtsvogels aus dem Nest hinaus.*

Fähigkeit, sich so an einen Baumstamm zu drücken, daß sie mit der Rinde zu verschmelzen scheinen.

Eine scheue und wenig erforschte Eule der Region ist der Mandschurische Fischuhu *(Ketupa blakistoni).* Dieser eindrucksvolle Vogel, der so groß wie der Uhu *(Bubo bubo)* wird, lebt entlang der großen, langsam fließenden Flüsse im Westen des Sichote-Alin, und hier besonders in Gegenden, in denen es Altwasser, flache Zuflüsse, kiesige Landzungen und Quellen gibt, die im Winter nicht zufrieren. Der Mandschurische Fischuhu ist überall selten. Ein Eulenpaar bleibt das ganze Leben lang in einem gewählten Territorium und verläßt es nur in strengen Wintern. Dann kann es sich zur Futtersuche auch mit anderen Individuen zusammentun.

Die Eulen werden erst mit drei Jahren geschlechtsreif. Die Balz konzentriert sich auf die zweite Februarhälfte, und Mitte März – wenn der Boden immer noch dick von Schnee bedeckt ist – werden ein oder zwei mattweiße Eier in ein hochgelegenes Baumloch gelegt. Wahrscheinlich brütet nur das Weibchen, während das Männchen ihm drei- bis fünfmal pro Nacht Nahrung bringt. Wenn die Jungeulen noch klein und die Nächte immer noch sehr kalt sind, verläßt das Weibchen das Nest nur selten. Im frühen Mai kann sie sich dann vom Nest entfernen und jagen, wobei sie gelegentlich ziemlich weit wegfliegt. Die Fische, die sie den Jungen mitbringt, fängt sie nach Art des Fischadlers: Sie schnappt sie aus dem Wasser und trägt sie in den Greifen davon. Das Männchen

Links: *Einer der Nebenflüsse am Mittellauf des Flusses Bikin im Februar, ein bevorzugter Aufenthaltsort des Mandschurischen Fischuhus.*

Oben: *Eine der am wenigsten bekannten und äußerst selten zu beobachtenden Eulen Ussuriens ist der Mandschurische Fischuhu, eine der größten Eulen der Welt. Er lebt entlang langsamfließender Flüsse an der Westseite des Sichote-Alin-Gebirgszuges und ist auf die Jagd nach Fischen, Fröschen und Kröten spezialisiert. An der Unterseite seiner Zehen hat er wie der Fischadler scharfe Schuppen und lange Krallen, um seine glitschige Beute festhalten zu können. Der Mandschurische Fischuhu fängt auch Flußkrebse und kleine Säugetiere. Der abgebildete Vogel hat einen Frosch gefangen.*

jagt nahe beim Nest und bringt dem Nachwuchs gewöhnlich Frösche im Schnabel mit. Es sieht so aus, als würden die meisten Fische nachts, die Frösche dagegen in der Abenddämmerung gefangen. Im Herbst und Winter gehören zur Nahrung der Eulen viele Flußkrebse und andere Krustentiere, außerdem Kleinsäuger wie Wühlmäuse und Mäuse. Außerhalb des Ussurigebietes kommt der Mandschurische Fischuhu auf Sachalin, an der Küste des Ochotskischen Meeres, in Nordostchina und auf Hokkaido (Japan) vor.

Die Indische Nachtschwalbe *(Caprimulgus indicus)* lebt in den Wäldern des mittleren und nördlichen Ussurilandes. Ihr Balzgesang, eine Folge von heiseren, gedämpften Tönen, denen eine Serie von »tak-tak-tak«-Rufen folgt, erschallt im Frühjahr unter den Bäumen. Sie nistet an den Hängen der kegelförmigen Hügel und legt im Juni ihre beiden grauweißlichen Eier in eine einfache Bodenvertiefung. Die Vögel ziehen nach Süden, um den Winter in Indonesien zu verbringen.

Der Kizukispecht ist Standvogel in begrenzten Gebieten des südlichen Ussurien. Er hat ähnliche Lebensgewohnheiten wie der über Eurasien einschließlich Ussuriens weitverbreitete Kleinspecht.

Spechte und Breitschnabelracken

Obwohl das Ussurigebiet nicht weit von Südostasien, das für die Artenvielfalt seiner Spechte berühmt ist, liegt, ist nur eine der exotischen indo-malayischen Arten in diese Region vorgedrungen: der Grauscheitelspecht *(Dendrocopos canicapillus)*. Er ist in Ussurien recht selten und Ornithologen können sich glücklich schätzen, wenn sie ein Nest dieses aufregenden Vogels finden.

Ein naher Verwandter des Grauscheitelspechts ist der Kizukispecht *(Dendrocopos kizuki)*. Es gibt ihn sehr häufig in den südlichen Teilen des Ussurilandes, wo er das ganze Jahr über anzutreffen ist. Er nistet ab Ende April und sucht sich morsche Bäume, um in etwa zwei bis drei Meter Höhe seine Bruthöhle anzulegen.

Einer der exotischsten Vögel ist der Ostroller *(Eurystomus orientalis)*, den man in bewaldeten Tälern mit freien Flächen vor allem im westlichen Teil des Sichote-Alin-Gebirges vorfindet. Er kehrt Mitte Mai aus seinen Winterquartieren in verschiedenen Teilen des südlichen Asien zurück. Zum Balzritual gehören kunstvolle Bewegungen mit dem Kopf sowie dramatische Schauflüge, bei denen das Paar laute, grelle Schreie ausstößt, während es Schleifen und andere Flugkunststücke vorführt. Die Nisthöhle befindet sich in einem

*Von allen Vögeln Ussuriens ist der aus der indo-malayischen
Tropenzone eingewanderte Ostroller einer der prächtigsten.
Man sieht ihn hier seinen Nachwuchs füttern.*

*Der Graumennigvogel ist in der UdSSR der einzige Vertreter
der im übrigen auf die Tropen beschränkten Familie
Campephagidae. Wie der Ostroller ist er ein Sommergast.*

Baum, oftmals hoch über dem Boden. Anfang Juni werden
die Eier abgelegt, die Jungen sind jedoch nicht vor Ende Juli
oder Anfang August flügge. Ostroller fressen Insekten, hauptsächlich Käfer, Libellen und Schlankjungfern. Am Abend
versammeln sie sich über ruhigen Flußabschnitten in Scharen von bis zu 30 Vögeln, oft in Gesellschaft von Amurfal-
ken *(Falco amurensis)*. Zusammen jagen sie nach Insekten,
bis aus der Dämmerung Nacht wird. Anfang September befinden sich die Ostroller auf ihrem Weg nach Süden.

Ungewöhnliche Singvögel
In den Wäldern am Ussuri lebten, ganz anders als in der
nördlichen Taiga der Sowjetunion, eine Fülle von Sperlingsvögeln. Es gibt viele Arten, die man auch in Europa kennt,
jedoch in oft davon abweichenden Unterarten. Unter anderem gehören dazu die Schwanzmeise *(Aegithalos caudatus)*,
die Sumpfmeise *(Parus palustris)*, der Waldbaumläufer *(Certhia familiaris)* und der Kleiber *(Sitta europaea)*. Viele Singvögel des Ussuri-Gebietes sind den meisten von uns jedoch
unbekannt.

Die Baum- oder Waldstelze *(Dendronanthus indicus)* ist eine
der wenigen Arten, die in den spärlichen Eichenwäldern leben, die die kegelförmigen Hügel bedecken. Man findet diesen Vogel auch in Nordostchina und Korea. Er bevorzugt
Geröllflächen, baut sein Nest in zwei bis sieben Meter Höhe
in eine Eiche und legt vier oder fünf Eier.

Manchmal hört man einen Gesang aus den hohen koreanischen Weiden *(Chosenia macrolepis)*, der sich wie das Klingeln
einer kleinen, silbernen Glocke anhört. Der Sänger ist der
Graumennigvogel *(Pericrotus divaricatus)*, der einzige in der
Sowjetunion brütende Vertreter der Familie der Stachelbürzler *(Campephagidae)*. Dieser Vogel kommt im Frühmai an und
beginnt Mitte Mai ein kompaktes, mit Flechten geschmück-
tes Nest auf einem hohen Ast zu bauen. Mennigvögel verbringen die meiste Zeit in den Baumkronen und besuchen
den Erdboden nur selten. Im frühen Oktober ziehen sie nach
Süden und überwintern auf Taiwan, den Philippinen und
Indonesien.

Fliegenschnäpper
Sieben Fliegenschnäpperarten sind Brutvögel des Ussuri-
Gebietes. In den Laubwäldern, die sich an den Flußufern
entlangziehen, lebt der hübsche indische Paradiesschnäpper
(Terpsiphone paradisi). Er liebt dichtes Gesträuch mit dickem
Unterwuchs und nistet oft in Apfelgärten. Er ist im allgemei-
nen selten, aber man hat an günstigen Stellen 10 bis 12 Brut-
paare auf einem Quadratkilometer gefunden. Besonders das
Gefieder der langschwänzigen Männchen variiert erheblich,
wobei die weiße Form viel seltener als die braune vorkommt.

Der Japanschnäpper ist eine weitere der sieben Fliegenschnäpperarten, die in Ussurien brüten. Im Bild sieht man ein prächtig gefärbtes Männchen. Das Federkleid der Weibchen ist vorherrschend braun gefärbt.

Ein glanzvolles Männchen des Indischen Paradiesschnäppers. Dieser Vogel gehört zur braunen Variante, es gibt auch eine »weiße Phase« mit weniger Braun im Gefieder. Die beiden mittleren Schwanzfedern des Männchens sind sehr lang und ähneln den Schmuckfedern der Paradiesvögel. Wie andere Fliegenschnäpper fängt er im Flug Insekten.

Ein Goldschnäppermännchen am Nistloch im »Kedrowaja-Pad«-Reservat im äußersten Süden Ussuriens.

Die Fliegenschnäpper kehren nicht vor Ende Mai aus ihren Winterquartieren in Südostasien zurück und beginnen im frühen Juni zu nisten.

Der exotische Braunschnäpper *(Muscicapa latirostris)* ist in den Laub- und Mischwäldern ein recht häufiger Vogel, der ein ähnliches Nest wie der Buchfink *(Fringilla coelebs)* baut. Der Japanschnäpper *(Cyanoptila cyanomelana)* ist eine ostasiatische Art mit einem sehr begrenzten Brutgebiet in Ussurien. Sein bevorzugter Nistplatz liegt zwischen großen Felsen, die von Farnen und feuchtem Moos überwachsen sind und am Fuß eines Hügels – in der Regel nahe einem Fluß – liegen. Die herrlichen Männchen, deren Kopf und Rücken bläulich schillern, sitzen auf den Ästen und singen ihr Lied – eine Kombination von pfeifenden Tönen und Trillern. Das Nest ist wunderbar getarnt, da es aus den Moosen der Umgebung gebaut ist. Diese Art überwintert in Indochina, auf den Philippinen und Borneo.

Der Goldschnäpper *(Ficedula zanthopygia)* ist sowohl in Ufergehölzen als auch in Misch- oder Laubwäldern verbreitet. In manchen Gegenden kann es bis zu 100 Paare auf einen Quadratkilometer Wald geben. Sie nisten in Baum-

löchern, nehmen aber auch bereitwillig Nistkästen an. Der Goldschnäpper verläßt die Ussuri-Region, um in Indochina, Indonesien und auf den Philippinen zu überwintern.

Das Weibchen einer Gartendrossel am Nest. Bei dieser Art gleichen sich die Geschlechter. Die Taiga- und die Mischwaldzone der UdSSR beherbergen besonders viele Drosselarten.

Drosseln

Einer der hervorragendsten Sänger der Ussuri-Wälder ist die Gartendrossel *(Turdus hortulum)*, deren traurig, aber melodisch pfeifendes Trillern durch die Laubwälder der Flußtäler klingt. Die Männchen wählen gewöhnlich die höchsten Äste als Singwarte. Diese Drosseln überwintern in Südostchina, und kehren im späten April nach Ussurien zurück. Das Nest wird oft in einem dichten Busch, manchmal auch unter einem gestürzten Baum angelegt. Gewöhnlich gibt es mehr als eine Brut, was die Verluste durch Räuber ausgleicht.

Gelegentlich hat der Naturfreund das Glück, den dünnen, flötenden Gesang der Erddrossel *(Zoothera dauma)* zu vernehmen — einer seltenen, scheuen Art, die in der dichten Nadelwald-Taiga und in Laubwäldern lebt. Sie kommt Mitte April aus Südostasien zum Brüten. Die Erddrossel ernährt sich weitgehend von Regenwürmern.

Der Spiegelrotschwanz *(Phoenicurus auroreus)* ist einer der schönsten aller Ussuri-Vögel. Es ist eine häufig vorkommende Art, die man in allen Wäldern findet und die wenig Angst vor dem Menschen zeigt. Er kehrt Anfang April aus seinem japanischen oder südostasiatischen Winterquartier zurück und beginnt Ende des Monats mit dem Nestbau, wozu er Baumhöhlen oder Löcher in Mauern wählt. Die sechs Eier sind blaßblau oder gräulich mit ziegelroten Flek-

Die Rotkehlnachtigall brütet nur vereinzelt im Fernen Osten der UdSSR, so auf der südlichsten Kurileninsel Kunaschir.

Ein schmucker Bartlaubsänger schaut wachsam aus seinem kugelförmig gewölbten Nest, das er im »Kedrowaja-Pad«-Reservat bodennah zwischen Gräsern gebaut hat.

ken. Die erste Brut verläßt das Nest im frühen Juni und wird dann vom Männchen gefüttert, während das Weibchen rasch ein neues Nest für die zweite Brut baut. Die Vögel fliegen Mitte Oktober nach Süden.

Auch die Blaurücken-Nachtigall *(Luscinia cyane)* ist in der Region heimisch. Sie lebt sowohl in Nadelbaum- als auch in Mischwäldern und bevorzugt helle Areale mit dichtem Strauchwerk und einem Unterwuchs aus Gräsern. Sie überwintert in Südost-Asien und Mitte April erklingt ihr melodischer Gesang in den Wäldern. Das Nest ist geschickt unter einem gestürzten Baum oder am felsigen Abhang eines Hügels versteckt und schwer zu finden.

An Steilufern von Flüssen in der undurchdringlichen Taiga kann man einen Gesang hören, der an das Zirpen einer Grille erinnert. Der Sänger ist der Ussurilaubsänger *(Phylloscopus tenellipes)*, ein scheuer kleiner Vogel, über den man bis vor kurzem wenig wußte. Es scheint jetzt aber, als wäre er gar nicht so selten, wie zunächst angenommen. Er hat eine unregelmäßige Verbreitung, wobei er an günstigen Plätzen konzentriert auftritt. Meine Kollegen und ich fanden Nester unter umgefallenen Bäumen und an Flußufern in dichten Laub- und Mischwaldgebieten. Die kleinen Laubsänger kommen im frühen Mai aus ihren Winterquartieren in Indochina und legen Anfang Juni fünf oder sechs weiße Eier. Das kugelförmige Nest, das einen Seiteneingang besitzt, ist dem anderer Laubsänger ähnlich, aber viel besser getarnt — tatsächlich ist es beinahe im Boden eingegraben. 1981 hatten wir das Glück, ein Nest mit einem jungen Waldkuckuck *(Cuculus saturatus)* darin zu finden. Die Eier der Laubsänger sind nach 12 Tagen ausgebrütet, und die Jungen verlassen das Nest nach weiteren 10 oder 11 Tagen. Im August und September fliegen die Vögel nach Süden zurück.

Einer der am häufigsten vorkommenden Vögel der Ussuri-Wälder ist der Kronenlaubsänger *(Phylloscopus coronatus)*, dessen Gesang man überall hört. Er lebt in verschiedenen Typen von Waldgebieten, von Feldgehölzen angefangen bis zu den dichtesten Nadelwäldern. Nachdem er Ende April aus Indochina oder Indonesien zurückgekehrt ist, baut er sein Nest und legt im Mai vier bis sechs Eier. Der Waldkuckuck *(Cuculus saturatus)* schätzt ihn als Wirtsvogel.

Ammern und Kernbeißer

Die Tristramammer *(Emberiza tristrami)*, die in Tälern mit Laub-, Misch- und gelegentlich Nadelwaldbewuchs brütet, ist ein seltener und doch typischer Sommergast Ussuriens. Sie überwintert in Südostchina. Dagegen ist die Maskenammer *(E. spodocephala)* einer der häufigsten Vögel der Region. Man findet sie auch im Süden Zentralsibiriens, auf Sachalin und den südlichen Kurilen. Sie meidet dichte Wäl-

Die Blauelster, eines der schönsten Mitglieder der Familie der Krähenvögel, hat ein erstaunliches Verbreitungsgebiet: Sie lebt nicht nur im Fernen Osten, sondern auch in Südspanien und Portugal.

Enge Verwandte der Krähen sind die Pirole, die ein leuchtendes Gefieder tragen. Hier sieht man das Weibchen eines Chinesischen Pirols auf dem Nest. Die Männchen sind noch prächtiger gefärbt.

der und bevorzugt Lichtungen und Waldränder oder Areale in Flußtälern mit dickem strauchigen Unterwuchs. Sie überwintert auch in Südostasien.

Der Weißhand-Kernbeißer *(Eophona migratoria)* ist nur im Süden Ussuriens sowie spärlich in Nordostchina und Korea verbreitet. Er ist einer der wenigen Vögel, die man in den Eichenwäldern beobachten kann. Er überwintert in Südostchina.

Pirole und Elstern

Die altweltlichen Pirole sind mittelgroße Verwandte der Krähen. Die Männchen sind viel leuchtender gefärbt als die Weibchen. Der Ferne Osten der UdSSR ist die Heimat des Chinesischen Pirols *(Oriolus chinensis)*, der auf der vorigen Seite abgebildet ist. Nach dem Brüten zieht er für den Winter nach Süden.

Die Blauelster *(Cyanopica cyanopica)*, einer der schönsten Vögel aus der Krähenfamilie *(Corvidae)*, hat eine schwer zu erklärende Verbreitung – sie kommt nur im Fernen Osten und Tausende von Kilometer westlich in Südspanien und in Portugal vor. Lange Zeit sahen Ornithologen und Zoologen sie als reliktäre Art an und führten ihre merkwürdige Verbreitung als Anzeichen dafür an, daß sie in prähistorischen Zeiten vom Pazifik bis zum Atlantik vorgekommen sein müsse. Einige Wissenschaftler neigen jedoch zu der Auffassung, daß die Vögel von Seeleuten, die aus dem Osten nach Spanien und Portugal zurückkehrten, mitgebracht wurden, und dann entflohen oder absichtlich freigelassen wurden.

Die Blauelster ist am Ussuri in Flußtälern, Laubwäldern und Strauchdickichten verbreitet. Sie nistet in kleinen Kolonien von bis zu einigen Dutzend Paaren, in der Regel am Fuße oder in den Ästen eines Strauchs, jedoch nicht höher als zwei bis drei Meter.

Die Liste auf den Seiten 212 bis 213 führt die typischsten Vogelarten des Ussuri-Gebietes auf. Arten, die in Europa und im nördlichen Asien weitverbreitet sind, wie die Elster *(Pica pica)*, der Eichelhäher *(Garrulus glandarius)*, verschiedene Spechte und viele andere, werden dort nicht mehr erwähnt.

Säugetiere Ussuriens

Die Säugetierfauna der Mischwälder im europäischen Rußland ähnelt weitgehend der vergleichbarer Wälder in anderen Teilen Europas, besonders Ost- und Mitteleuropas; diese allseits bekannten Tiere sollen hier ebensowenig beschrieben werden wie im vorhergehenden Abschnitt die Vögel der europäischen Wälder. Zu den Säugetieren des südlichen Teils des sowjetischen Fernen Ostens allerdings gehören verschiedene exotische Arten. Ebenso wie die Vogelwelt setzt sich im Ussuri-Gebiet auch die Säugetierfauna aus nördlichen und südlichen Elementen zusammen. Es gibt nördliche Arten wie den Braunbär *(Ursus arctos)* und den Vielfraß *(Gulo gulo)*, aber auch exotische Arten südlicher Herkunft wie die Amur-Rassen des Tigers *(Panthera tigris altaica)* und des Leoparden *(Panthera pardus orientalis)*.

Igel, Maulwürfe, Spitzmäuse und Fledermäuse

Viele Säugetiere leben in den unteren Waldschichten – in der oberen Erdschicht, in der Waldspreu oder auf der Oberfläche des Bodens. Die meisten von ihnen gehören zu den Insektenfressern *(Insectivora)*, zum Beispiel der Mandschurische Igel *(Erinaceus amurensis)* und der Maulwurf *Talpa robusta*, der mit 250 Gramm Gewicht der größte Maulwurf der Welt ist. In den Wäldern Ussuriens leben auch viele Spitzmausarten *(Soricidae)*. Die Knirpsspitzmaus *(Sorex minutissimus)* gehört mit ihren nicht mehr als drei Gramm Gewicht zu den kleinsten Säugetieren der Welt. Eine Familie der Insektenfresser – die Fledermäuse *(Chiroptera)* – hat sich von der Bodenschicht befreit; sie ist mit 15 Arten in den Wäldern Ussuriens vertreten. Manche von ihnen ziehen im Winter nach Süden, die übrigen überwintern in Höhlen oder an anderen geschützten Stellen.

Hasen und Nagetiere

Zwei Hasenarten leben im Ussuri-Gebiet: der Eurasische Schneehase *(Lepus timidus)*, dessen Beschreibung sich auf den Seiten 88 und 107 findet, und der Mandschurische Hase *(L. mandshuricus)*. Letzterer ist der kleinere von beiden und wiegt nicht mehr als zwei Kilogramm. Er bevorzugt die Hänge der kegelförmigen Hügel, die oben mit Geröllhalden bedeckt und darunter mit Gras und vereinzelten Eichenbäumen bewachsen sind. Während des Tages versteckt sich dieser Hase unter Steinen oder einem umgestürzten Baum. Das Weibchen wirft zweimal im Jahr je zwei bis sechs Junge.

Zu den vielen Nagetierarten gehört das Gewöhnliche Gleithörnchen *(Pteromys volans)*, dessen Verbreitungsgebiet von Finnland bis nach Korea und Japan reicht. Das Gleithörnchen besitzt an jeder Körperseite zwischen Vorder- und Hinterpfoten mit Pelz bekleidete Flughäute. Beim Erklettern der Bäume sind die Flughäute zusammengefaltet, aber wenn es sich von einem hohen Ast fallen läßt, werden sie zwischen den gespreizten Beinen straff aufgespannt und bilden so eine Art Fallschirm, der dem Gleithörnchen einen kontrollierten Flug ermöglicht. Gleithörnchen sind nachtaktiv und selten zu sehen.

Bären, Marder und Katzen

Auch der Kragenbär *(Selenarctos thibetanus)*, dessen Verbreitungsgebiet sich vom Iran bis nach Japan ausdehnt, lebt in den Mischwäldern des Ussuri-Gebietes. Er ist kleiner als der Braunbär und wiegt kaum 150 Kilogramm. Mit Hilfe seiner langen, gebogenen Krallen klettert er geschickt auf Bäume.

Rechts: *Der Sibirische Tiger – die größte der acht Unterarten des Tigers und zugleich die größte Katze der Welt – hat ein extradickes Fell, mit dem er den kalten Wintern des sowjetischen Fernen Ostens trotzen kann. Die Population dieses in seinem gesamten Verbreitungsgebiet geschützten Tieres wird gegenwärtig auf über 200 Exemplare geschätzt. Jedes dieser weitgehend einzelgängerischen Tiere beansprucht ein Jagdgebiet von etwa 240 Quadratkilometer.*

Seine abwechslungsreiche Kost besteht u. a. aus Pflanzen, Eicheln, Nüssen, Insekten, Weichtieren und Honig. Die Weibchen sind im Juni und Juli paarungsbereit. Im Herbst legen sich die Bären große Fettreserven zu, von denen sie während des Winterschlafes in einer kuscheligen Höhle in einem hohlen Baum zehren. Im Spätwinter gebären die Weibchen zwei oder drei Junge, die die Höhle verlassen, sobald es im Frühling wärmer wird.

Der Charsa oder Buntmarder *(Martes flavigula)*, der größte Marder der Welt, bewohnt ebenfalls das Ussuri-Gebiet, wo er Hörnchen und Hasen jagt, sich aber auch an so große Tiere wie das Moschustier *(Moschus moschiferus)* und Ziegen wagt.

Die Amurkatze *(Felis euptylura)* ist eine kleine Raubkatze. Sie ist sehr scheu und selten zu sehen, obwohl man oft auf ihre Spuren trifft. Die Weibchen sind im Februar und März paarungsbereit. Im April oder Mai werfen sie fünf Junge, die noch vor dem Winter selbständig werden. Die Katzen fressen Vögel und Nagetiere und schlagen gelegentlich auch Hasen und Eichhörnchen.

Die sibirische Rasse des Tigers *(Panthera tigris altaica)* ist die größte und stärkste Wildkatze der Welt; manche Männchen wiegen stattliche 384 Kilogramm. Die kleine, aber stabile Population der Tiger im südlichen Teil des Fernen Ostens wird heute auf mehr als 200 Exemplare geschätzt. Diese Unterart ist in den »Roten Listen« der UdSSR und der IUCN verzeichnet.

Die großen Katzen sind die meiste Zeit ihres Lebens Einzelgänger, und jede von ihnen beansprucht ein Jagdrevier von ungefähr 400 Quadratkilometer Wald. Eine Tigerin mit Jungen überwacht ein Territorium von 15 bis 20 Quadratkilometer, das sie allmählich vergrößert. Die Tiger streichen ständig in ihren großen Territorien umher, und im Winter legen sie zur Erleichterung ihrer Wanderungen glatte Pfade an. Sie jagen hauptsächlich Huftiere, das Wildschwein *(Sus scrofa)*, wilde Ziegen und Hirsche. Wenn es nicht genügend freilebende Tiere gibt, töten sie manchmal auch Vieh und Hunde. Zu später Stunde kann man häufig das Brüllen dieser weitgehend nachtaktiven Tiere hören.

Selbst im rauhen Klima des Fernen Ostens ist ihre Fortpflanzung nicht an eine bestimmte Jahreszeit gebunden. Nach einer Tragzeit von 95 bis 112 Tagen gebiert das Weibchen in einer gut verborgenen Höhle zwei, drei oder vier Junge. Sie beschützt ihren Nachwuchs zwei oder drei Jahre lang, bis dieser gänzlich selbständig ist. Die Tiger werden erst mit dem vierten Lebensjahr geschlechtsreif, und ein Weibchen wirft in ihrem ganzen Leben im Höchstfall 20 Junge, von denen nicht mehr als die Hälfte überlebt.

Der Amur-Leopard *(Panthera pardus orientalis)* ist ein sehr seltenes Tier und in den »Roten Listen« der UdSSR und der IUCN verzeichnet. Er lebt in den südlichen Wäldern Ussuriens, hauptsächlich im Kedrowaja-Pad-Reservat (vgl. Seite 137). Die Leoparden schließen sich im Winter zu Paaren zusammen. Ihre Höhlen befinden sich zwischen großen Felsblöcken oder an Geröllhalden. Nach einer dreimonatigen Tragzeit wirft das Weibchen ein bis drei Junge, die zunächst blind sind und ein geflecktes Fell haben. Die jungen Tiere entwickeln sich schnell und sind in der Regel nach zwei Jahren voll ausgewachsen und geschlechtsreif. Die Männchen sind größer als die Weibchen. Die Leopardenpopulation wird gegenwärtig auf nicht mehr als 50 Exemplare geschätzt.

Sikahirsche

Auch der Sikahirsch *(Cervus nippon)* ist als seltene Tierart in den »Roten Listen« der UdSSR und der IUCN aufgeführt. Dieser kleine, elegante Hirsch wiegt nicht mehr als 100 Kilogramm und lebt in den Tälern und in den Mischwäldern auf den Hängen der kegelförmigen Hügel. In schneereichen Wintern steigt der Sikahirsch oftmals in die Flußtäler hinab. er nimmt eine abwechslungsreiche vegetarische Kost aus Gras, Trieben von Bäumen und Sträuchern und Früchten zu sich. Im Oktober und November sind die Hirsche brünftig, und zu dieser Zeit ist ihr Röhren in der Abend- und Morgendämmerung zu hören. Die Männchen kämpfen um die Weibchen, und die Sieger versammeln je drei oder vier Hirschkühe um sich. Im Frühjahr, gewöhnlich im Mai, gebiert jedes Weibchen ein einzelnes Kitz, das bis zum folgenden Frühling bei seiner Mutter bleibt. Nachdem die Männchen im April ihr altes Geweih abgeworfen haben, wird im Mai ein neues hervorgetrieben, das zunächst noch empfindlich und mit einer zarten, samtigen Haut, dem »Bast«, überzogen ist. Die Hirsche sind während dieser Zeit sehr scheu und halten sich im dichtesten Wald versteckt.

Sikahirsche gibt es auch in Nord- und Südostchina, Korea, Japan, Formosa und Vietnam und vielerorts, unter anderem auch in der UdSSR, werden sie in Gefangenschaft gehalten. Ihr Geweih liefert einen wertvollen Rohstoff, der für medizinische Zwecke weiterverarbeitet wird. Sikahirsche sind auch in so weit entfernten Ländern wie Neuseeland, Großbritannien und den USA eingeführt worden.

Mischwald-Reservate

Ein Blick auf die Karte, in der die Naturschutzgebiete der Wälder verzeichnet sind, zeigt, daß diese größtenteils in der Mischwaldzone liegen. Die größeren Nadelwald(Taiga)-Reservate sind auf den Seiten 111 bis 113 beschrieben.

Die im folgenden vorgestellten Naturschutzgebiete des europäischen Teils der UdSSR befinden sich allesamt in der Mischwaldzone. Das 1927 geschaffene Woronesch-Reservat umfaßt 310 Quadratkilometer, an denen Waldgebiete einen Anteil von 285 Quadratkilometer haben. Dort leben 973 Arten höherer Pflanzen, je 8 Reptilien- und Amphibienarten, 185 Vogel- und 51 Säugetierarten, zum Beispiel der Biber *(Castor fiber)*. Östlich des Verwaltungsbezirks Woronesch liegt das Choper-Reservat mit einer Fläche von 162 Quadratkilometer. In dem 1935 gegründeten Reservat lebt der Südrussische Bisamrüßler oder Desman *(Desmana moschata)*, ein Verwandter des Maulwurfs, der sich teils unter der Erde, teils im Wasser aufhält.

Das Zentralno-Lesnoj-Reservat wurde 1931 im Verwaltungsbezirk Kalinin eingerichtet. Es ist 213 Quadratkilometer groß, davon sind 199 Quadratkilometer bewaldet. Südlich von Moskau liegt das Priokso-Terrasnij-Biosphärenreservat mit einer größtenteils bewaldeten, 49 Quadratkilometer großen Fläche; dort lebt eine Herde Wisents *(Bison bonanus)*.

Die Naturschutzgebiete der Ukrainischen SSR befinden sich ebenfalls in der Mischwaldzone, zum Teil auch im Waldsteppengebiet. Das Polesje-Reservat ist 201 Quadratkilometer groß. Zu den Mischwald-Reservaten der Belorussischen SSR gehören das Beresina-Biosphärenreservat am Fluß Beresina mit insgesamt 762 Quadratkilometer, von denen 635 Quadratkilometer bewaldet sind; das Pripjet-Reservat, dessen 622 Quadratkilometer zu 511 Quadratkilometer von Wald bedeckt sind; und der dichte, undurchdringliche Wald des »Beloweschskaja-Puschtscha-«-Reservats mit einer Fläche von 876 Quadratkilometer. Zu Deutsch heißt dieser russische Name »Unberührter Wald von Belowesch«. In den baltischen Republiken sind die meisten Reservate zum Schutz von Feuchtgebieten eingerichtet worden;

Die Karte zeigt die Reservate im sowjetischen Fernen Osten.
Die Mischwald-Reservate der übrigen UdSSR sind – zusammen mit denen der Nadelwald(Taiga)-Zone – in der Karte auf Seite 112 verzeichnet. Auch einige Gebirgs-Reservate (Seite 162–165) enthalten Wälder.

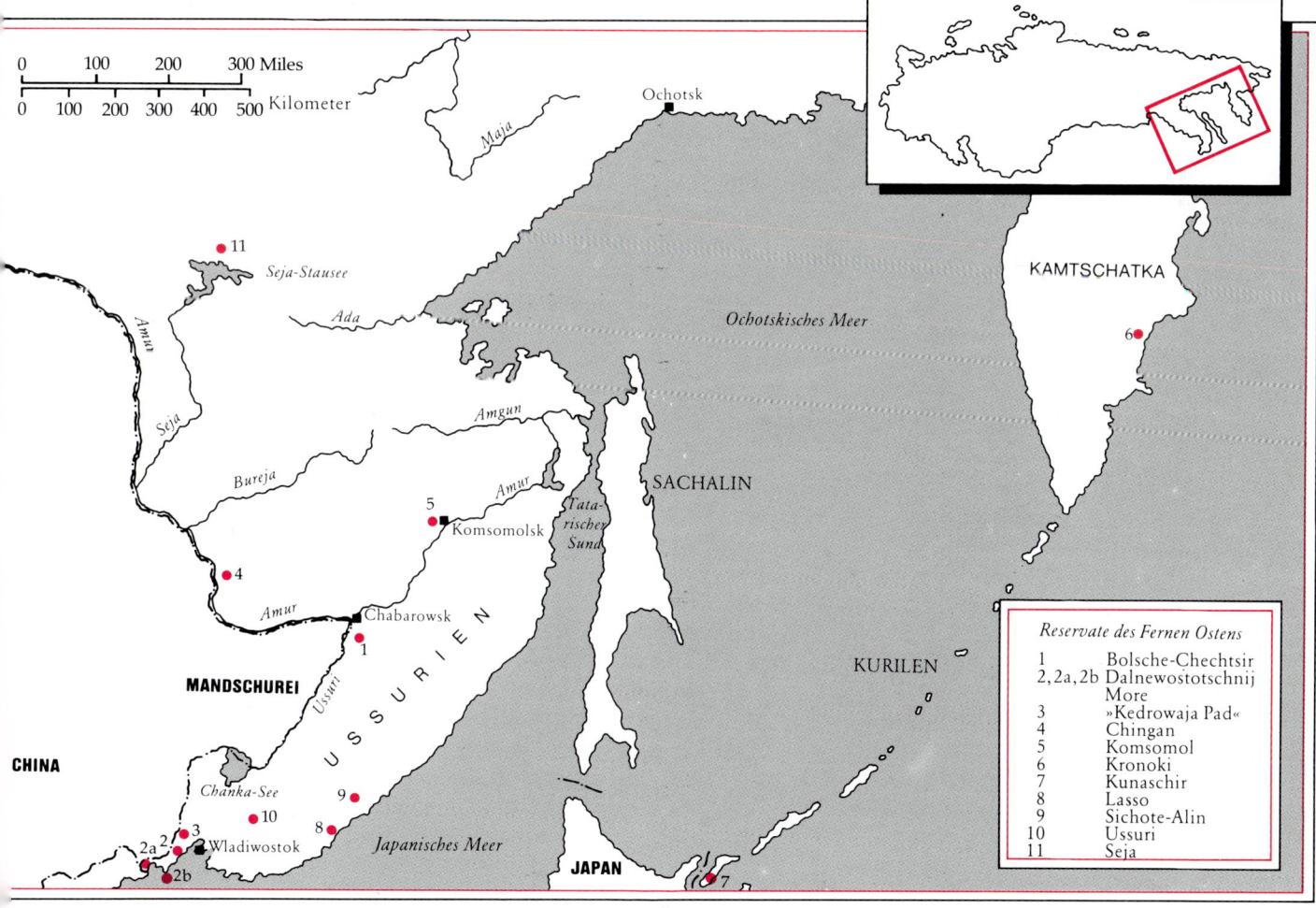

Reservate des Fernen Ostens

1	Bolsche-Chechtsir
2, 2a, 2b	Dalnewostotschnij More
3	»Kedrowaja Pad«
4	Chingan
5	Komsomol
6	Kronoki
7	Kunaschir
8	Lasso
9	Sichote-Alin
10	Ussuri
11	Seja

Das tosende Geräusch kleiner Wasserfälle ist typisch für die Landschaft entlang des Flusses Tyurina im Reservat auf Kunaschir, der südlichsten Insel der Kurilen.

da sich innerhalb ihrer Grenzen große Mischwaldgebiete befinden, sind sie hier aufgeführt. In Litauen gibt es drei Reservate: das 1937 geschaffene, 54 Quadratkilometer große »Žuvintas«; Kamanos, das 37 Quadratkilometer umfaßt; und Čepkeliai mit einer Fläche von 85 Quadratkilometer. Lettland verfügt über das 11 Quadratkilometer große »Grini«-Reservat, das 28 Quadratkilometer einnehmende Krustkalny-Reservat, das Moritzala-Reservat (8 qkm), das »Slitere«-Reservat (149 qkm) und das Teytschu-Reservat (190 qkm). In Estland befinden sich folgende Reservate: das Viydumyäe-Reservat (6 qkm), das 107 Quadratkilometer große Vilsandi-Reservat auf den gleichnamigen Inseln in der Ostsee, das bereits im Jahre 1910 eingerichtet wurde und eines der ältesten Reservate in der UdSSR ist, und das 397 Quadratkilometer große Matsalu-Reservat, das 1957 gegründet und 1975 mit einem Feuchtgebietreservat von internationaler Bedeutung zusammengeschlossen wurde – dem Ostsee-Reservat Matsalu, das eine Gesamtfläche von 486 Quadratkilometer einnimmt. An der Grenze zwischen Estland und Lettland liegt das 28 Quadratkilometer große Nigula-Reservat. Litauen, Estland und Lettland haben je einen Nationalpark eingerichtet, in denen sich ein Reservat befindet.

Reservate des Fernen Ostens

Auch im sowjetischen Fernen Osten wurde ein Netzwerk großer Naturreservate geschaffen, in denen seltene Tiere und Pflanzen geschützt sind.

1934 wurde das staatliche Kronoki-Reservat an der Pazifikküste Kamtschatkas eingerichtet, um die einzigartige Fauna und Flora der Halbinsel zu bewahren. Auf den 9640 Quadratkilometern leben etwa 800 Arten höherer Pflanzen, 179 Vogel- und 33 Säugetierarten. Der zweithöchste Vulkan der Halbinsel Kamtschatka, der 3528 Meter hohe Kronots, gehört ebenso zum Reservat wie viele Geysire und heiße Quellen. Im 1941 etablierten Tal der Geysire sind 22 separate Geysire gezählt worden; der stärkste schießt einen Strahl heißen Wassers 50 Meter hoch in die Luft.

1963 wurde im Norden des Amur-Gebietes das Sseya-Reservat mit einer Fläche von 826 Quadratkilometer geschaffen, die zu 90,7 Prozent mit Wald bedeckt sind. Mehr als 500 Arten höherer Pflanzen, 133 Vogel- und 37 Säugetierarten sind dort zu verzeichnen.

Das 1963 eingerichtete Komsomol-Reservat liegt im unteren Teil des Goryun-Beckens, einem großen westlichen Nebenfluß des Amur. Nach einem großen Brand wurde die Fläche des Reservats erweitert, und es ist nun mit 612 Quadratkilometer fast zweimal so groß wie das ursprüngliche.

1963 wurde das Bolschoi-Chechtsir-Reservat auf der Bolschoi-Chechtsir-Gebirgskette in der Nähe von Chabarowsk, dort, wo Amur und Ussuri zusammenfließen, gegründet. Es ist 449 Quadratkilometer groß. Von den 755 Arten höherer Pflanzen sind viele so selten, daß sie in der »Roten Liste« der UdSSR stehen. Im Reservat leben darüber hinaus 11 Reptilien- und Amphibienarten, 191 Vogel- und 35 Säugetierarten.

Das Chingan-Reservat existiert seit 1963 und liegt in den Vorbergen der Chingan-Gebirgskette am Mittellauf des Amur. Es umfaßt eine Fläche von 822 Quadratkilometer, die zu 47 Prozent aus Wald und im übrigen vorwiegend aus Sumpfgebiet besteht. Es gibt dort 500 Arten höherer Pflanzen, 103 Vogel- und 44 Säugetierarten.

Das Sichote-Alin-Biosphärenreservat wurde 1935 auf den östlichen und westlichen Hängen des Sichote-Alin-Gebirges eingerichtet; von seiner Fläche von 3475 Quadratkilometer entfallen 99 Prozent auf Wald. Der höchste Gipfel liegt 1600 Meter über dem Meeresspiegel. Zur örtlichen Flora gehören etwa 940 Arten höherer Pflanzen, und es gibt 340 Vogel- und 61 Säugetierarten.

Im südlichen Teil des Sichote-Alin an der Küste des Japanischen Meeres existiert seit 1937 das Naturschutzgebiet bei Lasso, das nach L. G. Kaplanow benannt wurde; es ist 1165 Quadratkilometer groß. Das gebirgige Terrain besteht zu 96 Prozent aus Wald. Es gibt dort etwa 1000 Arten höherer Pflanzen, darunter viele seltene und endemische. Zur vielfältigen Fauna gehören u. a. 8 Amphibien, 9 Reptilien-, 286 Vogel- und 48 Säugetierarten.

Verglichen mit den großen Nadelwäldern sind die Mischwälder Ussuriens vielschichtigere natürliche Gemeinschaften. In der üppigen Strauchschicht wachsen viele Arten sich windender, kletternder Lianen, die den Wäldern etwas vom Aussehen der tropischen Regenwälder geben.

Im äußersten Süden des Ussuri-Gebietes befindet sich das seit 1916 bestehende, 179 Quadratkilometer große »Kedrowaja-Pad«-Reservat. Es liegt im Becken der Kedrowa, wo sich kegelförmige Hügel 600 bis 800 Meter hoch erheben. Hier wachsen nicht weniger als 17 in der »Roten Liste« der UdSSR verzeichnete Pflanzen, zum Beispiel der Ginseng *(Panax ginseng)* und *Rhododendron schlippenbachii.* Darüber hinaus leben dort 817 Arten höherer Pflanzen, 250 Vogelarten (118 davon brüten auch im Reservat) und 57 Säugetierarten, zu denen die sehr seltene Amur-Rasse des Leoparden *(Panthera pardus orientalis)* gehört. Die Insektenpopulation ist reich an Arten, die tropischen Ursprungs sind (so Schwalbenschwanz *Papilio maackii* und Schillerfalter *Apatura schrenckii*).

1932 wurde das Ussuri-Reservat an den südlichen Ausläufern des Sichote-Alin geschaffen, dessen 404 Quadratkilometer zu 99 Prozent mit Wald bewachsen sind. Insgesamt 824 Arten höherer Pflanzen sind im Reservat gefunden worden, und zu den Tieren gehören viele Reliktarten des Fernen Ostens. Seit 1978 existiert das erste Meeres-Reservat in der Peter-der-Große-Bucht im äußersten Süden des sowjetischen Fernen Ostens; 630 Quadratkilometer der Gesamtfläche von 644 Quadratkilometer befinden sich im Meer. Das Gebiet, das Ferner-Osten-Meeresreservat genannt wird, besteht aus drei getrennten Meeres- und Festlandgebieten (Inseln und Küste). Auf den Inseln trifft man große Seevogelkolonien.

1985 wurde im Fernen Osten ein neues Reservat auf der südlichsten der Kurilen-Inseln, auf Kunaschir, eingerichtet. Diese große Insel beherbergt außergewöhnlich interessante Pflanzengemeinschaften und viele, zum Teil nur auf den Inseln vorkommende Tiere. Dazu gehören der Skink *Eumeces letiscutatus* und die Kletternatter *Elaphe climacophora.*

7 Gebirge

Auch wenn die Sowjetunion ein Land mit ausgedehnten Ebenen ist, nehmen Berge und Hügel doch ein Drittel ihrer Fläche ein. Die Gebirge unterscheiden sich auffällig voneinander – hinsichtlich ihrer Ausdehnung, ihrer Höhe und ihrer Tier- und Pflanzenwelt. Der Autor konnte Hunderte von Meilen dieser Regionen zu Fuß und zu Pferde durchstreifen und ihre mit den Jahreszeiten wechselnden Gesichter kennenlernen. Zu den unvergeßlichen Eindrücken gehören dramatische Gewitter, spektakuläre Sonnenuntergänge und ständig von Wolken und Nebel umhüllte Berggipfel; Apollo-Falter, die wie riesige Schneeflocken über den alpinen Wiesen schweben; der wunderschöne Gesang der Pfeifdrossel; die durchdringenden Rufe der Murmeltiere und die unverkennbare Silhouette des Steinadlers, der die Berge nach Beute absucht.

Die großartige und wilde Bergwelt und die Herausforderungen, die sie an die Körperkräfte stellt, ziehen immer mehr Menschen an, die dem Streß des städtischen Lebens entfliehen wollen. Berge sind geheimnisvoll und mächtig, dabei jedoch empfindlich und leicht zu beschädigen; Naturschützer weisen zu Recht auf ihre Verletzlichkeit hin. Glück-

licherweise wird ihnen nun offiziell der Schutz gewährt, der ihnen gebührt.

Ich will dieses Kapitel mit einem Blick auf die allgemeinen Merkmale der Gebirgsvegetation beginnen und danach die höchsten und interessantesten Gebirgsketten der Sowjetunion untersuchen – den Kaukasus, den Tienschan, den Pamir, den Gissaro-Alai und den Altai –, die eine höchst spezialisierte Vegetation und die größte Artenvielfalt bei Tieren aufweisen.

Der Beschreibung der physischen Merkmale des Gebirgszuges folgt jeweils eine Aufzählung der dort wachsenden charakteristischen Pflanzen; der zweite Teil des Kapitels handelt vom Tierleben der Gebirge. Pflanzen und Tiere der kalten Gebirge Sibiriens und der Sichote-Alin-Gebirgskette im Fernen Osten sind im einzelnen bereits in den Kapiteln über die Taiga und den Mischwald beschrieben worden.

Hochgebirgsvegetation

Die Vegetation im Hochgebirge ähnelt der der Arktis, aber, je südlicher die Berge liegen, desto stärker treten Unterschiede hervor. So gleicht die Vegetation des nördlichen Ural und der Gebirgsketten Ostsibiriens der Tundrenvegetation, dagegen beherbergen die Berge des Kaukasus und Zentralasiens im Süden ganz andere, wirklich alpine Pflanzen. Ein gemeinsames Merkmal von alpinem und Tundrenklima ist, daß den Pflanzen nur eine kurze Wachstumsperiode bleibt. Andererseits bestehen beträchtliche Unterschiede zwischen den Bedingungen in den Gebirgen und denen in der arktischen Tundra: In den Gebirgen gibt es keinen Dauerfrostboden, so daß mehr Feuchtigkeit aus Regen oder Schnee verfügbar ist. Auch die Sonne strahlt dort intensiver, weshalb die alpinen Pflanzen besondere anatomische Formen ausgebildet haben, zum Beispiel ein stark entwickeltes Palisadengewebe in den Blättern zum Schutz der empfindlichen Chloroplasten, in denen die Photosynthese stattfindet.

Zonierung

Eines der auffälligsten Merkmale von Gebirgen ist die Verteilung der Pflanzen und Tiere auf horizontale Gürtel oder Zonen in verschiedenen Höhen. Dies wird besonders deutlich, wenn man von einem der Gipfel der größeren Gebirgszüge, des Kaukasus, des Tienschan oder des Pamir herunterschaut. Die Vegetationszonen sind weitgehend durch Temperatur und Feuchtigkeit festgelegt, welche wiederum sowohl von der Höhe der Berge als auch von ihrer geographischen Lage beeinflußt werden. In den nördlichen Gebir-

Oben: *Eine der verschiedenen Arten wilder Lauchgewächse in den Gebirgen der UdSSR, der Karatau-Lauch, wächst im westlichen Tienschan-Gebirge.*
Links: *In der Sowjetunion befinden sich einige der eindrucksvollsten und schönsten Gebirgszüge der Welt – zum Beispiel dieser hier in der großen Pamir-Gebirgskette, in der die höchsten Gipfel und größten Gletscher liegen.*

Eine Ansicht der Vorberge der Talass-Alatau-Gebirgskette im westlichen Tienschan, die besonders klar die vertikale Zonierung der Vegetation wiedergibt.

gen, die zur Gänze mit Schnee oder Tundra bedeckt sind, unterscheiden sich die Temperaturen am Fuß und auf dem Gipfel nicht sonderlich. In den südlichen Gebirgsketten jedoch können die Temperaturunterschiede in den einzelnen Höhenlagen oft recht beträchtlich sein.

Neben der Höhe spielt die Himmelsrichtung, in die ein Hang abfällt, eine wichtige Rolle für die Verteilung des pflanzlichen und tierischen Lebens. Die meisten Gebirgszüge der Sowjetunion erstrecken sich überwiegend in Ost-West-Richtung. Niedrigere, ältere Gebirge wie die Karpaten, deren Gipfel eine Millionen Jahre dauernde Erosion durchgemacht haben, sind bis zum Gipfel bewaldet; die gezackten, felsigen Spitzen des Kaukasus und des Gissaro-Alai dagegen sind schneebedeckt und von großen Gletschern durchzogen.

Alle diese Einflüsse, die sich in einem Gebirge innerhalb kurzer Entfernungen kraß ändern können, sind für die vielfältigen Zonierungsgefüge verantwortlich. Im Grunde gibt es jedoch zwei unterscheidbare Zonen der echten Gebirgsvegetation oberhalb der Baumgrenze: den subalpinen und den alpinen Gürtel. Die untere Grenze der Gebirgsvegetation variiert in den einzelnen Gebirgen deutlich, je nach der Ausrichtung des Gebirges, seiner geographischen Lage und der Hangexposition. Auch die jahreszeitliche Verteilung der Niederschläge ist von Bedeutung. Im Altai zum Beispiel liegt die untere Grenze der Hochgebirgswiesen im Norden zwischen 1330 und 2500 Meter, während sie im Süden bei 2400 Meter liegt. Im Tienschan verläuft diese Grenze im Norden bei 1500 Meter, steigt aber im Süden auf 2500 Meter an.

Subalpine Wiesen

Die Vegetation der alpinen und subalpinen Wiesen unterscheidet sich deutlich. Subalpine Wiesen in voller Blüte bilden mit ihrer dichten Decke aus Gräsern und Wildblumen einen Teppich leuchtender Farben. In einigen zentralasiatischen Gebirgsregionen sind in subalpinen Wiesen oft nicht weniger als 100 Blütenpflanzenarten anzutreffen. Faßt man die ganze zentralasiatische Bergwelt ins Auge, kann der subalpine Gürtel bis zu 200 Pflanzenarten enthalten, und auf einem Areal von nur 25 Quadratkilometern hat man nicht weniger als 57 Arten gefunden.

Nicht in allen zentralasiatischen Gebirgsketten jedoch gibt es einen Gürtel subalpiner Wiesen. Ihr Vorkommen hängt vor allem von der Niederschlagsmenge und deren jahreszeitlicher Verteilung ab. Deshalb fehlen sie in den entlegenen Teilen des inneren Tienschan und in vielen Gebieten des Pamir und des Gissaro-Alai, wo das trockene Klima eine der Hauptursachen für die Entstehung der ungewöhnlichen Hochgebirgssteppen ist. Die farbigsten subalpinen Wiesen finden sich in den Randgebirgen des zentralasiatischen Gebirgssystems.

Alpine Wiesen

Zwar zeigt die subalpine Vegetation schon viele Merkmale charakteristischer Gebirgspflanzen, aber erst die alpine Pflanzengemeinschaft spiegelt die Kargheit des Lebens in großen Höhen wider – diesen Pflanzen bleibt nur eine kurze Wachstumsperiode, die zudem durch extreme Temperaturen beeinträchtigt wird. Niedrige Temperaturen und ständige Winde haben die Herausbildung von am Boden angepreßten, polsterbildenden Pflanzen gefördert. Die meisten dieser Pflanzen haben rosettenförmige Blätter und reduzierte Stiele, und viele vermehren sich ungeschlechtlich durch Knollen, Rhizome und andere Fortpflanzungsorgane. Pflanzen, die sich geschlechtlich reproduzieren, sind von ungewöhnlich leuchtender Farbe, mit der sie die wenigen bestäubenden Insekten, die in großen Höhen überleben können, anlocken.

Die alpinen Wiesen Zentralasiens in voller Blüte gehören mit ihrer Pracht und Frische zu den schönsten Anblicken in der ganzen Sowjetunion. Im Frühling sind die Wiesen noch mit blaßgrünem Blattwerk bedeckt, bis zum Frühsommer haben sich die Blüten geöffnet: liebliche Vergißmeinnicht, blaßrosa Hahnenfußgewächse, goldene Trollblumen, blaßgelber Alpen-Mohn und viele andere. Die letzte Grenze dieser obersten Vegetationszone in den zentralasiatischen Gebirgen kann bei 3 800 bis 4 500 Meter liegen.

Ein klassisches Beispiel für die Zonierung: das Tienschan-Gebirge

Ein klassisches Beispiel der horizontalen Zonierung in verschiedenen Höhenlagen gibt der Tienschan, eine mächtige, ausgedehnte Gebirgskette in Zentralasien, die sich 2 450 Kilometer in Ost-West-Richtung erstreckt, wovon 1 200 Kilometer in den sowjetischen Republiken Usbekistan, Kasachstan und Kirgisistan und der Rest in China liegen. Der Tienschan ist durch Gebirgskämme mit dem dsungarischen Alatau und dem Pamir-Alai verbunden, die sich ebenfalls hauptsächlich in Ost-West-Richtung ausdehnen. Die höchsten Bergspitzen befinden sich im inneren Tienschan an der chinesischen Grenze. Es sind der 7 439 Meter hohe Pik Pobedy und der Chan Tengri mit 6 995 Meter. Die längsten Gebirgszüge des Tienschan auf dem Gebiet der Sowjetunion sind Sailiiski, Kungei, Terskei, das Kirgisen-Gebirge, der Talass-Alatau und der Tschatkal.

Die Landschaft der Tienschan-Berge weist unverkennbar darauf hin, daß die kleinen Talkessel und Gräben von Gletschern ausgeschürft wurden, die große Mengen von Felstrümmern mit sich rissen, aus denen sich Geröllhalden und Moränen formten. Auf den Vorbergen bleibt der Schnee nur zwei oder drei Monate im Jahr liegen, auf halber Höhe sechs oder sieben Monate und direkt unterhalb der Gletscher, die im Tienschan eine Fläche von 10 200 Quadratkilometer bedecken, verschwindet er neun oder zehn Monate lang nicht.

Das trockene kontinentale Klima des Tienschan läßt nur die widerstandsfähigsten Pflanzen gedeihen. Über große Teile des Gebirgszuges trifft man in Höhen von 1 000 bis 3 000 Meter auf Steppenvegetation, die sich stellenweise mit zwergwüchsigen Nadelhölzern und Grasland mischt. Zwi-

Altai-Trollblumen zieren einen Gebirgsbach in der Katun-Gebirgskette des riesigen Altai-Gebirges in Südwestsibirien.

schen 3 000 und 3 200 Meter liegen die subalpinen und alpinen Gürtel, und oberhalb 3 500 Meter wandelt sich die Szenerie zu einer Landschaft aus Felsen, Gletschern. Schneewehen und Geröllhalden.

Der nördliche Tienschan zeigt besonders klare Zonierungsstufen. Die Vorberge erheben sich zwischen 150 und 660 Meter hoch aus der sie umgebenden Wüste. In ihren unteren Lagen findet man Halbwüste und salzigen Boden, der mit trockenresistenten, salztoleranten Pflanzen wie Tamarisken *(Tamarix)* und Kameldorn *(Alhagi camelorum)* bekleidet ist. Die höheren Regionen der Vorberge sind Wermutwüsten, in denen die Art *Artemisia sublessingiana* vorherrscht. In etwa 1 200 Meter Höhe weichen diese den Laubwäldern. Dieser Gürtel aus Breitlaubwald in einer Höhe von 600 bis 1 600 oder 1 800 Meter besitzt eine reiche, vielfältige Flora mit etwa 40 Baum- und Straucharten, hauptsächlich dem Wildapfel *(Malus sieversii)* und der Aprikose *(Armeniaca vulgaris)*, einem endemischen Bocksweizen *(Atraphaxis muschketovii)* und einem Ahorn *(Acer semenovii)* sowie vielen dornigen Sträuchern wie Rosen *(Rosa)* und Sauerdorn *(Berberis)*. Die Krautschicht besteht aus üppigen Gräsern und verschiedenen Tulpenarten, von denen einige endemische oder exotisch sind (wie *Tulipa kolpakovskiana* und die *T. ostrovskiana*) aus mehreren Arten Steppenkerzen, auch Wüstenlilien oder

Viele Veilchenarten wachsen in den Bergen – die meisten in den feuchten Wiesen des Altai-Gebirges, und dort vor allem in den alpinen Wiesen nahe der oberen Baumgrenze.

Lilienschweif genannt *(Eremurus)*, dem gelbblühenden Kreuzkraut *(Ligularia macrophylla)* und vielen anderen.

Im höchsten Abschnitt des Breitlaub-Waldgürtels wachsen kleine Gehölze aus Zitterpappeln *(Populus tremula)*, einem Zürgelbaum *(Celtis caucacisa)* und dem aromareichen Diptam *(Dictamnus turkestanicus)*, der als pflanzliches Allheilmittel berühmt ist. In den Flußtälern gedeihen Birken *(Betula tianshanica)* und der Gemeine Sanddorn *(Hippophae rhamnoides)*. Von den etwa 1200 Arten höherer Pflanzen, die für diesen Teil des nördlichen Tienschan charakteristisch sind, haben sich nicht weniger als 600 im unteren Gürtel eingerichtet. Zwischen 1700 und 1800 Meter wird der Breitlaubwald von einer Zone mit Fichtenbäumen abgelöst; dabei dominieren dichte Bestände der Tienschan-Fichte *(Picea tianshanica)*. Der untere Teil des Fichtengürtels zeichnet sich durch dichten Unterwuchs aus, der sich aus Zitterpappeln *(Populus tremula)*, Birken *(Betula)* und einer endemischen Eberesche, *Sorbus tianshanicus*, und vielen Sträuchern, wie Stachel- und Johannisbeere *(Ribes)*, Rosen *(Rosa)* und Heckenkirsche *(Lonicera)*, zusammensetzt. Die Krautschicht bildet eine Vielzahl krautiger Pflanzen, darunter ein Lerchensporn *(Corydalis semenovi)*, ein Storchschnabel *(Geranium rectum)* und ein interessantes Mitglied aus der Familie der Orchideen, die Sumpfwurz *Epipactis latiuniflora*. Im oberen Teil des Fichtengürtels nimmt die Zahl der Baum- und Straucharten rapide ab; an ihre Stelle treten verschiedene Grasarten, zum Beispiel das Knäuelgras *(Dactylis glomerata)*, die Rasen-Schmiele *(Deschampsia caespitosa)* und das Wiesen-Rispengras *(Poa pratensis)*, zwischen die sich so liebliche Blumen wie der Eisenhut *Aconitum excelsum*, die Kleine Wiesenraute *(Thalictrum minus)* und der Hahnenfuß *Ranunculus grandiflorus* drängen.

Der Fichtengürtel wiederum wird abgelöst durch einen subalpinen Gürtel mit Zwergwacholdersträuchern *(Juniperus sibirica* und *J. turkestanica)*. Geißblattgewächse *(Lonicera karelini* und *L. humilis)* wachsen hier genauso wie im Fichtenwaldgürtel, zusammen mit verschiedenen Gräsern, Eisenhutgewächsen *(Aconitum nemorum* und *A. rotundifolium)* und anderen krautigen Pflanzen. Auf freien Stellen ist der Mohn *Papaver croceum*, die Trollblume *Trollius dshungaricus* und die Alpenaster *(Aster alpinus)* zu finden. Die Wacholderzone reicht bis auf etwa 3000 Meter, wo sich eine Zone alpiner Wiesen anschließt. Diese besteht hauptsächlich aus kleinen, von Felsen umgebenen Wiesenflächen. Die alpine Zone ist geprägt von folgenden krautigen Pflanzen: *Primula algida*, Altai-Veilchen *(Viola altaica)*, *Trollius dshungaricus*, Alpen-Rispengras *(Poa alpina)*, der Segge *Carex melanantha*, dem Knöterich *Polygonum nitens*, *Anemone protracta*, den Enziangewächsen *Gentiana algida* und *G. kaufmanniana* und den Läusekräutern *Pedicularis violascens* und *P. songarica*. In den trockeneren Bereichen der alpinen Wiesen wachsen Seggen wie *Cobresia capilliformis*, die eine dichte Grasnarbe bilden.

Diese alpinen Matten sind durchsetzt von wüstenähnlichen Flächen, die an vielen Stellen von trockenresistenten Gräsern wie dem Rispengras *Poa relaxa* überzogen sind. Noch besser an das trockene, windgepeitschte Terrain angepaßt sind die auffälligen Polsterpflanzen. Dazu gehören der Steinbrech *Saxifraga alberti* und der Mannsschild *Androsace villosa*. Die Ausläufer dieser Pflanzen winden sich umeinander und bilden dichte, halbkugelige Blattwerkbüschel. Diese seltsame Wuchsform ermöglicht es den Pflanzen, die strengen Bergwinter zu ertragen und Wärme zu speichern. Darüber hinaus saugt die ganze Oberfläche des Polsters Wasser auf. Wenn sie an einer exponierten Stelle wachsen, beginnen die Polster oft an der Seite zu welken, aus der meistens der Wind kommt. Im Windschutz der Polster kann sich ein ganzer Miniaturgarten weniger robuster Pflanzen entfalten.

Die verbreitetste polsterbildende Pflanze in den Bergen des Tienschan und des Pamir ist die Stachelnelke *(Acantholimon diapensioides)*. Ihre fest an den Boden gedrückten Zweige tragen zahlreiche kurze Zweiglein, die dicht mit winzigen, saftigen Blättern bedeckt sind, was der Oberfläche eine flechtenähnliche Kruste gibt. Wenn die Triebe im Sommer drei bis fünf Zentimeter Länge erreicht haben, stellt der Mittelteil das Wachstum ein, während die äußeren Teile der Pflanze rasch weiterwachsen, so daß die ganze Pflanze sich langsam über den Boden ausbreitet und dabei einen immer größer werdenden, abgestorbenen inneren Kern hinterläßt.

Eine andere Polsterpflanze ist die moosähnliche *Thylacospermum caespitosum*, die in Form torfballenartiger Polster so

Eine der lieblichsten Gebirgsblumen, deren Blütenblätter 7,5 Zentimeter lang werden. Diese nur hier wachsende Greigs Tulpe ist als gefährdete Art in der sowjetischen »Roten Liste« registriert.

Ein weiterer wilder Lauch der sowjetischen Gebirge (vgl. auch Seite 139), der Pskem-Lauch, wächst nur im westlichen Tienschan und ist in der sowjetischen »Roten Liste« verzeichnet.

dicht wächst, daß man auf ihnen sitzen oder gar stehen kann, ohne daß es eine sichtbare Wirkung auf die Pflanze hätte. Manchmal erblüht plötzlich die nach Süden weisende Seite des Polsters, dessen Oberfläche dann vollständig mit winzigen, lieblichen, weißlichen Blüten bedeckt ist. Eine weitere Art, ein Mitglied der Familie der Rosengewächse *(Rosaceae)*, ist die *Dryadanthe tetranda*. Sie ist im Tienschan und im Altai endemisch und bildet so kompakte Polster, daß schwer zu glauben ist, daß sie zu den höheren Blütenpflanzen gehört. Andere Arten sind noch ungewöhnlicher; ihre stark standortangepaßten, dichtgedrängte blaßgräulichen Stengel gleichen Steinen.

Um die Schneefelder herum wachsen hübsche Blumen wie die Felsenblümchen *Draba oreades* und *D. intermedia, Lloydia serotina* und die Trollblumenart *Trollius lilacinus.* Zwischen den Felsen trifft man auf Pflanzen wie Schnittlauch *(Allium schoenoprasum)* und *Paraquilegia grandiflorum.* Die höchstgelegene Vegetation, die noch zwischen den großen Felsblökken auf den Gletschermoränen wächst, enthält Pflanzen wie das Geißblattgewächs *Lonicera glauca,* das Rispengras *Poa lipskyi,* die Segge *Carex griffithii,* das Löwenzahngewächs *Taraxacum lilacinum* und die Wucherblume *Pyrethrum leonthopodium.* Die Gipfel schließlich sind unbelebte Regionen aus Gletschern und nacktem Fels und ewigem Schnee.

Das gesamte Tienschan-Gebiet kann sich eines riesigen Reichtums an Pflanzenarten rühmen, von denen einige selten und auf kleine, entlegene Areale beschränkt sind. Zu den schönsten Blütenpflanzen gehören die Tulpen, die im Frühjahr in regelrechten Feldern die Berge bedecken. Die aufregendste Art ist die hohe Greigs Tulpe *(Tulipa greigi),* die ausschließlich im westlichen Tienschan vorkommt. Sie wächst gruppenweise auf trockenen Schattenhängen zwischen Wacholdersträuchern in Höhen bis zu 2400 Meter. Ihre breiten, gräulichgrünen, bronze und purpurn marmorierten Blätter können 15 Zentimeter lang sein, und die einzelne, große, becherförmige, leuchtend scharlach-orange Blüte ist so eindrucksvoll, daß man leicht einsieht, wie die Pflanze zu ihrem volkstümlichen Namen »Königin der Tulpen« gekommen ist. Bereits 1877 wurde diese Art von den Holländern mit einem Zertfikat als herausragende, verfeinerte Tulpe ausgezeichnet. Leider hat ihre Schönheit sich als zerstörerisch für sie erwiesen, denn noch immer pflücken Menschen gedankenlos diese bezaubernde Blumen. Das hat dazu geführt, daß diese Tulpe bedroht und in der sowjetischen »Roten Liste« registriert ist. In dieser ist auch eine weitere seltene Tulpe des westlichen Tienschan aufgeführt, die Kaufmanns Tulpe *(Tulipa kaufmanniana).* Diese, manchmal auch Seerosen-Tulpe genannte Pflanze, hat hübsche weiße Blütenblätter, die außen rot und gelb geflammt sind und sich sehr flach und weit nach außen öffnen, so daß sie denen der Seerose ähneln. Glücklicherweise hat diese, in verschiedenen Höhen anzutreffende Art ein großes Verbreitungsgebiet.

Der westliche Tienschan ist auch die Heimat einer Vorfrühlingsblume, der Lilie *Korolkowia severtsovi*. 1873 erstmals botanisch beschrieben, wurde sie zunächst in St. Petersburg (heute Leningrad) gezüchtet, und zwar aus Zwiebeln, die aus Kartau von General Korolkow geschickt wurden, dessen Namen sie heute tragen. Die Pflanze wächst auf schattigen, feuchten Hängen in Höhen bis zu 2500 Metern. In Kasachstan nennt man sie *tau agla*, was so viel wie »Wilde Kartoffel« heißt und eine Referenz an ihre großen »Knollen« ist, die 40 Prozent Stärke enthalten.

Eine der seltensten Pflanzen im Tienschan ist der Pskem-Lauch *(Allium pskemense)*. Bis zu 50 Zentimeter hoch, mit einer großen Dolde grünlichweißer Blüten, wächst er in felsigen Gebieten entlang hochgelegener Flußtäler. Die Zwiebeln sind von der Größe einer geballten Faust und schmecken ziemlich süß. Der Pskem-Lauch ist als Wildform, aus der Kulturzwiebel gezüchtet, von Bedeutung und in seinem Verbreitungsgebiet in den Bergen geschützt.

Eine weitere charakteristische Gebirgspflanze dieser Gegenden ist die Schlüsselblume *Primula minkwitsiae*, die oberhalb 3000 Meter anzutreffen ist. Ihr bevorzugtes Habitat liegt auf feuchten, felsigen, gletschernahen Hängen im Talass- und im Kirgisen-Gebirge im Tienschan.

Der Pamir-Alai

Der Pamir-Alai ist ein weiteres großes Gebirgssystem in Zentralasien, zu dem der Pamir, der höchste Gebirgszug der UdSSR, die tadschikische Niederung und der Gissaro-Alai gehören. Die große Pamir-Gebirgsregion erstreckt sich annähernd 250 Kilometer von Norden nach Süden und 275 Kilometer von Osten nach Westen, wenn auch Geographen und Biologen sich über ihre Grenzen nicht einig sind. Sie hat die höchsten Berge der UdSSR aufzuweisen, zum Beispiel den Pik Kommunismus mit 7495 Meter, und auch den größ-

Die kleinen Inseln im 4000 Meter hoch gelegenen Kara-kul-See im östlichen Pamir-Gebirge bieten Nistplätze für Tibetlachmöwen, Flußseeschwalben und Streifengänse.

ten Gletscher der Sowjetunion, den 77 Kilometer langen Fedtschenko-Gletscher.

Das Relief des Pamir wandelt sich von Osten nach Westen. Die sanft gerundeten Gebirgszüge im Osten sind zum großen Teil sehr alt. Die Gipfel erreichen Höhen von 4000 bis 6000 Meter und einige – wie der Pik Kommunismus – erheben sich noch höher. Im westlichen Pamir sind die Berge von Kämmen alpinen Typs unterbrochen und Schnee und Gletscher wechseln ab mit tiefen, engen Schluchten, durch die Sturzbäche tosen. Die Gipfel sind hier von bescheideneren Höhen, meist zwischen 3000 und 5000 Meter. Große Teile der Landschaft bestehen aus nackten Felsen und Geröll.

Im Pamir herrscht ein rauhes, ausgesprochen kontinentales Klima und das Eis nimmt eine Fläche von insgesamt 8400 Quadratkilometer ein. Vor allem im kälteren östlichen Pamir leben nur wenige Pflanzen- und Tierarten; ein zäher Bewohner allerdings ist die Tibet-Lachmöwe *(Larus brunnicephalus)*, die an den Ufern mancher hochgelegener Gebirgsseen nistet. Im Gegensatz dazu ist der westliche Pamir reich an Pflanzen- und Tierarten. Dieses Gebiet war in relativ jüngster geologischer Vergangenheit starker Erosion ausgesetzt, wobei tiefe Täler ausgeschnitten wurden, die aus einer ungefähren Höhe von 4000 auf etwa 2000 oder gar 1700 Meter abstürzen. Die Wasserscheiden sind hier lang und felsig und die Flüsse sturzbachartig. Bäume und Sträucher gibt es praktisch nicht, während die trockenresistenten Pflanzen in etwa die Merkmale derjenigen tragen, die an trockenen Gebirgshängen im Tienschan wachsen. Viele Arten der polsterbildenden Stachelnelken *(Acantholimon)* sind neben der dornigen *Cousinia*, einem Mitglied der Korbblüter-Familie *(Compositae)*, weit verbreitet.

Wie im Tienschan lassen sich klare Vegetationszonen abgrenzen. Im allgemeinen werden vier Gürtel unterschieden. Zunächst ist da ein mediterraner Typ von Kieswüste, in der trockenresistente, salztolerante Quellerarten *(Salicornia)* vorherrschen. Diese wird abgelöst von einer offenen Steppenzone mit Stachelnelken *(Acantholimon)*, Wermut *(Artemisia)* und Federgräsern *(Stipa)*. Darüber liegt ein Gürtel subalpiner eurasischer Steppe mit Federgräsern und einem Schwingel *Festuca sulcata*. In der obersten Zone finden sich alpine Matten mit vielen Arten, die denen im Tienschan-Gebirge gleichen. Einige Botaniker unterteilen den westlichen Pamir in nur drei Zonen, da sie die beiden Steppenzonen als eine ansehen.

Der Gissaro-Alai

Das Gissaro-Alai-Gebirge ist 900 Kilometer lang, zwischen 80 und 150 Kilometer breit und liegt westlich des Tienschan und nordwestlich des Pamir-Gebirges. Seine Hauptkämme, Serawschan, Gissar, Alai und Turkestan, erheben sich bis über 5000 Meter. Eine Fülle verschiedener Arten findet sich unter den Pflanzen und Tieren dieser Region. Es gibt auch endemische Pflanzen wie das riesige Steckenkraut *Ferula badrakema*, den Asphaltklee *Psoralea drupacea* und salbeiähnliche *Phlomis*-Arten.

Der Kaukasus

Näher, besser bekannt und leichter zugänglich als die großen zentralasiatischen Gebirge, ist der Kaukasus, der sich über eine Fläche von insgesamt etwa 440000 Quadratkilometer zwischen dem Schwarzen Meer und dem Kaspischen Meer erstreckt und von der Kumo-Manytsch-Niederung im Norden bis an die Grenzen zur Türkei und zum Iran reicht.

Der Große Kaukasus dehnt sich von der Halbinsel Taman im Nordwesten bis zur Halbinsel Apscheron im Kaspischen Meer aus. Südöstlich befindet sich das Talysch-Gebirge, das sich bis auf 2477 Meter erhebt. Im mittleren und westlichen Teil liegen der Kleine Kaukasus und das vulkanische Armenische Hochland.

Das Gebirgssystem des Großen Kaukasus kann in drei Teile untergliedert werden: den westlichen, den zentralen und den östlichen. Die Hänge im Norden des Großen Kaukasus sind sanfter geschwungen als die südlichen. Die zwei größten Kämme sind Glawny (Haupt-) und Bokowoj (Seitlicher). Der höchste Berg des Kaukasus ist der Elbrus mit 5642 Meter. Besonders auf den Hauptkämmen ist der Kaukasus über weite Gebiete vereist – es gibt hier mehr als 2000 Gletscher. Die Tier- und Pflanzenwelt des Kaukasus ist höchst interessant, da sie reich an Relikt- und endemischen Arten ist. Die endemischen Pflanzen stammen aus verschiedenen Familien. Zu den schönsten gehören Orchideen und Lilien, die in den aus Tannen-, Buchen- und anderen Bäumen gebildeten Mischwäldern der unteren Hanglagen wachsen. Diese Wälder enthalten vor allem unter den Nadelhölzern viele endemische Baumarten.

An vielen Stellen ist der Kaukasus dicht mit Kaukasischen Rhododendron *(Rhododendron caucasicum)* bewachsen. Im äußersten Westen ist manchmal ein ganzer Hang von diesen wunderschönen Sträuchern bedeckt, nach Osten zu werden sie mit zunehmender Trockenheit allerdings seltener. Die von subalpinen Wiesen unterbrochenen Rhododendron-Dickichte stehen oft so dicht, daß sie praktisch unpassierbar sind.

Die echten subalpinen Wiesen bilden, sowohl im Großen als auch im Kleinen Kaukasus, oberhalb der Baumgrenze einen ziemlichen breiten Gürtel. Hochgräser und andere krautige Pflanzen sind Merkmale der subalpinen Wiesen des Kaukasus, besonders in seinem westlichen Teil, wenn es auch im Kleinen Kaukasus davon weniger gibt. Sie bilden einen üppigen, bis zu zweieinhalb Meter hohen Rasen und bestehen unter anderem aus Hahnenfuß *(Ranunculus)*, Rittersporn *(Delphinium)* und Doldengewächsen mit tellergroßen Blütenköpfen. Eine Unmenge verschiedener Arten gedeiht dort, in einem einzigen Naturschutzgebiet allein 1600.

In einer durchschnittlichen Höhe von 2000 Meter gehen die subalpinen Wiesen in die des alpinen Typs über, die hier hauptsächlich aus relativ niedrigen, 10 bis 30 Zentimeter hohen Gräsern und Seggen bestehen.

Auch im Kaukasus setzen sich die alpinen Matten aus rosetten- und polsterbildenden Blütenpflanzen zusammen, die denen in den zentralasiatischen Gebirgen vergleichbar sind.

Wie in den Gebirgen Zentralasiens sind auch im Kaukasus beträchtliche Areale der alpinen und subalpinen Gürtel mit großen Felsblöcken und Geröll bedeckt. Zwischen den Felsblöcken wachsen Polsterpflanzen; auf den Geröllhalden leben Pflanzen, die lange unterirdische Stengel haben, denen es nichts ausmacht, von Steinschutt begraben zu werden.

Der Altai

Der Altai ist ein riesiges Gebirgssystem südlich von Westsibirien. Er bildet eine klar definierte geographische Einheit

Die Kaukasische Lilie ist eine der schönsten Hochgebirgsblumen des Kaukasus-Gebietes und nur in den entlegendsten Gegenden anzutreffen.

Die Akelei Aquilegia olympica *ist eine im oberen Waldgürtel und im subalpinen Gürtel des Kaukasus häufige Pflanze.*

mit interessantem Klima und ungewöhnlichem Schichtgestein. Die Landschaft ist stark gegliedert.

Im Norden und Westen, wo sich die Berge steil über den Niederungen erheben, ist der Altai am deutlichsten begrenzt. Im Süden und Osten jedoch reihen sich andere, niedrigere Gebirgszüge an. Im Südosten liegt der Mongolische Altai, der in der Mongolei und in China beginnt. Die höchste Erhebung im Altai-Gebirge ist mit 4506 Meter der Belucha in der Katun-Kette. Wegen seiner Lage ist der Altai bereits in niedrigeren Lagen eindeutiger alpin als andere, weiter südlich gelegene Gebirge. Schon auf 3000 Meter Höhe sieht man sich einer echt alpinen Landschaft mit Schnee, Gletschern, nackten Felsen und Geröllhalden gegenüber. Seltsamerweise scheinen Bergsteiger hier nicht so sehr unter Sauerstoffmangel zu leiden wie in vergleichbaren Höhen im Pamir, Tienschan oder Himalaja. Die vielen Flüsse, Ströme,

Seen, Quellen und Wasserfälle des Altai-Gebirges vermitteln den Eindruck einer regengetränkten, wassergefüllten Landschaft.

Die alpinen und subalpinen Gürtel sind im Altai-Gebirge gut zu bestimmen. In den verschiedenen Teilen dieses ausgedehnten Gebirgssystems schwankt die untere Grenze des subalpinen Gürtels beträchtlich zwischen 1110 und 2400 Meter. In den südlichen und östlichen Teilen des Altai liegt diese Grenze höher.

Da der Altai, verglichen mit den anderen großen Gebirgssystemen der UdSSR, sehr nördlich liegt, hat er einige Gemeinsamkeiten mit der Arktis aufzuweisen. Von den insgesamt 300 Arten Blütenpflanzen im Altai ähneln nicht weniger als 39 Prozent stark denen, die in arktischen Regionen zu finden sind. Die verbleibenden 61 Prozent sind echte Gebirgsarten.

Ein markantes Merkmal des Altai ist, daß die Gebirgstundrazone eine viel größere Fläche bedeckt als die alpinen

Der Belucha in der Katun-Gebirgskette ist mit 4506 Meter der höchste Berg des Altai. Mit seiner senkrechten, unzugänglichen Mauer aus Eis und Schnee schreckt er selbst die erfahrensten Bergsteiger ab.

und subalpinen Wiesen. Das Vorhandensein dieser Zone ist sowohl auf die nördliche Lage als auch auf die recht ausgedehnte Hochebene zurückzuführen, die sich mit einer spärlichen Moos- und Flechtendecke ununterbrochen über eine Strecke von 160 Kilometer hinzieht. Im subalpinen Gürtel des Altai wechseln Hochgraswiesen mit Wäldern aus Sibirischen Zirbelkiefern *(Pinus sibirica)* und Lärchen *(Larix)* ab. In der Nähe der Baumgrenze werden die Gräser kürzer und die Wiesen verwandeln sich in einen schmalen Gürtel echter alpiner Matten. Verschiedenfarbige Veilchen, großblütige Glockenblumen und leuchtend orange Trollblumen entzücken den Wanderer, der in diese entlegenen Gebiete vordringt.

Der Ural, der Sajan und die Karpaten

Zu den weniger schroffen, niedrigeren Gebirgen der UdSSR gehören der Ural, der Sajan und die Karpaten. Der mehr als 2000 Kilometer lange Ural verläuft anders als die meisten Gebirgsketten des Landes von Norden nach Süden. Es gibt dort Steppen, Waldgebiete und vegetationslose Gebirgszonen. In der Regel unterscheiden sich die Tiere nicht von denen in den angrenzenden Ebenen, nur wenige Arten sind endemisch. Die drei höchsten Gipfel liegen 2000, 1895 und 1878 Meter hoch.

Im nordöstlich des Altai gelegenen Sajan-Gebirge gibt es noch weniger alpine Pflanzenarten (nur 150), und der Anteil auch in der Arktis häufig anzutreffender Pflanzen liegt bei 55 Prozent. Im Ostsajan beginnt der subalpine Gürtel in einer Höhe von 1200 bis 1800 Meter, während der alpine Gürtel oberhalb 1900 bis 2200 Meter angesiedelt ist. Hier wachsen zahlreiche Pflanzen, die auch im Altai häufig vorkommen. Oberhalb der alpinen Matten weist das Sajan-Gebirge felsige, schneefreie Gipfel auf.

Der größte Teil des Gebirgssystems der Karpaten liegt außerhalb der UdSSR, in Rumänien und der Tschechoslowakei. Die höchsten Erhebungen liegen im Westen und sind nicht mehr als 500 bis 1000 Meter hoch. Die dort vorkommenden Tiere sind typische Waldbewohner, die Vegetation enthält einige endemische Arten.

Die Gebirge Ostsibiriens

In den Gebirgen Jakutiens und anderer ostsibirischer Regionen, den Gebirgen Werchojansk, Tscherski, Kolyma und Dschugdschur also, sind die unteren Hänge vorwiegend mit Nadelwäldern bekleidet. Es fällt schwer, eine alpine Zone auszumachen, zum einen, weil die Gipfel nicht hoch genug

sind, zum anderen aber auch wegen des trockenen Klimas. Die Landschaft ist geprägt von Geröllhalden und erinnert stellenweise an die echte Tundra. Diese Flächen werden um so häufiger, je mehr sich die Berge der eigentlichen Tundra im Norden nähern und in sie übergehen.

Im sowjetischen Fernen Osten liegen die Gebirge des nordpazifischen Raumes, zu denen die Vulkane der Kurilen und der Halbinsel Kamtschatka zählen. Zu den Kljutschew-Vulkanen auf der großen Halbinsel Kamtschatka, die 1200 Kilometer lang ist und sich auf eine Fläche von 370000 Quadratkilometer verteilt, gehört der kegelförmige Berg Kljutschew, der mit 4750 Meter einer der höchsten tätigen Vulkane der Welt ist. Weitere große Gebirgsketten des nordpazifischen Raumes sind die der Tschuktschen-Halbinsel, das Anadyr-Gebirge, das Korjaken-Gebirge und die Berge der Kommandeur-Inseln. Das Klima ist kalt und die schwachen pazifischen Passatwinde machen die Sommer trübe, wolkig und manchmal neblig.

Im Sichote-Alin-Gebirge sind die unteren Hänge mit Wald bedeckt, in den nördlichen Bergen besteht dieser aus Nadelholzbäumen und in den südlichen vorwiegend aus breitblättrigen Arten. Im Süden findet man üppigen Unterwuchs aus Bäumen, Sträuchern und krautigen Pflanzen, darunter viele japanische, koreanische und chinesische Arten wie das Chinesische Spaltkölbchen *(Schizandra chinensis),* dessen russischer Name, *Limonnik,* von dem starken Zitronengeruch, der seiner Rinde entströmt, herrührt; eine Eibe *(Taxus cuspidata),* die Zwergzirbelkiefer *(Pinus pumila)* und der Mandschurische Haselstrauch *(Corylus mandshurica).* Diese einzigartige Gebirgsflora ist genauer auf den Seiten 116 bis 119 im Kapitel über die Mischwälder beschrieben.

Weiter oben wird die reiche Pflanzengemeinschaft von aus Mandschurischer Tanne *(Abies nephrolepis)* und Ajan-Fichte *(Picea jezoensis)* bestehenden Wäldern abgelöst, deren Böden dick mit Moos bedeckt sind. Darüber liegt eine subalpine Zone mit verkümmerten Gehölzen aus Zwergzirbelkiefern *(Pinus pumila).* Zwischen ihnen wachsen ein Geißblattgewächs *(Diervillea praecox),* ein Verwandter der Weigelien, den europäische Gärtner gern verwenden, Goldrhododendron *(Rhododendron aureum),* eine Fiederspiere *(Sorbaria alpina)* und der endemische Zwerglebensbaum *Microbiota decussata,* ein wacholderähnlicher, bis zu 60 Zentimeter hoher Strauch, der der einzige Vertreter seiner Gattung ist.

Als nächstes folgt ein felsiger Gürtel mit Hochgraswiesen und Gehölzen aus der Wolligen Birke *(Betula lanata).* Die höchsten Lagen sind mit vorwiegend aus Flechten gebildeter Gebirgstundra bedeckt, in der sich viele niedrige Heidekrautgewächse, Preiselbeeren *(Vaccinium vitis-idiaea), Cassiope* und andere Tundrapflanzen finden.

Der Tolbatschik-Vulkan auf der Halbinsel Kamtschatka im Fernen Osten der Sowjetunion. In diesem Gebiet, in dem die Erdkruste instabil ist, gibt es viele tätige Vulkane. Von den etwa 30 östlich der zentralen Gehirgskette Kamtschatkas gelegenen Vulkankegeln sind ein Dutzend ständig aktiv. Die Kette der Vulkane setzt sich von Kamtschatka südwärts bis zu den Kurilen und Japan fort und bildet einen Abschnitt des großen pazifischen »Feuerrings«.

Vögel und andere Tiere der Gebirge

Wie in den Gebirgen anderswo auch, ist das Tierleben in den sowjetischen Gebirgen mannigfaltig. Viele Tiere, die dort leben, sind auch in anderen Lebensräumen anzutreffen – wie ja auch Ebenen und Wälder, Tundren und Wüstengebiete innerhalb des Ökosystems Gebirge vorkommen. Typische Vertreter solcher »Mehrzwecktiere« sind das Alpenschneehuhn *(Lagopus mutus),* die Ohrenlerche *(Eremophila alpestris)* und das Rentier *(Rangifer tarandus).* Die eigentlichen Gebirgstierarten sind im Unterschied dazu wahre Spezialisten. Die prächtigen Königshühner etwa, die auf den Seiten 151/152 beschrieben und abgebildet sind, sind so eng an die Berge gebunden, daß sie einem Leben im Flachland nicht standhalten können – nicht einmal in Gefangenschaft.

Untersuchungen darüber, wie Tiere sich an das Leben unter den rauhen Bedingungen der Berge anpassen, werfen einige interessante ökologische Fragestellungen auf. So haben neuere Forschungen über Vögel im Tienschan-Gebirge weitere Erkenntnisse über ihr Brutverhalten, zum Beispiel das Verhältnis der Geschlechter, Details über Nestbau und Aufzucht der Jungen anderer Vögel erbracht. Einige Vögel, die in großen Höhen leben, können erfolgreich zwei oder sogar drei Bruten in einem Jahr aufziehen – ein Kunststück, das man normalerweise mit Vögeln aus freundlicheren Lebensräumen in Zusammenhang bringt und das nur durch eine strikte Arbeitsteilung zwischen Männchen und Weibchen zu bewerkstelligen ist. Natürlich bleiben noch viele Geheimnisse des Lebens in den Bergen zu enträtseln.

Die hohen, gezackten Felsspitzen – besonders der Gebirgszüge des Kaukasus und Zentralasiens – sind überraschenderweise voller Leben. Zu den schönsten aller Geschöpfe der Gebirge gehören die vielen Arten von Apollo-Faltern *(Parnassius* spp.). Obwohl einige Arten wie der Schwarze Apollo *(Parnassius mnemosyne)* als Reliktpopulation auch im Flachland vorkommen, leben die meisten dieser Schmetterlinge auf den Hochgebirgswiesen, wo sie bedächtig über die leuchtend gefärbten Blumen schweben. Im Tienschan ernähren sich ihre Raupen von Zwergflachs *(Radiola)*. Zehn *Parnassius*-Arten stehen auf der »Roten Liste« der UdSSR.

Weil sie wechselwarm sind, können nur wenige Reptilien in der kalten, trockenen Luft großer Höhen existieren. In den ariden Gebirgen mit Wüstencharakter, wie dem Kopet-Dag in Südturkmenistan, gibt es dagegen eine große Vielfalt von Arten (siehe das Kapitel über die Wüsten auf den Seiten 178 bis 183).

Viele wunderschöne Apollo-Falter leben in den Gebirgen des Kaukasus und Zentralasiens. Dies ist der Parnassius apollo, *eine im Kaukasus häufige Art.*

Vom Zwergflachs, der auf den Hängen des Tienschan-Gebirges wächst, ernähren sich die Raupen der Apollo-Falter. Diese attraktive Pflanze wird in der Sowjetunion als Heilkraut, das viele aufbauende und stimulierende Substanzen enthält, sehr geschätzt.

Die interessantesten Gebirgsvögel der UdSSR leben im Kaukasus, in Zentralasien und im Altai. Weil die meisten Bergzüge in dieser Region an andere Länder angrenzen, so daß nur wenige der dort vorkommenden Vögel wirklich als in der UdSSR endemisch bezeichnet werden können, werde ich mich hier auch auf Vögel des Himalaja und Tibets – darunter mehrere seltene Arten – beziehen.

Eines der eindrucksvollsten Insekten der UdSSR ist diese im westlichen Tienschan-Gebirge fotografierte Gottesanbeterin, die zur Art Bolivaria brachyptera *gehört.*

Oben: *Dieses Küken des Himalaja-Königshuhns wurde im Aksu-Dschabagli-Reservat im Tienschan fotografiert.*
Rechts: *Ein Kaukasus-Königshuhn im Teberda-Reservat. Alle fünf Arten des Königshuhns kommen in der UdSSR vor. Außer den beiden abgebildeten Arten gibt es noch das Kaspische, das Altai- und das Tibet-Königshuhn.*

Königshühner

Jede Beschreibung von Gebirgsvögeln muß mit den Königshühnern beginnen, deren Balzruf im Frühjahr mehr als alles andere die Hochgebirgslandschaft aus Felsgeröll, hohen Gipfeln und tiefen Schluchten in sich symbolisch zusammenfaßt.

Diese Gattung, die mit unserem Haushuhn verwandt ist, besteht aus fünf Arten, die alle in der UdSSR vorkommen. Das Kaukasus-Königshuhn *(Tetraogallus caucasicus)* lebt nur im Großen Kaukasus; das Altai-Königshuhn *(T. altaicus)* bewohnt das Altai-Gebirge; das Kaspische Königshuhn *(T. caspius)* ist auf den Kämmen des Kleinen Kaukasus sowie im Iran und in der Türkei anzutreffen. Im Himalaja gibt es zwei Arten: das Himalaja-Königshuhn *(T. himalayensis)* und das Tibet-Königshuhn *(T. tibetanus)*. Das erstere findet man im Nordwesthimalaja; in der UdSSR kommt es im Tienschan und den Ketten von Pamir und Altai vor, während sich das Verbreitungsgebiet des Tibet-Königshuhns vom Pamir-Plateau in der UdSSR weiter nach Süden in den Himalaja erstreckt.

Es gibt verschiedene Theorien über die Abstammung dieser bemerkenswerten Vögel. Die meisten Biologen nehmen an, daß die Gattung *Tetraogallus* ihren Ursprung in den Hochgebirgen Zentralasiens nahm und sich später auf den Bergkämmen im Norden und Westen ansiedelte, und daß sich diese Urform dann in die fünf Arten auseinanderentwickelte, die wir heute kennen. Eine andere Theorie besagt, daß ihr

Vorläufer auch schon dort lebte, wo die Nachfahren heute zu finden sind – allerdings schon vor der Faltung der Gebirgsketten. Im Zuge der langsamen Entstehung der Gebirge seien die Vögel voneinander isoliert worden und hätten sich dann getrennt zu den heutigen Arten entwickelt.

Welche dieser Theorien auch immer recht hat, die Schneehühner haben eine lange Entwicklung evolutionärer Anpassung an das Hochgebirgsleben durchgemacht, die sie dazu befähigte, extrem rauhe Bedingungen zu überleben.

Obwohl sie an bestimmten Stellen recht häufig sein können, sind Königshühner im allgemeinen seltene Vögel, so daß es immer eine Sensation darstellt, eines ihrer zwischen Steinen und Felsblöcken verborgenen Nester zu finden. Wenn die Küken geschlüpft sind, können sich mehrere Weibchen zusammentun, um die Jungen gemeinsam zu beschützen. Wenn sie aufgestört werden, laufen sie meist zuerst in Deckung; wenn sie aber noch weiter unter Druck gesetzt werden, glucken sie laut und steigen auf, um bald auf angewinkelten Flügeln lautlos über den Bergabhang hinabzusegeln. Die gerade flüggen Jungen folgen dichtauf. Königshühner sind wahre Meister im Ausweichen und lassen sich nie in Sichtweite von Menschen nieder.

Nur während der Brutzeit gibt es in der Nähe einer von ihnen häufig aufgesuchten Stelle – meist getauten Arealen an der Schneegrenze – die Chance, ihr Verhalten von einem getarnten Ansitz aus zu studieren. Die wandernde Schneegrenze ist die eigentliche Barriere ihres Lebensraums – mit ihr und den Jahreszeiten ziehen sie die Berghänge hinauf und herab.

Königshühner erheben sich nur schwerfällig vom Erdboden. Sie starten bergabwärts und stoßen sich mit den Füßen vom Schnee ab. Danach gehen sie in einen Gleitflug über, wobei sie immer wieder zur Seite ausbrechen, und steigen dann dank der Trägheitskräfte plötzlich hoch und verschwinden über dem nächsten Kamm.

Königshühner verbringen die meiste Zeit in kleinen Gruppen, die sich erst im Frühjahr zur Paarung trennen. Sie sind Bodenbrüter und bauen ihr Nest unter einem überhängenden Felsen, in den Spalt einer Klippe oder unter einer vereinzelt stehenden Kiefer. Die Henne sitzt fest auf ihren sechs bis elf gefleckten, bräunlichgrauen Eiern und läßt Beobachter sehr nahe herankommen. Zu allen anderen Zeiten sind Königshühner aber äußerst scheue Vögel. Einer der interessantesten Aspekte ihres Lebens im Hochgebirge ist die »Partnerschaft« mit wilden Bergziegen und Wildschweinen, die den Schnee aufgraben können und dadurch die Versorgung der Königshühner mit Zwiebeln, Knollen und anderer pflanzlicher Nahrung sogar in den strengsten Wintern sicherstellen. Alle fünf Königshuhn-Arten haben einen ähnlichen Speiseplan.

Die nördlichste Art ist das Altai-Königshuhn. Im Altai-Gebirge sind die Winter außerordentlich streng, und die Vögel steigen in dieser Jahreszeit kaum höher als auf 3000 Meter hinauf. Es kann sogar vorkommen, daß sie bis in die Flußtäler herunterkommen. Das Tibet-Königshuhn erreicht größte Höhen bis 5400 Meter im Pamir. Der Rückzug dieser Art auf so große Höhen hängt mit seinem großen Flüssigkeitsbedarf zusammen, den es auf den Berggipfeln decken kann. Im Unterschied dazu ist das Himalaja-Königshuhn in tieferen Lagen viel weiter verbreitet – es nistet manchmal schon in 1000 Meter Höhe über dem Meeresspiegel. Diese Art ist deutlich anpassungsfähiger als die anderen. Das Kaspische Königshuhn lebt in Höhen zwischen 1800 und 3500 Meter, wobei es trockene Hänge bevorzugt. Selbst in den härtesten Wintern wandern diese Vögel nicht einmal bis zur Baumgrenze hinab. Das in der UdSSR endemische Kaukasische Königshuhn ist eng an die alpine Region des Großen Kaukasus gebunden. Orte, an denen es sich am liebsten aufhält, sind unzugängliche felsige Areale im Hochgebirge zwischen 2600 und 3700 Meter, wo es Wiesen aus Gräser und Blumen gibt. Im Winter ziehen die Vögel hinab auf wärmere, nach Süden gerichtete Hänge.

Drei der fünf Arten sind als bedroht eingestuft und in der »Roten Liste« der UdSSR aufgeführt. Das Tibet-Königshuhn kommt in der Sowjetunion nur am Rand seines Verbreitungsgebiets vor. Das Kaspische und das Altai-Königshuhn sind im Vergleich zu dem Kaukasus- und dem Himalaja-Königshuhn seltene Arten. Man nimmt an, daß die Populationen der beiden Letzteren annähernd gleich groß sind.

Dank der Unzugänglichkeit ihrer Habitate, des hohen Grades von Anpassung an ihre rauhe Umgebung und ihrer ausgeprägten Vorsichtigkeit bereiten die Königshühner den Naturschützern im allgemeinen keine großen Sorgen. Um jedoch auf Dauer sicherzustellen, daß ihre melodisch pfeifenden Rufe sich mit dem Wind zu einer einzigartigen Hintergrundmusik in den Bergen des Kaukasus und Zentralasiens vereinigen, ist es unerläßlich, ihre Lebensräume durch neue Naturreservate zu schützen.

Greifvögel
Obwohl man ihn überall in der UdSSR antreffen kann, ist der Steinadler *(Aquila chrysaetos)* in den Gebirgen und der Tundra Zentralasiens am häufigsten. Wenn er über den großartigen Landschaften aufsteigt und die Angstschreie aus den Murmeltierkolonien und von anderer potentieller Beute in den Tälern tief unter sich hervorruft, ist er genau so, wie man sich den König der Gebirgsvögel vorstellt.

Ich bin diesem königlichen Vogel oft begegnet, besonders aber erinnere ich mich an zwei Gelegenheiten. Ende April

Oben: *Ein Steinadler mit Beute im nördlichen Tienschan-Gebirge. Dieser große Adler ist in der UdSSR weit verbreitet, jedoch in den meisten Regionen selten. Recht zahlreich ist er noch in den Hochgebirgen Zentralasiens.*
Rechte Seite: *Ein Mönchsgeier an seinem riesigen Horst. Die Aufnahme entstand im Mai im Aksu-Dschabagli-Reservat im westlichen Tienschan. Mit 1,05 Meter Größe und einer Flügelspannweite von fast 2,70 Meter ist er noch größer als der Steinadler. Obwohl sich am Aas ganze Scharen zusammenfinden können, ist der Mönchsgeier kein häufiger Vogel.*

beschlossen meine Kollegen und ich, einen großen, zwischen Felsen angelegten Horst im Aksu-Dschabagli-Reservat im westlichen Tienschan aufzusuchen, der vor kurzem von einem Gänsegeier *(Gyps fulvus)* besetzt worden war. Während wir die Suchaja-Balka-Schlucht hinaufritten, näherten wir uns langsam dem Horst. Erst als wir schon auf gleicher Höhe waren, sahen wir einen großen weiblichen Adler mit lautem Flügelschlag vom Horst aufsteigen. Er breitete seine Flügel aus und flog in Richtung untergehende Sonne davon. Das eine Ei, das im Horst lag, hatte auf einer Seite schon ein ziemlich großes Loch – das Küken war im Begriff zu schlüpfen. In aller Eile machten wir ein paar Fotos und stiegen wieder ins Tal. Der Steinadler war nirgendwo zu sehen und der Himmel erschien uns leer – aber wir waren uns sicher, daß sein scharfer Blick jeden unserer Schritte verfolgte.

Im folgenden Juli besuchten wir den Horst wieder und beobachteten, wie der noch schwache Jungadler tollpatschig von einem Felsen zum nächsten flatterte. Nachdem wir Zeugen seiner Geburt waren, waren wir nun hocherfreut, daß er überlebt hatte.

Im April 1983 entdeckten wir bei einer anderen Gelegenheit an einer ähnlichen Stelle in 2500 Meter Höhe einen Horst, in dem ein schon ausgewachsener Jungadler saß. Wäh-

rend wir ihn fotografierten, wurde er unruhig und versuchte zu unserer Überraschung davonzufliegen. Zunächst zitterten seine Schwingen noch im Wind, aber bald gewann er Selbstvertrauen und schraubte sich höher und höher, bis er hinter einer fernen Felsspitze aus unserem Blickfeld verschwand. Es war für uns ein außerordentlich aufregendes und unvergeßliches Erlebnis.

Ein weiterer großartiger Raubvogel der Berge ist der Bart- oder Lämmergeier *(Gypaetus barbatus).* Dieser mächtige Vogel, der eine Flügelspannweite von zweieinhalb Meter erreicht, lebt in den großen Bergketten des Kaukasus und Zentralasiens. In der Regel ist er Aasfresser und tötet nur selten gesunde Beutetiere. Gelegentlich schlägt er Murmeltiere oder Bergziegen. Die Legenden der Bergvölker schildern, wie der Bartgeier sich vom Raubvogel zum Aasfresser wandelte.

Die Bartgeier werden auch mit magischen Kräften in Verbindung gebracht. Einer alten kirgisischen Legende zufolge auf diese Weise:

Am Ende der Brutzeit schlüpft aus dem Ei ein Beil. Dieses Beil besitzt wunderbare Eigenschaften. Es gibt nichts auf der Welt, was es nicht spalten könnte, und nichts auf der Welt kann es zerstören.

Es kann nur verschwinden, wenn ein Vogel es verschluckt. Findet ein Mensch dieses Beil, so besitzt er sein Leben lang eine zauberkräftige Waffe. Im Nest jedoch kann es nur für drei Tage bleiben. Danach verwandelt es sich in einen jungen Hund mit dem Namen Kumiak, der wie seine Eltern weiße Augen hat. Wenn ein Mensch das Nest mit einem jungen Hund darin auffindet, kann er sich einen wunderbaren Hund aufziehen, der den stärksten wilden Tieren, sogar einem Drachen gewachsen ist. Und nicht nur dies; der Hund hat Macht über das Schicksal seines Besitzers und kann ihn zu einem glücklichen Mann machen. Aber der junge Hund kann auch nur drei Tage in dem Nest bleiben. Wenn ihn in dieser Frist niemand aus dem Nest genommen hat, verwandelt er sich in einen gewöhnlichen Geiernestling.

Es leben noch einige andere Geierarten in den Gebirgen der UdSSR. Der eurasische Gänsegeier *(Gyps fulvus)* nistet in Kolonien; der Kutten- oder Mönchsgeier *(Aegypius monachus)* lebt vereinzelt paarweise; der Aas- oder Schmutzgeier *(Neophron percnopterus)* ist der am häufigsten vorkommende Geier – man findet ihn in den niedrigeren Gebirgen und den mit Wüste bedeckten Randgebirgen. Schließlich gibt es noch den Schneegeier *(Gyps himalayensis),* über den man wenig weiß, da er in den Hochgebirgen Zentralasiens lebt.

Ein seltener Watvogel der Gebirge

Der Ibisschnabel *(Ibidorhyncha struthersii)* ist wegen seiner Seltenheit und der Geheimnisse, die ihn umwittern, vielleicht der aufregendste aller Gebirgsvögel. Er ist ein hochspezialisierter Watvogel und in seiner Verbreitung auf kleine Gebiete in den hohen zentralasiatischen Gebirgen beschränkt. Bis vor kurzem war nur wenig über ihn bekannt. Ein paar Fotografen hatten es geschafft, einige Bilder von

Oben links: *Ein Ibisschnabel-Paar sucht die Geröllufer eines entlegenen Hochgebirgsflusses im Sailiiski-Alatau-Gebirgszug im nördlichen Tienschan ab. Trotz ihres auffälligen Gefieders sind diese raren, geheimnisvollen Watvögel zwischen den Steinen schwer auszumachen. Jedes Pärchen verteidigt sein eng bemessenes Territorium, durch dessen Mitte der Flußlauf führt. Mit ihren gebogenen Schnäbeln kratzen oder stochern die Vögel nach Futter.*

Ganz oben: *Diese im Mai gemachte Aufnahme vermittelt eine Vorstellung von der Abgeschiedenheit und Kargheit des Habitats des Ibisschnabels.*

Oben: *Obwohl man sie hier gut erkennen kann, sind die Eier sehr schwer zu finden (vgl. oben links).*

minderer Qualität aufzunehmen, und es wurden auch ein paar brauchbare Untersuchungen über sein Verhalten veröffentlicht. Darüber hinaus hat Wiatscheslaw Belyalow einen Film gedreht, Farbfotos sind im Westen noch keine veröffentlicht worden – bis jetzt!

Im Frühjahr 1986 hatte ich im Hochgebirge der Sailiiski-Alatau-Kette im nördlichen Tienschan zusammen mit Oleg Belyalow das Glück, ein Ibisschnabelpaar und sein Nest in etwa 2500 Meter zu studieren und zu fotografieren. Unsere Fotos, die oben auf dieser Seite abgebildet sind, zeigen deutlich das Erscheinungsbild dieses spektakulären Vogels.

Der Ibisschnabel ist hinsichtlich seiner Schnabelform, seiner Ernährungsgewohnheiten und seines Federkleids sowie hinsichtlich seiner strikten Bindung an ein so beschränktes Hochgebirgshabitat einzigartig unter den Watvögeln. Er wurde gewöhnlich zur Familie der Säbelschnäbler und Stelzenläufer *(Recurvirostridae)* gestellt, ist aber wohl näher mit den Austernfischern *(Haematopodidae)* verwandt. Manche Ornithologen finden ihn so abweichend, daß sie ihn einer eigenen Familie zuordnen wollen – den *Ibidorhynchidae*. Wegen der Abgelegenheit und Unzugänglichkeit seiner Brutgebiete ist eine genauere Schätzung seiner Bestandszahl schwierig; der Ibisschnabel wird jedoch in der »Roten Liste« der UdSSR mit mehr als 150 Paaren geführt.

Das ins Auge fallende grau, schwarz und weiße Gefieder des Ibisschnabels bildet eine überraschend wirksam Tarnung in seiner Umgebung – ein Vorteil besonders, wenn die Eier ausgebrütet oder die Küken unter die Fittiche genommen werden. Der rote Schnabel ist – wie beim Ibis, der ihm auch seinen Namen gab – stark nach unten gebogen. Der Ibisschnabel hat lange rötliche Beine und an den Zehen kleine Spannhäute. Mit ungefähr 38 Zentimeter ist er etwa so groß wie eine Lachmöwe *(Larus ridibundus)*.

Der Ibisschnabel kommt in einem sehr begrenzten Lebensraum im Hochgebirge vor und ist auf vegetationslose Täler beschränkt, in denen relativ langsame Flüsse fließen und breite Kiesbänke mit eingestreuten Felsbrocken bilden, wo er nisten und Nahrung finden kann. Er frißt Insekten und Insektenlarven, Krustentiere, Weichtiere und kleine Fische. Er stöbert seine Beute auf, indem er mit seinem Schnabel unter das Geröll stochert oder im Kies hin- und herharkt. Der Bogen seines Schnabels paßt gut in die Zwischenräume im Geröll. Er sucht seine Nahrung aber auch mit untergetauchtem Kopf im Wasser, wobei es ihm seine langen Beine erlauben, ziemlich weit in den Fluß hineinzuwaten, bis ihm das Wasser bis an den Bauch steht. Da er durch seine Methode der Nahrungsaufnahme so eng an die Kiesbänke gebunden ist, meidet er weite Bereiche der Gebirge, wo es nur nackte Felsoberflächen und mächtige, tief ins Gestein eingegrabene, schnellfließende Gewässer gibt.

Die Nistzeit der Ibisschnäbel beginnt im Mai, und dann kann man ihre lauten, pfeifenden Balzrufe in den Gerölltälern erklingen hören. In dem Nest, einer mit flachen Kieselsteinen ausgelegten Bodenmulde, liegen zwei bis vier hervorragend getarnte Eier, die vor dem steinbedeckten Hintergrund nur sehr schwer zu entdecken sind. In der Tat mußten wir erst hoch über das Tal hinaufsteigen und das ganze Areal mit starken Ferngläsern absuchen, ehe wir ein Nest aufspürten. Man nimmt an, daß die Brutzeit ungefähr einen Monat beträgt, aber wie bei vielen anderen Einzelheiten aus dem Leben der Ibisschnäbel haben wir auch hier noch viel zu lernen.

Im Winter zieht der Ibisschnabel auf niedrigere Höhen herab, wo die Bedingungen weniger rauh sind. Er verläßt sein gebirgiges Habitat jedoch nie.

Tibetlachmöwen

Der Kara-kul-See liegt in 4000 Meter Höhe im Pamir und bedeckt eine Fläche von 380 Quadratkilometer. Auf den kleinen Inseln in dieser abgelegenen, kalten Salzwasserfläche befinden sich die Brutkolonien der Tibetlachmöwe *(Larus brunnicephalus)*. Diese Brutinseln, die Reste von überfluteten Moränen, ineinander verschlungener Baumwurzeln und verschiedener anderer Überbleibsel, sind auf verborgenem, langsamfließenden Eis gelagert. Ende April, wenn der See immer noch zugefroren ist und es nur an den Mündungen der Flüsse, die ihn nähren, ein paar aufgetaute Flecken Erde gibt, fliegen die ersten Tibetlachmöwen ein. Einen Monat später beginnen sie mit dem Nestbau. Die Nester werden in kleinen, sehr dichten Kolonien angelegt, und jedes Weibchen legt im späten Juni oder Anfang Juli zwischen ein und drei braungefleckte, ockerfarbene Eier. Die größten Kolonien bestehen aus ungefähr 50 Nestern, viele sind jedoch kleiner, und vor kurzem wurden auch vereinzelte Nester aufgefunden.

Die Möwen teilen sich die Inseln mit Flußseeschwalben *(Sterna hirundo)* und Streifengänsen *(Anser indicus)*, wobei diese beiden Arten näher am Wasser nisten. Die Tibetlach-

Eine Tibetlachmöwe mit einem ihrer Küken am Kara-kul-See im Pamir-Gebirge. Die Aufnahme stammt vom Juli.

möwen ähneln der weitverbreiteten und bekannten Lachmöwe *(Larus ridibundus)*, aber sie sind größer, haben im Sommer einen brauneren Kopf und einen schwarzen Saum, der das Braun begrenzt; außerdem sind die ganzen Flügelspitzen und nicht nur die äußeren Handschwingen schwarz. In auffälligem Gegensatz zu den Kolonien der Lachmöwen sind die der Tibetlachmöwen bemerkenswert friedlich und die Vögel machen wenig Lärm. Ihre Nahrung besteht am Kara-kul-See hauptsächlich aus Flohkrebsen *(Gammarus)* und Köcherfliegen *(Astratus alaicus)*. Die Tibetlachmöwen verlassen das Pamirgebirge im Oktober und wandern südwärts nach Indien, wo sie den Winter an Seeufern und Binnengewässern im Tiefland verbringen.

Braunellen

Die Braunellen *(Familie Prunellidae)* bilden eine Gruppe kleiner, ihre Nahrung am Boden suchender Vögel, die zumeist Bewohner der Berggebiete sind. Diese rein eurasische Familie umfaßt nur 13 Arten, von denen acht in der UdSSR leben.

Die Mitglieder der Familie, die ausschließlich Bergbewohner sind, sind die Alpenbraunelle *(Prunella collaris)*, die

Nest und Eier der Fahlbraunelle. Sie gehört zu einer Familie kleiner Sperlingsvögel, deren Vorkommen zumeist auf Berggebiete beschränkt ist. Sie nistet in Höhen bis zu 3500 Meter.

Steinbraunelle *(P. himalayna)*, die Fahlbraunelle *(P. fulvescens)*, die Schwarzkehlbraunelle *(P. atrogularis)* und die Felsenbraunelle *(P. ocularis)*. Mit ihrem Verhalten und ihrer Biologie geben sie ein eindrucksvolles Beispiel für die Anpassung an rauhe Gebirgsbedingungen. Die Alpenbraunelle · hat von allen Braunellen das größte Verbreitungsgebiet – nämlich von Süd- und Mitteleuropa sowie Nordwestafrika bis hin nach China und Japan. Innerhalb ihres Verbreitungsgebiets kommt sie jedoch – da sie ans Hochgebirge gebunden ist – nur in einzelnen Gegenden vor und ist nur stellenweise häufig. In der UdSSR kommt sie im Kaukasus, in Zentralasien, im südlichen Kasachstan, im Zentralaltai und in den Gebirgen des Fernen Ostens vor.

Die Himalaja-Braunelle lebt in Höhen von 2800 bis 3500 Meter zwischen Felsblöcken oder auf steinigen Grasmatten. Sie besitzt eine lückenhafte Verbreitung mit nur wenigen Exemplaren im Altai und den Gebirgen Zentralasiens. Im April kann man an den Brutplätzen das Lied der Braunelle hören – sie bleibt hier bis September. Dann zieht sie die Berge hinab zu Gebieten, wo das Nahrungsangebot reichhaltiger ist. Das Nest wird am Boden im Schutze eines Steinblocks, einer Felsspitze oder eines Grasbüschels gebaut. Aus den vier bis sechs blaßblauen Eiern sind bis Mitte Juli die Küken geschlüpft. Offenbar gibt es nur ein Gelege im Jahr.

Die Fahlbraunelle Zentralasiens ist weit verbreitet und in einigen Gebieten häufig. Sie nistet im subalpinen und alpinen Gürtel zwischen 2400 und 3500 Meter Höhe. Neuere Untersuchungen mit markierten Vögeln haben ergeben, daß diese Art ein ziemlich beschränktes Terrain besetzt und an der unteren Grenze des Brutgebietes auch überwintert. Ornithologen haben die komplexe Brutbiologie der Fahlbraunellen erforscht – danach gibt es manche Orte, wo drei Altvögel, ein Weibchen und zwei Männchen, an der Aufzucht einer einzigen Brut beteiligt sind. Ein Fahlbraunellenpaar soll drei Bruten in einem Jahr aufgezogen haben. Unter den rauhen Gebirgsbedingungen ist eine solche Leistung nur bei einer strikten Arbeitsteilung unter den Altvögeln möglich: Wenn die Jungen der einen Brut in Kürze flügge werden, werden sie fast ausschließlich vom Vater gefüttert, während das Weibchen bereits ein neues Nest baut und die Eier ablegt. Wie bei anderen Braunellen ist das Gefieder beider Geschlechter nahezu identisch, obwohl die Männchen meist etwas kräftiger gefärbt sind.

Die Schwarzkehlbraunelle ist in den Gebirgen Zentralasiens und im Altai weit verbreitet, wobei sie lichten Fichtenwald mit Arealen karger Strauchvegetation in Höhen zwischen 1400 und 2800 Meter bevorzugt und zu dichte Deckung meidet. Anders als die Fahlbraunelle, die ein Bodenbrüter ist, baut die Schwarzkehlbraunelle ihr Nest auf die Äste von Bäumen und Sträuchern. Obwohl schon Nester in Höhen bis zu 13 Meter aufgefunden wurden, liegt es gewöhnlich nicht höher als zwei Meter über dem Boden. Im Juni oder Juli legen die Vögel zwischen zwei und sechs Eier, die eine zartblaue Tönung haben.

Felsenbraunellen kommen in der UdSSR nur auf der Armenischen Hochebene am Rand ihres eigentlichen Verbreitungsgebiets vor, das sich über die Nordosttürkei und den nördlichen Iran erstreckt.

Drosseln und Timalien der Berge

Zwei alpine Mitglieder der Drosselfamilie *(Turdidae)*, das Schwarzwangen-Rubinkehlchen *(Luscina pectoralis)* und der Weißkehlsänger – auch Weißkehlchen genannt *(Irania gutturalis)* – sind besonders schön gefärbt. Von keiner der beiden Arten kann man sagen, sie wäre häufig, obwohl sie an manchen Stellen recht zahlreich sein können. Die eng miteinander verwandten Arten besetzen ganz unterschiedliche Lebensräume. Das Schwarzwangen-Rubinkehlchen bewohnt im Tienschan Wacholderwälder zwischen 2500 und 3500 Meter. Es ist ein Zugvogel und erscheint erst am Brutplatz, wenn der meiste Schnee weggeschmolzen ist. Es beginnt Ende Mai oder Anfang Juni zu brüten. Schon im August sind die Brutplätze wieder verlassen, und die Vögel befinden sich auf ihrem Zug südwärts, um den Winter in Indien zu verbringen.

Das Männchen hat eine leuchtend rote Kehle, die in spektakulärem Kontrast zur schwärzlichen Oberseite und der Brust steht. Diese ins Auge stechende Farbkombination und sein betörender Gesang verhalfen dem Vogel dazu, in das Wappen von Tienschan aufgenommen zu werden. Weibchen und Jungvögel sind viel unscheinbarer.

Ihr Nest bauen die Rubinkehlchen auf dem Boden – gewöhnlich im Schutz ausgebreiteter Wacholderäste oder eines dichten, überhängenden Grasbüschels. Die Vögel siedeln sich mit Vorliebe auf nach Süden oder Südosten abfallenden Hängen an. Das kugelförmige Nest hat einen seitlichen Zugang und das Weibchen legt zwischen zwei und sechs (meist vier) blaßblaue Eier. Rubinkehlchen sind vorwiegend Insektenfresser.

Der Weißkehlsänger brütet in der Regel in tieferen Lagen zwischen 1100 und 2300 Meter, wobei er trockene Hanglagen mit Strauchdickichten und eingestreuten Felsblöcken, Klippen und Geröll bevorzugt – ein Habitat, in dem es im Frühsommer unerträglich heiß werden und das Gras dann in der glühenden Hitze verdorren kann. Wie beim Schwarzwangen-Rubinkehlchen sind auch die Männchen dieser Art leuchtend gefärbt, mit aschgrauen Oberseiten, einem schwarzweißen Kopf und orangefarbener Brust und Flanken. Es ist strikt territorial und bewacht den Nistplatz vor Rivalen, während es laut singend um die Aufmerksamkeit des Weibchens buhlt. Die Nester werden meist in kleinen sparrigen Büschen, wie der Heckenkirsche, angelegt. Drei bis fünf schmutzig-grüne Eier werden im Mai oder Juni gelegt. Beide Elternteile füttern den Nachwuchs mit verschiedenen Wirbellosen. Die Population der Art kann von Jahr zu Jahr beträchtlich schwanken. Wir beobachteten beispielsweise über fünf aufeinanderfolgende Jahre männliche und weibliche Weißkehlchen im Naturreservat von Aksu-Dschabagli. In den sechziger Jahren hatte es dort noch gar keine gegeben. An manchen Stellen ist die Population heute größer als vor dem Zweiten Weltkrieg – obwohl es sich immer um eine seltene Art handelte.

Wir mußten fünf Jahre warten, ehe wir ein Männchen fotografieren konnten. Wir sahen es zuerst 1980 und ver-

Oben links: *Ein Schwarzwangen-Rubinkehlchen, aufgenommen im Aksu-Dschabagli-Reservat im westlichen Tienschan.*
Oben: *Ein Weißkehlsänger am Nest im Juni im Aksu-Dschabagli-Reservat.*

suchten von da an jedes Jahr, diesen unerhört schönen Vogel zu fotografieren. Wir fotografierten die Eier, das Nest und das Weibchen – aber niemals das Männchen. Dann, 1985, spürten wir eines auf. Durch die Unterstützung unseres Beraters im Aksu-Reservat, Dr. Iwaschtschenko, gelang es uns, ein Nest zu finden, das zum Fotografieren äußerst günstig gelegen war. Es lag an einem steinigen, von Sträuchern und Wacholder überwachsenen Osthang und enthielt mehrere fünf Tage alte Küken. Das Männchen gewöhnte sich schnell an unser Versteck, und nach zwei Tagen hatten wir unsere Aufgabe erfüllt. Wir stießen Seufzer der Erleichterung aus und durchlebten eine Mischung aus Glück und Wehmut darüber, daß ein weiterer Vogel im Aksu-Dschabagli – der Perle unter den Gebirgs-Naturreservaten – auf Film gebannt worden war. Der Borstenhäherling *(Garrulax lineatus)* – obwohl auf den ersten Blick drosselartig wirkend – ist in Wirklichkeit ein Mitglied der Familie der Timalien *(Timaliidae)*. Er ist der einzige aus seiner Familie, der in der UdSSR vorkommt. Den Borstenhäherling findet man in überwucherten Dickichten im Pamir und im Gissaro-Alai, wo er in kleinen Scharen vorkommt. Die Paare finden sich nur für die Brutzeit zusammen.

Vögel der Gebirgswasserläufe

Die Erforschung der Vögel an Gebirgswasserläufen erfordert wegen der Eigentümlichkeiten ihres Lebensraums besondere Methoden – das Wasser stürzt über Felsen und durch Schluchten, es ist oft tief und tückisch. Das Leben verschiedener Gebirgsvögel ist eng verknüpft mit diesen reißenden Strömen. In den zentralasiatischen Gebirgen leben zwei Wasseramselarten, die eurasische Wasseramsel *(Cinclus cinclus)* und die Braune Wasseramsel *(C. pallasii)*, die beide unter Wasser nach ihrer Beute, Insektenlarven und anderen Wirbellosen, jagen. Weitere interessante, in den zentralasiatischen Gebirgen weitverbreitete Vögel, die am Wasser leben, sind die Chinesische Pfeifdrossel *(Myiophoneus caeruleus)*, der Bachstutzschwanz *(Enicurus scouleri)*, die Gebirgsstelze *(Motacilla cinerea)* und der Weißkopf-Rotschwanz *(Chaimarrornis leucocephalus)*.

Wie das Schwarzwangen-Rubinkehlchen wird auch die Chinesische Pfeifdrossel als Symbol für das Gebirge angesehen. Sein russischer Name, der soviel wie »Blauvogel« bedeutet, beschwört geheimnisvolle Vorstellungen, und an den phantastischen Plätzen, die der Vogel bewohnt, wird das Mysterium Wirklichkeit. Ein Gebirgswasserfall stürzt über die Felsen, die Luft ist mit feinem Sprühregen erfüllt; die Ränder des Sturzbachs sind mit glänzendem, saftiggrünem Moos bedeckt, während obendrüber ein schmaler Streifen klaren, blauen Gebirgshimmels von gezackten Klippen eingerahmt wird. Urplötzlich wird der Frieden dieses Paradieses jäh unterbrochen. Ein lebhaft dunkelblau gefärbter Vogel fliegt zu einer Felsspitze hin, läßt sich nieder und beginnt zu singen. Seine melodiösen, pfeifenden Triller sind so durchdringend, daß sie noch in großer Entfernung zu hören sind – selbst gegen den Lärm des Wasserfalls. Solche Augenblicke machen einen Gebirgsspaziergang unvergeßlich. Natürlich muß man auch zur rechten Zeit an der rechten Stelle sein.

Die Chinesische Pfeifdrossel baut ihr Nest auf Terrassen im Fels und legt im Mai oder Juni zwei bis vier matt bläulichbraune Eier. Sie ernährt sich von Wirbellosen, die sie auf feuchten Felsen und an Bachufern findet. Sie ist eine weitverbreitete, wenn auch nicht zahlreiche Art in den Gebirgen Zentralasiens, und obwohl sie umherziehen mag, wandert sie für den Winter nicht – wie andere Vögel der Gebirge der UdSSR – südwärts.

Säugetiere des Gebirges

Wie sich der Übersicht auf Seite 215 entnehmen läßt, gibt es in der UdSSR etwa 40 im Gebirge lebende Säugetiere, wozu auch weniger spezialisierte Arten wie der Steinmarder *(Martes foina)* und der Baumschläfer *(Dryomys nitedula)* gehören, die beide auch in den Wäldern des Tieflands vorkommen.

Zu den charakteristischsten Gebirgssäugetieren der UdSSR gehören die Murmeltiere *(Marmota)*, die in den Gebirgs-

Das Langschwänzige Murmeltier ist ein typisches Säugetier in den Bergen des Tienschan und des Pamir. Diese Murmeltiere sind die größten aller Hörnchen und ausgezeichnete Gräber.

Das Menzbier-Murmeltier ist das seltenste der sieben Arten in der UdSSR und nur in zwei begrenzten Gebieten des Tienschan anzutreffen.

ketten Zentralasiens, Kasachstans, des Altai, Ostsibiriens und Kamtschatkas leben. Die zahlreichen Vertreter dieser Gattung bilden eine äußerst einheitliche Gruppe ökologisch sehr ähnlicher Arten. Sie sind die größten Mitglieder der Familie der Hörnchen *(Sciuridae)*.

Die Mehrheit der Zoologen geht davon aus, daß es in der UdSSR sieben Arten gibt. Das Steppenmurmeltier oder Bobak *(M. bobac)* ist auf die Ebenen beschränkt. Das Altai-Steppenmurmeltier *(M. baibacina)* bewohnt die Gebirge Kasachstans und Ostsibiriens. Das Verbreitungsgebiet zweier weiterer Arten, des Langschwänzigen Murmeltiers *(M. caudata)* und des Menzbier-Murmeltiers *(M. menzbieri)* liegt weiter westlich. Das Langschwänzige Murmeltier lebt im südli-

chen Zentralasien und im Pamir-Gebirge. Das Menzbier-Murmeltier ist die seltenste Art in der UdSSR und endemisch in zwei Regionen des Tienschan, den Gebirgskämmen Talass und Tschatkal, die eine Fläche von nicht mehr als 2000 Quadratkilometer ausmachen. Das Alpenmurmeltier *(M. marmota)* ist im Westen, in den Karpaten, anzutreffen. Ostsibirien und Kamtschatka sind die Heimat des Kamtschatka-Murmeltiers *(M. camtschatica)*. Das Sibirische Murmeltier *(Marmota sibirica)* bewohnt Transbaikalien.

Murmeltiere sind untersetzte, stämmige Tiere, die eine ziemlich komische Erscheinung abgeben. Sie haben zweckmäßig gebaute Körper und sind, obwohl sie über vier Kilogramm wiegen, fexibel genug, um sich in enge Räume zu quetschen. Sie brauchen diese körperliche Flexibilität, da sie als ausgezeichnete Baumeister vielzweigige Röhrensysteme graben, in denen es oft scharfe Biegungen gibt.

Die meisten Murmeltiere leben am liebsten in offenem Steppen- oder Gebirgsgelände. Ihre Territorien liegen meist im subalpinen Gürtel, wo die Wiesen von Gruppen großer Steine unterbrochen sind. Die Höhe, in der eine bestimmte Art lebt, variiert stark – in der Regel liegt sie ungefähr bei 3000 Meter. Murmeltiere sind ausgeprägte Gemeinschaftstiere und mit einem großen Repertoire an visuellen und akustischen Signalen an ein Leben in offenen Räumen angepaßt. Soziale Kommunikation spielt im Leben eines Murmeltieres eine große Rolle. Die Nachbarn werden durch einen durchdringenden Ruf vor drohender Gefahr gewarnt – ob es sich nun um einen Steinadler hoch in den Lüften handelt oder um eine sich zu Pferde nähernde Reisegruppe.

Das soziale Leben der Murmeltiere wird gestützt durch ein System von Verbindungen zwischen den einzelnen Subkolonien, die zusammen eine Gemeinde bilden. Die Ein-

Oben links: *Dieser putzige kleine Baumschläfer ist im Waldgürtel des Tienschan häufig.*
Oben: *Der Afghanische Pfeifhase ist eine von verschiedenen Pfeifhasenarten, nahen Verwandten der Kaninchen und Hasen, die in den Gebirgen und Steppen der UdSSR leben.*

gänge der Baue nehmen fünf bis zehn Prozent der Bodenfläche ein.

Die Erdbaue selbst unterscheiden sich in Form und Länge beträchtlich – je nach Bodenrelief und der Funktion des Baues. Es gibt Winterbaue und Sommerbaue sowie ein ständig benütztes Röhrensystem. Die Nistkammer, in der die Murmeltiere geboren werden, liegt etwa zwei Meter tief, während die Kammer, in der die Tiere überwintern, sich in einer Tiefe bis sieben Meter befindet. Die ausgedehntesten Baue sind 63 Meter lang, im Durchschnitt aber liegt ihre Länge bei 25 Meter.

Murmeltiere halten sechs bis neun Monate Winterschlaf; bei den Arten, die im Gebirge leben, ist die Wachperiode kürzer, nimmt aber mit der Höhe zu. Während des Winterschlafes ist der Energieverbrauch auf ein Zehntel verringert. Ohne Futter verliert ein aktives Murmeltier ungefähr 3,7 Prozent seines Gewichtes am Tag, während der Schlafperiode jedoch reduziert sich dieser Verlust auf 0,02 bis 0,12 Prozent.

Murmeltiere zeigen keine besondere Vorliebe für bestimmte Pflanzen, wählen aber stets die jüngsten, weichsten Triebe. Manchmal reichern sie ihre vegetarische Diät mit tierischer Nahrung an; in Murmeltiermägen hat man auch Weichtiere, Heuschrecken, Raupen und Ameiseneier gefunden.

Die Zahl der Jungen in einer Murmeltierfamilie hängt von der Gesamtpopulation einer Kolonie ab und schwankt zwi-

Der Schneeleopard streift noch immer in den Gebirgen Zentralasiens, im Altai und Sajan, umher. Gegenwärtig ist diese Art sehr selten, und es ist nicht leicht, auch nur annäherungsweise eine Schätzung der Population abzugeben. Einige Behörden gehen von etwa 1000 Tieren aus. Glücklicherweise hat sich der Schneeleopard in verschiedenen Zoos bereits erfolgreich fortgepflanzt; im Kaunas-Zoo in Litauen zum Beispiel hatte ein Weibchen einen Rekordwurf von vier Jungen.

Aufzucht in Gefangenschaft und anschließende Rückführung in die Freiheit können dazu beitragen, die schrumpfende Population dieser wunderbaren Tiere zu stabilisieren, ehe es zu spät ist.

Der Schneeleopard lebt im Hochgebirge, auf alpinen Matten, in ausgangslosen Schluchten und auf Felskämmen und ist nur selten in den Waldgürteln anzutreffen. Seine Nahrung besteht hauptsächlich aus Bergziegen und -schafen, die er vorzugsweise aus dem Hinterhalt schlägt. Sein Bau befindet sich in einer Höhle oder Felsspalte, in der das Weibchen während der Monate April oder Mai nach 90 bis 100 Tagen Tragzeit zwei bis vier Junge gebärt.

Bergziegen und -schafe
In der UdSSR leben fünf Arten der Gattung *Capra:* die Bezoarziege *(Capra aegagrus)*, der Sibirische Steinbock *(Capra sibirica)*, die Markhor- oder Schraubenziege *(Capra falconeri)*, der Westkaukasische Tur *(Capra caucasia)* und der Ostkaukasische Tur *(Capra cylindricornis).* Die seltenste ist die Schraubenziege, die in zwei isolierten Gebieten Tadschikistans an der Grenze zu Afghanistan vorkommt. Die Bezoarziege ist im Kaukasus und in Südturkmenistan in den Wüstengebieten des Kopet-Dag anzutreffen. Sie lebt auf felsigen Berghängen in Höhen zwischen 1000 und 2500 Meter und klettert von Zeit zu Zeit bis zur Schneegrenze. Die Gesamt-

Oben: *Ein Isabell-Braunbär schlendert im Aksu-Dschabagli-Reservat über eine Gebirgswiese.*
Rechts: *Ein Gebirgsschaf der turkmenischen Rasse des Argali mit Lamm im Ust-Urt-Reservat.*

schen drei und vierzehn. Junge Murmeltiere sind sehr verspielt und geben sich geräuschvollen, ungestümen Spielen hin, in die sie gelegentlich ihre Mutter einbeziehen.

Raubtiere der Gebirge
Zwei der interessantesten Gebirgsraubtiere sind der Isabell-Braunbär *(Ursus arctos isabellinus)* und der Schneeleopard *(Panthera uncia)*, die beide als bedrohte Arten in den »Roten Listen« der UdSSR und der IUCN verzeichnet sind.

Die meisten Unterarten des Braunbären sind Waldbewohner, der Isabell-Braunbär dagegen lebt in gebirgigem Gelände mit spärlichem Baumwuchs und manchmal sogar in völlig baumlosen Arealen. Er ist auf die Gebirgsketten des Tienschan und des Pamir-Alai beschränkt. Der Isabell-Braunbär ist kleiner als seine Verwandten und hat einen hellen, rötlichen Pelz. Man schätzt, daß es mehrere tausend Exemplare im zentralasiatischen Gebirgssystem gibt.

Ostkaukasische Turs steigen in den frühen Morgenstunden aus dem Hochgebirge herab, um in den subalpinen Wiesen des Kaukasus zu grasen. Diese hier leben im Sewero(Nord) Osetien-Reservat.

population in der UdSSR wird auf 5000 bis 6000 Exemplare geschätzt.

Der Sibirische Steinbock ist die am weitesten verbreitete Art. Er kommt in ganz Zentralasien, im Altai und im Sajan vor. Bei Wanderungen durch diese Gebirge trifft man häufig auf diese Tiere, die vielleicht gerade einen Bergkamm entlangspazieren oder im Schnee liegen, oder man hört die Steine fallen, die sie losgetreten haben. Besonders eindrucksvoll sind die alten Böcke mit ihren langen Bärten und kräftigen Hörnern. Diese netten Tiere sind auf den steilsten, mit großen Felsen übersäten Hängen und auf Geröllhalden zu Hause. Sie können mit täuschender Leichtigkeit von Felsen zu Felsen springen und über steilste Klippen klettern.

Steinböcke leben gewöhnlich in Herden zu manchmal fünfzig oder mehr Exemplaren. Im Winter steigen sie in die mittleren Gebirgsgürtel hinab und kehren im Sommer wieder in die höheren Lagen zurück. Im Frühling kann man

sie oft an Salzlecken beobachten, wo die ganze Herde den Boden leckt oder sogar die salzige Erde frißt.

Die Paarungszeit des Sibirischen Steinbocks dauert von Oktober bis Januar; während dieser Zeit begattet ein Männchen manchmal zwischen fünf und fünfzehn Weibchen. Nach einer Tragzeit von 170 bis 180 Tagen werden zwischen April und Juni ein oder zwei Junge geboren.

Im Kaukasus leben zwei Tur- oder Bergziegenarten, die manche Biologen lediglich als Unterarten betrachten. Der Westkaukasische Tur kommt im westlichen Teil des Großen Kaukasus vor und ist in verschiedenen Reservaten geschützt, vor allem im Kaukasus- und im Teberda-Reservat. Der Ostkaukasische Tur hat einen kürzeren, breiteren Bart, anders geformte Hörner und ist dunkler gefärbt.

Das eigentliche Wildschaf oder Argali ist das *Ovis ammon*, das viele Untertanen hat, die als bedroht gelten. Eine weitere Art der Steppen- und Wüstenplateaus ist das Wildschaf *(Ovis orientalis)*. In den nördlichen Gebirgen lebt das Schneeschaf *(Ovis nivicola)*.

Das Argali ist in den Bergen des Altai, Sajan, Zentralasiens und im Kaukasus weit verbreitet. Nur wenige Unterarten,

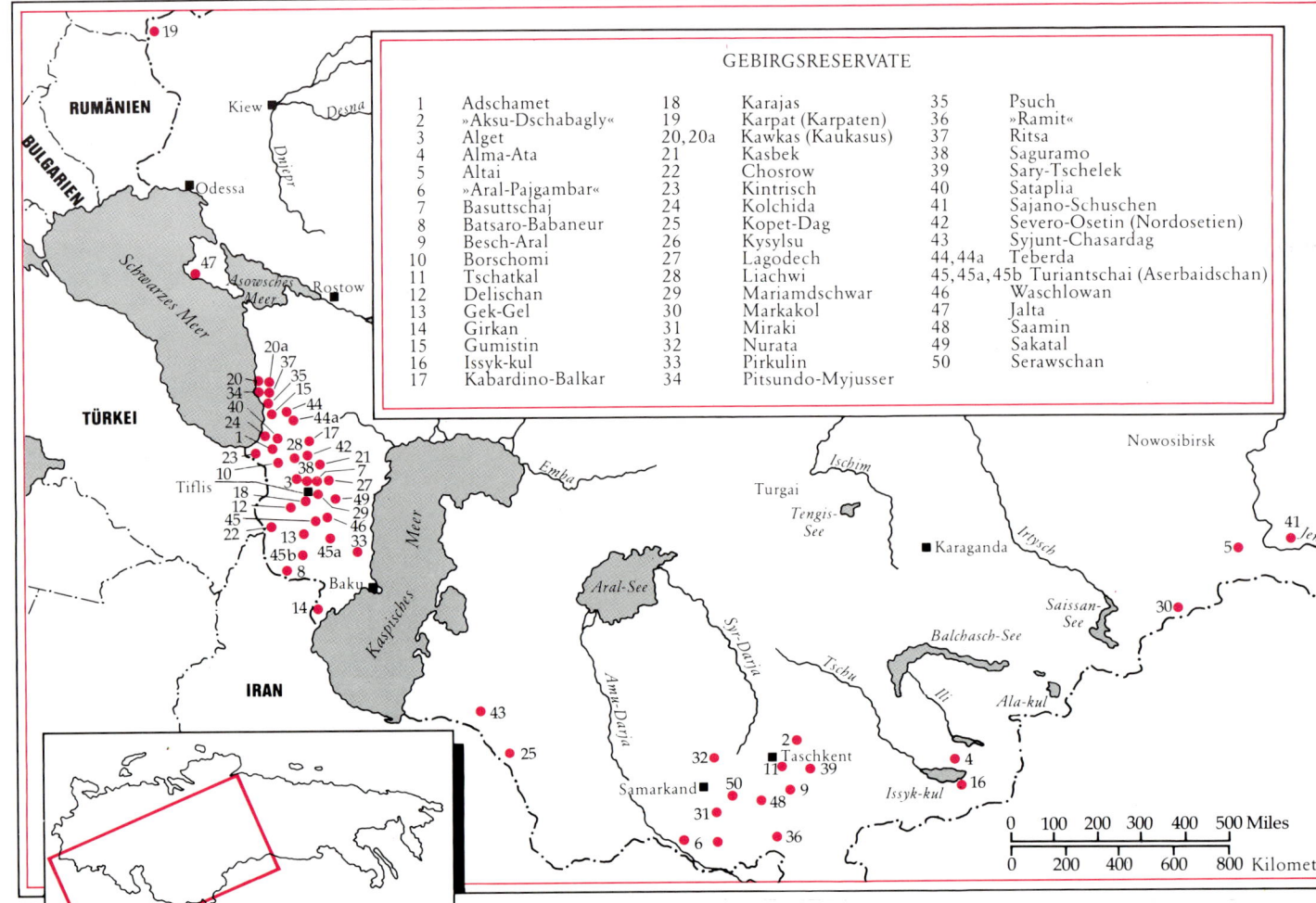

Die Karte zeigt die vielen Gebirgs-Reservate der Sowjetunion. Besonders das Kaukasus-Gebiet ist mit einer Reihe großer Reservate gut bestückt.

zum Beispiel das *Ovis ammon karelini*, bevorzugen höhere Lagen. Viele leben am Fuße des Gebirges oder höchstens in den mittleren Lagen der Hänge. Im Herbst und Winter schließen sich die Schafe zu großen Herden zusammen, während der übrigen Zeit leben sie in kleinen Gruppen. Sie sind nicht so geschickt beim Erklettern der Felsen wie die Bergziegen und mögen eher sanftere Hänge. Wildschafe paaren sich im Herbst und frühen Winter; die Tragzeit dauert etwa fünf Monate.

Pfeifhasen und Nagetiere

Zwei Gruppen der Gebirgssäugetiere sind weitgehend auf die subalpinen Gürtel oder entsprechend nördliche Zonen in Daurien oder Ostsibirien beschränkt. Die einen sind die Pfeifhasen *(Ochotona)* – interessante kleine Tiere, die mit den Hasen und Kaninchen verwandt sind. Ihr Schwanz ist gewöhnlich sehr kurz und die Ohren sind abgerundet. Diese attraktiven Wesen stoßen ein charakteristisches Warnquieksen oder -pfeifen aus, das sehr schwer wiederzugeben ist. Im Spätsommer beginnen die Pfeifhasen, sich einen Wintervorrat aus Blättern und Pflanzenstengeln anzulegen, die sie in Form winziger »Heuhaufen« trocknen und verstauen oder in Felsspalten verstecken.

In den Gebirgen leben viele Wühlmausarten. Einige, darunter eine im Pamir endemische, sind sehr selten. Von der Biologie der Hochgebirgsarten weiß man wenig. Drei Wühlmaus-Gattungen kommen in den Hochgebirgsregionen vor: *Clethrionomys, Alticola* und *Microtus. Alticola*-Wühlmäuse sind typische Gebirgsarten, die auf den nackten Bergspitzen Ostsibiriens oder in den subalpinen oder alpinen Gürteln des Altai oder der Gebirge Zentralasiens leben. Zahlreiche Arten der Feldwühlmäuse *(Microtus)* leben im oder jenseits des Kaukasus.

Drei Arten der Streifen-Hüpfmäuse *(Sicista)*, Verwandte der Springmäuse, leben nur im Gebirge. Eine Art lebt im Altai, die anderen im Tienschan und im Kaukasus. Sie leben sehr zurückgezogen, und man weiß wenig über sie.

Die Naturschutzgebiete in den Gebirgen der Sowjetunion

Die allgemeinen Grundlagen des Naturschutzes in der UdSSR sind bereits erörtert worden. Dieser Abschnitt bietet eine knappe Darstellung der Naturschutzgebiete in den Bergen, in der ihre Fläche, ihre geographische Lage und die in ihnen lebenden Tiere und Pflanzen angegeben sind.

Reservate haben den Zweck, Gebirgsgebiete in ihrem natürlichem Zustand zu bewahren, und in ihnen ist – wie wir bereits gesehen haben – jegliche wirtschaftliche Tätigkeit verboten.

Ganz oben: *Eine Ansicht der bewaldeten Hänge des Lagodech-Reservates im Kaukasus.*
Oben: *Das Weibchen eines Kaukasischen Birkhuhns sitzt fest auf seinem Gelege im Kaukasus-Biosphärenreservat. In dem 1924 eingerichteten Reservat sind auf einer Fläche von mehr als 2600 Quadratkilometer an die 200 Vogel- und 60 Säugetierarten geschützt.*

Kaukasus

Tiere und Pflanzen des Großen Kaukasus sind auf 741 Quadratkilometer im Kabardino-Balkar-Hochgebirgsreservat geschützt. Ein Gebiet dieses wunderbaren Reservates, das erst im Jahre 1976 angegliedert wurde, erhebt sich auf eine Höhe von 5000 Meter. Aus dem Jahre 1924 datiert das 2635 Quadratkilometer große Kawkas(Kaukasus)-Biosphärenreservat. In ihm liegen die Glawny (Haupt-) und Peredowoi (Vorderer) Gebirgskämme des Großen Kaukasus. Der höchste Punkt ist mit 3360 Meter die Smidowitsch-Spitze. Etwa 1500 Pflanzenarten, darunter viele endemische und Reliktarten, und 192 Vogel- und 59 Säugetierarten sind hier anzutreffen.

In der Bokowoj(Seitliche)-Kette des Großen Kaukasus befindet sich das 259 Quadratkilometer große, 1967 eingerichtete Sewero-Osetin(Nord-Osetien)-Reservat auf Höhen von 1350 bis 4646 Meter. Dort gibt es eine beachtliche Vielfalt von Pflanzen, etwa 1550 Arten, und 157 Vögel- und 36 Säugetierarten.

Auf den nördlichen Hängen des Großen Kaukasus zieht sich das 850 Quadratkilometer große, im Jahre 1936 geschaffene Teberda-Reservat bis auf eine Höhe von 4042 Meter. Innerhalb seiner Grenzen leben 1250 Pflanzenarten, von denen 186 im Kaukasus endemisch sind. Unter den Tieren finden sich sieben Reptilien-, 170 Vogel- und 43 Säugetierarten.

Zu den vielen kleinen und mittelgroßen Reservaten der Georgischen SSR gehören: Alget (60 qkm), Batsaro-Babaneur (39 qkm), Gumistin (134 qkm), Kasbek (43 qkm), Kin-

Ein Klappergrasmückenpaar am Nest, fotografiert im Juni im Aksu-Dschabagli-Reservat.

trisch (72 qkm), Liachwi (68 qkm), Mariamdschwar (10 qkm) und Saguramo (52 qkm). Größere, wichtigere Reservate in Georgien sind Borschomi (180 qkm), Lagodech (178 qkm) und Psuch (252 qkm).

Im Gebirge Aserbaidschans befinden sich das 71 Quadratkilometer große Reservat von Gek-Gel, das 29 Quadratkilometer große Talysch-Reservat, das 252 Quadratkilometer große Sakatal-Reservat und die drei Gebiete des Turiantschai-Reservats.

Im armenischen Hochland gibt es zwei Naturschutzgebiete – das Dilischan- (312 qkm) und das Chosrow-Reservat (2344 qkm).

Tienschan

Im Tienschan-Gebirge gibt es ein verzweigtes Netzwerk von Naturschutzgebieten. In der Tschatkal-Bergkette befindet sich das 1947 eingerichtete Tschatkal-Biosphärenreservat (358 qkm), das von einer Höhe von 1000 Meter bis auf 3800 Meter reicht. Die Pflanzenwelt ist ungewöhnlich und unterscheidet sich von der in benachbarten Gebieten; 1100 Blütenpflanzenarten, darunter 72 seltene und endemische, leben dort und 109 Vogel- und 31 Säugetierarten.

Das älteste, auch im westlichen Tienschan gelegene Naturschutzgebiet Kasachstans ist das Aksu-Dschabagli aus dem Jahre 1927, das sich über die nordwestlichen Hänge der Talass-Alatau-Kette und den angrenzenden Ugam-Gebirgskamm erstreckt und 744 Quadratkilometer umfaßt. Durch dieses Gebiet fließen der Aksu und der Dschabagli; hier befindet sich auch die berühmte 500 Meter tiefe und 600 bis 700 Meter breite Aksu-Schlucht. Das Reservat liegt zwischen 1100 und 4100 Meter über dem Meeresspiegel. Die Pflanzenwelt ist mit 1300 Arten, von denen viele selten und ende-

misch sind, besonders vielfältig. Dort leben neun Reptilien-, 238 Vogel- und 42 Säugetierarten.

Tiere und Pflanzen des Sailiiski-Alatau-Gebirges im nördlichen Tienschan sind in dem 1931 geschaffenen Alma-Ata-Reservat geschützt, das 916 Quadratkilometer umfaßt. Der höchste Punkt des Reservats ist der 5017 Meter hohe Gipfel des Talgar. Dort gibt es 934 Pflanzenarten und etwa 200 Vogel- und 64 Säugetierarten.

Im kirgisischen Teil des Tienschan befinden sich drei Reservate: Besch-Aral (182 qkm), Issyk-kul (173 qkm) und das Sary-Tschelek-Biosphärenreservat (239 qkm). In diesen drei Reservaten kommen viele seltene Pflanzen vor, darunter 52 im Tienschan-Gebiet endemische, sowie 157 Vogel- und 41 Säugetierarten.

Pamir-Alai

Im Turkestan-Gebirgszug in Usbekistan umschließt das 1959 gegründete Saamin-Reservat 106 Quadratkilometer, die sich auf Höhen zwischen 1760 und 3500 Meter verteilen. Hier sind 694 Pflanzenarten, 6 Reptilien-, 130 Vogel- und 38 Säugetierarten anzutreffen.

In den südwestlichen Auslegern des Gissar-Gebirgszuges im Pamir-Alai umfaßt das 1975 eingerichtete Kysylsu-Reservat 301 Quadratkilometer zwischen 1800 und 4000 Meter Höhe.

Innerhalb der Nuratau-Kette befindet sich das Nurata-Reservat. 1975 eingerichtet, bedeckt es 225 Quadratkilometer und beinhaltet 629 Arten Blütenpflanzen und verschiedene interessante Säugetierarten, zum Beispiel ein Wildschaf *(Ovis orientalis severtsovi)*, eine Springmaus *(Allactaga severtsovi)* und den Tigeriltis *(Vormela peregusna)*. Etwa 160 Vogelarten sind dort verzeichnet, und im Reservat nistet

Ein Blick auf das imposante Panorama der Gipfel in den Bugultor- und Ulken-Aksu-Gebirgsketten des westlichen Tienschan — aufgenommen im Juni im Aksu-Dschabagli-Reservat.

der wunderbare und seltene Lämmergeier *(Gypaetus barbatus)*.

In Tadschikistan, am Oberlauf des Flusses Kafirnigan im Gissar-Gebirge, befindet sich das »Ramit«-Reservat mit einer Fläche von 161 Quadratkilometer.

Altai und Sajan

Das mit 8637 Quadratkilometern riesige Altai-Reservat wurde im Jahre 1932 geschaffen, umschließt einen Teil des Telezki-Sees und enthält einen repräsentativen Querschnitt der Habitate dieser einzigartigen Gebirgsregion. Das Altai Reservat liegt im Einzugsgebiet der zwei größten sibirischen Flüsse, des Ob (Nebenfluß Bija) und des Jenissei (Nebenfluß Abakam). Die Berge sind dort bis zu 3500 Meter hoch, wenn auch der 78 Kilometer lange Telezki-See auf einer Höhe von 450 Meter liegt. Die Landschaft besteht aus Gebirgstaiga und -tundra. Es gibt dort 1270 Pflanzenarten, viele davon kommen ausschließlich dort vor. Zu den Tieren gehören 310 Vogel-, 73 Säugetier- und zehn Amphibienarten. Der See enthält 13 Fischarten.

Im südlichen Altai-Gebirge in Ostkasachstan liegt das 714 Quadratkilometer große Markakol-See-Reservat, das 1976 eingerichtet wurde. Nordöstlich des Altai im Sajan-Gebirge befindet sich das 1976 gegründete, 3896 Quadratkilometer umfassende Sajano-Schuschen-Reservat. In ihm leben viele Reliktarten und endemische Pflanzen und Tiere aus dem Altai, Sajan und der Mongolei.

8 Steppen und Wüsten

Steppen und Wüsten haben zwei wichtige Merkmale gemeinsam: Beide sind baumlose, offene Gebiete und haben ein semiarides oder arides Klima. Einst bedeckten die Steppen weite Gebiete der UdSSR und auch heute erstrecken sie sich noch von der Ukraine bis zur Mandschurei, wenn sie auch inzwischen sehr zerstückelt sind. Die Steppenzone liegt zwischen der Wald- und der Wüstenzone. An den nördlichen und südlichen Grenzen der Steppen befinden sich Übergangszonen aus Waldsteppe bzw. Halbwüste. Diese Übergangszonen sind weder sehr spezifisch noch verfügen sie über einzigartige charakteristische Pflanzen- und Tiergemeinschaften. Die Areale sind gewöhnlich von einer Mischung aus Vertretern beider Zonen bevölkert.

Ein Grund dafür, daß die ursprüngliche Steppe heute fast nur in Naturschutzgebieten erhalten ist, liegt darin, daß die Steppengebiete für viele Kulturen eine Nahrungsquelle darstellten. Im europäischen Teil der UdSSR sind beinahe alle Steppen für den Getreideanbau kultiviert worden, und nur in den Naturreservaten bleibt diese einzigartige Gemeinschaft für spätere Generationen bewahrt. Im asiatischen Teil der UdSSR sind mehr Steppengebiete gerettet worden. Im gebirgigen Zentral- und Ostsibirien bleiben sie auf die tiefen Lagen der Beckenlandschaften beschränkt.

Grasbedeckte Ebenen – Steppe, Prärie, Savanne und Pampas – machen insgesamt rund 27 Prozent der natürlichen Vegetationsdecke der Erde aus. Die Steppenzone liegt hinsichtlich der Feuchtigkeit in der Mitte zwischen den feuchten Wäldern und den trockenen Wüsten. Die Höhe des Grases hängt von der vorhandenen Feuchtigkeitsmenge ab: Je nasser es ist, desto höher wächst das Gras.

Die eigentliche Steppenzone bedeckt weniger als ein Sechstel der gesamten Landfläche der UdSSR; ein ununterbrochener Steppengürtel dehnt sich bis zum Ob aus. Nicht jedes mit Gras bewachsene Gebiet zählt zur Steppe. Die echte Steppenvegetation ist deutlich trockenresistent, hat mehr oder weniger dichten Grasbestand und die jährliche Niederschlagsmenge beträgt in diesen Zonen zwischen 300 und 500 Millimeter.

Obwohl es viele verschiedenartige Steppengebiete gibt, lassen sich in der UdSSR grob zwei große Unterzonen abteilen: die feuchtere nördliche Wiesen- und Krautsteppe und die trockenere südliche Federgrassteppe. Diese beiden Typen unterscheiden sich in vielerlei Hinsicht, aber sie haben auch einiges gemeinsam.

Links: Dieser kleine nachtaktive Gecko, eines der vielen Reptilien der sowjetischen Wüsten, geht der Tageshitze aus dem Weg und bleibt in seinem Bau, dessen Eingang er mit feuchtem Sand verschließt.

Beide Steppenzonen verfügen über ein mannigfaltiges Pflanzenleben, wobei eine große Zahl von Arten auf kleinem Raum wächst. In einigen nördlichen Steppen findet man auf einem Quadratmeter 80 Arten – das ist mehr als in irgendeiner anderen Pflanzengemeinschaft in der UdSSR.

Die Pflanzen der Steppe haben verschiedene Anpassungsformen herausgebildet, mit deren Hilfe sie der Trockenheit standhalten. Dazu gehören flaumige Behaarung, graufarbene Blätter mit einer wachsartigen Schicht, gelbe Blätter, schmale Blätter, auf bloße Stacheln reduzierte Blätter, rippenartig am Stengel angeordnete Blätter und sehr tiefreichende Wurzeln.

Für die Steppen charakteristisch sind Horstgräser, zu de-

Die Saiga hat eine große rüsselähnliche Nase, die den Staub, den das Tier in der Steppe aufwirbelt, filtern kann. Im Jahre 1917 nahezu ausgestorben, wurde sie nach der Oktoberrevolution unter Schutz gestellt. Inzwischen zählen die Herden über eine Million Tiere.

nen die Federgräser *(Stipa)* und die Schwingel *(Festuca)* gehören. Federgräser, die Leitformen der südlichen Steppen, sind zahlreich vertreten. Diese wunderhübschen, eleganten Pflanzen verschönern im Frühling die Steppe mit ihren langen, federigen Blüten, die im Wind hin- und herwogen und im Sonnenlicht glänzen.

Zu den charakteristischen Pflanzen der Wiesensteppen gehören die Erd-Segge *(Carex humilis)*, die Ufer-Segge *(Zernia riparia)* und die Federgräser *Stipa pennata* und *S. tirsa*. In krautreichen Steppen wachsen Haar-Federgras *(Stipa capillata)*, Lessings Federgras *(S. lessingiana)* und ein Schwingel *(Festuca valisiaca)*. Das Ukrainische Federgras *(S. ucrainica)* ist typisch für die trockenen Steppen. Im östlichen Kasachstan gibt es zwei häufige Wermut- oder Beifußarten: *Artemisia graciliscens* und *A. sublessingiana*. In den Steppen Transbaikaliens und der Mongolei sind das Baikal-Federgras *(Stipa baicalensis)*, der Altai-Wiesenhafer *(Helictotrichon altaicum)* und die Quecke *Aneurolepidium chinense* häufig vertreten.

Im Frühling und im Sommer erscheint wie von Zauberhand die Blütenfolge einer großen Vielfalt von Pflanzen – Krokusse, Tulpen, Iris, Baldrian und Hyazinthen –, die mit ihren exquisiten Farben die Landschaft verwandeln. Dies währt jedoch nicht lange, weil sie – wie die Gräser – bald von der heißen Sommersonne ausgetrocknet werden.

Die Tierwelt der Steppen

Die Steppenfauna ist nicht artenreich, zu ihr gehören jedoch einige einzigartige Geschöpfe. Die Mehrzahl der typischen Steppentiere trifft man heute im asiatischen Teil des Gebietes an. Die europäischen Steppen Kasachstans beherbergen eine Vielfalt von Insekten, zum Beispiel viele Arten von Heuschrecken, Ameisen, Fliegen, Wanzen und Käfern, darunter Rüsselkäfer, Sandlaufkäfer und Laufkäfer. Es gibt auf diesem trockenen Terrain nur sehr wenige Amphibien, dafür aber um so mehr Reptilien, zum Beispiel die Wiesenotter *(Vipera ursinii)*, die Pfeilnatter *(Coluber jugularis)* und die Zauneidechse *(Lacerta agilis)*. Die Vogelwelt der Steppen ist besonders interessant. Die Landschaft mag eintönig erscheinen, aber sie bildet den Lebensraum einer Vielfalt unterschiedlicher Arten, wenn auch manche im Zuge der landwirtschaftlichen Entwicklung seltener geworden sind.

Kraniche, Trappen, Regenpfeifer und Brachschwalben
Einer der schönsten aller Vögel, die in der UdSSR brüten, ist der Jungfernkranich *(Anthropoides virgo)*, der über die ganze Steppen- und Halbwüstenzone verbreitet ist. Wegen seiner zunehmenden Seltenheit wurde er in die »Rote Liste« der UdSSR genommen. Zum Glück scheint dieser Kranich sich an die vom Menschen geprägten Landschaften anzupassen; er fängt an, sich auf kultiviertem Land anzusiedeln, speziell in der Südukraine, wo er erfolgreich gebrütet hat.

Die Kraniche kehren im April aus ihren Winterquartieren in Afrika und dem südlichen Asien an ihre Nistplätze zurück. Gleich nach ihrer Ankunft führen sie ihre kunstvollen Balztänze auf. Das Nest ist eine einfache, flache Bodenmulde, gelegentlich mit einigen trockenen Grashalmen ausgelegt. Das Gelege besteht gewöhnlich aus zwei, sehr selten drei Eiern. Die Kraniche ernähren sich vor allem von Samen und Pflanzenteilen; ab und zu fressen sie auch Insekten.

Trappen *(Familie Otidae)* sind typische Bewohner weiträumiger Flächen. In der UdSSR gibt es drei Arten, von denen zwei in den Steppen brüten; die dritte, die Kragentrappe *(Chlamydotis undulata)*, zieht die Wüste vor.

Die Großtrappe *(Otis tarda)* ist mit einem Gewicht zwischen vier und elf Kilogramm, je nach Geschlecht und Jahreszeit, einer der größten Vögel der Erde; besonders große

Männchen können an die 16 Kilogramm wiegen. Dieser weitgehend ruhige, vorsichtige Vogel nimmt nahende Gefahr auf große Entfernungen wahr und hebt nach einem Anlauf, bei dem er schwerfällig mit seinen plumpen Flügeln schlägt, ab. Einmal in der Luft, fliegt er schnell und kräftig. Wenn der Schnee im März oder April zu schmelzen beginnt, kommen

Ein Blick auf die Steppe der Tschurjuk-Insel im Siwasch-See in der Nähe des Asowschen Meeres. Hier gedeihen die Lauchgewächse Allium rotundum, *deren kugelförmige Blütenköpfe ein häufiges Merkmal der südlichen Steppengebiete sind.*

Die Gattung der Koelera *genannten Gräser ist ausschließlich in den Steppen zu finden. Die* Koelera gracilis, *deren Stengel anmutig im Wind schwingen, ist eine von vier Arten, die man im europäischen Teil der Sowjetunion antrifft. Ihre hübschen, cremefarbenen Blüten verschönern im Frühling die flache Landschaft.*

Die charakteristischsten Pflanzen der südlichen Steppen sind die treffend benannten Federgräser, deren prächtige, federleichte Blütenköpfe im Frühling von den über die weiten, offenen Landschaften ziehenden Winden bewegt werden. Zu den Federgräsern, die ausschließlich in den Steppen wachsen, gehört eine Reihe seltener und gefährdeter Arten.

die Trappen aus ihren weiter im Süden gelegenen Winterquartieren zurück und versammeln sich an ihren Brutplätzen in der Steppe.

Die Männchen wählen ein flaches, übersichtliches Steppenareal und führen gewöhnlich noch vor Sonnenaufgang ihre Balzvorstellung alleine oder in kleinen Gruppen auf.

Das Nest ist eine herausgescharrte flache Bodenmulde, in die das Weibchen normalerweise zwei oder drei olivgrüne Eier legt, die es auch mit unentwegter Wachsamkeit allein ausbrütet. Wenn Gefahr droht, preßt sie Kopf und Körper flach auf den Boden, so daß ihr tarnfarbenes Gefieder mit der Umgebung buchstäblich verschmilzt. Die flauschigen,

Einer der schönsten Vögel der UdSSR ist der Jungfernkranich. Das Bild zeigt ein Exemplar an seinem Nest in der Steppe nahe Saratow in der Wolga-Region.

Ein Steppenkiebitz im nördlichen Kasachstan. Dieser wundervoll gezeichnete Watvogel, den man nur in der UdSSR antrifft, ist selten geworden.

schwarz und rehfarbenen Küken verlassen das Nest, sobald ihr Flaum trocken ist – bleiben aber noch mehrere Tage in der Nähe ihrer Mutter, bis sie stärker geworden sind. Mit 35 bis 40 Tagen, wenn sie halb soviel wiegen wie ein ausgewachsenes Weibchen, fangen sie zu fliegen an. Ende Juli oder Anfang August vereinigen sich die Jungvögel zu Scharen, verlassen das Brutgebiet und ziehen weiträumig durch die Steppe. Die Altvögel der Großtrappen sind Allesfresser: im Winter fressen sie hauptsächlich Blätter, junge Triebe, Blumen und Samen, im Sommer ernähren sie sich unter anderem von Insekten, die auch die wichtigste Nahrung der Jungen sind.

In der Vergangenheit war die Großtrappe häufig, mit der Kultivierung der Steppen sind ihre Bestandszahlen jedoch drastisch zurückgegangen und sie steht jetzt in der »Roten Liste« der UdSSR. Verschiedene Maßnahmen wurden ergriffen, um ihre Population wiederherzustellen, darunter die Aufzucht in Gefangenschaft.

Die Zwergtrappe *(Tetrax tetrax)* ähnelt ihrer größeren Verwandten, ist aber mit 600 bis 950 Gramm wesentlich kleiner. Sie bevorzugt unberührte Steppengebiete und Brachland und meidet kultivierte Areale. Abgesehen davon, daß die Männchen einzeln balzen und die Weibchen drei bis fünf Eier legen, gleicht ihre Lebensgeschichte der der Großtrappen. Auch die Zwergtrappe wird in der »Roten Liste« genannt.

Der Steppenkiebitz *(Chettusia gregaria)* kommt in der UdSSR auf Steppen und Halbwüsten vor. Während er früher noch große Steppengebiete in der Ukraine und in Kasachstan besetzte, findet man diesen attraktiven Watvogel heute nur noch in einem Wermut-Federgras-Steppengebiet zwischen Kuibischew und Barnaul. Er nistet in kleinen Gruppen von manchmal bis zu 20 oder 30 Paaren. Als Nest dient eine kleine Erdmulde, in der sich vier oder gelegentlich fünf Eier befinden. Auch diese Art ist in der »Roten Liste« der UdSSR aufgeführt.

Die Familie der Rennvögel und Brachschwalben *(Glareolidae)* ist eine spezialisierte Gruppe altweltlicher Watvögel, die vornehmlich in Steppen und Halbwüsten leben. Der cremefarbene Rennvogel *(Cursorius cursor)* ist ein seltener Brutvogel der Wüsten Zentralasiens. Drei Arten von Brachschwalben kommen in der UdSSR vor: Die Schwarzflügel-Brachschwalbe *(Glareola nordmanni)* und die Rotflügel-Brachschwalbe *(G. pratincola)* sind an geeigneten Stellen recht häufig, während die Orient-Brachschwalbe *(G. maldivarum)* nur als äußerst seltener Gast in Teilen Transbaikaliens vorkommt. Brachschwalben sind ruhelose, gesellige und geräuschvolle Vögel mit langen Flügeln, recht langen, gegabelten Schwänzen und einem eleganten Flug, der täuschend dem einer zu groß geratenen Schwalbe ähnelt. Wie die Schwalben, und ganz anders als andere Watvögel, fangen sie ihre Beute – beispielsweise Käfer, Grashüpfer und Wanderheuschrecken – im Fluge.

Die Schwarzflügel-Brachschwalbe lebt zwischen den ukrainischen Steppen und den Ausläufen des Altai-Gebirges. Sie kommt im späten April oder Anfang Mai am Brutplatz an und nistet in Kolonien jeder Größe zwischen einigen

wenigen und mehreren Dutzend Paaren. Eine kleine Bodenmulde dient als Nest. Männchen und Weibchen teilen sich das Brutgeschäft. Gewöhnlich besteht ein Gelege aus vier Eiern, es können aber auch drei oder fünf sein. Fünf bis sechs Wochen nach dem Schlüpfen vereinen sich die Vögel zu teilweise riesigen Scharen. Die Lebensgeschichte der Rotflügel-Brachschwalbe, die weiter südlich brütet, gleicht der ihrer Verwandten.

Greifvögel

Zu den typischen Steppenvögeln gehören der Steppenadler *(Aquila rapax)* und der Adlerbussard *(Buteo rufinus).* Den Steppenadler findet man auf den trockenen Ebenen der europäischen und asiatischen Teile der UdSSR. Er baut seinen Horst auf den Boden, selten zwischen Felsen oder auf niedrige Bäume, und legt im April oder Mai zwei Eier. Das Ausbrüten der Eier dauert 40 bis 45 Tage und die Jungen sind nach etwa zwei weiteren Monaten im Nest flügge. In der Sowjetunion frißt der Steppenadler mittelgroße Nagetiere, vor allem Ziesel, aber er nimmt auch die Küken anderer Vögel und Aas. Er wird immer seltener und steht in der »Roten Liste« der UdSSR.

Der Adlerbussard brütet in den Steppen und Halbwüsten Transkaukasiens, an der unteren Wolga, Kasachstans und Zentralasiens. Sein Nest baut er auf Felsen, sandige oder lehmige Steilhänge, in Flußtälern und auf den Ebenen. Im April werden zwei bis drei Eier gelegt. Er ernährt sich vor allem von Nagetieren wie Wühlmäusen und Murmeltieren.

Der Adlerbussard ist ein typischer Raubvogel der Steppen und Halbwüsten, den man besonders in den Randgebirgen der Wüsten Zentralasiens findet. Die Aufnahme stammt vom Mai.

Lerchen

Die wichtigste Gruppe von Sperlingsvögeln *(Ordnung: Passeriformes)* in den Steppen und Wüsten sind die Lerchen *(Familie Alaudidae).* Die meisten von ihnen besitzen ein auf der Oberseite gestreiftes Gefieder und sind unten blaß mit dunklen Punkten gefärbt. Bei den meisten Arten gleichen sich die Geschlechter. Lerchen bevorzugen offene Räume – gepflügte Felder, Steppen, Halbwüsten oder Wüsten – und nur wenige, wie die Heidelerche *(Lullula arborea),* sind an Waldrändern oder auf gerodeten Waldflächen zu finden. Die grenzenlosen Wüsten und Halbwüsten von Nord- und Zentralafrika werden als Wiege dieser Familie angesehen.

Viele Lerchen sind hervorragende Sänger mit einem, besonders während des Balzfluges im Sommer, langen klangvollen und melodischen Lied. Sie legen ihr Nest am Boden in kleinen natürlichen Vertiefungen oder kleinen Mulden, die sie selbst ausgraben, an. Sie legen vier bis sechs Eier hinein, die sie in 12 bis 16 Tagen ausbrüten. Frisch geschlüpfte Küken sind unbefiedert und hilflos. Nach zehn oder elf Tagen verlassen sie das Nest, obwohl sie noch nicht fliegen können. Nach weiteren acht oder zehn Tagen, während derer sie von den Eltern gefüttert werden, können sie fliegen und führen ein selbständiges Leben. Ihre Eltern beginnen dann mit einer zweiten Brut.

Lerchen ernähren sich vom Boden und fressen verschiedene Pflanzensamen und Insekten genauso wie Kulturpflanzen. In günstigen Gebieten kann es von manchen Arten große Populationen geben. Die allgemein bekannte Feldlerche *(Alauda arvensis)* und die südlichere Haubenlerche *(Galerida cristata)* sind in der Sowjetunion und ihren Steppengebieten weit verbreitet. Zu den exotischeren Lerchen der Steppen zählen die Mohrenlerche *(Melanocorypha yeltoniensis)* und die Weißflügellerche *(M. leucoptera),* die beide in der UdSSR endemisch sind.

Die Mohrenlerche ist mit bis zu 60 Gramm eine große Art, und das Sommerkleid der Männchen ist fast schwarz. Sie nistet auf den Wermutsteppen und in Halbwüsten sowie entlang der unteren Wolga und in Kasachstan auf Arealen mit Solontschak-Böden.

Obwohl sie kein wirklicher Zugvogel ist, sammeln sich im Herbst Scharen und wandern süd- und südwestwärts. Diese Winterzüge werden bald beendet, und schon im März ist der Gesang des Mohrenlerchen-Männchens an den Brutplätzen wieder zu hören. Es singt gewöhnlich von einem kleinen Hügel aus, wobei es den Schwanz aufstellt und die Flügel hängen läßt. Bald nachdem die Vögel zu singen angefangen haben, kann man mehrere Männchen beobachten, die ein Weibchen jagen. Anders als bei anderen Lerchen gibt es bei Mohrenlerchen mehr Männchen als Weibchen.

Das Nest ist eine fragile Struktur aus den Stengeln vorjähriger Pflanzen, die direkt auf den Boden, in eine natürliche oder von den Vögeln gescharrte Mulde, gebaut ist. In der zweiten Aprilhälfte werden fünf oder sechs gräulichbraune Eier gelegt und das Weibchen brütet sie in 15 bis 16 Tagen aus. Bis Anfang Juni sind die Jungen flügge und die

In den russischen Steppen und Halbwüsten leben viele Lerchenarten. Diese Kalanderlerche am Nest wurde in Turkmenistan, nahe dem Delta des Flusses Atrek, fotografiert.

Eltern beginnen mit der zweiten Brut. Im Frühling und im Sommer fressen Mohrenlerchen nur Insekten, Grashüpfer, Heuschrecken und Käfer, im Winter dagegen ist ihre Nahrung rein pflanzlich. Die Weißflügellerche gleicht der Mohrenlerche in Verbreitung und Lebensgeschichte.

Es gibt in der Sowjetunion noch drei andere Lerchenarten der Gattung *Melanocorypha:* die Kalanderlerche *(M. calandra),* die Berg-Kalanderlerche *(M. bimaculata)* und die Mongolenlerche *(M. mongolica).* Alle drei sind große, unverkennbare Vögel mit mächtigen Schnäbeln und eindrucksvollen Balzflügen. Die Kalanderlerche bevorzugt die Steppen und Halbwüsten der Ukraine, der unteren Wolga, Kasachstans und Zentralasiens. Die Berg-Kalanderlerche ist zahlreicher in Kasachstan und Zentralasien, während die Mongolenlerche Gebiete in Transbaikalien und an der Grenze zur Mongolei bewohnt. Alle diese Arten kommen in geeigneten Lebensräumen häufig vor.

Vier kleine Lerchen der Gattung *Calandrella* brüten in der UdSSR. Die Kurzzehenlerche *(C. cinerea)* und die Stummellerche *(C. rufescens)* sind in Steppen und Wüsten weitverbreitet; die Tibetlerche *(C. acutirostris)* lebt nur in den Halbwüsten des Pamir-Gebirges; und die östliche Stummellerche *(C. cheleënsis)* ist in ihrem Vorkommen auf die Solontschak-Böden Zentralasiens beschränkt. Die Ohrenlerche *(Eremophila alpestris)* lebt in der Tundra und in Gebirgen.

Säugetiere

Nagetiere sind charakteristische Steppentiere. Zu ihnen gehört das Steppenmurmeltier *(Marmota bobac)*, auch Bobak genannt, das etwa die Größe einer kleinen Katze hat. Eine Bobakkolonie wirkt im zwischen Frühling und spätem Herbst trockenen, gelben Steppengras wie ein dunkler Fleck üppiger Vegetation. Bobaks ernähren sich von über 100 Grasarten und zeigen – je nach Jahreszeit – deutliche Vorlieben für andere Pflanzenteile. Im Vorfrühling fressen sie Wurzelstöcke und Knollen, im Sommer junge Grastriebe und andere Steppenpflanzen. Ein Bobak vertilgt täglich zwischen ein und eineinhalb Kilogramm Vegetation und deckt in der Regel seinen gesamten Wasserbedarf durch das Futter. Ihre pflanzliche Nahrung reichern die Bobaks mit Wanderheuschrecken, Grashüpfern, Raupen, Ameisenpuppen und Weichtieren an. In Gefangenschaft nehmen sie auch gern Fleisch an. Diese Tiere verhalten sich sozial und warnen einander bei Gefahr durch laute, durchdringende Schreie, die fast 500 Meter weit zu hören sind. Außer Wölfen *(Canis lupus)* und streunenden Hunden haben sie wenige Feinde. Räuberische Säugetiere und Greifvögel töten im allgemeinen nur kranke und junge Bobaks.

Im September ziehen sich die Bobaks in ihre ständigen Winterbaue zurück, deren Eingänge sie mit Erde und Steinen fest verschließen. Bobaks paaren sich im April oder Mai. Nach einer Tragzeit von 30 bis 35 Tagen werfen die Weibchen ein bis elf Junge, meist aber etwa vier bis sechs. Nach ungefähr 50 Tagen sind diese entwöhnt.

Ziesel oder Erdhörnchen *(Citellus)* sind mittelgroße Nagetiere mit unbehaarten Backentaschen; viele Arten besitzen einen Schwanz, der weniger als halb so lang wie ihr Körper ist. Die meisten Arten haben vergleichbare Lebensgewohnheiten und mögen offenes Land wie Steppen oder Halbwüsten, einige allerdings bevorzugen Gebirgsregionen oder sogar Tundra. Ziesel sind am Tag aktiv und fressen große Mengen saftiger Gräser, Pflanzensamen und -knollen. Einige Arten verursachen große Schäden am Getreide und verbreiten Krankheiten.

Einer der kleinsten Ziesel ist der Zwergziesel *(Citellus pygmaeus)*, der ausgewachsen nicht länger als 19 bis 21 Zentimeter ist. Er lebt in den Steppen und Halbwüsten der Ukraine und Kasachstans. Die dichtesten Zwergzieselkolonien sind in Halbwüsten mit mosaikartiger Vegetationsdecke anzutreffen. Hier leben manchmal 50 Ziesel auf einem Hektar Land, und im Sommer, nach der Geburt der Jungen, sogar dreimal soviel. Andere Ziesel bilden nicht solche dichten Kolonien. Der frisch angelegte Winterbau eines Zwergziesels hat einen einfachen, einheitlichen Aufbau, einen abgeschrägten Eingang und in einer Tiefe von eineinhalb bis zwei

Ein ausgewachsener Bobak überwacht mit scharfem Auge die Steppe in Nordkasachstan. Im Falle einer Gefahr wird er die beiden Jungen hinter ihm mit lauten, durchdringenden Schreien warnen.

Dieses nette kleine Nagetier ist ein Steppenlemming, aufgenommen in Südkasachstan. Ein naher Verwandter, die »Sagebrush«-Maus, lebt im Westen der Vereinigten Staaten.

Meter eine Nistkammer. Alte Zwergzieselkolonien verleihen der Erdoberfläche ein hügeliges Relief. Zwergziesel fressen die fleischigsten Pflanzenteile, zum Beispiel große Mengen von weichen, unreifen Samen und jungen, saftigen Stengeln.

Nach einem langen Winterschlaf sind es im Frühling zunächst die Männchen, die aufwachen und an die Oberfläche kommen. Die Weibchen folgen bald, und kurz darauf beginnt die Paarung. Nach einer Tragzeit von 22 bis 26 Tagen werfen die Weibchen fünf bis neun Junge, von denen jedes zwischen dreieinhalb und vier Gramm wiegt. Nach 20 bis 25 Tagen wagen sich die Jungen hinaus und werden allmählich selbständig. Wenn die Jungen dicht beieinander in den Bauen blieben, breiteten sich schnell Parasiten unter ihnen aus. Der Zwergziesel gilt in der UdSSR als ärgster Schädling der Landwirtschaft. Er frißt Getreide, zum Beispiel Hafer, und er zerstört das Weideland, indem er beim Graben seiner Höhle den salzhaltigen Untergrund nach oben bringt. Er beherbergt auch Zecken, die Brucellosen auf das Vieh übertragen.

Ein weiteres typisches Steppennagetier ist der Feldhamster *(Cricetus cricetus)*, ein größerer Verwandter des Syrischen Goldhamsters *(Mesocricetus auratus)*, der den meisten Lesern wohl als Haustier bekannt ist. Der Feldhamster ist etwa 25 bis 30 Zentimeter lang und hat ein schönes, schwarz, sattbraun und weiß gefärbtes Fell. Er ist in den Steppen und Waldsteppen des europäischen Teils der UdSSR, in Sibirien und im nördlichen Kasachstan weit verbreitet. Anders als Murmeltiere und Ziesel ist er eine einzelgängerische, nachtaktive Kreatur. Dieses komische kleine Tier gräbt bis zu zweieinhalb Meter tiefe, umfangreiche und dauerhafte Baue mit mehreren Vorratskammern und einem Labyrinth einzelner Tunnel und Fluchtwege. Wenn der Herbst sich nähert, füllt es seine Vorratskammern eilig mit 10 bis 20 Kilogramm Kartoffeln, Karotten, Mais und anderem Pflanzenfutter. Im Winter, wenn der Hamster gelegentlich aus seinem Tiefschlaf erwacht, knabbert er an diesen Vorräten. Zwischen April und Oktober hat das Weibchen zwei oder drei Würfe mit jeweils zehn und sogar mehr Jungen.

In der Übersicht im Anhang (Seiten 215 bis 216) sind die meisten Vogel- und Säugetierarten der Steppen verzeichnet. Einige Arten, die nicht nur dort, sondern auch in anderen Regionen verbreitet sind, wie die Feldlerche *(Alauda arvensis)* und der Wolf *(Canis lupus)*, sind darin nicht enthalten.

Naturreservate in den Steppen

Die wenigen unberührten Steppengebiete, die im europäischen Teil der UdSSR nach der landwirtschaftlichen Erschließung verblieben sind, sind in Naturreservaten geschützt. Größere intakte Gebiete gibt es noch im asiatischen Teil des Landes, in Transbaikalien.

In der Waldsteppenzone in den Gebieten um die Städte Kursk und Bjelgorod liegt das 48 Quadratkilometer große Zentralno-Tschernosjomy(Zentrale Schwarzerde)-Reservat. Eines der wichtigsten Steppenreservate ist das Askania-Nowa-Reservat, das sich in der Nähe von Chersson befindet, wo

der Dnjepr ins Schwarze Meer mündet. Es umfaßt 111 Quadratkilometer Schaf-Schwingel- und Federgrassteppe, von denen nur 15 Quadratkilometer nie umgepflügt worden sind. Dies war das erste im Jahre 1874 eingerichtete private Reservat Rußlands, und seit 1921 besteht es als staatliches Naturreservat weiter. Es ist bekannt für seine Vielfalt exotischer

Ganz oben: *Manchmal erscheint wie von Zauberhand Leben in der Wüste. Hier schlängelt sich im Repetek-Reservat in der zentralasiatischen Kara-Kum-Sandwüste plötzlich eine Sandrenn-Natter aus dem abgestorbenen Blütenkopf eines Sommerwurzgewächses.*
Oben links: *Ein kaukasischer Skorpion in der Halbwüste der Vorberge des Kopet-Dag nimmt eine drohende Haltung an.*
Oben rechts: *Diese ebenfalls im Kopet-Dag aufgenommene Heuschrecke* Saxetania cultricollis *ist ein seltenes Insekt.*

Tiere, die Lamas und Emus, die dort gezüchtet werden, und für sein Programm der Aufzucht in Gefangenschaft, das das Überleben solch seltener einheimischer Arten wie der Großtrappe *(Otis tarda)* und des Mongolischen Halbesels oder Kulans *(Equus hemionus)* sichern soll. Im Reservat gibt es etwa 417 Arten höherer Pflanzen, von denen 66 in der »Roten Liste« der UdSSR verzeichnet sind, sowie auch eine Anzahl typischer Steppenvögel und -säugetiere.

Das Lugan-Reservat in der Nähe von Woroschilowgrad besteht aus drei getrennten Arealen von insgesamt 15,8 Quadratkilometer Größe: der Streltsow-Steppe und dem Stanitscho-Lugan-Gebiet, die je 4,9 Quadratkilometer groß sind, und der 5,9 Quadratkilometer großen Prowal-Steppe.

Das 16 Quadratkilometer umfassende Ukrainsky-Reservat besteht aus mehreren Teilgebieten, von denen das größte mit 10,3 Quadratkilometer die Chomutowo-Steppe ist. Das Chomutowo-Gebiet beherbergt 528 Pflanzenarten und die Kammeny Mogili-Region 464. Tiere leben dort nur wenige.

Wüsten

Für viele ist die Wüste ein Symbol der Lebensfeindlichkeit, eine tote Sandlandschaft, die sich endlos unter der sengenden Sonne ausdehnt. Aber nur in den trockensten Wüsten der Erde gibt es wenige Tiere und Pflanzen; die übrigen sind oft voller Leben. Wüsten bedecken etwa 15 Prozent der Erdoberfläche und nehmen auch in der UdSSR weite Gebiete ein. Rund ein Neuntel der UdSSR besteht aus einem ununterbrochenen Wüstenstreifen, der sich vom Unterlauf des Ural und dem Ostufer des Kaspischen Meeres bis zum Fuße des Tienschan-Gebirges hinzieht; bei der Dsungarischen Pforte vereinigt sich die russische Wüste mit der großen Wüste Westchinas.

So verschiedenartig die einzelnen Wüsten auch sind, einige klimatische Merkmale haben sie gemeinsam: Die jährliche Niederschlagsmenge beträgt nicht mehr als 200 Millimeter; im Sommer ist es mit durchschnittlich 40 Grad Celsius sehr heiß, die Wintertemperaturen dagegen liegen bei 0 Grad Celsius; und die Verdunstung ist hoch – sie erreicht jährlich 900 bis 1500 Millimeter über offenem Wasser. Die sehr hohen Temperaturen und die geringe Niederschlagsmenge im Sommer bewirken, daß Luft und Boden trocken sind.

Die Wüsten der UdSSR werden in drei große Unterzonen unterteilt: Zu den nördlichen Wüsten gehört die Mangyschlak-Wüste auf der Halbinsel Mangyschlak, die ins Kaspische Meer reicht. Viele der dort lebenden Tiere und Pflanzen sind von derselben Herkunft wie die des Nordkaukasus. Die größte nördliche Wüste ist die Aralo-Kaspische Wüste, die sich vom Unterlauf der Wolga bis zur Dsungarei erstreckt.

In der Unterzone der Halbwüsten wechseln Steppen- und Wüstenvegetation einander ab. Den nordwestlichen Teil dieser Unterzone bildet die osteuropäische Halbwüste; sie enthält Elemente der Pflanzengemeinschaft der südrussischen Steppe. Im Gebiet der Halbwüste nördlich des Kaukasus gedeiht eine Vegetation, die der der Steppen um das Schwarze Meer und der der Mangyschlak-Wüste ähnelt. In Kasachstan befindet sich das größte Halbwüstengebiet, das sich vom Unterlauf der Wolga bis zu den Vorbergen des Altai erstreckt; am westlichen Ende dieser Halbwüste ist europäische Flora und in ihrem östlichen Grenzbereich Altai-Flora anzutreffen. Die Saissan-Halbwüste bedeckt das Tiefland um den Saissan-See und ist durch das Altai-Gebirge von den großen Halbwüsten der UdSSR abgeschnitten, aber mit den Halbwüsten Zentralasiens verbunden.

Zur Unterzone der südlichen Wüsten gehören die Wüsten des südlichen Teils Transkaspiens und die Zentralasiens, die klimatisch sowohl von der nördlich gelegenen Aralo-Kaspischen Wüste als auch von den Wüsten des Iran und des Mittleren Ostens im Süden beeinflußt werden. Hier gibt es – anders als in den nördlichen Wüsten – im Winter keine ständige Schneedecke und Pflanzen und Tiere sind eindeutig südlich. Die relative Luftfeuchtigkeit am Tag schwankt zwischen 10 und 20 Prozent. In der Nacht steigt sie auf 40 Prozent an (zum Vergleich: in den Waldzonen beträgt sie 80 bis 90 Prozent). Die Temperaturen erreichen am Tage 50 Grad Celsius im Schatten, und der Sand heizt sich auf 80 Grad Celsius auf.

Die verschiedenen Bodenarten bestimmen das Erscheinungsbild der Wüsten mit. Innerhalb der UdSSR unterscheidet man nach der Bodenbeschaffenheit vier große Wüstentypen: Lehmwüste, *Solontschak*-Wüste (helle, salzige Böden), Sand- und Steinwüste.

Lehmwüsten befinden sich sowohl nördlich als auch südlich der riesigen Sandwüsten Zentralasiens, der Kara-Kum (Schwarzer Sand) und der Kysyl-Kum (Roter Sand). In den Lehmwüsten des nördlichen Zentralasien wird die Vegetation hauptsächlich von verschiedenen Wermut- oder Beifußarten *(Artemisia)* gebildet.

Die südlichen Lehmwüsten sehen völlig anders aus; sie bedecken einen recht engen, im Süden von Sandwüsten flankierten Streifen, dehnen sich aber bis zu den Vorbergen des Kopet-Dag, des Tienschan und des Pamir-Alai aus. Sie beherbergen viele Ephemeren, die eine kurze Wachstumsperiode haben und ihren Lebenszyklus bereits im Frühling abschließen, bevor sie von der sengenden Sonne ausgedörrt werden. Der Boden ist feinkörnig und ohne Mineralsalze. Im Frühling, wenn der Boden gut durchfeuchtet ist und mindestens einmal in der Woche ein starker Regen niedergeht, kann er stellenweise mit einer dicken Grasdecke überzogen sein.

Solontschak-Wüsten, mit ihren »Salzpfannen« und spezifischen salztoleranten Pflanzen, nehmen ein relativ kleines Gebiet ein. Sie haben sich auf den Terrassen der Flüsse Syr-Darja und Amu-Darja und im Süden auf den Tedschen- und Murgab-Terrassen entwickelt. *Solontschak*-Böden bilden sich, wo der Boden langsam absinkt und sich salzhaltiges Grundwasser ansammelt. In *Solontschak*-Wüsten finden sich »Takyr« genannte Flächen, das sind jahreszeitlich bedingte oder ständige »Salzpfannen« ohne jede Vegetation.

Die größten Wüsten sind die Sandwüsten, die große Gebiete Kasachstans und Zentralasiens einnehmen. Dazu gehören die Mujun-Kum westlich des Balchasch-Sees, die Kysyl-Kum (Roter Sand) südwestlich der Mujun-Kum und die riesige Kara-Kum (Schwarzer Sand), die viel weiter südlich und zum großen Teil in Turkmenistan liegt.

Weit verbreitet sind Steinwüsten, deren Flächen manchmal zu 50 Prozent von Steinen bedeckt sind; hierzu zählt das große Wüstentafelland der Ust-Urt-Platte, die zwischen Kaspischem Meer und Aral-See liegt, und die Betpak-Dala Halbwüste westlich des Balchasch-Sees.

Lehmwüste

Salzwüste

Steinwüste

Es gibt vier wichtige Wüstentypen in der UdSSR. Die Lehm-
wüste befindet sich in den Vorbergen des Kopet-Dag.
Zu den Steinwüsten gehört die oben gezeigte im Tschu-Ili-
Gebirge in Kasachstan. Die abgebildete Salzwüste liegt zwi-
schen den Flüssen Tschu und Ili, und die Sandwüste ist die
Tau-Kum südlich des Ili.

Sandwüste

Vegetation der Wüsten

Sandwüsten können eine erstaunliche Fülle von Pflanzenarten aufweisen – von einjährigen, ephemeren Blütenpflanzen über ausdauernde Gräser bis hin zu Sträuchern und sogar Bäumen. Die ephemeren Pflanzen sind nicht trockenresistent und sichern ihr Überleben statt dessen durch einen
kurzen Lebenszyklus. Ephemeren bedecken im Frühling oft
mehr als die Hälfte der Oberfläche mancher Sandwüsten
mit festen Böden. Auf sie folgen die ausdauernden Gräser,
und schließlich brechen mit einem Mal die Knospen der

Sträucher hervor. Viele Pflanzen setzen ihr Wachstum bis in den späten Herbst fort.

Alle diese Pflanzen sind abhängig von der Bodenfeuchtigkeit. Im hochdurchlässigen Sand versickert die in der Luft enthaltene Feuchtigkeit – vor allem in nassen Jahren – sehr schnell. Sandige Böden können Wasserdampf zu Wasser kondensieren.

Der Sand hat zudem einen geringen Kapillareffekt, so daß die unteren Bodenschichten und damit die Pflanzenwurzeln das ganze Jahr über durchfeuchtet sind. Diese feuchte Schicht befindet sich in den Sandwüsten in der Regel in einer Tiefe von 100 bis 140 Zentimeter. Natürlich müssen sich die Pflanzen mit verschiedenen widrigen Bedingungen abfinden. Beispielsweise mit der extrem heißen, trockenen Luft und der sengenden Sonne, die die Ursache des hohen Verdunstungsgrades ist, und mit der beweglichen Natur des Sandes, die den Pflanzen die Verankerung erschwert.

Wüstenpflanzen haben eine Vielfalt von Standortsanpassungen hervorgebracht. Die Blätter der meisten Sträucher und Bäume, wie die des häufigen Saxauls *(Arthrophytum)*, sind so reduziert, daß es fruchtlos ist, sie als Schattenspender in der Sonne zu benutzen. Diese Blattform vermindert den Wasserverlust beträchtlich. Einige Wüstenpflanzen haben sehr steife Blätter mit verdickten Zellwänden. Andere Pflanzen, wie die Melde *Atriplex dimorphostegia* tragen Blasen an der Unterseite ihrer Blätter, die sich nachts mit Wasser füllen, das die Pflanzen in der Hitze des folgenden Tages verbrauchen können.

Es gibt – wahrscheinlich wegen des beweglichen Untergrundes – sehr wenige Zwiebel und Knollengewächse in den Sandwüsten. Einige dort lebende Pflanzen entwickeln Seitentriebe oder Nebenwurzeln, um zu vermeiden, daß sie vom Sand lebendig begraben werden.

Auf den einzelnen Stufen der Sanddünen leben je verschiedene Pflanzengemeinschaften. Auf ihren Spitzen gedeihen Pionierarten wie das Borstengras *(Aristida pennata)*, das den beweglichen Sand durch ein ausgedehntes Wurzelnetzwerk bindet, wie es auch der bekannte Gemeine Strandhafer *(Ammophila arenaria)* auf den Küstendünen tut. Die oberen Hangabschnitte sind mit Sträuchern und einigen ausdauernden Pflanzen bewachsen. Die unteren Hangabschnitte sind der Standort von Sukkulenten wie Steckenkraut *(Ferula)* und Wilder Rhabarber *(Rheum turkestanicum)*. In den festliegenden Sanden zwischen den Dünen gedeihen ephemere Riedgräser. Die Segge *Carex physodes* stabilisiert den Sand mit ihrem vielzweigigen Wurzelsystem. Einige Wüstenpflanzen haben Wurzelsysteme, die zwei- bis sechsmal so viel Raum einnehmen wie ihre oberirdischen Teile, und einzelne Wurzeln werden bis zu 75 Meter lang.

Diesen Sommerwurzgewächsen, die für die südlichen Wüsten Kasachstans und Zentralasiens typisch sind, fehlt das Chlorophyll, und sie ernähren sich parasitär von anderen Wüstenpflanzen.

Dshusgunsträucher kommen in den Wüsten Zentralasiens häufig vor, dies hier ist Calligonum setosum. *Ungeachtet der unwirtlichen Bedingungen strotzt die Wüste vor entzückenden Blumen.*

Tiere der Wüste

In den Wüsten der UdSSR lebt eine Fülle hochspezialisierter Tiere, zu denen viele endemische Arten wie auch endemische Gattungen von Insekten gehören, die nur noch aus einer Art bestehen, was auf ihr entwicklungsgeschichtlich hohes Alter verweist. In Zentralasien gibt es unter den Käfern, den Rüsselkäfern, Laufkäfern und Mistkäfern, zahlreiche Endemiten. Darüber hinaus sind viele Arten zweiflügeliger Fliegen, Termiten und Schmetterlinge anzutreffen.

In den Wüsten leben mehr Reptilien als in irgendeiner anderen geographischen Zone der UdSSR. Da Reptilien wechselwarm sind, hängt ihre Körpertemperatur hauptsächlich von der Umgebung ab. Während des kalten Wüstenwinters erstarren sie, an heißen Sommertagen jedoch sind sie sehr aktiv. Die vielen kleinen Wüstenechsenarten ernähren sich hauptsächlich von Insekten; die größeren Echsen und Giftschlangen fressen ihre kleineren Verwandten, kleine Säugetiere, Vogeleier und Küken.

Der Existenzkampf in den tierreichen Sandwüsten Zentralasiens ist hart, und viele Tiere haben bemerkenswerte Anpassungen herausgebildet. Einige Reptilien sind dadurch getarnt, daß sie wie Blumen aussehen, andere können sich blitzschnell in den Sand eingraben, wieder andere sind außerordentlich flink. Auch Säugetiere, vor allem kleine Nager, sind gut an die Verhältnisse in der Wüste angepaßt. Während man kaum eine Gruppe von Vögeln bestimmen kann, die nur in den Wüsten lebt und brütet, sind unter den Säugetieren die Renn- oder Wüstenmäuse und die Springmäuse fast ausschließlich auf diese Zonen beschränkt.

Ein Langohrigel macht einen Spaziergang in der Tschimkent-Region in Kasachstan. Das Verbreitungsgebiet dieses kleinen Säugetieres reicht von Nordafrika bis zur Mongolei.

Die Vögel der Wüste haben ein gelblich graubraunes oder blaßgraues Federkleid, das sie vorzüglich tarnt; ihre Nester verstecken sie in den dichtesten, dornigsten Sträuchern. Dies ist jedoch im allgemeinen das Äußerste ihrer Anpassungsfähigkeit. Anders als Reptilien sind sie »warmblütig«, so daß die starke Hitze sie eher erschöpft als daß sie durch sie in Schwung gebracht würden; zudem verlieren sie durch Verdunstung leicht Wasser. Ein weiterer Nachteil ist, daß sie sich nicht wie Reptilien oder Säugetiere schnell in den Sand eingraben können. Vergleicht man die Anzahl der Vogelarten, die in der Wüste nisten, mit der in ähnlich großen Wald- oder Gebirgsregionen, so sind die Wüsten eindeutig die Verlierer; bei den Reptilien ist zweifellos das Gegenteil der Fall.

Reptilien

Ein charakteristisches und häufiges Reptil in den Wüsten Zentralasiens ist die nur 20 Zentimeter lange Vierzehen-Landschildkröte *(Testudo horsfieldi)*. In geeigneten Habitaten sind bis zu zehn Exemplare pro Hektar anzutreffen. Die Vierzehen-Landschildkröten ernähren sich von verschiedenen Ephemeren und weichen, jungen Trieben der Sträucher und Kulturpflanzen; da sie genug Flüssigkeit aus ihrer saftigen Nahrung beziehen, brauchen sie nichts zu trinken. Wenn allerdings Wasser in der Nähe ist, nehmen sie es gern. Die Schildkröten kommen im Vorfrühling aus ihren unterirdischen Winterschlafkammern und paaren sich bald darauf. Im Mai oder Juni legt das Weibchen zwischen zwei und fünf Eier, und es kann in derselben Saison zwei weitere Eiablagen vollziehen. Es dauert mehrere Monate, bis die Eier im heißen Sand ausgebrütet sind. Da die ephemeren Pflanzen schon im Juni vertrocknet sind, treffen die ausgewachsenen Tiere bereits in diesem Monat die Vorbereitungen für den Winterschlaf. Entweder graben sie ihren eigenen Unterschlupf oder sie erweitern einen Springmaus- oder Wüstenmausbau. Die Landschildkröten entwickeln sich sehr langsam; sie werden nicht vor dem 10. Lebensjahr geschlechtsreif und sind erst mit 20 bis 30 Jahren ausgewachsen.

Unter den Echsen sei zunächst die Familie der Geckos *(Gekkonidae)* erwähnt. Im Jahre 1977 erregte unter Zoologen die Meldung Aufsehen, daß in der Steinwüste am Fuße des Kopet-Dag-Gebirges im Süden Turkmenistans eine neue Art der Unterfamilie *Eublepharinae*, der Kopet-Dag-Panthergecko *(Eublepharis turkmenica)*, entdeckt wurde. Diese seltene Echse ist zum erstenmal in Farbe auf der Fotografie auf der nächsten Seite abgebildet. Bislang wurden noch nicht mehr als 20 Exemplare gesehen und noch ist wenig über das Leben dieser Echse bekannt. Aufgrund ihrer Morphologie und wegen der starken Ähnlichkeit mit einigen anderen *Eublepharis-*

Oben: *Eine Vierzehen-Landschildkröte schleppt sich in den kühleren Morgenstunden gemächlich über eine Düne in der großen Tau-Kum-Wüste in Südostkasachstan. Wüstenschildkröten fliehen die starke Hitze der Wüstensonne, indem sie sich in den Sand eingraben.*
Links: *Zwei Vierzehen-Landschildkröten paaren sich im April im Kalkan-Gebirgsgebiet am Mittellauf des Ili in Südostkasachstan.*

Diese seltene kleine Echse, der Panthergecko Eublepharis turkmenica, *wurde erst 1977 von Wissenschaftlern entdeckt.*
Er lebt in den Vorbergen des Kopet-Dag in Südturkmenistan.

Geckos (weltweit gibt es 16 Arten), geht man davon aus,
daß sie nachtaktiv ist und sich von verschiedenen Insekten
ernährt.

Die große Mehrheit der Geckos gehört zur Unterfamilie
der echten Geckos, der *Gekkonidae,* von denen die meisten
in der Dämmerung am aktivsten sind. Fünf skinkähnliche
Geckos leben in den Wüsten Zentralasiens. Einer von ihnen,
der Wundergecko *(Tetrascincus scincus),* ist in der UdSSR in
Kasachstan und Zentralasien in Gebieten mit Treibsand und
Dünen, aber auch in Lehmwüsten anzutreffen. Sein im weichen Sand angelegter Bau endet an der Schicht feuchten
Sandes; der Eingang wird mit einem Sandklumpen verschlossen. Der Gecko bleibt tagsüber in seinem Unterschlupf und
beginnt erst bei Einbruch der Dunkelheit mit der Jagd auf
große Insekten und deren Larven.

Im Juni legt das Weibchen seine Eier ab. Sie plaziert sie
so in kleine flache, in den heißen Sand gegrabene Gruben,
daß sie gut ausgebrütet werden können und den Blicken
räuberischer Wesen entzogen sind. Die zwei bis vier Gelege
pro Jahr enthalten jeweils nicht mehr als zwei Eier. Geckos
häuten sich dreimal im Jahr.

Zur großen Familie der Agamen *(Agamidae)* gehören weltweit mehr als 300 Arten, die größtenteils in den Wüsten
leben. Einer der charakteristischen Steppen- und Wüstenbewohner der UdSSR ist die bis zu 30 Zentimeter lange
Steppenagame *(Agama sanguinolenta).* Sie ist in den trockenen Ebenen Kasachstans und Zentralasiens weit verbreitet
und lebt dort in Sand-, Lehm- oder Steinwüsten und Halbwüsten, aber auch in Wäldern an Flußläufen. Meist sucht sie
Schutz in einem Nagetierbau, nur selten gräbt sie sich einen

eigenen. Sie würzt ihre Kost aus Insekten und Spinnen mit
saftigen Pflanzenteilen und klettert mit großem Geschick auf
Bäume und Sträucher. Jede ausgewachsene Echse besetzt ihr
eigenes kleines Territorium, das sie selten verläßt. Um eine
gute Aussicht zu haben, klettert das Männchen in der Brutzeit auf die höchsten Äste der Sträucher. Taucht ein Rivale
auf, läßt sich die Echse auf den Boden herab, um ihn zu
stellen und zur Flucht zu zwingen. Ein Weibchen, selten
auch zwei, lebt im Territorium eines Männchen. Im späten
April oder frühen Mai gräbt das Weibchen eine kleine Vertiefung in den weichen Wüstenboden, in die es zwischen
fünf und zehn Eier legt. In der Regel folgen auf die erste Eiablage zwei weitere. Nach 50 bis 60 Tagen in der heißen
Sonne sind die Eier ausgebrütet.

Die Gattung der Krötenkopfagamen *(Phrynocephalus)* unterscheidet sich von anderen Agamenarten durch einen kurzen, vorn abgerundeten Kopf, einen breiten, flachen Körper
und einen nach oben geringelten Schwanz. Ihre Färbung verleiht ihnen in vielen Umgebungen eine exzellente Tarnung.
Die meisten Arten leben in Sand-, Lehm- oder Steinwüsten
und Halbwüsten. Sie fressen eine ganze Reihe Insekten und
andere wirbellose Tiere.

Eine der charakteristischsten Echsen der Sandwüsten Zentralasiens und Kasachstans ist der Bärtige Krötenkopf *(P. my-*
staceus). Er ist mit 24 Zentimeter Länge größer als andere
Arten, lebt zwischen Sanddünen und gräbt sich am Fuße
einer Düne einen oder zwei horizontale, ein Meter lange
Baue, die meist in einer breiteren Kammer in der Schicht
feuchten Sandes enden. Die Bärtigen Krötenköpfe vertei-
digen ihr Refugium energisch gegen Eindringlinge, seien

Diese im Repetek-Reservat in der riesigen Kara-Kum-Sand-
wüste fotografierte Steppenagame ist eine der verbreitetsten Echsen
der UdSSR.

er Schmetterlinge, die er hochschnellend bei den Flügeln packt. Die Eiablage erfolgt in der zweiten Aprilhälfte und findet drei- oder viermal im Jahr statt. Die Eier haben einen Durchmesser von 10 bis 15 Zentimeter und reifen abwechselnd im linken und im rechten Eierstock.

Die Familie der Skinke *(Scincidae)* ist in der UdSSR nicht sehr stark vertreten. Der bis zu 43 Zentimeter lange Tüpfelskink *(Eumeces schneideri)* lebt in den Wüsten Zentralasiens. Er bewohnt trockene, steinige Hänge mit Gras- oder Halbstrauchvegetation in Lehmwüsten oder auch Sandwüsten. Unterschlupf findet er unter einem Stein oder im Bau eines Nagetieres, oder er gräbt sich einen eigenen zwei und mehr Meter langen Bau. Die Tüpfelskinke erscheinen mit den ersten heißen Tagen Ende April oder Anfang Mai. Ende August lassen sich die ausgewachsenen Echsen nur noch selten sehen, und wenig später verschwinden sie bis zum nächsten Frühjahr ganz. Die Tüpfelskinke ernähren sich von Insekten und anderen wirbellosen Tieren und legen im Juli fünf bis neun Eier.

Die größten lebenden Echsen sind die Warane *(Familie der Varanidae)*. Sie besitzen einen wohlproportionierten, muskulösen Körper und kräftige Gliedmaßen mit fünf Fingern, die in großen gebogenen Krallen enden. Eine Art, der Wüstenwaran *(Varanus griseus)*, ist in den zentralasiatischen Wüsten der UdSSR weit verbreitet. Mit bis zu 1,6 Meter Länge und 2,5 Kilogramm Gewicht ist er die größte Echse in der UdSSR. Seine Bewegungen sind sehr schnell, und er erreicht Geschwindigkeiten von 100 bis 120 Meter in der Minute. Er ernährt sich von verschiedenen Tieren, Insekten, Schlangen (auch giftigen Arten), Vögeln und Nagetieren. Der Waran besetzt auf der täglichen Futtersuche ein großes Areal und entfernt sich 500 Meter weit von seinem Unterschlupf; im allgemeinen folgt er immer derselben Route, die ihn zu den nächstgelegenen Wüstenmauskolonien, Vogelnestern und anderen potentiellen Futterplätzen führt.

Die Warane werden nicht vor dem dritten Lebensjahr geschlechtsreif; sie sind dann 60 bis 80 Zentimeter lang. Die Reptilien paaren sich im Mai und in der ersten Junihälfte legt das Weibchen zwischen 8 und 23 Eier ab, die es tief im Sand verscharrt. Die Jungen schlüpfen nicht vor September. Den Winter verbringen die Warane schlafend in tiefen Erdlöchern, deren Eingänge sie mit Sand verschließen.

Es gibt in den Wüsten der UdSSR auch eine Vielzahl von Schlangen. In Zentralasien und der Wüste nördlich des Kaukasus ist die Wüstensandboa *(Eryx miliaris)* weit verbreitet. Diese Schlange ist nur 80 Zentimeter lang; ihr Kopf ist abgeflacht und ihre Augen sind fast senkrecht nach oben gerichtet. Sie lebt sowohl auf festerem wie beweglichem Sand und erscheint im April oder Mai an der Oberfläche. Ihre Nahrung

Der Bärtige Krötenkopf, Phrynocephalus mystaceus, *nimmt eine aggressive Pose an. Er ringelt den Schwanz wie eine Uhrfeder auf und plustert seine leuchtend roten Backen auf.*

diese von der eigenen oder einer fremden Art. Im Sommer machen sie nur selten von ihren Bauen Gebrauch, sie graben sich nachts in den Sand ein und bleiben dort bis zum Morgen. Ein Krötenkopf kann sich urplötzlich eingraben. Er legt sich flach auf den Boden und wirft mit schnellen seitlichen Bewegungen den Sand unter sich empor. Als letztes verschwindet der Kopf. Er wartet immer eine Weile, bevor er wieder erscheint. Zunächst streckt er nur den Kopf hervor, dann folgt nach und nach der übrige Körper. Krötenköpfe ernähren sich abwechslungsreich – sie fressen zum Beispiel Insekten, Spinnen, Blumen, Früchte und Blätter.

Abgesehen von der Paarungszeit sind sie einzelgängerische Tiere. Die Männchen überwachen ihr Territorium, klettern häufig auf den Kamm der nächsten Düne, um das Gebiet nach Rivalen abzusuchen. Wenn ein menschlicher Eindringling bis auf zehn Meter herangekommen ist, verschwindet das Tier hinter einer Düne, erscheint jedoch nach einigen Sekunden wieder, um nachzusehen, ob die Gefahr vorüber ist. Im späten Mai oder Anfang Juni legen die Weibchen tief in ihrem Bau zum ersten Mal zwei bis sechs Eier ab. Später erfolgt eine zweite Eiablage. In der ersten Oktoberhälfte ziehen sich die Krötenköpfe in ihre Baue zurück, wo sie bis Ende Februar oder Anfang März bleiben.

Ein weiterer Krötenkopf der Wüsten Kasachstans und Zentralasiens, der Stachelkopf *(Phrynocephalus interscapularis)*, lebt nicht nur auf Sanddünen mit dünner Pflanzendecke, sondern auch in vegetationslosen Wüstengebieten. Sein Bau besteht aus einer einfachen, ungefähr 15 Zentimeter langen Röhre, die er jedesmal vor dem Schlafengehen erneut öffnet. Er frißt Ameisen, Käfer und Raupen und manchmal fängt besteht aus Echsen, Nagetieren und Vögeln. Aufmerksam beobachtet sie die Nagetierbaue in ihrem Territorium, kriecht in einem nach dem anderen, und von Zeit zu Zeit gräbt sie sich selbst in den Sand ein und gleitet unter ihm dahin. Beute, die scheinbar außerhalb ihrer Reichweite liegt, fängt sie, indem sie ihren mit kräftigen Kiefern ausgerüsteten

eine, die Mittelasiatische Kobra *(Naja oxyana)*, an den Grenzen der UdSSR in den Wüsten und Vorbergen Zentralasiens. Die recht seltene, in der »Roten Liste« der UdSSR verzeichnete Schlange bevorzugt hügelige Gebiete mit spärlichem Graswuchs, reichlich Schutz und vielen Nagetierbauen. Im Frühling ist sie am aktivsten und geht dann tagsüber auf

Kopf blitzschnell vorstößt, dann ihren muskulösen Körper um das Tier schlingt und ihm das Leben auspreßt. Diese plötzlichen Attacken stehen in erstaunlichem Gegensatz zu ihrem im übrigen recht trägen Verhalten. Im Juli oder August gebärt das Weibchen bis zu zehn lebende Junge. Die Schlangen werden im Alter von vier Jahren geschlechtsreif.

In den Wüsten Zentralasiens ist auf sandigen, steinigen oder lehmigen Hängen auch die 90 Zentimeter lange Zentralasiatische Sandrennatter *(Psammophis lineolatus)* anzutreffen, die ihren Namen wegen ihrer extrem schnellen Bewegungen erhalten hat. Sie kann auf Bäume klettern, und ihre Form und Farbe geben ihr in den Zweigen Tarnung. Sie ernährt sich ausschließlich von Echsen.

In der UdSSR gibt es einige Schlangen, die dem Menschen gefährlich werden können. Von den sechs Kobraarten lebt

Oben: *Der Wüstenwaran ist mit 1,6 Meter Länge die größte Echse in der Sowjetunion. Er ist in den Wüsten Zentralasiens recht weit verbreitet.*
Rechts: *Die Mittelasiatische Kobra – hier in wirkungsvoller Drohhaltung – ist eine der beeindruckendsten Schlangen der UdSSR. Dieses Exemplar wurde in den Vorbergen des Kopet-Dag in Südturkmenistan fotografiert.*

Beutesuche. Während des heißen Wüstensommers kommt sie nur in den kühleren frühen Morgen- und späten Abendstunden hervor. Die Schlangen paaren sich im Frühling, und im Juli legen die Weibchen 8 bis 12 Eier ab, aus denen im September die Jungen schlüpfen. Die Kobra frißt Amphibien, Reptilien, Vögel und kleine Nagetiere. Ihr Gift ist außerordentlich stark, aber es sind nur wenige Fälle von Bissen an Menschen oder auch Farmtieren bekannt. Glücklicherweise gibt die Schlange vor einem Angriff viele Warnsignale; wenn sie sich bedroht fühlt, nimmt sie eine deutlich defensive Pose ein, richtet den vorderen Teil ihres Körpers auf und zischt laut. Selbst wenn der Eindringling dieses Schauspiel ignoriert, zögert die Kobra immer noch, ihre Giftzähne einzusetzen, indem sie mit geschlossenem Kiefer vorstößt.

Eine weitere hochgiftige Schlange der UdSSR ist die über 1,6 Meter lange Levante-Otter *(Vipera lebetina),* die in man-

Diese Sandrasselotter gehört, obwohl sie nur 80 Zentimeter lang wird, zu den angriffslustigsten und giftigsten Schlangen der UdSSR.

chen Gegenden häufig vorkommt, insgesamt aber seltener geworden ist. Sie bevorzugt trockene Vorgebirge, Schluchten und spärlich mit Sträuchern bewachsene Hänge, wo sie Schutz in Nagetierbauen und Felsspalten finden kann und den Winter in Gemeinschaft verbringt. Im März kommen die Schlangen wieder hervor, wärmen sich zunächst tagsüber auf, bevor sie anfangen zu jagen. Wenn die Sommerhitze einsetzt, verstecken sie sich manchmal in Spalten, in denen sich etwas Wasser gesammelt hat, und jagen dann lieber während der kühleren Dämmerungs- und Nachtstunden. Zu ihrer Nahrung gehören Echsen und junge Hasen, in der Hauptsache aber fressen sie kleine Nager wie etwa Wüstenmäuse. Die Levante-Ottern paaren sich im April oder Mai, und die Jungen kommen im frühen Herbst auf die Welt. Interessant ist, daß die Weibchen im größten Teil ihres Verbreitungsgebietes lebende Junge gebären, in Zentralasien jedoch 15 bis 20 und manchmal mehr Eier legen, die von der Sonnenhitze in etwa 40 Tagen ausgebrütet werden.

Die Levante-Otter kann sehr gefährlich werden. Wie an-

dere wilde Tiere, versucht sie zunächst, sich zu verstecken, wenn sie auf Menschen trifft. Ist ihr Weg aber versperrt, zischt sie laut und bewegt sich alarmierend schnell auf den Eindringling zu. Zoologen betrachten das Einfangen einer solchen Schlange als äußerst riskante Arbeit. Schon öfter hat eine gefangene Levante-Otter, die durch einen festen Griff um ihre Kiefer scheinbar ungefährlich gemacht war, es geschafft, in die Hand ihres Fängers zu beißen, nachdem sie zunächst ihren eigenen Unterkiefer durchbohrt hatte. Das Gift der Levante-Otter ist zwar weniger stark als das der Kobra, wirkt aber sehr schnell. Sie injiziert davon bis zu 50 Milligramm, die die roten Blutkörperchen und die Wände der Blutgefäße zerstören und das Blut gerinnen lassen. Wenn die Opfer nicht schnell fachmännische Hilfe erhalten, verlieren sie bald das Bewußtsein und sterben. Auf der anderen Seite wird das Gift für medizinische Zwecke gebraucht.

Auf den Tafeln auf den Seiten 216 bis 217 sind die charakteristischen Reptilien der Wüsten und Halbwüsten der UdSSR verzeichnet.

Vögel der Wüsten

Dazu zählen einerseits die ursprünglich in Wüsten lebenden Arten, die mit der Evolution verschiedene Anpassungen entwickelt haben, um mit der rauhen Umgebung zurechtzukommen, sowie anderseits Arten wie die Dorngrasmücke *(Sylvia communis),* die auch in anderen Lebensräumen, von den Bergen bis in die Wälder, vorkommt. Da die Winter in den meisten Wüsten der UdSSR streng sind und nur die südlichsten dauerhaft schneefrei bleiben, müssen die Vögel der Wüste über den Winter nach Süden ziehen.

Zwei spezialisierte Regenpfeifer leben in den Lehmwüsten des Transkaukasus und Zentralasiens. Der Wüstenregenpfeifer *(Charadrius leschenaultii)* brütet in Lehm- und Salzwüsten mit Beifuß- oder Salzkrautbewuchs sowie in flachen Kieswüsten mit spärlicher Vegetation. Manchmal sind die Umstände so rauh, daß dort als einzige Vögel die Regenpfeifer existieren können. Sie können gut ohne Wasser auskommen. Wenn jedoch die drei oder vier Küken geschlüpft sind, ziehen sie an die Ufer von Flüssen und Seen, wo es ein breites Nahrungsangebot gibt. Der Wermutregenpfeifer *(C. asiaticus)* findet sich weiter nördlich als der Wüstenregenpfeifer in einem ähnlichen Habitat und er hat ähnliche Lebensgewohnheiten wie sein etwas größerer Verwandter.

In den Lehmwüsten Zentralasiens lebt die Ägyptische oder Pharaonennachtschwalbe *(Caprimulgus aegyptius).* Wie die anderen Mitglieder der Familie der Nachtschwalben *(Caprimulgidae)* ist diese Art dämmerungsaktiv und fängt Nachtfalter und andere Fluginsekten. Ihr breiter Schnabel ist mit Borsten besetzt, durch die die Beute in den Schlund gelenkt wird. Das Nest der Nachtschwalbe besteht nur aus einer kleinen Bodenvertiefung. Hierein legt sie zwei gräuliche Eier, die vor dem grauen Wüstenboden genauso hervorragend getarnt sind wie das brütende Weibchen selbst. Um die Möglichkeit, entdeckt zu werden, weiter zu verringern, schließt es seine großen schwarzen Augen bis auf einen engen Schlitz, durch den es jegliche Gefahr wahrnehmen kann.

Die eurasische Blauracke *(Coracias garrulus)* ist in den Randgebirgen der Wüsten Zentralasiens heimisch und kann dennoch nicht zu den eigentlichen Vögeln der Wüste gerechnet werden, da sie in der Waldzone weit verbreitet ist. Nichtsdestoweniger ist sie in den Wüsten sehr häufig und nistet in Höhlen, in steilen Lehm- oder Kieshängen, wie sie in den Flußtälern der Vorgebirge vorkommen. Blauracken ernähren sich in der Hauptsache von Großinsekten wie Grashüpfern, Wanderheuschrecken und Käfern, die sie meistens am Boden fangen.

Der Wüstenregenpfeifer – hier in der Halbwüste Betpak-Dala westlich des Balchasch-Sees – ist einer der wenigen Watvögel, die sich an die karge Umgebung der Lehm- und Steinwüsten angepaßt haben.

Der Blauwangen-Bienenfresser ist in den Wüsten und Halbwüsten der UdSSR weit verbreitet. Dieser wunderschöne Vogel fängt und frißt – wie sein Name schon sagt – Bienen.

Zwei Arten Bienenfresser kommen in der Sowjetunion vor; wie die Blauracke sind sie nicht ausschließlich Wüstenbewohner, obwohl der Blauwangen-Bienenfresser *(Merops superciliosus)* meist in Wüstengebieten anzutreffen ist. Er liebt hügelige Plätze mit weichen Steilhängen, in die er seine Nisthöhlen graben kann, kommt aber auch in flachen Gebieten vor, wo er seine Höhlen im Boden anlegt. Er nistet gewöhnlich in geräuschvollen Kolonien, brütet aber gelegentlich auch einzeln. Der europäische Bienenfresser *(Merops apiaster)* ist in vielen offenen Landschaftsformen häufig und hat ähnliche Brutgewohnheiten. Beide Arten fangen große Insekten, vor allem Bienen und Wespen, im Fluge.

Von den Spechten *(Familie Picidae)* ist nur eine Art typisch für die sowjetischen Wüstengebiete: der Weißflügelspecht *(Dendrocopos leucopterus)*, der in Kasachstan und Zentralasien vorkommt, wobei er Sandwüsten-Gebiete mit Saxaul und anderen Bäumen bevorzugt. Die Vögel beginnen im April ihre Nisthöhlen in die Bäume zu meißeln, in die sie vier bis sieben weiße Eier legen. Sie ernähren sich von Insekten und Insektenlarven.

Von den vielen Arten der umfänglichen Ordnung der Passeriformes (Sperlingsvögel) sind die Drosseln und ihre Verwandten *(Turdidae)* und die Grasmücken *(Sylviidae)* in Wüsten recht stark vertreten. Aus der Familie der Drosseln ziehen verschiedene Steinschmätzer-Arten *(Oenanthe)* die Wüsten vor. Felsige, steinige oder sandige Wüstenebenen sind die Heimat des Wüstensteinschmätzers *(O. deserti)*. Er baut sein Nest in Felsspalten und legt vier bis fünf Eier. Er ist ein Insektenfresser.

Der Heckensänger *(Cercotrichas galactotes)* ist ein weiterer typischer Wüstenvertreter aus der Familie der Drosseln. Er bevorzugt flache Wüsten mit Sträuchern. Er ist nicht gleichmäßig verbreitet, kann aber in günstigen Habitaten mit Nestabständen von nur 80 bis 100 Meter in großer Zahl vorkommen. Am zahlreichsten ist er in dichten Saxaul-Wäldern mit vielen umgestürzten Bäumen. Heckensänger erscheinen Ende April im Brutgebiet und bald darauf beginnt die Zeit der Balz und der Paarung, während der die Männchen lebhafte Singflüge veranstalten. Das Nest wird gewöhnlich in der Gabel eines Baumstammes oder eines Seitenastes gebaut, gelegentlich kann es am Boden zu Füßen eines Strauches liegen.

Von den Grasmücken ist die Wüstenprinie *(Scotocerca inquieta)* für Wüsten mit eingestreuten Sträuchern eine der typischsten, und ihr Verbreitungsgebiet kann sich bis in die Ausläufer der Gebirge erstrecken. Sie ist lückenhaft verteilt und am Rande ihres Verbreitungsgebiets selten. Dieser lebhafte kleine Vogel ist zutraulich und neugierig – dennoch sind bislang viele Details seiner Lebensgeschichte unbekannt. Seine Nahrung besteht im Sommer hauptsächlich aus Insekten und im Winter aus Sämereien. Er legt sechs bis neun Eier in ein tief unten in einem Strauch gelegenes Nest, an dessen Bau beide Eltern sich beteiligen. In ähnlichen Lebensräumen können zwei weitere Grasmücken angetroffen werden: die Wüstengrasmücke *(Sylvia nana)* und die Tamarisken- oder Bartgrasmücke *(Sylvia mystacea)*.

Ganz oben: *Ein Heckensänger im Repetek-Reservat. Dieser rast-*
lose kleine Vogel wippt mit dem Schwanz, spreizt ihn wie einen
Fächer und stellt ihn auch bis zum Rücken hoch auf.
Oben: *Die Tamariskengrasmücke in Turkmenistan.*
Links: *Nest und Eier des Saxaulhähers in Repetek.*

Der Saxaulhäher *(Podoces panderi)* ist ein ziemlich seltenes und ungewöhnliches Mitglied der Krähenfamilie *(Corvidae).* Er ist an die Wüstenzone als Lebensraum gebunden und lebt in mehreren weit auseinanderliegenden Gebieten der Sowjetunion, darunter den großen Sandwüsten Kara-Kum und

Der hübsche Tigeriltis, ein Mitglied der Marder-Familie, ist ein seltener Bewohner der Wüsten und Steppen der UdSSR. Er ernährt sich von Vögeln und kleinen Säugetieren.

Strenger Schutz, wissenschaftliche Forschung und ein Programm der Aufzucht in Gefangenschaft haben zum Überleben der seltenen Kropfgazelle beigetragen.

Kysyl-Kum (S. 176) und jenen, die südlich des Balchasch-Sees liegen. Dieser interessante Vogel ist empfindlich gegen Störungen durch den Menschen und wurde aus einigen Gebieten, in denen er sich früher aufhielt, verdrängt. Die meiste Zeit verbringt er am Boden, wo er pausenlos über den Sand läuft oder rennt. Er fliegt auf, wenn er gestört wird, landet aber bald wieder und läuft weiter. Sein Ruf, ein angenehmes, trillerndes Pfeifen, ist noch aus großen Entfernungen zu hören. Saxaulhäher sind Einzelbrüter und die Paare bleiben übers ganze Jahr zusammen. Sie ernähren sich zum größten Teil von Insekten und den Samen von Wüstensträuchern.

In günstigen Gebieten liegen die Nester, die wahrscheinlich Jahr für Jahr wieder benutzt werden, nur einen halben bis einen Kilometer auseinander. Im späten Februar oder Frühmärz kommen die Vögel im Brutgebiet an. Das Nest besteht, ähnlich wie das der Elster *(Pica pica),* aus einer kugelrunden Konstruktion und ist durch eine eingeflochtene Schicht aus Zweigen kunstvoll getarnt. Die drei bis sechs blassen, blaugrünen Eier werden im April gelegt. Das Weibchen brütet 17 bis 19 Tage allein. Das Männchen bringt dem Partner Futter. Wenn sich ein Mensch nähert, gleitet das Weibchen heimlich vom Nest herunter und läuft über den Sand weg. Die Küken wachsen schnell heran; zwei Wochen nach dem Schlüpfen sind sie bereits gefiedert und können schnell laufen – wenn sie auch noch nicht ordentlich fliegen können. Obwohl man inzwischen weiß, daß Familiengruppen der Saxaulhäher im Herbst weite Strecken durch die Wüste wandern, sind immer noch viele Einzelheiten ihres Verhaltens unbekannt.

Der typischste Wüstenbewohner aus der Familie der Finken *(Fringillidae)* ist der Weißflügelgimpel *(Rhodospiza obsoleta).* Als einzige Art der Gattung *Rhodospiza* hat er doch mit zwei anderen Finken der Wüste viel gemein, nämlich mit dem Wüstentrompeter *(Bucanetes githagineus)* und dem Steingimpel *(B. mongolica).* In der UdSSR ist der Weißflügelgimpel in den Wüsten von Kasachstan höchst zahlreich, obwohl er in allen asiatischen Wüsten festgestellt worden ist. Er ist vor allem ein Einzelbrüter der Wüstenebenen, wo er sein Nest in Bäumen und Sträuchern, mit Vorliebe dem Saxaul *(Arthrophytum),* baut. In der Wildnis ist er extrem scheu, dagegen wird er in Städten und Dörfern, wo er oft nistet, überraschend zutraulich. Das ganze Jahr über ernährt er sich von Samen, die er vom Boden und verschiedenen Pflanzen aufnimmt. Weißflügelgimpel kommen schon im März in ihren Brutgebieten an. Bald nach ihrer Rückkehr verpaaren sie sich und grenzen ihre Territorien ab. Die drei bis sieben Eier werden vom Weibchen allein in 13 bis 15 Tagen ausgebrütet, während das Männchen Futter herbeischafft. Die Küken, deren Mahlzeit aus den verschiedensten

Samen besteht, haben eine besonders weite Speiseröhre, so daß sie es mit der trockenen Nahrung aufnehmen können. Nach 12 bis 13 Tagen im Nest sind sie befiedert und werden vom Männchen versorgt, bis sie fliegen können, während das Weibchen die zweite Brut vorbereitet. Wenn die Jungen flügge sind, bleiben sie noch eine Weile zusammen, bilden aber bald nomadisierende Scharen.

Säugetiere der Wüste

In den Wüsten der UdSSR leben verschiedene Raubkatzenarten (Familie *Felidae)*, sie sind jedoch alle selten. Zum einen liegen die sowjetischen Wüsten am Rande des Verbreitungsgebietes der meisten dieser Arten, zum anderen haben Veränderungen in ihren Habitaten sie fortgetrieben. Mehrere Arten Kleinkatzen führen ein zurückgezogenes und im wesentlichen nachtaktives Leben in der Wüstenzone der UdSSR. In vielen Lehm- und Sandwüsten Zentralasiens ist in Strauchdickichten und in bewaldeten Vorgebirgen die Nubische Falbkatze *(Felis libyca)* anzutreffen, die Nagetiere, Hasen und manchmal auch einen Vogel frißt. Eine kleine Zahl Wüstenluchse oder Karakals *(F. caracal)* lebt noch in den Sandwüsten und Vorgebirgen von Turkmenistan und Usbekistan. In der UdSSR ist praktisch nichts über die Lebensweise dieser Tiere bekannt. Die Pallaskatze oder Manul *(F. manul)* lebt in einer größeren Zahl von Habitaten, nicht nur in Wüsten, sondern auch in Steppen und Gebirgen. Die Nahrung der Pallaskatzen besteht fast ausschließlich aus

Diese beiden wunderschönen Geparden, die hier auf dem Ust-Urt-Plateau stolz ihre Beute bewachen, sind menschlicher Obhut unterstellt und werden später wieder in die Freiheit entlassen.

Nagetieren. Über ihr Fortpflanzungsverhalten in freier Wildbahn gibt es bisher kaum Informationen. In den Sandwüsten Zentralasiens ist die kleine Sandkatze *(F. margarita)*, die sich von Nagetieren ernährt, auf Dünengebiete mit Saxauls *(Arthrophytum)*, dem Sandbaum *(Ammodendron connolyi)* und anderen Straucharten beschränkt. Sie gräbt ihren eigenen flachen Bau oder bewohnt den eines Fuchses. Dort werden im frühen April zwei bis fünf junge Kätzchen geboren, aber auch über das Fortpflanzungsverhalten dieser Katze sind keine Einzelheiten bekannt.

Die größte Katze der Lehm- und Sandwüsten ist die wunderbare asiatische Unterart des Geparads *(Acinonyx jubatus venaticus)*, die inzwischen so selten ist, daß beträchtlicher Zweifel an ihrem Fortbestand in der UdSSR besteht. Man nimmt an, daß dieser Gepard im südlichen Turkmenistan und im Wüstentafelland von Ust-Urt vorkommt, wo kürzlich ein Naturreservat von mehr als 2200 Quadratkilometer Größe geschaffen wurde. Die Biologie des Geparads in Afrika ist gut erforscht worden, aber über die asiatische Unterart weiß man wegen ihrer Seltenheit noch wenig. In naher Zukunft soll die Population dieses außergewöhnlichen Tieres im Ust-Urt-Reservat aufgestockt werden.

Zwei Arten Huftiere sind für die sowjetischen Wüsten charakteristisch: der Mongolische Halbesel oder Kulan

(Equus hemionus) und die Kropfgazelle *(Gazella subgutturosa)*. Der elegante, langbeinige Kulan hat ein hübsches lichtgelbbraunes und weißes Fell, von dem sich eine schwarze Mähne und ein schwarzer Streifen am Rücken abheben. Der in den Wüsten und Halbwüsten Zentralasiens lebende Esel ist seltener geworden und daher in den »Roten Listen« der UdSSR und der IUCN registriert. Allerdings ist gerade in letzter Zeit in bestimmten Teilen der Sowjetunion eine Zunahme der Kulan-Population zu verzeichnen.

Der Kulan frißt verschiedene Pflanzen, vor allem Gräser, Wermut *(Artemisia)* und Salzkraut *(Salsola)*. Seine Kost kann er je nach Jahreszeit beträchtlich umstellen, aber er bleibt auf Wasserstellen angewiesen. Im heißen Sommer, wenn es nur trockenes Pflanzenfutter gibt, muß der Esel regelmäßig trinken, und er hält sich nur dort auf, wo es Wasser gibt. Die Esel trinken in der Dunkelheit und machen sich erst kurz vor Sonnenuntergang langsam auf den Weg zur Wasserstelle. Im Herbst und Winter bilden die Esel Herden von bis zu 100 Tieren, die ein Hengst führt; oft beteiligt sich auch eine ältere Stute an den Führerschaftsaufgaben. Ein oder zwei weitere Stuten spielen eine Vermittlerrolle, die übrigen ordnen sich unter.

Obwohl sie auch neugierig sein können, sind die Esel vorsichtige Tiere mit ungewöhnlich scharfen und feinen Sinnen. Es ist nahezu unmöglich, näher als 1,2 Kilometer an sie heranzukommen, ohne bemerkt zu werden. Die Esel verlassen sich auf ihr Vermögen, bei Gefahr weit und schnell zu rennen. Über viele Kilometer können sie Geschwindigkeiten von 64 Stundenkilometer halten und über kürzere Strecken sogar schneller galoppieren.

Die Stuten sind mit zwei oder drei Jahren geschlechtsreif und haben mit drei oder vier Jahren ihre erste Geburt. Die im Alter von drei Jahren geschlechtsreifen Hengste können sich nicht paaren, ehe sie den dominanten Hengst aus der Herde vertrieben haben. Die Herdenführer sind zwischen vier und zehn Jahre alt und werden nach einer »Regierungszeit« von etwa fünf oder sechs Jahren von jüngeren Hengsten abgelöst. Die ausgestoßenen Führer gesellen sich oft zu den partnerlosen Fohlen. Zwischen diesen Junggesellen und den neuen Herdenführern brechen während der Paarungszeit oft bittere Kämpfe um die Stuten aus. Mit gebleckten Zähnen, zurückgelegten Ohren und glühenden Augen rennen die Esel aufeinander los; wenn es einem gelungen ist, ein Fußgelenk des Gegners zu erfassen, dreht er dessen Bein so lange, bis das Tier zu Boden geht. Der siegreiche Hengst versucht nun, seinen Rivalen in den Nacken zu beißen. Schafft der Unterlegene es, auf die Füße zu kommen und fortzugaloppieren, verfolgt ihn der dominierende Hengst gewöhnlich und packt dessen Schwanz mit seinem Maul. Ist die Flucht verhindert, wird er den glücklosen Hengst erneut zu Fall bringen und ihm weitere Verletzungen zufügen. Zahlreiche oft große Narben, die die Körper der Hengste bedecken, zeugen von diesen harten Kämpfen, aber Tötungen wurden bisher nicht beobachtet und sind wohl in der Tat sehr selten.

Die Tragzeit der Stuten dauert 345 Tage. Während der letzten Tage vor der Geburt grast die Stute in einiger Entfernung von der Herde und erlaubt es keinem anderen Esel, nicht einmal ihrem hungrigen Fohlen vom letzten Jahr, sich ihr zu nähern. Sobald das neue Fohlen geboren ist, leckt die Stute es, und ein paar Stunden später grast es, noch unsicher auf den Beinen, neben seiner Mutter. Zwei oder drei Tage nach der Geburt gesellen Stute und Fohlen sich wieder zur Herde. Die anderen Esel nehmen die Witterung des Fohlens auf; manchmal versuchen einige, es zu beißen, aber die Stute – und der Herdenführer – beschützen das neue Fohlen entschieden. Ist ein Fohlen jedoch krank, wird es angegriffen und von der ganzen Herde samt seiner Mutter verjagt und erst wieder aufgenommen, wenn es gesund ist.

Heute leben viele Kulans im Badchys-Reservat in Südturkmenistan und auf den Barsakelmes-Inseln im Aral-See. Ihre Fortpflanzung in Gefangenschaft verläuft erfolgreich und schafft einen Bestand von Tieren, die in die Wildnis entlassen werden können.

Die Kropfgazelle ist eine elegante, hochbeinige, mittelgroße Gazelle, die zwischen 18 und 33 Kilogramm wiegt. Den kleineren Weibchen fehlen in der Regel die Hörner. In der UdSSR lebt die Kropfgazelle in den Wüsten von Aserbaidschan, Kasachstan, Usbekistan, Kirgisistan, Tadschikistan und Turkmenistan – in ebenen oder hügeligen Gebieten mit festem Boden. Zu ihrem Verbreitungsgebiet gehören auch die Wüsten Arabiens, des Iran, Afghanistans, Westpakistans und des östlichen China. Sie ernährt sich von verschiedenen Gräsern und Sträuchern. Sie kann annähernd 62 Stundenkilometer laufen. Im Frühjahr und Sommer leben die Kropfgazellen allein oder in kleinen Gruppen, im Herbst jedoch bilden sie Rudel zu mehreren Dutzend Tieren. Die Paarungszeit liegt im Oktober und November, und die Tragzeit dauert fünfeinhalb Monate. Vor der Geburt verläßt das Weibchen das Rudel und sucht sich eine flache, durch niedrige Sträucher geschützte Stelle. Dort gebärt sie Zwillinge, selten auch ein einzelnes Junges. Im Alter von etwa zwei Monaten beginnen die jungen Gazellen in einiger Entfernung von ihrer Mutter zu äsen und allmählich unabhängig zu werden. Wölfe sind die Hauptfeinde der Gazellen und in schneereichen Wintern werden viele von ihnen getötet. Da ihre Bestände sehr zurückgegangen sind, werden Kropfgazellen in einer Reihe von Reservaten geschützt. Zusätzlich sind besondere Zuchtstätten eingerichtet worden, die den Fortbestand der Art in Gefangenschaft sichern sollen.

Die am weitesten angepaßten Säugetiere der Wüste sind die als Springmäuse (Familie *Dipodidae*) bekannten kleinen Nagetiere. Mehr als zwanzig Arten leben in den Halbwüsten und Wüsten der Alten Welt – von der Sahara bis zur Gobi. Unter den wenigen Mitgliedern der riesigen Gruppe der Nager, die auf zwei Beinen laufen können, sind die Springmäuse die schnellsten. Einige Arten legen zehn Meter pro Sekunde oder 36 Kilometer pro Stunde zurück und springen über drei Meter weit. Springmäuse sind aber nicht nur sehr schnell, sondern auch außerordentlich behende und können auf der Flucht vor räuberischen Wesen plötzlich und unerwartet die Richtung ändern. Viele ihrer potentiellen Feinde

sind schneller, aber keiner kann bei hoher Geschwindigkeit blitzschnell die Richtung wechseln, so daß viele die Jagd aufgeben.

Während sie mit ihren langen, kräftigen Hinterbeinen hohe Geschwindigkeiten erreichen, setzen sie ihre winzigen Vorderbeine beim Graben eines Baues ein. Die unterirdischen Behausungen, in denen sich die kleinen Tiere tagsüber verbergen, enthalten oft mehrere durch Gänge verbundene Kammern. Die Ausgänge der Baue sind von innen durch einen Sandklumpen verschlossen, der nicht nur die Öffnung tarnt, sondern auch dazu beiträgt, die Temperatur im Bau konstant zu halten. Einige der Seitengänge enden kurz unter der Erdoberfläche, so daß die Springmäuse diese als Fluchtwege benützen können, indem sie sich im Gefahrenfall schnell einen Weg zur Oberfläche graben.

Springmäuse verfügen über hochentwickelte Sinne. Einige Arten haben sehr lange, bewegliche Ohren. Das Sichtfeld der großen, vorstehenden Augen kann fast 360 Grad (in horizontaler und vertikaler Richtung) betragen. Regungslos verharrend, entgeht einer Springmaus nicht die leichteste Bewegung.

In den Wüsten, in denen die Temperaturen im Winter unter den Gefrierpunkt fallen können, halten die Spring-

Der Mongolische Halbesel – oder Kulan – ist ebenso wild wie seine Heimat, die abgeschiedene Wüstenlandschaft Kasachstans. Er ist stets bereit, beim geringsten Anzeichen von Gefahr mit mehr als 60 Stundenkilometer Geschwindigkeit zu entfliehen.

mäuse sechs bis sieben Monate lang Winterschlaf. Mit dem ersten Frost beginnen sie, ihre tiefen, vielzweigig angelegten Winterbaue zu graben, in denen sie – zu einem Ball zusammengerollt – bis zum Frühjahr schlafen.

Die Koslows Zwergspringmaus *(Salpingotus crassicauda)* hat einen unproportioniert großen Kopf. Sie lebt in den Wüsten nordwestlich des Balchasch-Sees, in der Kara-Kum-Wüste, in der Saissan-Senke in Südkasachstan und auch in der Wüste Gobi. Über die bis vor kurzem noch unbekannten Einzelheiten des Lebens dieser Tiere gibt es inzwischen einige Aufzeichnungen. Die Koslows Zwergspringmäuse bewohnen die Ausläufer spärlich bewaldeter, sandiger Hügeln und vegetationsarme, lehmige Ebenen mit sandigen Stellen. Im Verhältnis zur Körpergröße der Tiere sind ihre Baue riesig, und sie reichen bis in eine Tiefe von zwei bis drei Meter. Sie sind mit verschiedenen Ausgängen und Nistkammern ausgestattet. Die kleinen Tiere graben so schnell, daß man die Bewegung ihrer Pfoten nicht wahrnehmen kann. Die Kennt-

*In den sowjetischen Wüsten lebt eine Vielzahl kleiner, Baue graben-
der Nagetiere – vor allem Springmäuse und Wüstenmäuse. Diese
winzigen Säugetiere können auf ihren Hinterbeinen sehr schnell
rennen.*

Koslows Zwergspringmaus *(Salpingota crassicauda)*

Kleiner Erdhase *(Allactaga elater)*

Kammzehen-Springmaus *(Paradipus ctenodactylus)*

Große Rennmaus *(Rhombomys opimus)*

nisse über ihr Fortpflanzungsverhalten sind bisher sehr dürftig. Ein Wurf besteht aus zwei bis fünf Jungen, meistens
drei. Mit sechs Tagen machen die Jungen schon kleine Sprün-
ge, bei denen sie wie ein Frosch auf allen Vieren landen.
Dieses Verhalten ist bei anderen Springmäusen nicht beobachtet worden. Der Winterschlaf beginnt mit dem ersten
Frost und dauert bis zum späten Frühjahr.

In der UdSSR am besten vertreten sind die fünfzehigen
Springmäuse *Allactaga*, von denen es etwa zehn Arten gibt.
Der Große Pferdespringer *(A. major)* ist mit 26 Zentimeter
Länge die größte Springmaus in der UdSSR. In den Wüsten
Zentralasiens leben der Plattschwanzspringer *(Pygeretmus
platyurus)* und der Kleine Pferdespringer *(Alactagulus acon-
tion)*, das einzige Mitglied seiner Gattung, das seinen Bau in
sehr fester Lehmerde graben kann. Die Hauptröhre ist bis
zu fünf oder sechs Meter lang.

Zu den dreizehigen Springmäusen gehört als einziges Mitglied ihrer Gattung die Kammzehenspringmaus *(Paradipus
ctenodactylus)*. Dieses in der UdSSR endemische kleine Tier
ist in den Sandwüsten Kara-Kum und Kysyl-Kum anzutreffen.

Eine weitere Gruppe der in den Wüsten häufigen Nagetiere sind die Renn- oder Wüstenmäuse *(Unterfamilie Gerbil-
linae)*. Neun von den 102 Arten der Welt leben in der UdSSR.
Diese kleinen Tiere ähneln Ratten oder Mäusen, nur ihr
Schwanz ist dicht behaart und am Ende bequastet. Die am
weitesten verbreitete Art ist die bis zu 20 Zentimeter lange
Große Rennmaus *(Rhombomys opimus)*. Sie ist vor allem in
den sandigen Wüsten und Halbwüsten vom Kaspischen
Meer bis nach Zentralasien anzutreffen. Die verzweigten,
tiefen Baue dieses erstaunlichen Gräbers können Hunderte
von Ausgängen haben. Die Große Rennmaus lebt in Kolo-

nien und ist am Tage aktiv. Sie frißt hauptsächlich die grünen Teile der Gräser und die Zweige von Sträuchern und legt sich einen Futtervorrat für den Winter an. Zwischen März und Juni produziert das Weibchen zwei oder drei Würfe mit jeweils zwischen zwei und zwölf Jungen, im allgemeinen vier bis sechs. Leider überträgt die Große Rennmaus Krankheiten.

In der Übersicht auf den Seiten 218 bis 219, die die charakteristischen Vögel und Säugetiere der Wüsten zeigt, sind jene Tiere nicht enthalten, die, wie der Rotfuchs *(Vulpes vulpes)*, auch in anderen Regionen verbreitet sind. Daß die Liste dennoch 50 Säugetierarten aufführt, geht größtenteils auf das Konto der Nagetiere, vor allem der Springmäuse.

Es gibt beeindruckend viele Reservate in den Steppen und Wüsten der Sowjetunion. Einige – wie das Repetek-Reservat – bestehen schon seit über fünfzig Jahren. Andere sind erst vor kurzem geschaffen worden, zum Beispiel das riesige (2230 Quadratkilometer), 1985 auf dem Ust-Urt-Plateau eingerichtete Reservat.

Naturreservate in den Wüsten

Die Landschaften und Flora und Fauna einer typischen Ephemerenwüste sind im Arnasai-Reservat geschützt, das ein Gebiet von 634 Quadratkilometer umfaßt und 1977 im Dschisak-Gebiet in Usbekistan geschaffen wurde. 1971 wurde das Karakul-Reservat mit einer Fläche von 143 Quadratkilometer in der Nähe von Buchara in Usbekistan eingerichtet. Ein weiteres Reservat liegt mit einer Fläche von 40 Quadratkilometer in der Kysyl-Kum an der Grenze zwischen Usbekistan und Turkmenistan am Mittellauf des Amu-Darja. Hier leben 255 Vogel- und 37 Säugetierarten. Die 183 Quadratkilometer große Barsakelmes-Insel im Aral-See wurde 1939 in ein Naturschutzgebiet mit einer typischen nördlichen Wüstenlandschaft umgewandelt. Hier trifft man große Herden von Kropfgazellen *(Gazella subgutturosa)* und Kulans oder Mongolischen Halbeseln *(Equus hemionus)*. In ihm leben, größtenteils vom Festland eingeführte 257 Arten höherer Pflanzen, acht Säugetier- und 202 Vogelarten.

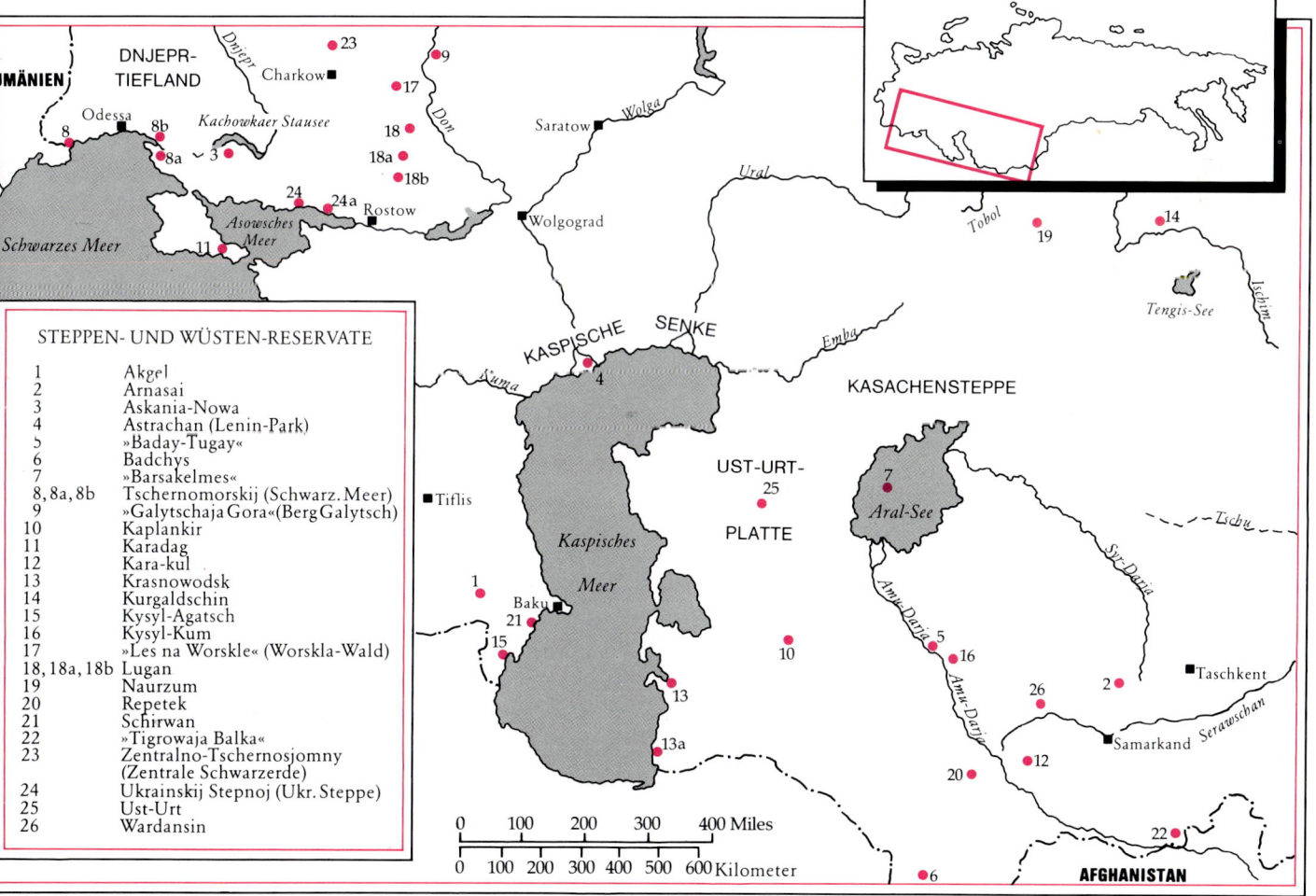

STEPPEN- UND WÜSTEN-RESERVATE

1	Akgel
2	Arnasai
3	Askania-Nowa
4	Astrachan (Lenin-Park)
5	»Baday-Tugay«
6	Badchys
7	»Barsakelmes«
8, 8a, 8b	Tschernomorskij (Schwarz. Meer)
9	»Galytschaja Gora«(Berg Galytsch)
10	Kaplankir
11	Karadag
12	Kara-kul
13	Krasnowodsk
14	Kurgaldschin
15	Kysyl-Agatsch
16	Kysyl-Kum
17	»Les na Worskle« (Worskla-Wald)
18, 18a, 18b	Lugan
19	Naurzum
20	Repetek
21	Schirwan
22	»Tigrowaja Balka«
23	Zentralno-Tschernosjomny (Zentrale Schwarzerde)
24	Ukrainskij Stepnoj (Ukr. Steppe)
25	Ust-Urt
26	Wardansin

Ganz oben: *Ein Riesen-*
fenchel ragt aus dem Sand des
Badchys-Reservates im äußer-
sten Süden der Sowjetunion.
Diese bemerkenswerten Pflan-
zen können über 2 Meter hoch
werden und bieten Lebensraum
für viele Käfer und andere
Insekten.
Oben: *Dieser* Placoderus
scapularis, *eine der vielen*
Käferarten, die auf den Riesen-
fencheln leben, wurde im
Badchys-Reservat fotografiert.

Oben: *Das Repetek-Biosphärenreservat wurde bereits 1928 eingerichtet, um ein Stück des südöstlichen Teils der großen Kara-Kum-Sandwüste zu schützen.*
Links: *Ein Blick entlang der Kysyl-Dschar-Schlucht in Badchys.*

Eines der interessantesten Wüstenreservate ist Badchys im äußersten Süden der UdSSR, das 1941 auf einer Fläche von 880 Quadratkilometer eingerichtet wurde. Zu ihm gehören das Er-Oilan-Dus-Tiefland und sein Salzsee. Dort gibt es 430 höhere Pflanzenarten, von denen etwa 10 Prozent dort endemisch sind, und nicht weniger als 37 Reptilien-, 255 Vogel- und 40 Säugetierarten.

Das mit 5700 Quadratkilometer riesige Kaplankir-Reservat in Turkmenistan wurde im Jahre 1979 eingerichtet, um Kies-, Stein- und Lehmwüstengebiete zu schützen. Das Krasnowodsk-Reservat, dessen zwei Abschnitte an den Ufern des Kaspischen Meeres insgesamt 2620 Quadratkilometer umfassen, wurde 1932 geschaffen.

Das 346 Quadratkilometer große Repetek-Biosphärenreservat bewahrt die einzigartige Natur der südöstlichen Kara-Kum-Sandwüste. Es wurde 1928 aus einer ehemaligen, im Jahre 1912 eingerichteten Forschungsstation weiterentwickelt. In ihm leben 211 höhere Pflanzenarten, 23 Reptilien-, 196 Vogel- und 29 teils seltene Säugetierarten.

9 Feuchtgebiete

In diesem Kapitel werde ich einen kurzen Überblick über die Flüsse und Seen der UdSSR geben, konzentrieren will ich mich aber auf die weiten Feuchtgebiete und ihr reiches Vogelleben, die von internationaler Bedeutung sind.

Feuchtgebiete besitzen eine Vielfalt eigentümlicher Pflanzen und Tiere, besonders Vögel. Sie können in jeder geographischen Zone vorkommen, von der kalten Tundra des Nordens bis zu den heißen Wüsten des Südens. Große Zahlen von Wasservögeln, von Reihern bis zu Möwen und Watvögeln, brüten an Seeufern und auf Inseln, auf Marschland und in Schilfgebieten. Ihre Kolonien können mehrere Hunderttausend Individuen umfassen. Die großen Seen und Binnenmeere des Südens – wie das Kaspische Meer – sind auch international bedeutsame Überwinterungsgebiete für Wasservögel, die aus den riesigen Taiga- und Tundraregionen südwärts ziehen.

Das Kaspische Meer ist das größte Binnenmeer der Welt. Der tiefste Binnensee der Welt, der Baikal-See, liegt ebenfalls in der Sowjetunion. Mächtige Flüsse durchziehen das Land, genährt von einer Unzahl von Quellen und größeren Nebenflüssen, die riesige Gebiete entwässern. Es gibt etwa drei Millionen Flüsse in der Sowjetunion. Mehr als 80 Prozent ihres Wassers fließen nach Norden und Osten, ins Nordpolarmeer und in den Pazifischen Ozean. Die meisten sind weniger als 1000 Kilometer lang, die längsten jedoch – der Jenissei, die Lena und der Irtysch – sind länger als 4000 Kilometer. Das längste Stromsystem, das von Ob und Irtysch, ist 5410 Kilometer lang; die Wolga im europäischen Teil der Sowjetunion ist 3530 Kilometer lang, aber hinsichtlich der mitgeführten Wassermenge ist der Jenissei – der fünftgrößte Fluß der Erde – mit einer jahresdurchschnittlichen Wasserführung von 19400 Kubikmeter Wasser pro Sekunde der größte. Zu den anderen großen Flüssen zählen Amur, Petschora, Kolyma, Nördliche Dwina, Amu-Darja, Indigirka und Dnjepr. Die meisten der Flüsse sind während zwei bis sieben Monaten im Jahr zugefroren.

Die UdSSR besitzt 2,8 Millionen Seen mit einer Gesamtfläche von 490000 Quadratkilometer, das Kaspische Meer und den Aral-See nicht mitgerechnet. 14 Seen mit einer Wasserfläche von mehr als 1000 Quadratkilometer gehören zu den größten Seen der Erde. Diese 14 Seen beinhalten 27200 Kubikkilometer Wasser – 85 Prozent davon allein der Baikal-See. Die meisten Seen befinden sich im Nordwesten des europäischen Teils der Sowjetunion – vor allem in der Tundra gibt es viele Seen. Die größten Bergseen, zu denen der Issyk-kul, der Telezki-See und der Kara-kul-See gehören, liegen zumeist in den Zentralasiatischen Gebirgen. Der Salzgehalt des Wassers variiert erheblich. Die meisten Seen be-

Links: *Das Žuvintas-Reservat in Litauen.*
Rechts: *Diese prächtige Indische Seerose wächst in den ausgedehnten Feuchtgebieten in Ussurien, im äußersten Süden des sowjetischen Fernen Ostens.*

inhalten Süßwasser, in den trockenen Steppen und Halbwüsten gibt es jedoch als Ergebnis der Verdunstung durch die Sonne viele Salzseen.

Typen von sumpfigem Land

Sumpfgebiete bedecken ungefähr zwei Millionen Quadratkilometer oder 10 Prozent der Gesamtfläche der Sowjetunion. Wegen klimatischer und sonstiger Bedingungen liegen die meisten von ihnen in der Waldzone. Die sumpfigsten Gebiete sind in Polesje, entlang der Pripjet in Belorußland sowie im nordeuropäischen Teil der Sowjetunion, auf der Westsibirischen Platte und in der Taimyr-Ebene. Obgleich es überall Sumpfgebiete gibt, liegen die ausgedehntesten in der Waldzone.

Man unterscheidet Niedermoore und Hochmoore. Nie-

Vögel der Sumpfgebiete

Mehrere Arten sind für Sumpfgebiete und Moore charakteristisch. Auf den Hochmooren der mittleren Waldzone leben viele Tundravögel, wie das Moorschneehuhn *(Lagopus lagopus)* und der Goldregenpfeifer *(Pluvialis apricaria)*, sowie Tundrainsekten, darunter einige Reliktarten. Niedermoore bilden eine Zuflucht für südlichere Arten. Ihre große Mehrzahl kommt aus der Waldsteppe oder der Mischwaldzone, gelegentlich aus der Taiga.

Fast alle Kraniche der Sowjetunion leben in den Sumpfgebieten, nur der Jungfernkranich nistet in der Steppe oder der Halbwüste. Der Schneekranich *(Grus leucogeranus)* und der Kanadische Kranich *(G. canadensis)* leben in den Sümpfen der Tundra, die anderen in den Sümpfen der gemäßigten Breiten. Die häufigste und am weitesten verbreitete Art ist

Dieser hübsche kleine Watvogel, der Langzehen-Strandläufer, brütet nur im sowjetischen Fernen Osten. Das Foto wurde im Juni auf der Insel Sachalin aufgenommen.

dermoore sind gewöhnlich in Niederungen zu finden, wo das Grundwasser bis dicht an die Erdoberfläche geht, und sie besitzen eine große Vielfalt charakteristischer Pflanzen, darunter Riedgräser, Birken und Erlen. Hochmoore – in denen Sphagnum-Moose vorherrschen – können aus Niedermooren hervorgehen bzw. dadurch entstehen, daß Teiche von Wasserpflanzen überwuchert werden. Sie sind in der Waldzone häufig und umfassen eine Fülle einzigartiger Pflanzen, darunter eine Reihe von trockenresistenten Arten. Trotz der feuchten Umgebung leiden sie nämlich auf dem kalten, sauren Untergrund unter physiologischer Trockenheit. Im südlichen Teil der Sowjetunion gibt es keine Hochmoore, da das heiße Klima das Wachstum der Torfmoose verhindert.

Ganz oben: *Ein Mönchskranich an seinem Nest im Tal des Flusses Bikin. Das erste Nest fand man 1974.*
Oben: *Nest und Eier des Mönchskranichs aus der Nähe.*

Ein Sibirischer Brachvogel im Juni auf einem Hochmoor am Mittellauf des Bikin.

der eurasische Kranich *(Grus grus),* der die Hochmoore der Waldzone zum Nisten bevorzugt. Das Ussuri-Gebiet mit seinen grenzenlosen Sümpfen und dem großen Chanka-Tiefland ist ein wahres Paradies für die exotischen Kranich-Arten. Drei von ihnen leben dort. Der Mandschuren-Kranich *(G. japonensis)* und der Weißnacken-Kranich *(G. vipio)* nisten in weiträumigen, von Schilf und anderen Pflanzen überwachsenen Sümpfen, während der Mönchskranich *(G. monachus)* die Hochmoore der Taiga an den Oberläufen der größeren Flüsse im Sichote-Alin bevorzugt. Bis vor kurzem wußte man nichts über die Biologie der Mönchskraniche. Erst 1974 wurden Nest und Eier zusammen mit weiteren biologischen Aspekten beschrieben. Im Tal des in der Mitte der Ussuri-Region gelegenen Flusses Bikin, wo das erste Mönchskranich-Nest entdeckt wurde, erscheint er im frühen April. Ein Paar beginnt gleich nach seiner Ankunft mit dem Balztanz, der, im Unterschied zu den Gruppenvorstellungen anderer Kraniche, eine Einzeldarbietung bleibt. Der Lebensraum dieses Vogels sind die oftmals hügeligen, mit Torfmoos und vereinzelten Lärchen bewachsenen Hochmoore der Gebirgs-Taiga, die in den Tälern zwischen den kegelförmigen Ussuri-Hügeln liegen. Die Größe des Nistgebiets, das sich im selben Bereich wie die Balzplätze befindet, ist gewöhnlich durch die Fläche des gewählten Sumpfgebietes begrenzt und beträgt etwa vier bis sechs Quadratkilometer. Die Eiablage beginnt in der zweiten Aprilhälfte. Das Nest besteht aus aufgehäuftem Pflanzenmaterial und wird etwa hundert Meter ins Moor hinein zwischen verkrüppelten Sträuchern angelegt. Das Gelege besteht aus nur zwei Eiern. Ab Mitte August ziehen die Kraniche nach Süden, um in Japan zu überwintern.

Die meisten Mandschuren-Kraniche nisten am Chanka-See. Beobachtungen im Sommer haben gezeigt, daß dort mehr als hundert Vögel leben. Etwa die Hälfte der Altvögel brütet, und nur 18 Küken eines Jahres erreichen das Reifealter. Nichtsdestoweniger wird die Chanka Population der Mandschuren-Kraniche als die größte der Sowjetunion angesehen – ein Hinweis darauf, wie selten diese wundervollen Vögel sind.

Ein anderer Vogel der Sumpfgebiete Ussuriens, der Sibirische oder Langschnabel-Brachvogel *(Numenius madagascariensis),* brütet auf Hochmooren und hügeligen Wiesen im Fernen Osten der Sowjetunion und im östlichen Sibirien, während er hauptsächlich in Australien überwintert. Dieser wenig bekannte Watvogel paßt sich nicht leicht an die Veränderungen der Kulturlandschaft an. Seine Population ist heute nur noch dort stärker, wo keine Menschen sind. Die Vögel siedeln auf relativ trockenen, aber zum Teil überfluteten Sümpfen vor allem dort, wo es Moose und Flechten in Fülle gibt. Das Nest liegt in einer kleinen Bodenhöhlung, und ein vollständiges Gelege besteht aus vier Eiern.

In den Sümpfen der Insel Sachalin lebt ein äußerst seltener, einzigartiger Watvogel, der Kurzfußwasserläufer *(Tringa guttifer)*, der nur in der UdSSR, und hier in einem sehr beschränkten Verbreitungsgebiet vorkommt. Er ist sowohl in die »Rote Liste« der UdSSR als auch die der IUCN aufgenommen. Bis vor kurzem war nichts über sein Nistverhalten und seine Verbreitung bekannt. Man hat jetzt festgestellt, daß er auf Sachalin in der Nähe von schlammigen Teichen und Lagunen, vorzugsweise aber an sumpfigen Zuflüssen mit nahen Lärchenwäldern nistet. Solche Plätze werden bei stürmischem Wetter vom Meer überflutet, weshalb der Kurzfußwasserläufer – anders als die meisten Watvögel – sein Nest kolonieweise in 2,5 bis 4,5 Meter Höhe auf Bäumen errichtet. Man weiß nur wenig über die Lebensgeschichte dieses Vogels. Sicher ist jedoch, daß seine Population klein ist. Während des Zuges fliegen die Vögel paarweise, alleine oder zusammen mit anderen Watvögeln nach Taiwan, auf die Philippinen oder nach Borneo. Die Farbbilder vom Altvogel und seinem flaumigen »Eintags«-Küken, die mein Freund Yuri Schibnew auf Sachalin aufgenommen hat, sind einzigartig.

Feuchtgebiete von internationaler Bedeutung

Jene Feuchtgebiete der UdSSR, die von größter Bedeutung für nistende, ziehende oder überwinternde Vögel sind, wurden dem MAR International Wetland Programm unterstellt. Ein erheblicher Teil dieser Gebiete steht unter Naturschutz.

Ganz oben: Der Kurzfuß-Wasserläufer ist ein seltener Watvogel, der nur auf Sachalin im Fernen Osten der UdSSR brütet. Obwohl einige wenige seiner Verwandten ihre Eier in aufgegebene Singvogelnester über dem Boden legen, ist er die einzige Watvogelart, die ihr Nest in Bäumen baut.
Oben: Das Küken eines Kurzfuß-Wasserläufers einen Tag nach dem Schlüpfen.

So liegt beispielsweise im Golf von Kandalakscha am Weißen Meer das Kandalakscha-Reservat und im Wolga-Delta das Astrachan-Reservat. Eines der Hauptanliegen des MAR-Programms ist der Schutz der Zugvögel, die etwa in einem Land nisten, im anderen überwintern und während des Zuges in mehreren weiteren rasten. Die Feuchtgebiete sind besonders wichtig, um die Zugrouten der Vögel aufrechtzuerhalten, und dem wurde Rechnung getragen mit dem Sowjet-Gesetz über den Schutz und den Gebrauch von Tierarten von 1980, das den Schutz der größeren Zugvogelrastplätze sicherstellt – einschließlich des Verbots oder der Einschränkung der Jagd.

An der westlichen Küste Estlands liegt der Golf von Matsalu, Naturforschern seit über hundert Jahren bekannt als »Festung« für Brutvögel. Das staatliche Naturschutzgebiet, das hier 1957 auf einer Fläche von 397 Quadratkilometer eingerichtet wurde, bildet heute einen Teil eines größeren Areals von 486 Quadratkilometer und stellt ein international bedeutendes Feuchtgebiet-Reservat dar. Mehr als die Hälfte des Naturschutzgebietes – nämlich 263 Quadratkilometer – wird von Wasser bedeckt. Matsalu wurde 1975 offiziell zu einem Feuchtgebiet von internationaler Bedeutung erklärt.

Das charakteristischste Merkmal Matsalus ist sein riesiges Schilfgebiet, das 30 Quadratkilometer bedeckt. Zum Land hin wächst das Schilf spärlich und ist gemischt mit Gräsern; zum Meer hin wird das Röhricht höher und üppiger, aber erst wo das Wasser tiefer wird, erscheinen die vielen Wasserpflanzen und die Wirbellosen, die die Hochwasser des Frühjahrs mit sich bringen.

Die Schilfgürtel stellen vortreffliche Nahrungsgründe für die Vögel dar. Die interessantesten Vögel des Naturreservats nisten hier, darunter die Graugans *(Anser anser*, mit 220 Brutpaaren), der Höckerschwan *(Cygnus olor*, etwa 35 Brutpaare), die eurasische Rohrdommel *(Botaurus stellaris*, etwa 15 Brutpaare), die recht zahlreich vertretene Rohrweihe *(Circus aeruginosus)*, die Lachmöwen in großen Kolonien *(Larus ridibundus*, 10000 Brutpaare) sowie riesige Mengen von Bleßhühnern *(Fulica atra)* und große Populationen verschiedener Entenarten. Matsalu ist auch ein wichtiger Zwischenstop für Tausende von Kranichen *(Grus grus)* auf ihrem Herbstzug.

Matsalu ist eines der wenigen sowjetischen Naturreservate, in denen menschliche Aktivitäten bis zu einem gewissen Grad erlaubt sind. Das tut man, um bestimmte Habitate im Reservat – zum Beispiel überflutete Flächen oder Weideflächen im Küstenbereich – zu erhalten, die Watvögeln und anderen Vögeln als Nistgebiete dienen. Wenn das Gras nicht rechtzeitig gemäht wird, wachsen Sträucher in den feuchten Wiesen, was ihren Wert als Lebensraum für die Vögel beeinträchtigen würde. Zu den Vögeln, die hier brüten, gehören der farbenprächtige Kampfläufer *(Philomachus pugnax)*, der im Frühling seine gemeinschaftlichen Balzturniere auf kleinen Erhebungen aufführt, der Kiebitz *(Vanellus vanellus)*, der Grünschenkel *(Tringa totanus)* und die Uferschnepfe *(Limosa limosa)*.

Der Feldrohrsänger nistet in großen Schilfgebieten in der südlichen UdSSR. Dieser hier wurde im Juni nahe Asow an der Nordostküste des Asowschen Meeres fotografiert.

Die ungewöhnlich steinigen Inseln sind mit Wacholder bewachsen, und auf ihnen brüten viele Vögel, darunter die Eierente *(Somateria mollissima)*, die Samtente *(Melanitta fusca)* und die Raubseeschwalbe *(Hydroprogne caspia)*. Drei Möwenarten brüten hier: die Mantelmöwe *(Larus marinus)*, die Sturmmöwe *(Larus canus)* und die Silbermöwe *(Larus argentatus)*. Es besteht ein ständiger Überlebenskampf, da die Möwen die Nester der anderen Vögel ausrauben und ihre Küken stehlen.

Eine eurasische Rohrdommel sitzt reglos auf ihrem tief in einem dichten Schilfgürtel versteckten Nest im »Žuvintas«-Reservat in Litauen. Ihre Längsstreifung tarnt sie hervorragend.

Eine Küstenseeschwalbe in der Bucht des Matsalu-Reservates an der Westküste von Estland. Dieser anmutige Vogel wandert jedes Jahr bis zur Antarktis – weiter als jede andere Art.

Das Gelege einer Eiderente während der Phase des Schlüpfens. Das Bodennest wurde im Naturreservat Kandalakscha, einem wichtigen Feuchtgebiet am Weißen Meer, aufgenommen.

1983 haben Kollegen und ich auf der Insel Papilaid ein Nest der Nonnen- oder Weißwangengans *(Branta leucopsis)* gefunden – in diesen Breiten ein außergewöhnlicher Fund, wenn man bedenkt, daß die Hauptbrutgebiete auf Nowaja Semlja und Spitzbergen liegen. Ornithologen aus der Gegend berichteten uns, daß die Gänse hier schon im dritten Jahr brüten. Auch an einer anderen Stelle im baltischen Raum, auf der schwedischen Insel Gotland, haben sie genistet.

Der Golf von Kandalakscha
Dieses im Weißen Meer gelegene Feuchtgebiet von internationaler Bedeutung mit einer Gesamtfläche von 2080 Quadratkilometer ist hervorgegangen aus dem 581 Quadratkilometer großen Kandalakscha-Naturschutzgebiet, das zu 406 Quadratkilometer aus Wasserfläche besteht und zu 43 Quadratkilometer von Wäldern und Wiesen bedeckt ist. Das Reservat wurde 1975 eingerichtet, das Naturschutzgebiet besteht schon seit 1939.

Das Natur-Reservat liegt in der Waldtundra- und Tundraunterzone der nordeuropäischen Taiga. Seine Vegetation ist, abgesehen von der Tatsache, daß es hier keinen Dauerfrostboden gibt, charakteristisch für diese Tundratypen. Die grö-

ßeren Inseln der Kandalakscha-Bucht sind von Fichten/Kiefern-Wäldern bedeckt. Die Strauchschicht besteht aus Heidelbeere *(Vaccinium myrtilus)*, Moosbeere *(V. uliginosum)* und Preiselbeere *(V. vitis-idiae)*. Am Wassersaum der Strände wimmelt es von wirbellosen Meerestieren, darunter Würmer, Flohkrebse, Weich- und Krustentiere. Das Vogelleben ist außerordentlich reich, besonders die Kandalakscha-Population der Eiderenten *(Somateria mollissima)*, die heute – dank eines Jagdverbots und der Beseitigung anderer störender Einflüsse durch den Menschen – zwanzigmal so groß ist wie zur Zeit der Gründung des Reservats. Zu den Wasservögeln, die hier außer der Eiderente regelmäßig nisten, gehören die Stockente *(Anas platyrhynchos)*, die Schellente *(Bucephala clangula)*, die Trauerente *(Melanitta nigra)*, die Samtente *(M. fusca)*, der Mittelsäger *(Mergus serrator)* und viele Watvogel-Arten. Darüber hinaus gibt es 550 Arten von Pflanzen, 23 Landsäugetierarten und 10 Arten von maritimen Säugern, hauptsächlich Robben, sowie etwa 210 nistende und durchziehende Vogelarten.

Von der Kandalakscha-Bucht abgesehen, umfaßt das Schutzgebiet das Reservat der »Sieben Inseln«, so daß auch ein Teil der Barents-See und die Ainow-Inseln unter Schutz stehen. Diese Inseln besitzen große Vogelkolonien.

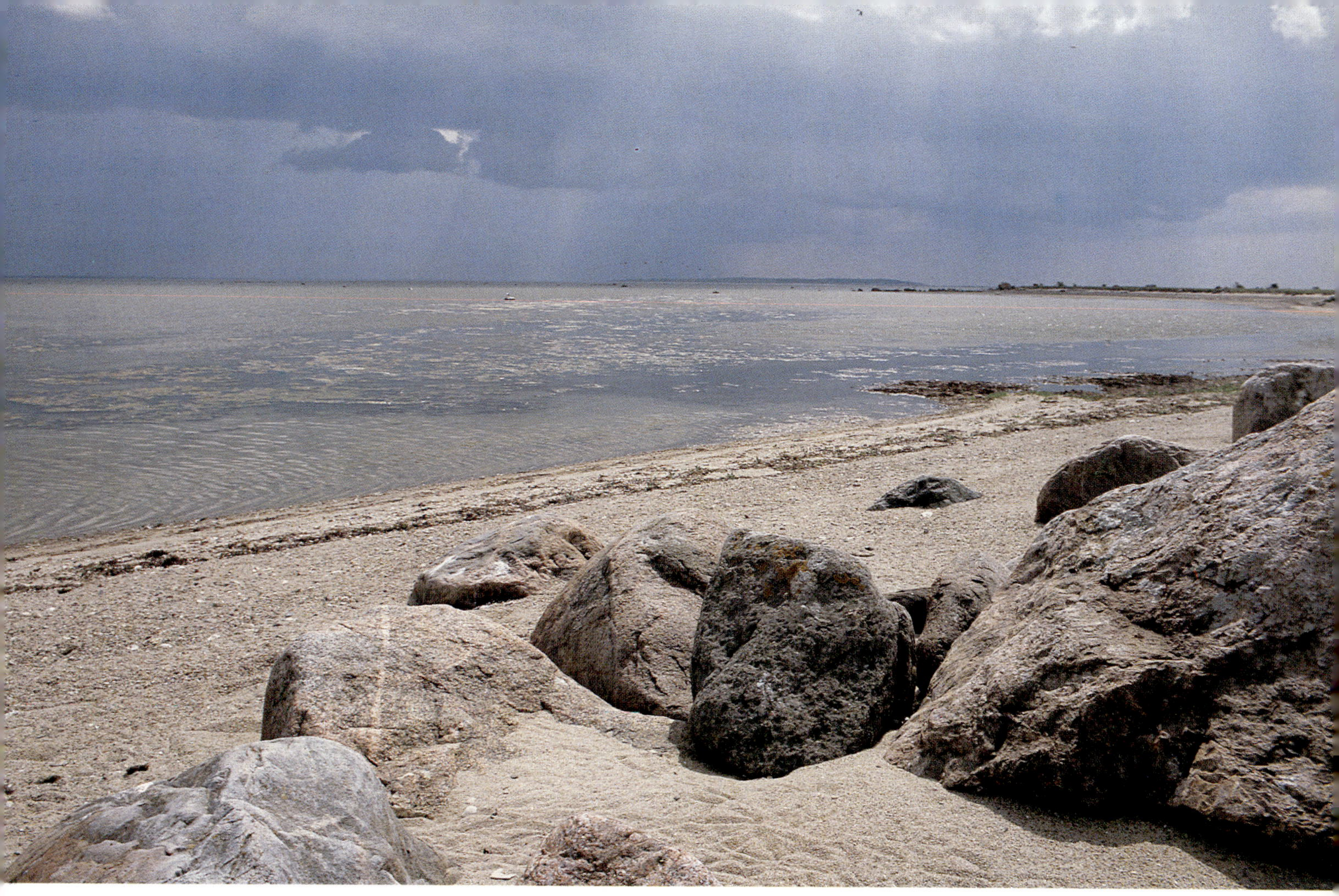

Oben: *Die Insel Papilaid, ein Teil des Matsalu-Reservates.*
Links: *Eine Nonnengans am Nest auf der Insel Papilaid – weit südlich ihrer eigentlichen Brutplätze in der hohen Arktis.*

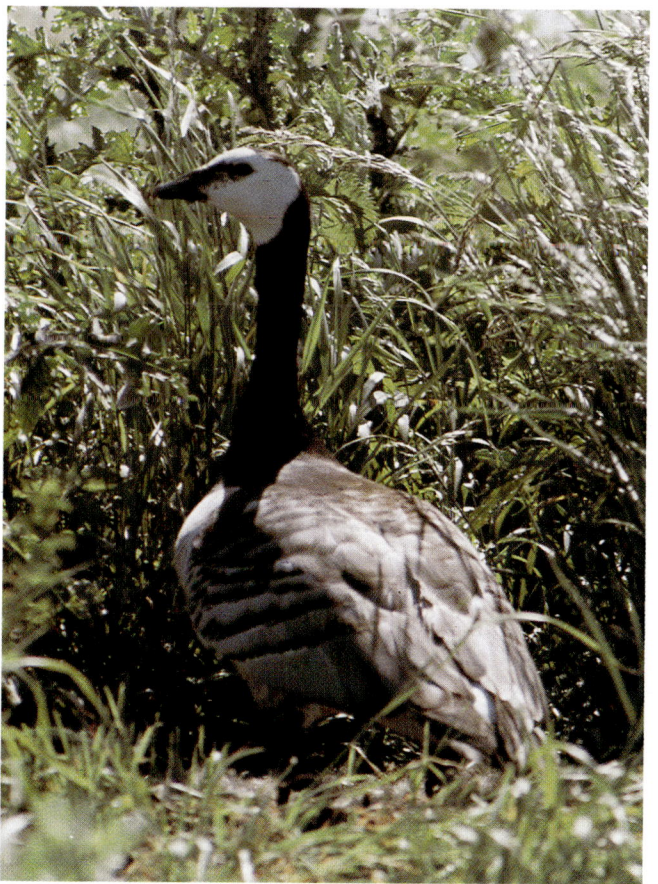

Das W. I. Lenin Naturreservat bei Astrachan

Als eines der ältesten Naturreservate der UdSSR wurde es 1919 auf ein Dekret Lenins hin geschaffen, um den einzigartigen Komplex des Wolga-Deltas, besonders aber die riesigen Brutkolonien, die Mauserplätze des Wassergeflügels und die ausgedehnten Laichgründe von Nutzfischen zu schützen. Die Gesamtfläche des Naturreservats erstreckt sich über drei Areale des Wolga-Deltas von insgesamt 634 Quadratkilometer. Seit 1975 bildet es einen Teil des international bedeutenden Feuchtgebietes »Wolga-Delta« mit 6500 Quadratkilometer. Das Reservat liegt in der Kaspischen Senke, 27 Meter unter dem Meeresspiegel. Es stellt mit dem Formenreichtum unterschiedlicher Landschaften besonders in Seenähe ein hervorragendes Beispiel für ein großes Flußdelta dar. Die Küstenlinie des Deltas erstreckt sich über 200 Kilometer. Die Wolga fließt durch annähernd 800 Wassergräben ins Kaspische Meer. Man unterscheidet neun verschiedene natürliche Zonen im Delta, von denen die mittleren, die tiefergelegenen und die kultivierten Bereiche des Deltas sowie die Inselzone des Außendeltas und das Außendelta selbst die wichtigsten darstellen. Das Klima ist mit heißen Sommern und kalten Wintern gemäßigt kontinental. Es gibt viele Altarme und Seen im Delta; das Naturreservat führt nur Süßwasser. Die Landfläche im Deltabereich nimmt

Eine Gruppe Rosapelikane am Ufer des Manytsch-Gudilo-Sees in der Kalmückischen SSR, die nördlich des Kaukasus liegt. Leider sind Rosapelikane inzwischen seltene Vögel geworden.

Eine Europäische Sumpfschildkröte im Delta des Atrek, der in den südöstlichen Teil des Kaspischen Meeres fließt. In diesem Gebiet leben viele interessante Tiere.

dank der riesigen Mengen von der Wolga herangeführter und abgelagerter Sedimente ständig auf Kosten des Kaspischen Meeres zu.

Das Naturreservat liegt in der kaspischen Wüstenzone, die Vegetation ist jedoch klar dagegen abgegrenzt, und mit vielen Uferpflanzen typisch für ein Delta. Es gibt hier 290 Pflanzenarten, darunter viele endemische und reliktäre Formen. Etwa 500 Arten wirbelloser Süßwassertiere sind im Wasser des Naturreservats festgestellt worden, darunter eine besonders reiche Artenvielfalt bei den Krustentieren. Es leben hier 1250 Insektenarten. Ein unerfreulicher Aspekt der Insektenfauna ist die große Zahl blutsaugender Insekten. Die weiten Laichgründe des Wolga-Deltas haben zusammen mit den reichhaltigen Nahrungsgründen zu einer großen Fischarten-Vielfalt im Reservat geführt. Es gibt ungefähr 50 Fischarten – von denen der Kostbarste der Stör *(Acipenser sturio)* ist –, zwei Arten von Amphibien und sechs Reptilien-Arten. Verschiedene Säugetiere, darunter das Wildschwein *(Sus scrofa)*, leben auch hier. Das Wolga-Delta ist ein wirkliches Vogelparadies. Mehr als 250 Arten sind im Naturreservat registriert worden – hundert davon als Brutvögel. Dank der hohen Fruchtbarkeit der Gewässer und der dichten Vegetation können sowohl »fleischfressende« als auch Vögel, die sich von Pflanzen ernähren, eine Fülle von Nahrung und Schutz finden. Die riesigen Vogelpopulationen des Deltas bilden eine Insel des Lebens in der das Delta umgebenden Wüste. Zur überwältigenden Mehrheit sind es Wasser- und Sumpfvögel.

Zu den alltäglichen Vögeln des Deltas gehören der Höckerschwan *(Cygnus olor)*, die Stockente *(Anas platyrhynchos)*, die Graugans *(Anser anser)* und die Kolbenente *(Netta rufina)*, Unmengen von Bleßhühnern *(Fulica atra)* und Haubentauchern *(Podiceps cristatus)* nisten dort ebenso. Zu den interessantesten Arten gehören der Rosa- und der Krauskopfpelikan *(Pelecanus onocrotalus/P. crispus)*. Der Rosapelikan ist ein großer Vogel mit bis zu elf Kilogramm Gewicht. Die Männchen gleichen den Weibchen, aber den Jungvögeln fehlt der lachsfarbene Anflug im Gefieder. Dieser Pelikan ist heute selten und an manchen Stellen in seinem Bestand gefährdet. In der Sowjetunion findet man ihn auf großen Seen und Flußdeltas am Schwarzen und am Kaspischen Meer sowie an den Salzseen Kasachstans.

Im Wolga-Delta kann man Pelikane schon in den ersten Märztagen beobachten. Mitte April versammeln sie sich in Gruppen am Brutplatz und geben sich paarweise ihren Balzvorstellungen hin, wobei sie befremdliche, »muhende« Rufe von sich geben, ihre Flügel anheben, aufspringen oder einen Kreis fliegen, wieder landen und sich gegenseitig die Schnäbel reiben. Das Weibchen setzt sich dann fest auf die Stelle, an der später ein Nest gebaut wird. Pelikankolonien können

Ein Nachtreiher bewacht sein Nest im Donaudelta-Reservat. Dieser Vogel, der, wie sein Name schon sagt, weitgehend nachtaktiv ist, kommt auf geeigneten Arealen häufiger vor.

Ein weiteres Mitglied der Familie der Reiher ist der – ebenfalls im Donaudelta-Reservat fotografierte – Rallenreiher. Wie seine Verwandten ernährt er sich von Fröschen, Fischen und Insekten.

aus 700 oder mehr Nestern bestehen. Leider hatten die Kolonien im Wolga-Delta zuletzt nur noch ein paar Dutzend Nester. Pelikan-Kolonien gibt es an seichten, stehenden Gewässern. Wenn sie aus vielen Nestern bestehen, wird eine floßartige Konstruktion errichtet. Im Wolga-Delta baut man neuerdings zusätzliche künstliche Brutflöße für diese Vögel auf. Das Männchen hilft seinem Partner, schnell, nämlich in zwei oder drei Tagen, ein großes Nest zu bauen. Dabei kann es vorkommen, daß sie ihren Nachbarn, besonders verwandte Arten wie den Krauskopfpelikanen, Nestbaumaterial stehlen. Das normale Gelege besteht aus zwei Eiern, die das Weibchen in 33 Tagen ausbrütet. Wenn die Küken geschlüpft und noch schwach sind, füttern die Eltern sie mit vorverdauter Nahrung. Später bringen sie ihnen kleine Fische, die die Küken aus ihrem Kehlsack entnehmen. Der Abzug aus dem Brutgebiet findet spät, nämlich erst nach den ersten leichten Frösten, statt. Pelikane ernähren sich weitgehend von Fischen. Die Vögel können nicht tauchen, aber sie können Hals und Oberkörper ins Wasser eintauchen. Normalerweise fischen sie in hervorragend abgestimmten Gruppen, indem sie die Fische gegen das Ufer treiben, wo sie sie leichter fangen können. Der ein wenig weiter verbreitete Krauskopfpelikan ist in seinen Lebensgewohnheiten dem

Ein hübscher Seidenreiher im Wolga-Delta. Außer dieser und den beiden anderen hier abgebildeten Arten lebt noch eine Reihe weiterer Reiher in sowjetischen Feuchtgebieten.

*Dieser wunderschöne Braun-
sichler wurde im Juni im Reser-
vat Donaudelta fotografiert.
Er nistet in Kolonien – oft in
Gesellschaft von Löfflern,
Reihern und Kormoranen.
Er brütet auch in anderen
Feuchtgebieten der UdSSR, wo-
bei er allgemein recht selten ist.*

Rosapelikan sehr ähnlich, er legt aber mehr, nämlich bis zu vier Eier.

In den Schilfgebieten und Strauchdickichten des Wolga-Deltas gibt es Kolonien verschiedener Reiher- und mit ihnen verwandter Arten, darunter solche des Silber- und des Seidenreihers *(Egretta alba / E. garzetta)*, des Grau- und des Kuhreihers *(Ardea cinerea / Bubulcus ibis)*, des Rallen- und des Nachtreihers *(Nycticorax nycticorax)* sowie von Braunsichler *(Plegadis falcinellus)*, Löffler in kleinen Zahlen und Kormorane *(Phalacrocorax carbo)*. Der Silberreiher ist ein großer, schneeweißer Vogel, der im Durchschnitt 1,5 Kilogramm wiegt. Die Art hat ein großes Verbreitungsgebiet, wobei sie zur Brut Feuchtgebiete in Steppen und Wüsten mit weiten Teichbinsen-Gürteln vorzieht. Der Nistplatz liegt im schwerstzugänglichen Teil eines Schilf- oder Binsenbestandes, jedoch sucht der Silberreiher auf der Nahrungssuche auch kultiviertes Land auf, wo er besonders scheu ist. Die Vögel leben in einer lebenslangen Einehe. Selten wird das Nest auf einem Baum gebaut. Das Nest enthält drei bis fünf Eier, und die Brutzeit beträgt 25 oder 26 Tage. Die Silberreiher ernähren sich von Fischen, Wasserinsekten und ihren Larven, Grashüpfern, Heuschrecken und Kleinsäugern. Der Seidenreiher brütet oft an denselben Stellen wie sein viel größerer Verwandter. Abgesehen vom Größenunterschied sind die beiden Arten ähnlich, obwohl der Seiden-

reiher weniger scheu ist. Sein Nest, das vier bis sechs Eier enthält, baut er häufig auf Bäumen. Er frißt kleine Fische, Insekten und ihre Larven und andere Wirbellose des Wassers.

Die Verbreitung des Nachtreihers ist beinahe kosmopolitisch. Anders als die Reiher mit tagaktiver Lebensweise hat er eine ziemlich gedrungene Gestalt und einen kurzen Hals. Er mag sumpfige, mit Gebüsch bestandene Niederungen und nistet auf Bäumen, selten jedoch im Schilf. Nachtreiher-Kolonien können sehr groß sein – bis zu mehreren Tausend Paaren –, gewöhnlich in Gesellschaft anderer Reiherarten. Wie sein Name schon sagt, lebt dieser Reiher nächtlich, während er die Tage bewegungslos und sich vor der Sonne verbergend in kleinen Gruppen auf Bäumen oder zwischen Teichbinsen stehend verbringt. Wie andere Reiher zieht er tierische Nahrung vor. Im Wolga-Delta stellen Wassertiere, Insekten, Frösche, Echsen und kleine Nagetiere seine Hauptnahrung dar.

Ein charakteristischer Sperlingsvogel des Wolga-Deltas ist die Beutelmeise *(Remiz pendulinus)*. Man kann ihr Nest, das kunstvoll aus Pappelkätzchen oder anderem pflanzlichen Material geflochten ist, manchmal an herabhängenden Enden von Weidenzweigen sehen. Dieser in der UdSSR weitverbreitete Vogel bevorzugt Dickichte oder Wälder an Flußufern, die gelegentlich überschwemmt werden. Er ist auch in Vorgebirgen heimisch. Im Tienschan etwa kommt die

schwarzköpfige Unterart *(R. p. coronatus)* im Weidengestrüpp der Gebirgsflußtäler vor. Die Paarung findet in der zweiten Aprilhälfte statt, und bald beginnen die Vögel mit dem Nestbau. Die Wände des Nestes sind so stabil, daß es mehrere Jahre an einem Baum hängen kann, ohne kaputtzugehen. Gewöhnlich wird es am Ende eines über dem im Wasser hängenden Astes in nicht mehr als drei Meter Höhe gebaut. Die Vögel brauchen nicht weniger als drei Wochen, um ein Nest zu bauen. Manchmal beginnen sie mit dem Eierlegen, ehe das Nest fertig ist – meistens jedoch zwei oder drei Tage nach seiner Fertigstellung. Ein normales Gelege besteht aus sechs bis neun Eiern. Das Weibchen brütet 13 oder 14 Tage und die Jungen werden nach 16 bis 18 Tagen im Nest flügge. Wenn die Jungvögel ausgeflogen sind, werden sie für mehrere Tage von ihren Eltern weiter gefüttert; danach zieht die Familie durch die Dickichte in Wassernähe. Die Nahrung der

Eine Schar Brandseeschwalben, eine von zehn Seeschwalbenarten, die in der UdSSR brüten, macht im Naturreservat am Schwarzen Meer Rast. Sie haben gegabelte Schwänze und ihr Flug ist anmutig wie der der Schwalben – woraus sich ihr Name erklärt.

Beutelmeisen besteht vorwiegend aus Insekten und Insektenlarven.

In den Sommermonaten bildet das Wolga-Delta das Mausergebiet für viele Schwimmenten der UdSSR, unter anderem für die Stockente *(Anas platyrhynchos)*, die Spießente *(A. acuta)*, die Krickente *(A. crecca)*, die Knäkente *(A. querquedula)*, die Schnatterente *(A. strepera)* und die Löffelente *(A. clypeata)*. Auch die Graugans *(Anser anser)* ist häufig.

Zu den 17 Säugetierarten des Wolga-Deltas gehört das in großer Zahl vertretene Wildschwein *(Sus scrofa)*. Es findet reichlich Futter in Form von Wassernüssen, Sämlingen und den Wurzeln von Wasserpflanzen. Das Naturreservat unternimmt Untersuchungen über die Veränderungen der natürlichen Gemeinschaften an der unteren Wolga, wie sie sich als Ergebnis des allgemein fallenden Wasserspiegels des Kaspischen Meeres darstellen. In den vergangenen Jahren jedoch ist der Wasserspiegel wieder um 108 Zentimeter gestiegen. Die ornithologische Station im Naturreservat koordiniert die Forschungsarbeiten über das kaspische Gebiet und beringt Vögel, um ihre Wanderungen zu studieren.

Die Feuchtgebiete am Schwarzen Meer

Das Schwarzmeer-Naturreservat, im Gebiet von Cherson in der Ukraine gelegen, wurde 1927 gegründet und bedeckt eine Fläche von 719 Quadratkilometer, von denen 197 Quadratkilometer trockenes Land, meist in Küstennähe, sind. Es umfaßt fünf verschiedenartige Areale. 1973 wurde es ausgedehnt, da im östlichen Teil der Bucht von Tendrow und einem Teil der Bucht von Jagerlits neues Land vom fallenden Wasserspiegel freigelegt wurde. 1981 wurde ein Nebengebiet des Naturreservats, das im Donau-Delta geschaffen worden war, zu einem eigenen Naturschutzgebiet erklärt. Seit 1975 bildet das gesamte Areal des Naturreservats Teil eines 1038 Quadratkilometer umfassenden Feuchtgebietes von internationaler Bedeutung. Die verschiedenen Areale des Reservats besitzen unterschiedliche Topographien und Landschaften, aber das Land besteht im großen und ganzen aus Küsten-Schwemmland. Das Klima ist mit schwülen Sommern und verhältnismäßig milden Wintern gemäßigt kontinental. Schnee liegt in einem durchschnittlichen Winter an 20 bis 40 Tagen.

Dieses Naturreservat liegt in der Zone der südeuropäischen Trockensteppen. Es gibt hier 595 Pflanzenarten, darunter typische Pflanzengemeinschaften auf Steppe, Waldsteppe und Solontschak-Erde (Böden, die reich an löslichen Salzen sind), salztolerante Pflanzen, die auf Sand wachsen, und Pflanzen, die an Gewässern oder im Wasser leben.

Die Steppe und die Waldsteppe sind sehr reich an Insekten. Das Meer enthält reiche Fischpopulationen, zum Beispiel von Sardelle (*Engraulis encrasicolus*), Sardine (*Sardina pilchardus*), Makrele (*Scomber scombrus*) und Gestreiftem Thunfisch (*Katswonus pelamis*). Im Reservat leben sechs Amphibienarten und neun Arten von Reptilien.

Unter dem Gesichtspunkt des Naturschutzes sind die Vögel am höchsten einzuschätzen, und ihretwegen wurde dieses einzigartige Naturreservat geschaffen. 280 Arten von Brut- und Zugvögeln sowie Wintergästen wurden gezählt. Es finden sich 153 Brutvogelarten, von denen 17 nicht fortziehen. Besonders wertvoll sind die Kolonien der Möwen und der Seeschwalben, unter anderen die der Schwarzkopfmöwen (*Larus melanocephalus*), der Dünnschnabelmöwe (*L. genei*) und der Brandseeschwalbe (*Sterna sandvicensis*).

Ein Stelzenläufer auf seinem Nest am Ufer des Asowschen Meeres. Dieser elegante, langbeinige Watvogel nistet in lärmenden Kolonien.

Das Reservat wurde im Gebiet zwischen Schwarzem Meer und Asowschem Meer geschaffen, um wichtige Feuchtgebiete zu schützen. Dies ist die Insel Tschurjuk im Golf von Siwasch.

Eine gemischte Brutkolonie von Dünnschnabel- und Schwarzkopfmöwen im Naturreservat Schwarzmeer. Das Bild wurde im Juni aufgenommen.

Viele Wasservogelarten nisten hier, darunter Mittelsäger *(Mergus serrator)*, Brandgans *(Tadorna tadorna)*, Stockente *(Anas platyrhynchos)*, Schnatterente *(A. strepera)* und Höckerschwan *(Cygnus olor)*. In dem Reservat gibt es auch viele Nistkolonien von Watvögeln wie dem Säbelschnäbler *(Recurvirostra avosetta)*, dem Stelzenläufer *(Himantopus himantopus)*, der Rotflügel-Brachschwalbe *(Glareola pratincola)* und der Schwarzflügel-Brachschwalbe *(Glareola nordmanni)*. Außerdem gibt es große Reiherkolonien.

Raubseeschwalben sind die größten Seeschwalben der Erde. Hier, bei Asow, teilen sie ihren Brutplatz mit Brandseeschwalben.

Die Bucht von Jagerlits ist ein wichtiger Mauserplatz des Höckerschwans *(Cygnus olor)*. Etwa 48 Zugvögelarten besuchen das Reservat, unter anderem Enten, Watvögel und Sperlingsvögel. Es gibt 47 Arten, die Wintergäste sind. Hier findet sich auch die südlichste Nistkolonie der Eiderente *(Somateria mollissima)*.

Möwen und Seeschwalben

Die Schwarzkopfmöwe hat ein sehr beschränktes Verbreitungsgebiet, das nur das östliche Mittelmeer und die Schwarzmeerküsten umfaßt, obwohl einige ins westliche Mittelmeer ziehen und eine geringe Anzahl auch nach Nordeuropa wandert, wo ein paar, wie in England, zum Brüten geblieben sind. Das Überwinterungsgebiet ist mit dem Brutgebiet fast identisch. Die Naturreservate am Schwarzen Meer schützen größere Kolonien dieser wunderschönen Möwe. Die Dünnschnabelmöwe ist mit ihrer zart lachsrosa überflogenen Unterseite, einem graziösen Flug, dem dünnen Schnabel und den langen Flügeln ein besonders eleganter Vogel. Sie hat ein größeres Verbreitungsgebiet als die Schwarzkopfmöwe und kommt in Kleinasien, im Asowschen Meer, dem Kaspischen Meer und auf einigen größeren Seen von Kasachstan vor. Als Teilzieher überwintert sie im Mittelmeerraum und in den südlichen Gebieten des Kaspischen Meers. Sie nistet kolonieweise an Küsten und auf Inseln, wobei sie oft gemischte Kolonien mit anderen Möwen, zum Beispiel der Schwarzkopfmöwe, bildet. Die Nester einer Kolonie liegen so dicht beieinander, daß sie sich fast berühren. Die Vögel legen zwei bis drei Eier. Zur Nistzeit fliegen sie weit weg von der Brutkolonie in Steppengebiete und auf kultivierte Ländereien, wo sie große Mengen von Heuschrecken und anderen Insekten für ihre Küken sammeln. Bei Tagesanbruch kann man eine endlose Linie von Möwen beobachten, die auf dem Weg zu ihren Nahrungsgründen landeinwärts zieht. Bei Sonnenuntergang kehrt die Schar zur Kolonie zurück.

Die größte Seeschwalbe der Erde ist die Raubseeschwalbe *(Hydroprogne caspia)*, die an die 700 Gramm wiegt. Sie ist eine kosmopolitische Art. In der UdSSR ist sie ein typischer Vogel der südlichen Gewässer, besonders der großen Salzseen und Binnenmeere. Als Nistplatz bevorzugt sie sandige Ufer, Kiesstrände oder Inseln; sie brütet normalerweise in Kolonien von einigen Dutzend Paaren, selten sind es mehr. Die Raubseeschwalbe kommt im April schon verpaart in der UdSSR an, die ein bis drei Eier werden jedoch nicht vor Ende Mai gelegt. Beide Eltern brüten 22 bis 25 Tage. Sie beginnen zu brüten, sobald das erste Ei gelegt ist. Die Jungen werden erst mit fünf Wochen flügge und im September machen sie sich auf ihren langen Zug südwärts.

Die größte Möwe der südlichen Gewässer der Sowjetunion ist die Fischmöwe *(Larus ichthyaetus)*. Eine der mächtigsten Möwen überhaupt, erreicht sie die Größe einer Graugans *(Anser anser)* und wiegt immerhin zwei Kilogramm. Ihre Hauptbrutgebiete liegen in der UdSSR, unter denen sich dichte Kolonien mit mehreren hundert und manchmal noch mehr Nestern befinden. Dieser eindrucksvolle Vogel beginnt im April zu nisten, wobei in der Regel drei Eier gelegt werden. Die Küken sind, anders als die der anderen Möwenarten – außer der Lönnbergmöwe, die weiter unten ausführlich beschrieben wird –, mit hellgrauen Flaumfedern bedeckt. Die Population dieser Fischmöwen schwankt sehr stark von Jahr zu Jahr.

Da diese Möwe selten ist und ihr Hauptbrutgebiet in der Sowjetunion liegt, wurde sie in die »Rote Liste« der Sowjetunion aufgenommen. Ihre Population wird auf etwa 20 000 Exemplare geschätzt, es können aber auch geringfügig weniger sein. Sie ernährt sich hauptsächlich von Fisch, frißt aber auch kleine Nagetiere wie Ziesel sowie Großinsekten. Aus

Fischmöwen gehören zu den größten und eindrucksvollsten Möwen der Erde. Diese Kolonie wurde im Mai am Siwasch-See in der Nähe von Asow fotografiert.

Dieses Foto der äußerst seltenen Lönnbergmöwen wurde vom Autor aufgenommen, als er im Mai 1978 die Gelegenheit hatte, eine Brutkolonie am Ala-kul-See in Kasachstan zu besuchen.

verschiedenen Gründen, wozu die Verringerung der Fischbestände sowie der steigende Salzgehalt des Wassers zählen, werden die für diese Möwe geeigneten Gebiete immer kleiner.

Die Lönnbergmöwe *(Larus relictus)* ist viel seltener und brütet ausschließlich in der Sowjetunion. Es gibt zwei weit voneinander getrennte Kolonien, die eine am Barun-Torei-See im Südosten Transbaikaliens, die andere am Ala-kul-See in Ostkasachstan, nahe der chinesischen Grenze. Ein einzelnes Nest, das 1984 am Balchasch-See inmitten einer Kolonie von Raubseeschwalben *(Hydroprogne caspia)* entdeckt wurde, könnte von einem Paar stammen, das von der Population des Ala-kul-Sees abgewandert ist. Die Entdeckung dieser Möwe ist eine interessante Geschichte. Sie wurde zuerst 1931 als Unterart der Schwarzkopfmöwe beschrieben. Andere Ornithologen sahen in ihr einen Bastard aus Schwarzkopf- und Fischmöwe. Ihre wahre Identität wurde erst 1963 gelüftet, weil bis dahin niemand wußte, wo diese geheimnisvollen Vögel leben und nisten. Dann fand man die erste Kolonie am Barun-Torei-See, und die Lönnbergmöwe wurde als selbständige Art anerkannt. Keines der Argumente, daß es sich bloß um eine Unterart der Schwarzkopfmöwe handelte, konnte aufrechterhalten werden, wobei ein Hauptbeweisstück die Tatsache war, daß die Küken der Lönnbergmöwe mit hellgrauen Flaumfedern bedeckt sind, während die der Schwarzkopfmöwe graubraune Dunen mit schwarzen Flekken haben. In modernen zoologischen Systematiken wird die Lönnbergmöwe zwischen der Schwarzkopf- und der Fischmöwe eingeordnet.

Die Lönnbergmöwe ist ein äußerst seltener Vogel. Die Ornithologen hatten gehofft, daß andere Brutplätze – in der Mongolei oder in China – gefunden würden, und daß die Gesamtpopulation größer als die geringe Anzahl, die an den zwei entlegenen russischen Seen überlebte, wäre. Bis heute jedoch ist die Suche vergeblich geblieben.

Vor einigen Jahren war es dem Autor vergönnt, den Ala-kul-See zu besuchen und diesen wunderbaren Vogel, eine der seltensten Möwen der Erde, zu sehen und zu fotografieren. Beide Nistplätze sind große Teile des Jahres über starken Winden ausgesetzt. Sogar im Sommer gibt es heftige Stürme und starke Regengüsse, die die kleinen Nistinseln überfluten oder sogar wegschwemmen können. Am Ala-kul liegt das an der Lage des Sees, der, etwa hundert Kilometer langgestreckt, am Eingang der Dsungarischen Pforte liegt. Dieser verhältnismäßig niedrige Paß liegt östlich der dsungarischen Alatau-Kette des Tienschan-Gebirges und den Ausläufern des Tarbagatai an der südlichen Flanke des Altai-Gebirges und wurde über Jahrhunderte als Durchgangsroute von China durch die Mongolei nach Kasachstan und darüber

hinaus genutzt. Wie durch einen Trichter kommen die Winde von den hohen Gebirgszügen herab und stürmen in wechselnden Richtungen durch die Dsungarische Pforte.

Die Möwen nisten auf mehreren Inseln des Sees, hauptsächlich aber auf der Srednij(Mittel)-Insel, etwa 30 Kilometer vom Ufer entfernt. Viele Vögel brüten am Ala-kul-See, darunter große Kolonien der Fischmöwe *(Larus ichthyaetus)*, der Raubseeschwalbe *(Hydroprogne caspia)*, der Lachseeschwalbe *(Gelochelidon nilotica)* sowie des Kormorans *(Phalacrocorax carbo)*.

Zur Zeit unseres Besuchs, Ende Mai 1978, stellten wir zu unserer Freude fest, daß die Lönnbergmöwen auf einer kleinen Sandinsel nur einen Kilometer vom Ufer entfernt zu nisten begannen. Das war ein großer Glücksfall, denn zu versuchen, die Hauptkolonie auf Srednij ohne ein starkes Boot zu erreichen, wäre zu dieser Jahreszeit, in der immer die Möglichkeit eines plötzlichen Sturms besteht, leichtsinnig gewesen. Außer den Lönnbergmöwen gab es auf der Insel noch andere Möwen, Enten, Gänse und ein Paar Höckerschwäne *(Cygnus olor)*. Wir mußten sie mit der größten Behutsamkeit fotografieren, um jegliche Störung zu vermeiden. Es sind ausgesprochen ängstliche Vögel, und wenn sie gestört werden, kann es passieren, daß sie ihre Eier zerstören und die Kolonie aufgeben. Glücklicherweise sind unbefugte Besuche von Menschen dank der Entlegenheit ihrer Brutplätze und der strikten Schutzbestimmungen fast ausgeschlossen. Auch von uns wurden die Vögel nicht aufgeschreckt, und sie verließen nicht einmal ihre Nester, als wir uns ihnen heimlich näherten.

Leider erfuhren wir später von unseren Freunden in Kasachstan, daß die Inselchen während eines Sturms fortgespült worden und die Kolonie untergegangen war – dasselbe Schicksal, das viele andere Kolonien dieses gefährdeten Vogels ereilt hatte. Die Weltpopulation der Lönnbergmöwe wird heute auf 1500 bis 1800 Brutpaare geschätzt, wobei die Bestandszahlen in den einzelnen Kolonien von Jahr zu Jahr starken Schwankungen unterliegen. Am Ala-kul-See fluktuiert die Population beispielsweise zwischen einem Minimum von 30 und einem Maximum von 1200 Brutpaaren. Außer den durch Stürme und naßkaltes Wetter hervorgerufenen Verlusten an Eiern und Küken leiden die Vögel an periodischer Verknappung des Nahrungsangebots. Zur Brutzeit ernähren sich die Vögel fast ausschließlich von Zuckmücken. Die Population dieser Insekten hängt direkt mit dem Wasserstand zusammen. Wenn der Wasserstand sinkt, sind auch nicht mehr ausreichend Mücken vorhanden, und die Möwen und ihre Küken müssen hungern. Es bleibt zu hoffen, daß die Lönnbergmöwe trotz der großen Probleme, vor denen sie steht, weiterhin Naturfreunde begeistern wird, die die Gelegenheit haben, in ihre entlegenen Brutgebiete zu kommen.

Anhang

Auf den folgenden Listen sind die für die größeren natürlichen Regionen der UdSSR typischen Tiere aufgeführt. Lateinische Namen in Klammern werden von vielen westlichen Biologen bevorzugt.

Typische Vögel der arktischen Küsten und Inseln

Deutscher Name	Wissenschaftlicher Name	Nord-europa	West-sibirien	Ost-sibirien
Eissturmvogel	Fulmarus glaciali	•		•
Meerscharbe	Phalacrocorax pelagicus			•
Nonnengans	Branta leucopsis	•		
Schneegans	Chen caerulescens (Anser caerulescens)			•
Mantelmöwe	Larus marinus	•		
Dreizehenmöwe	Rissa tridactyla	•	•	•
Elfenbeinmöwe	Pagophila eburnea	•		
Krabbentaucher	Alle alle	•		
Tordalk	Alca torda	•		
Trottellumme	Uria aalge	•		•
Dickschnabellumme	U. lomvia	•	•	•
Gryllteiste	Cepphus grylle	•	•	•
Taubenteiste	C. columba			•
Schopfalk	Aethia cristatella			•
Zwergalk	A. pusilla			•
Rotschnabelalk	Cyclorrhynclus psittacula			•
Papageitaucher	Fratercula arctica	•		
Hornlund	F. corniculata			•
Gelbschopflund	Lunda cirrhata			•

Typische Vögel der Tundra

Deutscher Name	Wissenschaftlicher Name	Nord-europa	West-sibirien	Ost-sibirien
Sterntaucher	Gavia stellata	•	•	•
Prachttaucher	G. arctica	•	•	
Weißnackentaucher	G. pacifica			•
Gelbschnabel-Eistaucher oder Tundrataucher	G. adamsii	•	•	•
Zwergschwan	Cygnus bewickii (C. columbianus bewickii)	•	•	•
Bleßgans	Anser albifrons	•	•	•
Zwergbleßgans	A. erythropus	•	•	•
Saatgans	A. fabalis	•	•	•
Kaisergans	Philacta canagica (Anser canagicus)			•
dunkelbäuchige Ringelgans	Branta bernicla (B. b. bernicla)	•	•	
hellbäuchige Ringelgans	B. nigricans (B. b. nigricans)			•
Rothalsgans	Rufibrenta ruficollis (Branta ruficollis)		•	
Bergente	Aythya marila	•	•	•
Eiderente	Somateria mollissima	•	•	•
Prachteiderente	S. spectabilis	•	•	•
Plüschkopfente	S. fischeri			•
Scheckente	Polysticta stelleri			•
Eisente	Clangula hyemalis	•	•	•
Trauerente	Melanitta nigra (M. n. nigra)	•	•	•
Amerikanische Trauerente	Melanitta americana M. n. americana)			•
Höckerschnabelente	Melanitta deglandi (M. fusca deglandi)			•
Samtente	Melanitta fusca (M. f. fusca)	•	•	
Rauhfußbussard	Buteo lagopus	•	•	•
Gerfalke	Falco rusticolus	•	•	•
Wanderfalke	F. peregrinus	•	•	•
Moorschneehuhn	Lagopus lagopus	•	•	•
Alpenschneehuhn	L. mutus	•	•	•
Kanadischer Kranich	Grus canadensis			•
Schneekranich	G. leucogeranus			•
Kiebitzregenpfeifer	Squatarola squatarola (Pluvialis squatarola)	•	•	•
Wanderregenpfeifer	P. dominica	•		•
Goldregenpfeifer	P. apricaria	•	•	
Sandregenpfeifer	Charadrius hiaticula	•	•	•
Mornellregenpfeifer	Eudromias morinellus (Charadrius morinellus)	•	•	•
Steinwälzer	Arenaria interpres	•	•	•
Bruchwasserläufer	Tringa glareola	•	•	•
Dunkelwasserläufer	T. erythropus	•	•	•
Thorshühnchen	Phalaropus fulicarius	•	•	•
Odinshühnchen	P. lobatus	•	•	•
Löffelstrandläufer	Eurynorhynchus pygmeus			•
Zwergstrandläufer	Calidris minuta	•	•	•
Rotkehlstrandläufer	C. ruficollis		•	•
Temminckstrandläufer	C. temminckii	•	•	•
Bairdstrandläufer	C. bairdii			•
Sichelstrandläufer	C. ferruginea		•	•
Alpenstrandläufer	C. alpina	•	•	•
	C. ptilocnemis			•
Spitzschwanz-Strandläufer	C. acuminata			•
Graubruststrandläufer	C. melanotos			•
Knutt oder Küstenstrandläufer	C. canutus			•
Bergstrandläufer	C. mauri			•
Sanderling	C. alba		•	•
Sumpfläufer	Limicola falcinellus	•	•	
Pfuhlschnepfe	Limosa lapponica	•	•	•
Spatelraubmöwe	Stercorarius pomarinus	•	•	•
Schmarotzerraubmöwe	S. parasiticus	•	•	•

Deutscher Name	Wissenschaftlicher Name	Nord-europa	West-sibirien	Ost-sibirien
Falkenraubmöwe	*S. longicaudus*	•	•	•
Eismöwe	*Larus hyperboreus*	•	•	•
Schwalbenmöwe	*Xema sabini (L. sabini)*		•	•
Rosenmöwe	*Rhodostethia rosea*			•
Küstenseeschwalbe	*Sterna paradisaea*	•	•	•
Schnee-Eule	*Nyctea scandiaca*	•	•	•
Petschorapieper	*Anthus gustavi*	•	•	•
Rotkehlpieper	*A. cervinus*	•	•	•
Birkenzeisig	*Acanthis flammea*	•	•	•
Polarbirkenzeisig	*A. hornemanni*	•	•	•
Zwergammer	*Emberiza pusilla*	•	•	•
Spornammer	*Calcarius lapponicus*	•	•	•
Schneeammer	*Plectrophenax nivalis*	•	•	•

Typische Landsäugetiere der arktischen Küsten, Inseln und der Tundra

Deutscher Name	Wissenschaftlicher Name	Nord-europa	West-sibirien	Ost-sibirien
Polarfuchs	*Alopex lagopus*	•	•	•
Eisbär	*Thalarctos maritimus (Ursus maritimus)*	•	•	•
Hermelin	*Mustela erminea*	•	•	•
Mauswiesel	*M. nivalis*	•	•	•
Rentier	*Rangifer tarandus*	•	•	•
Schneehase	*Lepus timidus*	•	•	•
Parry-Ziesel	*Citellus undulatus (Spermophilus undulatus)*			•
Skandinavischer oder Berg-Lemming	*Lemmus lemmus*	•		
Sibirischer Lemming	*L. obensis (L. sibiricus)*	•	•	•
Halsbandlemming	*Dicrostonyx torquatus*	•	•	•
Graurötelmaus	*Clethrionomys rufocanus*	•	•	•
(eine Wühlmaus)	*Alticola lemminus (Eothenomys lemminus)*			•
(eine Wühlmaus)	*Microtus hyperboreus*		•	•
Middendorffs Wühlmaus	*M. middendorffi*	•	•	
Schmalköpfige Feldmaus	*M. gregalis*	•	•	•

Typische Vögel der Taiga

Deutscher Name	Wissenschaftlicher Name	Nord-europa	West-sibirien	Ost-sibirien
Habicht	*Accipiter gentilis*	•	•	•
Merlin	*Falco columbarius*	•	•	•
Birkhuhn	*Lyrurus tetrix (Tetrao tetrix)*	•	•	
Auerhuhn	*T. urogallus*	•		•
Steinauerhuhn	*T. parvirostris*			•
Sichelhuhn	*Falcipennis falcipennis (Dendragapus falcipennis)*			•
Haselhuhn	*Tetrastes (Bonasia) bonasia*	•	•	•
Waldwasserläufer	*Tringa ochropus*	•	•	•
Graubürzel-Wasserläufer	*Heteroscelus brevipes*		•	•
Waldkuckuck	*Cuculus saturatus*		•	•
Meerataube	*Streptopelia orientalis*		•	•
Uhu	*Bubo bubo*	•	•	•
Rauhfußkauz	*Aegolius funereus*	•	•	•
Sperlingskauz	*Glaucidium passerinum*	•	•	•
Sperbereule	*Surnia ulula*	•	•	•
Habichtskauz	*Strix uralensis*	•	•	•
Bartkauz	*S. nebulosa*	•	•	•
Schwarzspecht	*Dryocopus martius*	•	•	•
Dreizehenspecht	*Picoides tridactylus*	•	•	•
Unglückshäher	*Perisoreus infaustus*	•	•	•
Tannenhäher	*Nucifraga caryocatactes*	•	•	•
Seidenschwanz	*Bombycilla garrulus*	•	•	•
Bergbraunelle	*Prunella montanella*		•	•
Fitis	*Phylloscopus trochilus*	•	•	•
Wanderlaubsänger	*P. borealis*	•	•	•
Grünlaubsänger	*P. trochiloides*	•	•	•
Gelbbrauenlaubsänger	*P. inornatus*		•	•
Goldhähnchenlaubsänger	*P. proregulus*		•	•
Dunkellaubsänger	*P. fuscatus*		•	•
Wintergoldhähnchen	*Regulus regulus*	•	•	•
Tannenschnäpper	*Ficedula mugimaki*			•
Rußschnäpper	*Muscicapa sibirica*			•
Fleckenschnäpper	*M. griseisticta*			•
Rotkehlchen	*Erithacus rubecula*	•	•	
Rubinkehlchen	*Calliope (Luscinia) calliope*	•	•	•
Schwirrnachtigall	*L. sibilans*			•
Blauschwanz	*Tarsiger cyanurus*	•	•	•
Fahldrossel	*Turdus pallidus*			•
Weißbrauendrossel	*T. obscurus*		•	•
Rotkehldrossel	*T. ruficollis (T. r. ruficollis)*		•	
Schwarzkehldrossel	*T. atrogularis (T. r. atrogularis)*	•	•	•
Naumanndrossel	*T. naumanni (T. n. naumanni)*		•	•

Deutscher Name	Wissenschaftlicher Name	Nord-europa	West-sibirien	Ost-sibirien
Rostflügeldrossel	*T. eunomus* (*T. n. eunomus*)		•	•
Rotdrossel	*T. iliacus*	•	•	•
Singdrossel	*T. philomelos*	•	•	•
Schieferdrossel	*T. sibiricus* (*Zoothera sibirica*)		•	•
Erddrossel	*Z. dauma*		•	•
Sumpfmeise	*Parus palustris*	•		•
Weidenmeise	*P. montanus*	•	•	•
Lapplandmeise	*P. cinctus*	•	•	•
Haubenmeise	*P. cristatus*	•		
Tannenmeise	*P. ater*	•	•	•
Kohlmeise	*P. major*	•	•	•
Kleiber	*Sitta europaea*	•	•	•
Waldbaumläufer	*Certhia familiaris*	•	•	•
Bergfink	*Fringilla montifringilla*	•	•	•
Erlenzeisig	*Spinus spinus* (*Carduelis spinus*)	•	•	•
Hakengimpel	*Pinicola enucleator*	•	•	•
Kiefernkreuzschnabel	*Loxia pytyopsittacus*	•	•	
Fichtenkreuzschnabel	*L. curvirostra*	•	•	•
Bindenkreuzschnabel	*L. leucoptera*	•	•	•
Dompfaff	*Pyrrhula pyrrhula*	•	•	•
Japanischer Dompfaff	*P. griseiventris* (*P. p. griseiventris*)			•
»Altai Gimpel«	*P. cineracea* (*P. p. cineracea*)			•
Fichtenammer	*Emberiza leucocephalos*		•	•
Gelbbrauenammer oder Prachtammer	*E. chrysophrys*			•
Maskenammer	*E. spodocephala*		•	•
Rötelammer	*E. rutila*			•

Typische Säugetiere der Taiga

Deutscher Name	Wissenschaftlicher Name	Nord-europa	West-sibirien	Ost-sibirien
(eine Spitzmaus)	*Sorex daphaenodon*	•	•	•
Maskenspitzmaus	*S. caecutiensis* (*S. caecutiens*)	•	•	•
Waldspitzmaus	*S. araneus*	•	•	•
Nordische Fledermaus	*Vespertilio nilssoni* (*Eptesicus nilssoni*)	•	•	•
Wolf	*Canis lupus*	•	•	•
Rotfuchs	*Vulpes vulpes*	•	•	•
Braunbär	*Ursus arctos*	•	•	•
Sibirisches Feuerwiesel	*Mustela sibirica*	•	•	•
Zobel	*Martes zibellina*	•	•	•
Baummarder	*M. martes*	•	•	•
Järv oder Vielfraß	*Gulo gulo*	•	•	•
Nordluchs	*Lynx lynx* (*Felis lynx*)	•	•	•
Moschustier	*Moschus moschiferus*		•	•
Elch	*Alces alces*	•	•	•
Schneehase	*Lepus timidus*	•	•	•
Gewöhnliches Gleithörnchen	*Pteromys volans*	•	•	•
Eichhörnchen	*Sciurus vulgaris*	•	•	•
Burunduk oder Sibirisches Streifenhörnchen	*Eutamias sibiricus* (*Tamias sibiricus*)	•	•	•
(eine Waldmaus)	*Apodemus speciosus*		•	•
Feld-Waldmaus	*A. sylvaticus*	•	•	•
Waldlemming	*Myopus schisticolor*	•	•	•
Rötelmaus	*Clethrionomys glareolus*	•	•	
Polarrötelmaus	*C. rutilus*	•	•	•
Graurötelmaus	*C. rufocanus*	•	•	•
Erdmaus	*Microtus agrestis*	•		

In den beiden folgenden Listen sind nur die für die Wälder Ussuriens charakteristischsten Arten aufgeführt. Deshalb werden in der UdSSR weitverbreitete Tiere wie die Tannenmeise *(Parus ater)*, der Kleiber *(Sitta europaea)*, Elch *(Alces alces)*, Wolf *(Canis lupus)*, Rotfuchs *(Vulpes vulpes)* und viele Nagetiere nicht erwähnt.

Typische Vögel der Wälder Ussuriens

Deutscher Name	Wissenschaftlicher Name	Laubwälder der Flußtäler	Nadel-Laub-Mischwälder	Dunkle Nadelholz- und Lärchenwälder
Mangrovereiher	*Butorides striatus*	•		
Mandarinente	*Aix galericulata*	•	•	
Schuppensäger	*Mergus squamatus*		•	
Fischadler	*Pandion haliaetus*		•	
Malayen-Wespenbussard	*Pernis ptilorhynchus*	•	•	
Chinesenschickra	*Accipiter soloensis*	•		
Besrasperber	*A. virgatus*	•		
Graugesichtbussard	*Butastur indicus*	•	•	
Schelladler	*Aquila clanga*		•	
Riesenseeadler	*Haliaeetus pelagicus*		•	
Amurfalke	*Falco amurensis*		•	
Sichelhuhn	*Falcipennis falcipennis* (*Dendragapus falcipennis*)			•
Steinauerhuhn	*Tetrao parvirostris*			•
Meenataube	*Streptopelia orientalis*	•	•	
Fluchtkuckuck	*Hierococcyx fugax*	•		
Kurzflügelkuckuck	*Cuculus micropterus*	•		•
Waldkuckuck	*C. saturatus*	•	•	•

Deutscher Name	Wissenschaftlicher Name	Laubwälder (Eichen) der Flußtäler	Nadel-Laub-Mischwald	Dunkle Nadelholz- und Lärchenwälder
Kleiner Kuckuck	*C. poliocephalus*	•		
Mandschurischer Fischuhu	*Ketupa blakistoni*		•	
Streifenohreule	*Otus sunia*	•	•	
Halsring-Zwergohreule	*O. bakkamoena*		•	
Zugkauz	*Ninox scutulata*	•		
Habichtskauz	*Strix uralensis*	•	•	•
Bartkauz	*S. nebulosa*			•
Indische Nachtschwalbe	*Caprimulugus indicus*		•	
Stachelschwanzsegler	*Hirundapus caudacutus*		•	
Ostroller	*Eurystomus orientalis*	•	•	
Grauscheitelspecht	*Yungipicus caniacapillus (Dendrocopos caniacapillus)*		•	
Kizukispecht	*Y. kizuki (D. kizuki)*	•		
Baumstelze od. Waldstelze	*Dendronanthus indicus*	•		
Büffelwürger	*Lanius bucephalus*	•		
Dickschnabelwürger	*L. tigrinus*	•		
Chinesischer Raubwürger	*L. sphenocercus*	•	•	
Rotschwanzwürger	*L. cristatus*	•		
Chinesischer Pirol	*Oriolus chinensis*	•		
Graustar	*Sturnus cineraceus*	•		
Mongolenstar	*Sturnia sturnina (Sturnus sturninus)*	•		
Blauelster	*Cyanopica cyana*	•		
Dschungelkrähe	*Corvus macrorhynchos*	•	•	
Graumennigvogel	*Pericrocotus divaricatus*	•		
Stummelsänger	*Urosphena squameiceps (Cettia squameiceps)*	•	•	
Riesenschwirl	*Locustella fasciolata*	•		
Dickschnabelsänger	*Phragmaticola aedon (Acrocephalus aedon)*	•		
Ussurilaubsänger	*Phylloscopus tenellipes*	•	•	
Kronenlaubsänger	*P. coronatus*	•	•	
Goldhähnchenlaubsänger	*P. proregulus*			•
Bartlaubsänger	*P. schwarzi*	•		
Indischer Paradiesschnäpper	*Terpsiphone paradisi*	•		
Goldschnäpper	*Ficedula zanthopygia*	•	•	
Tannenschnäpper	*F. mugimaki*		•	•
Japanschnäpper	*Cyanoptila cyanomelana (Muscicapa cyanomelana)*	•	•	
Rußschnäpper	*M. sibirica*		•	
Fleckenschnäpper	*M. griseisticta*			•
Braunschnäpper	*M. latirostris*	•		
Sternrötel oder Waldrötel	*Petrophila gularis (Monticola gularis)*	•		
Spiegelrotschwanz	*Phoenicurus auroreus*	•		
Rubinkehlchen	*Luscinia calliope*	•		
Blaurücken-Nachtigall	*L. cyane*	•	•	
Schwirrnachtigall	*L. sibilans*			•
Blauschwanz	*Tarsiger cyanurus*			•
Fahldrossel	*Turdus pallidus*		•	
Weißbrauendrossel	*T. obscurus*		•	•
Gartendrossel	*T. hortulorum*	•		
Schleiferdrossel	*T. sibiricus (Zoothera sibirica)*		•	
Erddrossel	*Z. dauma*	•	•	•
Rotflanken-Brillenvogel	*Zosterops erythropleura*	•		
Chinesischer Grünling	*Chloris sinica (Carduelis sinica)*	•		
Meisengimpel	*Uragus sibiricus*			
Japanischer Dompfaff	*Pyrrhula griseiventris (P. p. griseiventris)*			•
Weißhand-Kernbeißer	*Eophona migratoria*	•		
Maskenkernbeißer	*E. personata*	•		
Wiesenammer	*Emberiza cioides*	•		
Gelbkehlammer	*E. elegans*	•		
Tristanammer	*E. tristrami*	•	•	•
Maskenammer	*E. spodocephala*	•		
Rötelammer	*E. rutila*		•	•

Typische Säugetiere der Wälder Ussuriens

Deutscher Name	Wissenschaftlicher Name	Laubwälder (Eichen) der Flußtäler	Nadel-Laub-Mischwald	Dunkle Nadelholz- und Lärchenwälder
Braunbrustigel	*Erinaceus europaeus*	•		
(ein Maulwurf)	*Mogera rubusta (Talpa robusta)*	•		
Knirpsspitzmaus	*Sorex minutissimus*	•		
(eine Spitzmaus)	*S. daphaenodon*	•	•	•
Langklauen-Spitzmaus	*S. unguiculatus*		•	
Pazifische Spitzmaus	*S. pacificus*		•	
Ussuri-Wimpernspitzmaus	*Crocidura lasiura*	•		
Fransenfledermaus	*Myotis nattereri*	•		
(eine Fledermaus)	*M. ikonnikovi*		•	
(eine Glattnasen-Fledermaus)	*Murina ussuriensis*		•	
(eine Glattnasen-Fledermaus)	*M. hilgendorfi*		•	•
Marderhund	*Nyctereutes procyonoides*	•	•	
Rothund	*Cuon alpinus*		•	
Kragenbär	*Ursus tibetanus (Selenarctos thibetanus)*		•	
Alpenwiesel	*Mustela altaica*		•	
Buntmarder oder Charsa	*Martes flavigula*		•	•
Amurkatze	*Felis euptylura (F. bengalensis)*		•	
Sibirischer Tiger	*Panthera tigris altaica*		•	•
Amur-Leopard	*P. pardus orientalis*		•	•
Sikahirsch	*Cervus nippon*	•	•	
Mandschurischer Hase	*Lepus mandshuricus*	•		
Langschwanzbirkenmaus	*Sicista caudata*			•
(eine Wühlmaus)	*Microtus maximoviczii*	•		

Die beiden folgenden Listen nennen nur echte Gebirgsarten. Arten, die auch in anderen Habitaten vorkommen, wurden nicht aufgenommen, z. B. das Alpenschneehuhn *(Lagopus mutus)*, das man auch in der Tundra antrifft, der Uhu *(Bubo bubo)*, der auch in den Wäldern, Steppen und Wüsten des Tieflands lebt, und der Wolf *(Canis lupus)*, den man in allen Habitaten findet.

Typische Vögel der Gebirge

Deutscher Name	Wissenschaftlicher Name	Kaukasus	Tienschan	Pamir-Altai	Altai
Streifengans	*Anser indicus*			●	
Steinadler	*Aquila chrysaetos*	●	●	●	●
Bartgeier	*Gypaetus barbatus*	●	●	●	
Aasgeier oder Schmutzgeier	*Neophron percnopterus*	●	●	●	
Kuttengeier oder Mönchsgeier	*Aegypius monachus*	●	●	●	●
Gänsegeier	*Gyps fulvus*	●	●	●	
Schneegeier	*G. himalayensis*		●	●	
Kaukasisches Birkhuhn	*Lyrurus mlokosiewiczi (Tetrao mlokosiewiczi)*	●			
Kaukasus-Königshuhn	*Tetraogallus caucasicus*	●			
Kaspisches Königshuhn	*T. caspius*	●			
Himalaja-Königshuhn	*T. himalayensis*		●	●	
Tibet-Königshuhn	*T. tibetanus*			●	
Altai-Königshuhn	*T. altaicus*				●
Chukarhuhn	*Alectoris chukar*	●	●	●	●
Ibisschnabel	*Ibidorhyncha struthersii*		●	●	
Tibet-Bekassine	*Gallinago solitaria*		●	●	●
Tibet-Lachmöwe	*Larus brunnicephalus*			●	
Tibetisches Steppenhuhn	*Syrrhaptes tibetanus*			●	
Klippentaube	*Columba rupestris*		●	●	●
Schneetaube	*C. leuconota*			●?	
Alpensegler	*Apus melba*	●	●	●	
Felsenschwalbe	*Ptyonoprogne rupestris*	●	●	●	●
Wasserpieper	*Anthus spinoletta*	●	●	●	●
Bergstelze oder Gebirgsstelze	*Motacilla cinerea*	●	●	●	●
Alpenkrähe	*Pyrrhocorax pyrrhocorax*	●	●	●	●
Alpendohle	*P. graculus*	●	●	●	●
Wasseramsel	*Cinclus cinclus*	●	●	●	
Braune Wasseramsel	*C. pallasii*		●	●	●
Alpenbraunelle	*Prunella collaris*	●	●	●	●
Himalaja-Braunelle oder Steinbraunelle	*P. himalayana*		●	●	●
Fahlbraunelle	*P. fulvescens*		●	●	●
Felsenbraunelle	*P. ocularis*	●			
Schwarzkehlbraunelle	*P. atrogularis*		●	●	●
Klappergrasmücke	*Sylvia althaea (S. curruca althaea)*	●	●	●	
Kaukasischer Weidenlaubsänger	*Phylloscopus lorenzii (P. sindianus) (P. collybita lorenzii)*	●			
Wacholder-Laubsänger	*P. nitidus*	●			
Olivfarbener Laubsänger	*P. griseolus*		●	●	●
Purpurhähnchen	*Leptopoecile sophiae*		●	●	
Rotschwanzschnäpper	*Muscicapa ruficauda*		?	●	
Picata-Steinschmätzer od. Schwarzsteinschmätzer	*Oenanthe picata*		●	●	
Goldbürzelsteinschmätzer	*O. xanthoprymna*	●			
Steinrötel	*Monticola saxatilis*	●	●	●	●
Blaumerle	*M. solitarius*	●	●	●	
Blaukronrotschwanz	*Phoenicurus caeruleocephalus*		●	●	
Hausrotschwanz	*P. ochruros*	●	●	●	●
Sprosserrotschwanz	*P. erythronotus*		●	●	●
Weißscheitelrotschwanz	*P. erythrogaster*	●	●	●	●
Weißkopf-Rotschwanz	*Chaimarrornis leucocephalus*			●	
Schwarzwangen-Rubinkehlchen	*Calliope pectoralis (Luscinia pectoralis)*		●	●	
Weißkehlsänger	*Irania gutturalis*	●			
Chinesische Pfeifdrossel	*Myiophoneus caeruleus*		●	●	
Bachstutzschwanz	*Microcichla scouleri (Enicurus scouleri)*		●	●	
Borstenhäherling	*Garrulax lineatus*			●	
Weingoldmeise	*Parus songarus (P. montanus songarus)*		●		
Trauermeise	*P. hyrcanus (P. lugubris hyrcanus)*	●			
Fichtenmeise	*P. rufonuchalis*		●	●	
Lasurmeise	*P. flavipectus (P. cyanus flavipectus)*		●	●	
Felsenkleiber	*Sitta neumayer*	●			
Klippenkleiber	*S. tephronota*	●	●	●	
Himalaja-Baumläufer	*Certhia himalayana*		●	●	
Mauerläufer	*Tichodroma muraria*	●	●	●	
Steinsperling	*Petronia petronia*	●	●	●	●
Schneefink	*Montifringilla nivalis*	●	●	●	●
Rotstirngirlitz	*Serinus pusillus*	●	●	●	
Berghänfling	*Acanthis flavirostris (Carduelis flavirostris)*	●	●	●	
grauköpfiger Stieglitz	*C. caniceps (C. carduelis caniceps)*		●	●	
Waldschneegimpel	*Leucosticte nemoricola*		●	●	
Mattengimpel oder Felsenschneegimpel	*L. brandti*		●	●	●
Rosenbauch-Schneegimpel oder Graukopfschneegimpel	*L. arctoa*				●
Rotflügelgimpel	*Rhodopechys sanguinea*		●	●	
Rosenmantelgimpel	*Carpodacus rhodochlamys*		●	●	
»Himalaja Rosenmantelgimpel«	*C. grandis (C. rhodochlamysgrandis)*		●	●	
Alpengimpel	*C. rubicilla*	●	●	●	
Felsengimpel	*Pyrrhospiza punicea (Carpodacus puniceus)*		●	●	
Wacholderkernbeißer	*Mycerobas carnipes*		●	●	
Weißkappenammer	*Emberiza stewarti*		●	●	
Zippammer	*E. cia*	●	●	●	
Steinortolan	*E. buchanani*	●	●	●	

Typische Säugetiere der Gebirge

Deutscher Name	Wissenschaftlicher Name	Kaukasus	Tienschan	Pamir-Alai	Altai
Buchara-Spitzmaus	Sorex buchariensis			•	
Etruskerspitzmaus	Suncus etruscus			•	
Rothund	Cuon alpinus		•?	•?	•?
Syrischer Bär	Ursus arctos syriacus	•			
Isabell-Braunbär	U. a. isabellinus		•	•	
Alpenwiesel	Mustela altaica		•	•	
Steinmarder	Martes foina	•	•	•	•
Schneeleopard	Panthera uncia		•	•	•
Gemse	Rupicapra rupicapra	•			
Bezoarziege	Capra aegagrus	•			
Sibirischer Steinbock	C. sibirica (C. ibex sibirica)		•		•
Westkaukasischer Tur	C. caucasica	•			
Ostkaukasischer Tur	C. cylindricornis	•			
Schraubenziege oder Markhar	C. falconeri		•	•	
Wildschaf	Ovis ammon	•	•	•	
Daurischer Pfeifhase	Ochotona daurica				•
Mongolischer Pfeifhase	O. pallasi		•		•
Roter Pfeifhase	O. rutila		•	•	
Großohriger Pfeifhase	O. roylei		•	•	
Altai Pfeifhase	O. alpina				•
Kaukasisches Eichhörnchen	Sciurus anomalus	•			
Altai-Steppenmurmeltier	Marmota baibacina		•		•
Langschwänziges Murmeltier	M. caudata		•	•	
Menzbier-Murmeltier	M. menzbieri		•		
Tienschan-Ziesel	Citellus relictus		•	•	
Baumschläfer	Dryomys nitedula	•	•	•	•
Altai-Birkenmaus	Sicista napaea				•
Chinesische Birkenmaus	S. concolor	•	•		
Felsenmaus	Apodemus mystacinus	•			
Großohr-Lemming	Alticola macrotis				•
Mongolische Gebirgsmaus	A. roylei		•	•	
Gebirgsmaus	A. strelzowi				•
(eine kleine Wühlmaus)	Pitymys juldaschi			•	
(eine kleine Wühlmaus)	P. majori	•	•	•	
(eine Wühlmaus)	Microtus gud	•			
Schneemaus	M. nivalis	•			
Roberts Wühlmaus	M. roberti	•			
Prometheus-Maus	Prometheomys schaposchnikowi	•			
Südlicher Mull-Lemming	Ellobius fuscocapillus	•			
Nördlicher Mull-Lemming	E. talpinus		•		•
Blindmull oder Zokor	Myospalax myospalax				•

Die folgende Liste enthält einige Arten, die auch in steppenartigen Arealen von Wäldern, Wüsten und Gebirgen anzutreffen sind. Die meisten sind jedoch an die eigentliche Steppe gebunden.

Typische Vögel der Steppen

Deutscher Name	Wissenschaftlicher Name	Europäische UdSSR	Kasachstan und Westsibirien	Östlich des Baikal-Sees
Steppenweihe	Circus macrourus	•	•	?
Steppenadler	Aquila rapax	•	•	•
Kaiseradler	A. heliaca	•	•	
Adlerbussard	Buteo rufinus	•	•	
Rötelfalke	Falco naumanni	•	•	
Rotfußfalke	F. vespertinus	•	•	
Bartrebhuhn	Perdix dauuricae		•	•
Wachtel	Coturnix coturnix	•	•	
japanische Wachtel	C. japonica			•
Jungfernkranich	Anthropoides virgo	•	•	•
Großtrappe	Otis tarda	•	•	•
Zwergtrappe	O. tetrax (Tetrax tetrax)	•	•	
Steppenkiebitz	Chettusia gregaria	•	•	
Bienenfresser	Merops apiaster	•	•	
Blauwangen-Bienenfresser	M. superciliosus	•	•	
Kurzzehenlerche	Calandrella cinerea (C. brachydactyla)	•	•	
Stummellerche	C. rufescens	•	•	
östliche Stummellerche	C. cheleensis (C. rufescens cheleensis)		•	
Kalanderlerche	Melanocorypha calandra	•	•	
Berg Kalanderlerche	M. bimaculata		•	
Mongolenlerche	M. mongolica			•
Weißflügellerche	M. leucoptera	•	•	
Mohrenlerche	M. yeltoniensis	•	•	
Spornpieper	Anthus richardi (A. novaeseelandiae richardi)		•	•
Steppenpieper oder Godlewskipieper	A. godlewskii			•
Isabellsteinschmätzer	Oenanthe isabellina	•	•	
David-Schneefink	Pyrgilauda davidiana (Montifringilla davidiana)			•
Grauammer	Emberiza calandra (Miliaria calandra)	•	•	

Typische Säugetiere der Steppen

Deutscher Name	Wissenschaftlicher Name	Europäische UdSSR	Kasachstan und Westsibirien	Östlich des Baikal-Sees
Steppeniltis	*Mustela eversmanni*	●	●	●
Mongoleigazelle	*Procapra gutturosa*			●?
Saiga	*Saiga tatarica*	●	●	
Daurischer Pfeifhase	*Ochotona daurica*		●	●
Mongolischer Pfeifhase	*O. pallasi*			●
Steppenpfeifhase	*O. pusilla*	●	●	
Bobak oder Steppenmurmeltier	*Marmota bobac*	●		
Mongolisches Steppenmurmeltier	*M. sibirica*		●	●
Zwergziesel	*Citellus pygmaeus* (*Spermophilus pygmaeus*)	●	●	
Großziesel	*C. major* (*S. major*)	●	●	
(ein Ziesel)	*C. erythrogenys* (*S. erythrogenys*)		●	
Perlziesel	*C. suslicus* (*S. suslicus*)	●		
Einfarbiger oder Europäischer Ziesel	*C. citellus* (*S. citellus*)	●		
Daurisches Erdhörnchen	*C. dauricus* (*S. dauricus*)			●
Streifenmaus	*Sicista subtilis*	●	●	
Pferdespringer	*Allactaga jaculus*	●	●	
Ostblindmaus	*Spalax microphthalmus*	●		
Feldhamster	*Cricetus cricetus*	●	●	
Schwärzlicher Hamster	*Mesocricetus raddei*	●		
Evermanns Zwerghamster	*Allocricetulus eversmanni* (*Cricetulus eversmanni*)	●	●	
Mongolischer Zwerghamster	*A. curtatus* (*C. curtatus*)		●	
Daurischer Zwerghamster	*C. barabensis*	●		
Dsungarischer Zwerghamster	*Phodopus sungorus*		●	●
Mongolische Rennmaus	*Meriones unguiculatus*		●	●
Steppenlemming	*Lagurus lagurus*	●	●	
Mongolische Wühlmaus	*Microtus mongolicus*			●
Gesellige Feldmaus	*M. socialis*	●	●	
Brandts Steppenwühlmaus	*M. brandti*			●
(eine Wühlmaus)	*M. mandarinus*			●
(eine Mullmaus)	*Myospalax dybowskyi*			●
Chinesischer Blindmull	*M. psilurus*			●

Diese Liste vermittelt einen Eindruck von der großen Vielfalt an Reptilienarten, die man in den Wüsten- und Halbwüstenregionen findet; gut die Hälfte aller in der UdSSR vorkommenden Reptilien trifft man in diesen Lebensräumen an.

Typische Reptilien der Wüsten und Halbwüsten

Deutscher Name	Wissenschaftlicher Name	Kaukasus u. Transkaukasus Halbwüste	Kaukasus u. Transkaukasus Vorberge	Kasachstan u. Zentralasien Sandwüste	Kasachstan u. Zentralasien Vorberge	Kasachstan u. Zentralasien Lehm- und Salzwüsten
Maurische Landschildkröte	*Testudo graeca*	●	●			
Vierzehenlandschildkröte	*T. horsfieldi*			●	●	●
Wundergecko	*Teratoscincus scincus*			●		●
Eversmanns Kammzehengecko	*Crossobamon eversmanni*			●		
Kaspischer Geradfingergecko	*Aeophylax pipiens*				●	●
Turkmenischer Geradfingergecko	*A. laevis*					●
Kaspischer Rauhschwanzgecko	*A. spinicauda*					●
Transkaspischer Nacktfingergecko	*Gymnodactylus russowi*				●	
Fetschenkos Nacktfingergecko	*G. fedtschenkoi*				●	
Panthergecko	*Eublepharis macularius*					●
Kopet-Dag-Panthergecko	*Eublepharis turkmenica*					●
Steppenagame	*Agama sanguinolenta*	●		●	●	●
Ruinenagame	*A. ruderata*		●			
Rötliche Wüstenagame	*A. erythrogastra*					●
Sonnengucker	*Phrynocephalus helioscopus*	●			●	●
Rossikows Krötenkopf	*P. rossikowi*				●	
Raddes Krötenkopf	*P. raddei*		●			
Netzmuster-Krötenkopf	*P. reticulatus*				●	
Geflecktor Krötenkopf	*P. guttatus*			●	●	
	P. interscapularis				●	
Bärtiger Krötenkopf	*P. mystaceus*	●			●	
Wüstenwaran	*Varanus griseus*				●	●
Tüpfelskink	*Eumeces schneideri*			●		●
Asiatischer Tüpfelskink	*E. taeniolatus*					●
Goldmabuye	*Mabuya aurata*					●
Wüsten-Natterauge	*Ablepharus deserti*					●
Südwestasiatischer Wüstenrenner	*Eremias guttulata*					●
Schneller Wüstenrenner	*E. velox*	●	●	●	●	●
Strauchs Wüstenrenner	*E. strauchi*				●	
Transkaukasischer Wüstenrenner	*E. pleskei*	●				
Streifenwüstenrenner	*E. lineolata*				●	
(ein Wüstenrenner)	*E. scripta*				●	
(ein Wüstenrenner)	*E. intermedia*				●	
(ein Wüstenrenner)	*E. grammica*				●	

Deutscher Name	Wissenschaftlicher Name					
(ein Wüstenrenner)	*E. nigrocellata*					•
Steppenrenner	*E. arguta*	•	•	•	•	•
Streifen-Smaragdeidechse	*Lacerta strigata*	•	•			
Riesen-Smaragdeidechse	*L. trilineata*		•			
Schlangenauge	*Ophisops elegans*	•				
Wurmschlange	*Typhlops vermicularis*		•		•	
Westliche Sandboa	*Eryx jaculus*		•		•	
Schöne Sandboa	*E. elegans*				•	
Wüstensandboa	*E. miliaris*	•		•		
Große Sandboa	*E. tataricus*				•	
Wolfszahnnatter	*Lycodon striatus*			•		
Schlanknatter	*Coluber najadum*		•		•	
Jans Zornnatter	*C. rhodorhachis*				•	
Mittelasiatische Zornnatter	*C. karelini*	•		•		•
Ravergiers Zornnatter	*C. ravergieri*		•		•	
Diademnatter	*Spalerosophis diadema*			•		•
Ridgeways Schnauzennatter	*Lythorhynchus ridgewayi*		•	•		
Leopardnatter	*Elaphe situla*	•				
Hohenackers Kletternatter	*E. hohenackeri*	•				
Schwarzkopfnatter	*Rhynchocalamus melanocephalus*	•				
Halsband-Zwergnatter	*Eirenis collaris*	•	•			
Mittelgroße Zwergnatter	*E. media*			•		
Kopfbinden-Zwergnatter	*E. modestus*	•				
Armenische Zwergnatter	*E. punctatolineatus*	•				
Europäische Katzennatter	*Telescopus falax*	•	•			
Mittelasiatische Nachtbaum-natter	*Boiga trigonatum*			•		•
Eidechsennatter	*Malpolon monspessulanus*	•	•			
Zentralasiatische Sandrenn-natter	*Psammophis lineolatus*		•			
Mittelasiatische Kobra	*Naja oxyana*				•	
Sandotter	*Vipera ammodytes*	•				
Levante-Otter	*V. lebetina*		•		•	
Sandrasselotter	*Echis carinatus*			•		•

Typische Vögel der Wüsten Sowjet-Zentralasiens

Deutscher Name	Wissenschaftlicher Name	Sand-wüsten	Stein-, Lehm- und Salzwüsten	Randgebirge der Wüsten
Persisches Sandhuhn	*Ammoperdix griseogularis*			•
Triel	*Burhinus oedicnemus*	•	•	
Kragentrappe	*Chlamydotis undulata*	•	•	
Wüstenregenpfeifer	*Charadrius leschenaultii*		•	
Wermutregenpfeifer	*C. asiaticus*		•	
Sandflughuhn	*Pterocles orientalis*	•	•	
Spießflughuhn	*P. alchata*	•		
Steppenhuhn	*Syrrhaptes paradoxus*	•		
Blasse Zwergohreule	*Otus brucei*	•	•	
Blauwangen-Bienenfresser	*Merops superciliosus*	•	•	
Weißflügelspecht	*Dendrocopos leucopterus*	•		
Steinlerche	*Ammomanes deserti*			•
Tibetlerche	*Calandrella acutirostris*			•
Saxaulhäher	*Podoces panderi*	•		
Braunnackenrabe	*Corvus ruficollis*	•		
Blaßspötter	*Hippolais pallida*	•		
Dornbuschspötter	*H. languida*	•		
Tamariskengrasmücke	*Sylvia mystacea*	•		
Wüstengrasmücke	*S. nana*	•		
Wüstenprinie	*Scotocerca inquieta*	•		
Wüstensteinschmätzer	*Oenanthe deserti*	•	•	•
Heckensänger	*Cercotrichas galactotes*	•		
turkestanische Kohlmeise	*Parus bokharensis (P. major bokharensis)*	•		
Felsenkleiber	*Sitta neumayer*			•
Klippenkleiber	*S. tephronota*			•
Saxaulsperling	*Passer ammodendri*	•		
Wüstensperling	*P. simplex*	•		
Steinsperling	*Petronia petronia*			•
Wüstengimpel oder Wüstentrompeter	*Bucanetes githagineus*		•	•
Weißflügel- oder Schwarzzügelgimpel	*Rhodospiza obsoleta*	•		

Typische Säugetiere der Wüsten Sowjetisch-Zentralasiens und Kasachstans

Deutscher Name	Wissenschaftlicher Name	Sand-wüsten	Stein-, Lehm- und Salzwüsten	Randgebirge der Wüsten
Langohrigel	*Hemiechinus auritus*	•	•	
Brandts Igel	*Paraechinus hypomelas*	•	•	•
Gescheckte Spitzmaus	*Diplomesodon pulchellum*	•		
Kleine Hufeisennase	*Rhinolophus hipposideros*			•
Buchara-Hufeisennase	*R. bocharicus*			•
Blasius-Hufeisennase	*R. blasii*			•
(eine Glattnasen-fledermaus)	*Vespertilio bobrinski (Eptesicus bobrinski)*	•		
(eine Fledermaus)	*Otonycteris hemprichi*			•
Steppenfuchs	*Vulpes corsac*	•	•	
Streifenhyäne	*Hyaena hyaena*			•
Tigeriltis	*Vormela peregusna*	•		
Honigdachs	*Mellivora indica (M. capensis)*	•		•
Nubische Falbkatze	*Felis libyca (F. sylvestris libyca)*	•		
Wüstenluchs oder Karakal	*F. caracal*	•		•
Manul oder Pallaskatze	*F. manul*	•		•
Sandkatze	*F. margarita*	•		
Gepard	*Acinonyx jubatus venaticus*	•?	•?	
Asiatischer Wildesel	*Equus hemionus*	•		•
Kropfgazelle	*Gazella subgutturosa*	•		•
Tolai-Hase	*Lepus tolai*	•		
(eine Zieselmaus)	*Spermophilopsis leptodactylus*	•	•	

Deutscher Name	Wissenschaftlicher Name	Sandwüsten	Stein-, Lehm- und Salzwüsten	Randgebirge der Wüsten
Gelbziesel	*Citellus fulvus* (*Spermophilus fulvus*)	●	●	
Weißschwanz-Stachelschwein	*Hystrix leucura* (*H. indica leucura*)			●
Dünnschwanz-Mausschläfer	*Myomimus personatus*			●
Salzkrautbilch	*Selevinia betpakdalensis*		●	
Fünfzehen-Zwergspringmaus	*Cardiocranius paradoxus*		●	
Koslows Zwergspringmaus	*Salpingotus crassicuada*			●
Kleiner Erdhase	*Allactaga elater*		●	
Sewerzows Springmaus	*A. severtzovi*		●	
Bobrinskis Springmaus	*A. bobrinskii*		●	
Sibirische Springmaus	*A. saltator*	●	●	
Kleiner Pferdespringer	*Alactagulus acontion*		●	
Plattschwanzspringer	*Pygeretmus platyurus*		●	
Großer Plattschwanzspringer	*P. zhitkovi*		●	
(ein Fettschwanz-Springer)	*P. vinogradovi*	●	●	
Rauhfußspringmaus	*Dipus sagitta*	●		
Dickschwanz-Springmaus	*Scirtodops telum* (*Stylodipus telum*)	●	●	
Kammzehen-Springmaus	*Paradipus ctenodactylus*	●		
Lichtensteins Springmaus	*Eremodipus lichtensteini* (*Jaculus lichtensteini*)	●	●	
Turkmenische Springmaus	*J. turkmenicus*	●	●	
Roborowskis Zwerghamster	*Phodopus roborovskii*	●		
Große Rennmaus	*Rhombomys opimus*	●	●	
(eine Sandmaus)	*Meriones erythrourus*	●	●	
(eine Sandmaus)	*Meriones meridianus*	●		
Persische Wüstenmaus	*M. persicus*			●
(eine Sandmaus)	*M. zarudnyi*			●
Steppenlemming	*Lagurus luteus*	●		
Afghanische Feldmaus	*Microtus afghanus* (*Pitymys afghanus*)			●
Nördlicher Mull-Lemming	*Ellobius talpinus*	●		
Südlicher Mull-Lemming	*E. fuscocapillus*			●

In dieser Liste bleiben viele Vögel, die am Wasser leben, unerwähnt, sofern sie zur Brutzeit Waldgebiete oder die Tundra vorziehen. Sie sind dann unter den entsprechenden Habitaten aufgelistet.

Typische Vögel der Feuchtgebiete der UdSSR

Deutscher Name	Wissenschaftlicher Name	Seen, Flüsse und Sümpfe in Wäldern, Waldsteppe und Gebirgszonen	Seen, Flüsse, Küsten und Inseln der südlichen Steppen-, Wüsten- und Halbwüstenzonen
Sterntaucher	*Gavia stellata*	●	
Prachttaucher	*G. arctica*	●	
Zwergtaucher	*Podiceps ruficollis* (*Tachybaptus ruficollis*)	●	●
Schwarzhalstaucher	*P. nigricollis*	●	●
Ohrentaucher	*P. auritus*	●	
Rothalstaucher	*P. grisegena*	●	
Haubentaucher	*P. cristatus*	●	●
Rosapelikan	*Pelecanus onocrotalus*		●
Krauskopfpelikan	*P. crispus*		●
Kormoran	*Phalacrocorax carbo*	●	●
Krähenscharbe	*P. aristotelis*		●
Zwergscharbe	*P. pygmeus*		●
Rohrdommel	*Botaurus stellaris*	●	●
Zwergdommel	*Ixobrychus minutus*	●	●
Mandschurendommel	*I. eurhythmus*	●	
Nachtreiher	*Nycticorax nycticorax*		●
Rallenreiher	*Ardeola ralloides*		●
Kuhreiher	*Bubulcus ibis*		●
Silberreiher	*Egretta alba*		●
Seidenreiher	*E. garzetta*		●
Graureiher	*Ardea cinerea*	●	●
Purpurreiher	*A. purpurea*		●
Löffler	*Platalea leucorodia*		●
Brauner Sichler	*Plegadis falcinellus*		●
Rosaflamingo	*Phoenicopterus roseus* (*P. ruber*)		●
Graugans	*Anser anser*	●	●
Schwanengans	*Cygnopsis cygnoides* (*Anser cygnoides*)	●	
Höckerschwan	*Cygnus olor*	●	●
Singschwan	*C. cygnus*	●	
Rostgans	*Tadorna ferruginea*	●	●
Brandgans	*T. tadorna*	●	●
Stockente	*Anas platyrhynchos*	●	●
Fleckschnabelente	*A. poecilorhyncha*	●	
Krickente	*A. crecca*	●	●
Gluckente	*A. formosa*	●	
Sichelente	*A. falcata*	●	
Schnatterente	*A. strepera*	●	●
Pfeifente	*A. penelope*	●	
Spießente	*A. acuta*	●	●

Knäkente	A. querquedula	•	•
Löffelente	A. clypeata	•	•
Marmelente	A. angustirostris (Marmaronetta angustirostris)		•
Kolbenente	Netta rufina		•
Tafelente	Aythya ferina	•	•
Moorente	A. nyroca	•	•
Schwarzkopf-Moorente	A. baeri	•	
Reiherente	A. fuligula	•	
Schellente	Bucephala clangula	•	
Weißkopf-Ruderente	Oxyura leucocephala		•
Zwergsäger	Mergus albellus	•	
Mittelsäger	M. serrator	•	•
Schuppensäger	M. squamatus	•	
Gänsesäger	M. merganser	•	•
Kornweihe	Circus cyaneus	•	•
Wiesenweihe	C. pygargus	•	•
Schwarzweiß- oder ost-asiatische Trauerweihe	C. melanoleucos	•	
Rohrweihe	C. aeruginosus	•	•
Birkhuhn	Lyrurus tetrix (Tetrao tetrix)	•	
Mandschurenkranich	Grus japonensis	•	
Kranich	G. grus	•	•
Weißnackenkranich	G. vipio	•	
Mönchskranich	G. monachus (G. monacha)	•	
Wasserralle	Rallus aquaticus	•	•
Tüpfelsumpfhuhn	Porzana porzana	•	•
Kleines Sumpfhuhn	P. parva	•	•
Zwergsumpfhuhn	P. pusilla	•	•
Mandarinsumpfhuhn	P. paykullii	•	
Mandschurenralle	P. exquisita (Coturnicops exquisita)	•	
Teichralle	Gallinula chloropus	•	•
Purpurralle	Porphyrio porphyrio		•
Bleßralle	Fulica atra	•	•
Goldregenpfeifer	Pluvialis apricaria	•	
Flußregenpfeifer	Charadrius dubius	•	
Langschnabel-Regenpfeifer	C. placidus	•	
Seeregenpfeifer	C. alexandrinus		•
Weißschwanzkiebitz	Vanellochettusia leucura (Chettusia leucura)		•
Stelzenläufer	Himantopus himantopus		•
Säbelschnäbler	Recurvirostra avosetta		•
Austernfischer	Haematopus ostralegus	•	•
Bruchwasserläufer	Tringa glareola	•	
Grünschenkel	T. nebularia	•	
Kurzfußwasserläufer	T. guttifer	•	
Rotschenkel	T. totanus	•	•
Teichwasserläufer	T. stagnatilis	•	•
Flußuferläufer	Actitis hypoleucos	•	
Terekwasserläufer	Xenus cinereus	•	
Kampfläufer	Philomachus pugnax	•	
Langzehen-Strandläufer	Calidris subminuta	•	

Alpenstrandläufer	C. alpina	•	
Zwergschnepfe	Lymnocryptes minimus	•	
Bekassine	Gallinago gallinago	•	
Waldbekassine	G. megala	•	
Spießbekassine oder Stiftbekassine	G. stenura	•	
Doppelschnepfe	G. media	•	
Zwergbrachvogel	Numenius minutus	•	
Großer Brachvogel	N. arquata	•	
Dünnschnabel-Brachvogel	N. tenuirostris	•?	
Sibirischer oder Lang-schnabel-Brachvogel	N. madagascariensis	•	
Regenbrachvogel	N. phaeopus	•	
Uferschnepfe	Limosa limosa	•	•
Asiatischer Schlammläufer	Limnodromus semipalmatus		
Fischmöwe	Larus ichthyaetus		•
Lönnbergmöwe	L. relictus	•	•
Schwarzkopfmöwe	L. melanocephalus		•
Zwergmöwe	L. minutus	•	•
Lachmöwe	L. ridibundus	•	•
Dünnschnabelmöwe	L. genei		•
Silbermöwe	L. argentatus	•	•
Sturmmöwe	L. canus	•	
Trauerseeschwalbe	Chlidonias niger	•	•
Weißflügelseeschwalbe	C. leucopterus	•	•
Weißbartseeschwalbe	C. hybridus	•	•
Lachseeschwalbe	Gelochelidon nilotica		•
Raubseeschwalbe	Hydroprogne caspia (Sterna caspia)	•	•
Brandseeschwalbe	Sterna sandvicensis	•	•
Flußseeschwalbe	S. hirundo	•	•
Zwergseeschwalbe	S. albifrons	•	•
Sumpfohreule	Asio flammeus	•	•
Eisvogel	Alcedo atthis	•	•
Uferschwalbe	Riparia riparia	•	•
Zitronenstelze	Motacilla citreola	•	•
Rohrschwirl	Locustella luscinioides	•	•
Streifenschwirl	L. certhiola	•	
Tamariskensanger	Lusciniola melanopogon (Acrocephalus melanopogon)		•
Seggenrohrsänger	A. paludicola	•	•
Schilfrohrsänger	A. schoenobaenus	•	•
Feldrohrsänger	A. agricola		•
Teichrohrsänger	A. scirpaceus	•	•
Sumpfrohrsänger	A. palustris	•	•
Stentorrohrsänger	A. stentoreus	•	
Drosselrohrsänger	A. arundinaceus	•	•
Blaukehlchen	Luscinia svecica	•	•
Rosenpapageimeise	Paradoxornis heudei	•	
Bartmeise	Panurus biarmicus	•	•
Beutelmeise	Remiz pendulinus	•	
zentralasiatische Beutel-meise	Remiz macronyx (R. p. macronyx)		•

Bildnachweis

Artyuchin, Yu: 73

Baltenas, A.: 64 rechts, 118 untere Reihe rechts, 119, 125, 143 oben, 150 unten links, 151 links

Belyalow, O.: 46 unten, 49 rechts, 52 unten, 55 rechts, 58, 152, 158, 160 unten rechts, 171, 178, 179 unten, 184, 187, 189, 190 oben links und oben rechts

Blasys, A.: 22 links, 77 unten, alle außer in der oberen Reihe links, 79 unten, 87, 104 untere Reihe links, 192 unten

Burton, Jane/Coleman, Bruce: 167

Coleman, Bruce/Williams, Rod: 133

Coleman, Bruce/Ziesler, Gunter: 110

Flint, W.: 80 unten, 83

Golowanowa, E.: 173 oben

Hippenreiter, V.: 6, 21 links, 24 oben und unten, 138, 149

Jüssi, F.: 34 unten, 53 oben, 63, 92, 95, 149, 163 oben

Knystautas, A.: 22 rechts, 23, 27, 31, 33, 35, 36 links, 37 unten, 38, 41, 44, 48 unten, 50, 56, 65 unten, 93, 94, 97 unten, 99, 105 rechts, 123, 129 oben rechts, 139, 153, 164, 164/5, 168, 179 oben, 199 rechts, 200, 201, 208 unten

Knystautas, A./Belyalow, O.: 38/9, 65 oben, 154, 157, 176 alle außer oben links, 181

Korkischko, V.: 105 links, 195

Kretschmar, A.: 96, 108

Kutschys, K./Knystautas, A. 140, 141, 142, 143 unten, 146/7, 150 Mitte rechts, 156, 159 links, 160 oben links, 205, 206 Mitte, unten rechts

Liutkus, A.: 144, 155, 202 oben

Liutkus, A./Siokhin, V.: 55, 62

Morosow, V.: 173 unten, 79

Mosseikin, V.: 170 oben

Nasarow, E.: 80 oben, 101

Netschaew, B.: 48 Mitte

NHPA/Danneger, Manfred: 53 unten

NHPA/GDT: 98

Novosti Press Agenca: 40

Orlow, V.: 85

Papikian, R.: 107

Romanow, P.: 61, 106, 113, 170 unten

Sakalauskas, H.: 16, 20, 21 rechts, 28, 34 oben, 39 rechts, 42, 43 rechts, 49 links, 54, 64 links, 76, 77 unten und obere Reihe links, 81, 82, 84 links, 97 oben, 104 obere Reihe Mitte, 111, 151, 159 rechts, 163 unten, 166, 172, 174, 176 oben links, 177 unten, 180, 182, 183, 185, 186 unten, 190 unten links, unten rechts, 192 oben, 192/3, 194, 199 links, 202 unten

Shibnew, Yu: 14, 36 rechts, 45, 51, 100, 103, 104 untere Reihe rechts, 109, 114, 115, 116, 117, 118 alle außer untere Reihe rechts, 120, 121, 122, 124, 126, 127, 128 oben und unten, 129 oben links, unten, 130, 131, 136, 137, 196, 197, 198

Shteinbakh, M.: 104 obere Reihe links und rechts

Siokhin, V.: 55 links, 62, 79 oben, 169, 203, 204, 206 unten links, 207, 208 oben

Sokolow, A.: 46 oben, 47, 48 oben, 57, 146, 150 oben, 151 rechts, 161

Tomkowitsch, P.: 71

John Topham Picture Library: 60

Waskowsky, Yu.: 25

Weisman, L.: 19, 30, 37 oben, 43 links, 52 oben, 66, 67, 68, 69, 74/5, 77 oben, 84 rechts, 86, 88, 89, 90 oben

Yakushin, V.: 186 oben

Register